海上世界
SEA WORLD

海上世界
SEA WORLD
SEA WORLD PLAZA
A LEGENDARY AND FRESH SCENARIO
URBAN AND COASTAL CULTURE BLENDING IN BUSINESSES EXPERIENCE
SELECT DELICACIES AND RECREATIONAL ACTIVITIES FROM THE WORLD AND SATISFY YOUR NEEDS AT EVERY TURN
A total investment of 20,000,000,000 CNY; With double subway underground; Starting from the 15km long coastal corridor;
Exceptional Large multimedia water curtain show; Double layers and back set design
We expect to usher into a new era of legend with you
86-755-268 99999
shenzhen • shekou • seaworld
家在·情在
Home is where the heart is
招商地産
SEA WORLD: Sea World Plaza \\ China Merchant Square \\ Hilton Hote\\Woods Apartmen \\ Cultural and Art Centre \\ Public Coastal Ground
www.seaworldchina.com

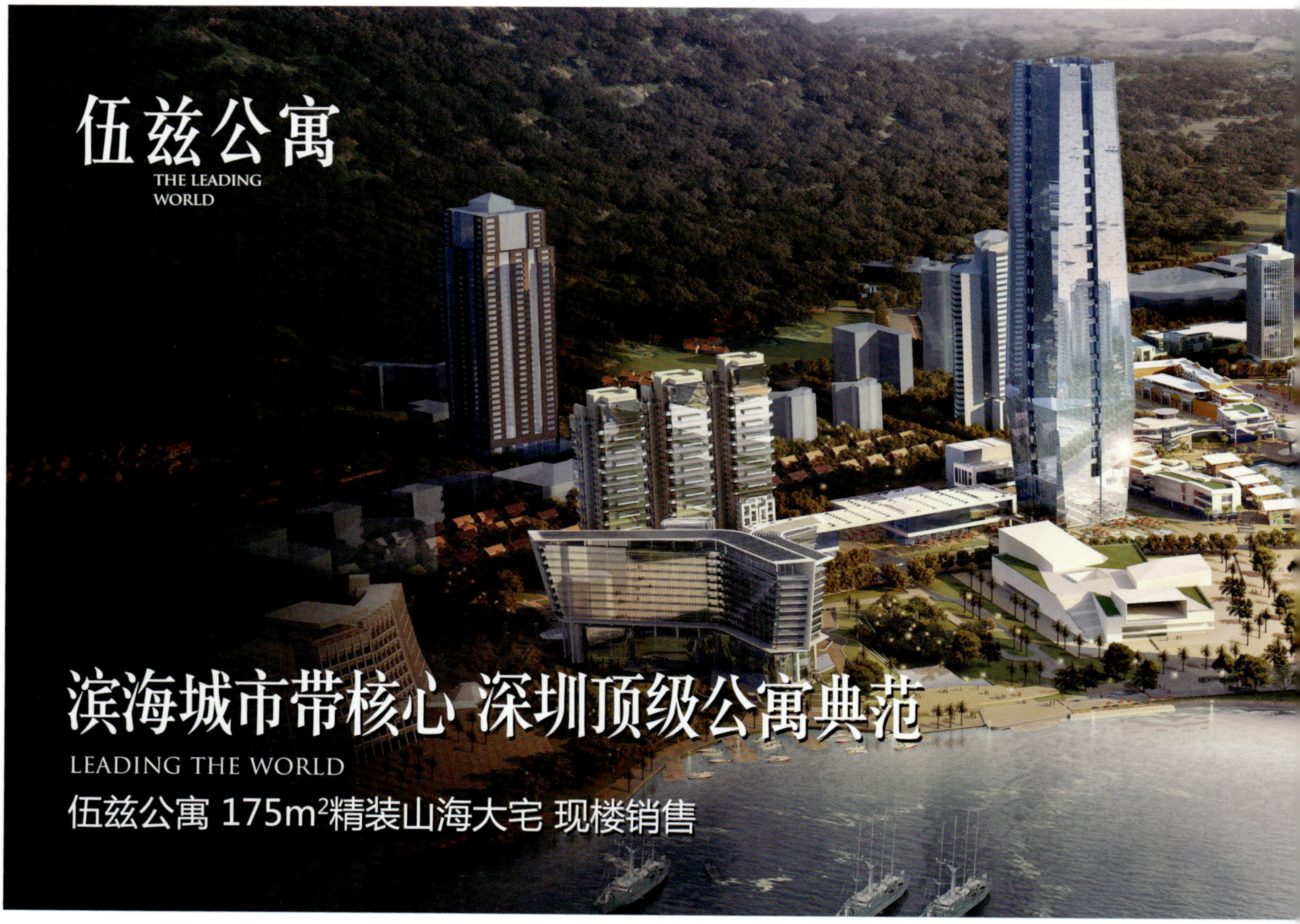

海岸灯塔美筑 顶级精装大宅

Coast lighthouse Beauty Top hardcover house building

不惜工本打造的外墙，构成灯塔般的建筑意趣，夜幕降临时，伍兹公寓犹如灯塔，指引归航的方向。

全屋精装交付，采用汉斯格雅、劳芬、卡德维、海格、莫比克兰等等世界顶尖品牌甚至皇室御用产品。每个细节的不懈追求，成就完美人居艺术。

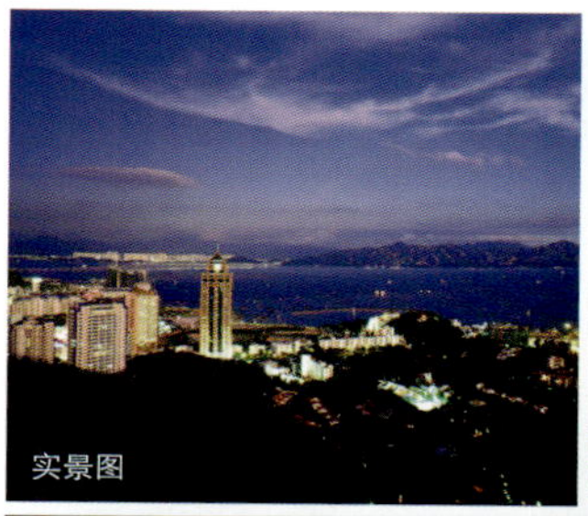
实景图

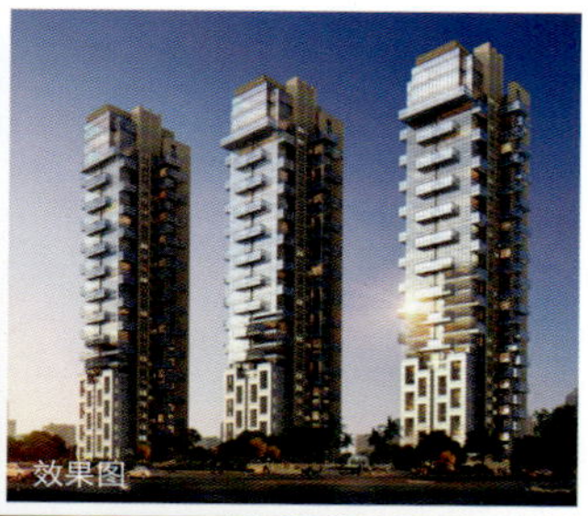
效果图

国际化社区 国际化教育环境

The international community
International Education Environment

四十多个国家近万名国际友人选择在蛇口生活，异国风情和国际化的人文环境，伍兹公寓身处名符其实的“国际人文社区”。

同时深圳80%的国际学校都开设在伍兹公寓附近，深圳蛇口国际学校、科爱赛国际学校、QSI国际学校……提供与世界接轨的高品质教育体系。

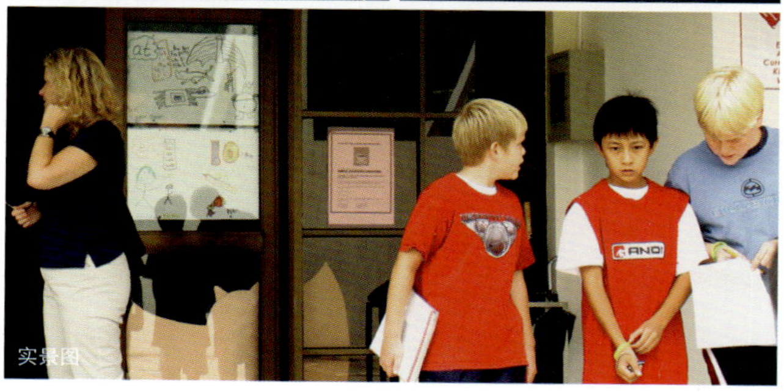
实景图

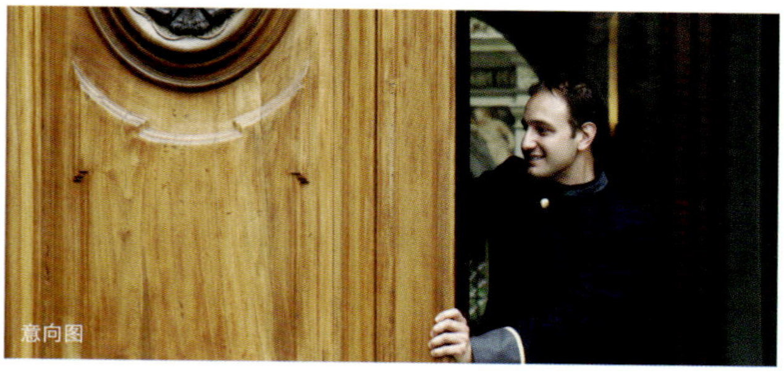
意向图

荷兰白金管家认证 五星级酒店式服务标准

Holland platinum Butler certification
five Stars Hotel service standard

每位伍兹公寓的业主，都将享受到世界最顶尖的服务体系。伍兹公寓的服务体系，将配备获得荷兰“白金管家联盟机构”授徽，取得白金管家资质的专业服务人员，全程提供一对一尊享管家服务。更参考五星酒店的服务体系，为每位业主提供高品质、便捷高效的贵宾礼遇。

招商地产 预约品鉴：400 880 1872 项目地址：深圳·蛇口望海路与工业一路交汇处 整合推广：BLUETIMES 蔚蓝时代

规划效果图

海上世界 世界级配套湾区生活
Sea World Plaza

海上世界美食广场
海上世界广场是海上世界城市综合体的商业核心，计划引入多家米其林餐厅、60%的商户为首登深圳，汇聚20多国的异域美食，提供具滨海特色、主题类、体验式餐饮享受。

招商局广场
蛇口地标建筑，5A甲级写字楼，500强高端商务人群汇聚。

希尔顿酒店
国际五星级酒店，全新概念多元化的商务、会议、美食、休闲及娱乐设施服务。

文化艺术中心
是日本国宝级建筑设计大师桢文彦在中国的首个作品。并引进英国国立维多利亚也阿尔伯特博物馆及新中国第一家私立观复博物馆，打造南中国最具价值和影响力的艺术殿堂。

15公里滨海长廊
深圳最美的海岸线，以海上世界为起点直至红树林，休闲、运动、观景就在家门口。

效果图

效果图

效果图

效果图

效果图

特 区 地 产 开 拓 者

深房集团简介

深圳经济特区房地产（集团）股份有限公司（简称“深房集团”）是深圳市国有控股的上市公司，成立于1980年1月8日，是深圳市最早组建的房地产开发企业之一。公司前身为“深圳经济特区房地产公司”。1992年2月经深圳市政府批准更名为“深圳经济特区房地产总公司”，成为深圳市政府直属的一级企业。同年8月，公司进行了股份制改造。1993年6月，经深圳市人民政府批准，发起设立“深圳经济特区房地产（集团）股份有限公司”。1993年6月9日，首次向社会公众发行股票，同年9月15日在深圳市证券交易所上市，1994年1月10日B股上市挂牌交易，2009年3月26日实现全流通。

和谐 Harmonious / 责任 Liability / 创新 Innovation / 诚信 Sincerity

深房集团曾在中国房地产开发史上创造了多个“第一”。包括：第一个有偿使用国有土地；第一个引入外资合作开发土地；第一个采用楼宇预售手段筹集开发资金；第一个按国际惯例实行建设工程公开招标；第一个成立物业管理公司对开发的楼宇、住宅进行全方位管理；在深圳经济特区举行的第一次土地使用权拍卖会上夺标等，为中国房地产业、深圳特区的经济建设和社会发展作出了巨大的贡献。

在过去的三十多年中，经过深房人的不懈努力，深房集团已经发展成为拥有员工近2000人，以房地产开发与经营为主业，集物业管理与经营、施工与管理、工程监理、酒店经营等多元化经营于一体的企业集团。累计开发高层楼宇60余栋，多层住宅500余栋，花园别墅400余栋，合计竣工面积400多万平方米。

深房集团将始终秉承“专业、敬业、团结、廉洁”的企业精神，大力弘扬卓越文化和精益文化，着力追求“精耕细作、精打细算、精益求精”的工作作风，努力营造“把简单的事做精彩，把重要的事做成功”的良好氛围，尽最大努力打造精品，回馈社会，为房地产市场的发展作出新的贡献。

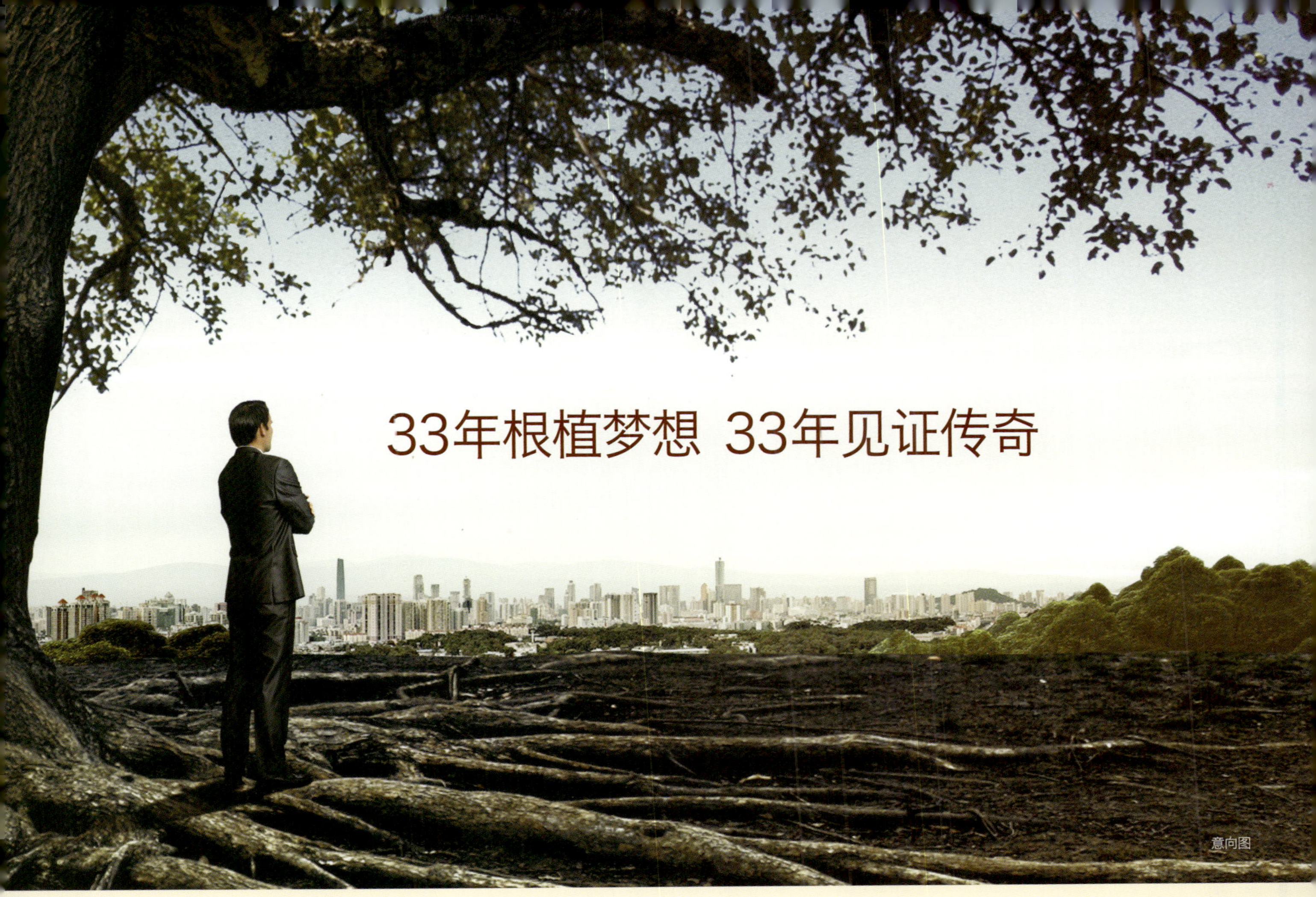

传麒山 深房 KYLIN LEGEND

深房·传麒山位于深圳市光明新区行政中心，北揽56万平方米牛山公园“天然氧吧”，东临光明新区政府，共享黄金中轴广深港高铁“光明站”。项目占地面积90737m²，总建筑面积286303m²，由12栋16层小高层及74套联排别墅组成，容积率2.0，40%高绿化率成就市中心不可多得的低密生态住区。项目以“好房子，深房造”为发展使命，特邀法国、澳大利亚知名设计团队进行建筑规划，巨资打造大师级现代自然园林，匹配国家绿色建筑二星级，深圳绿色建筑金级标准，充分尊重人与自然，生态与科技和谐共生，引领深圳进入生态科技豪宅新时代。

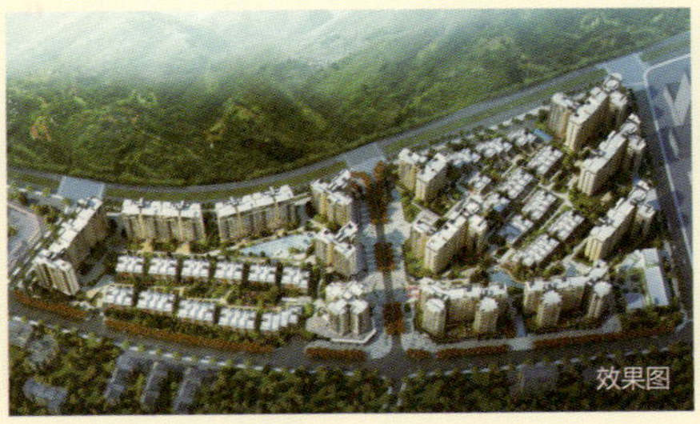

深房 传麒尚林 Legend Scenery

深房·传麒尚林位于龙岗中心城、龙城、坪地三区黄金交汇处，力争打造城市公园住宅新标杆，创建28万㎡深圳青年纯居样本。

项目以“提升城市功能、打造绿色宜居城区”为目标，以“国际公园住宅”为定位方向，巧妙地将高层、联排、叠拼等不同产品形式有机融合，并创新性地设计了“独联体”别墅，打造品质墅区。

项目通过宏大的园林、齐全的配套，为客戶诚献幸福的“城市公园之家”。

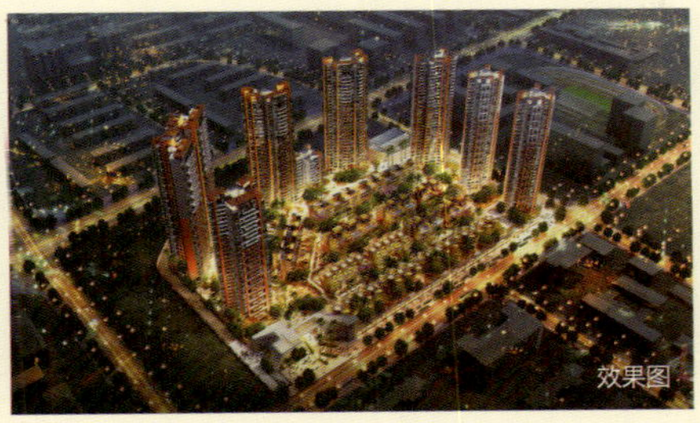

深房·金叶岛

深房·金叶岛位于汕头市长平路尾，是韩江支流新津河出海口处的一个稀缺不可复制的自然冲积岛。金叶岛总占地面积为513亩，已建成欧陆风格单体别墅208幢，联排别墅30套，小高层873套，会所、游艇码头及体育中心等相关配套设施。全岛容积率仅1，绿化率则高达56%，可谓进退从容，俯仰皆绿；在金叶岛，一种超然世外的雅逸生活，衔接着繁华与宁静，财富和品位，相得益彰。

深房·金叶岛以先进的管理模式及良好的品牌形象，为粤东地区的豪宅实践树立了价值标杆，赢得了市场的仰望。

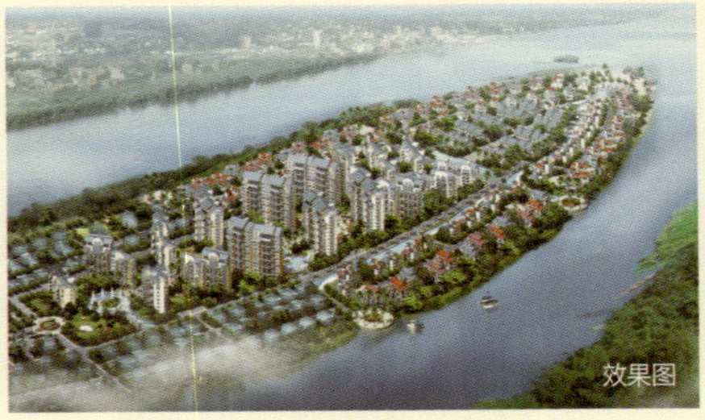

正央 CENTER
新城正央上风地脉
政商名流荟集，人生晋阶福地
正宅 PARK
56万m²一线山景正宅
光明高尔夫专属配套，涵养尊贵生活
传世 LIFE
28万m²首席低密传世墅区
145-180m²家族大宅、双首层山景坡地别墅
传奇 BRAND
32年专业住宅品牌沉淀
再续绿色传奇新篇

28万㎡深圳青年纯居样板
亲近自然
全区负氧离子含量最高的片区之一
近享三大公园
Shenzhen Properties Group
深房集团
投资商/深房集团
营销代理/中原地产

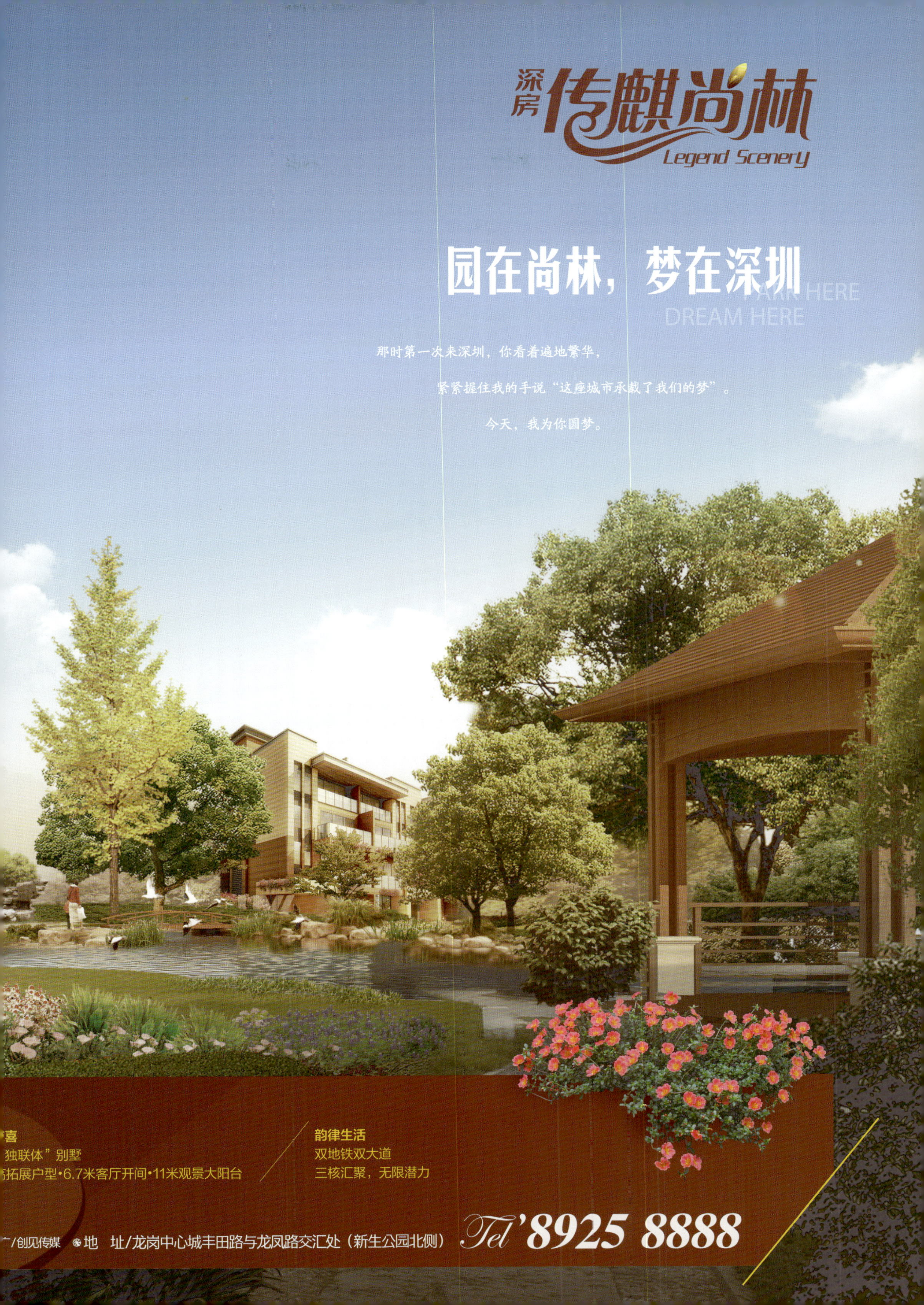
深房
传麒尚林
Legend Scenery
园在尚林，梦在深圳
PARK HERE
DREAM HERE
那时第一次来深圳，你看着遍地繁华，
紧紧握住我的手说“这座城市承载了我们的梦”。
今天，我为你圆梦。
喜
独联体”别墅
拓展户型·6.7米客厅开间·11米观景大阳台
韵律生活
双地铁双大道
三核汇聚，无限潜力
/创见传媒
地　址/龙岗中心城丰田路与龙凤路交汇处（新生公园北侧）
Tel’8925 8888

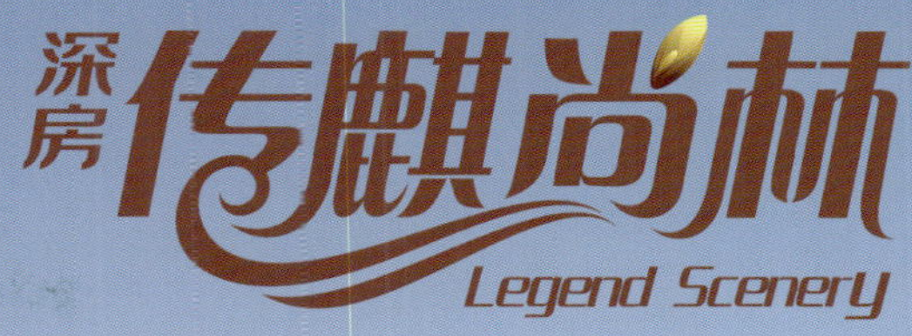

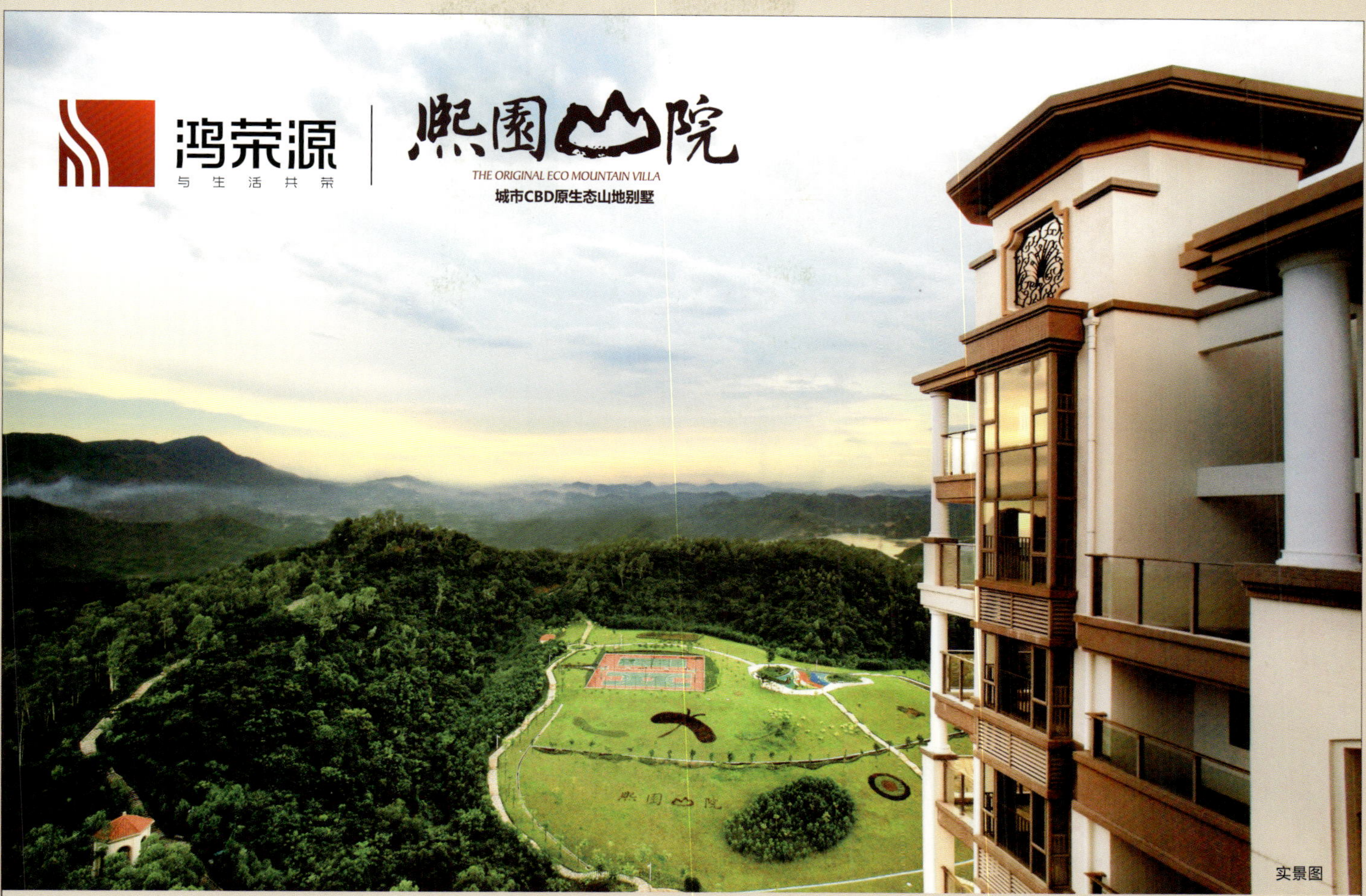

最后揽山楼王 收官钜献

深圳北站CBD 墅级大宅 全城共鉴

作为熙园山院的收官之作，中央别墅区最后一栋高层，不仅同享别墅高贵圈层及配套资源，

包括4万平米的私家园林、双泳池、大型游乐场、高端会所等，

还拥有三面环山的绝佳位置，以及270°无遮挡开阔视野，多重景观享受。

于此，俯瞰一线山景，自由呼吸第一手新鲜负氧离子，尊贵生活不言而喻。

乘物游心 驰骋天下

1. 香蜜湖北，中央别墅区的第一居所
2. 福田CBD之上，深圳北站CBD强势崛起
3. 这里，2015年第2站直达香港九龙
4. 深圳北站，“世界就在脚下”的高铁站
5. 地铁4、5、6号线，就在家门口
6. 当城市CBD有了端头别墅，稀世难求
7. 出则CBD繁华，入则3.5万㎡原生山体公园
8. 鸿荣源，熙园之上的山院生活

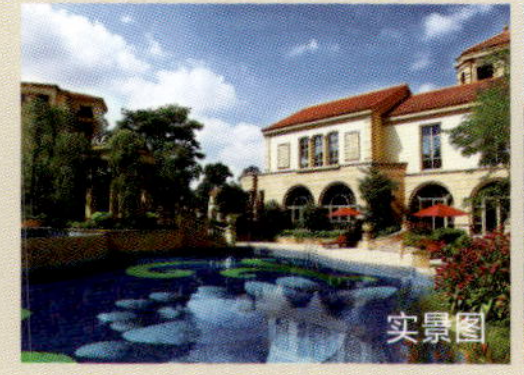

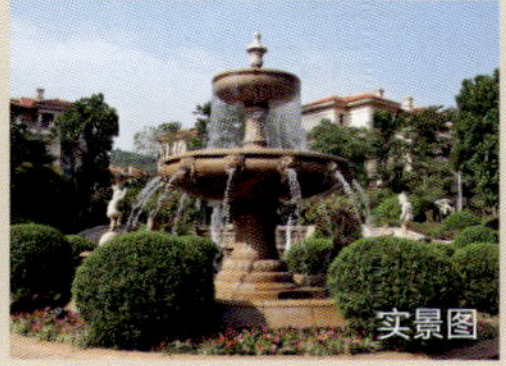

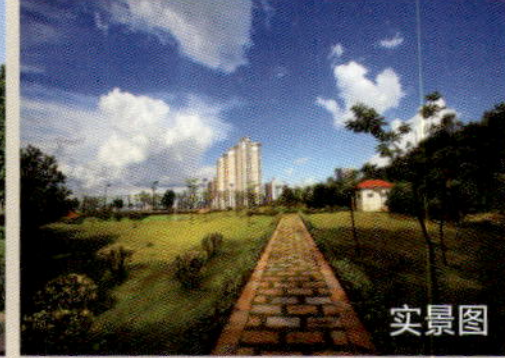

最后揽山楼王 收官钜献

香蜜湖北，中央别墅区的第一居所

香蜜湖北，中央别墅区，是深圳密度最低、最纯粹、别墅规模最大的别墅生活区。熙园山院，作为中央别墅区最后的王者，傲踞“城市新中心”，成为城市领袖争藏入主的第一居所。熙园山院，占据深圳版图的心脏地段，毗邻福田中心区、香蜜湖山姆会员店仅10分钟，距离前海中心、龙岗中心城只需15分钟。伴随新彩隧道、坂银新通道、南坪延长线、龙海大道的建设与开通，20分钟生活圈即可覆盖整个深圳。

福田CBD之上 深圳北站CBD强势崛起

福田中心区已经成熟，前海中心区也炙手可热，而熙园山院所在的深圳北站CBD，凭借先天的地理位置和政府计划投入2000亿重金，将建设成为深圳特区一体化示范城区，未来的深圳第二个福田中心区。

这里，2015年第2站直达香港九龙

2015年即将开通的广深港高铁，从熙园山院家门口的深圳北站出发，第二站可直达香港九龙，只需23分钟车程。每15分钟一班次的高铁频率，将深圳与香港九龙的时间距离拉到从未有过的亲近。

超越，从未有过的超越，尽在熙园山院。

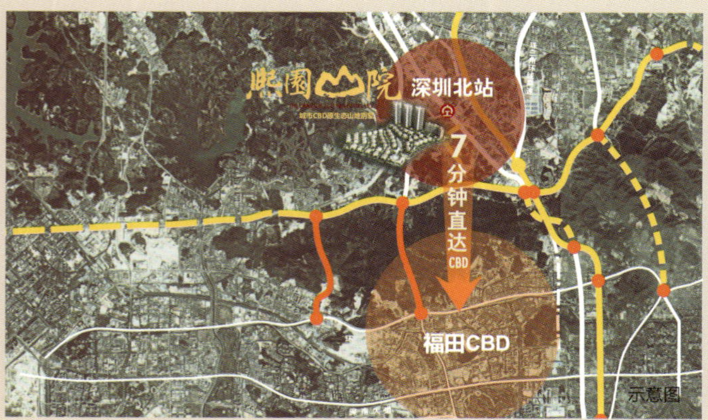

深圳北站“世界就在脚下”的高铁站

中国高铁时代已经来临，预计2015年，全国将形成四横四纵高铁网络，全国50万人口以上的城市，绝大部分将开通高铁，带动高铁城市的集群效应。高铁，改变中国。

深圳北站，作为中国高铁网的南大门，具备深港口岸功能，衔接京广深港高铁，厦深高铁，与地铁4、5、6号线，长途汽车站，公交汽车总站，形成特大型的城市综合交通枢纽。深圳北站，超高起点规划，掌控城市发展的脉搏。

地铁4、5、6号线 就在家门口

深圳北站的建成，正是深圳城市向北扩展的结果。

目前，深圳北站不仅开通了广深高铁，同时还引入了城市轨道地铁4、5、6号线，半小时轻松通达全深圳，无论是行色匆匆赶赴一个商务会晤，或是归心似箭赶回家与家人团聚，抑或是背着行囊去旅行……

于熙园山院的家门口，步行5分钟，即可到达深圳北站，便利尽享。

实景图

中央别墅区 墅级大宅 全城共鉴

实景图

实景图

当城市CBD有了端头别墅 稀世难求

熙园山院，深圳北站CBD的最后半山别墅，绿化率高达40%，容积率1.2，其中别墅区的容积率低至罕见的0.48，是深圳最高比例的端头别墅群，目前已通过深圳市"金级"绿色建筑认证，是深圳市评选出的绿色级别最高的建筑之一，中心繁华与罕见精工兼具，一山易得，熙园山院此后难寻。

出则CBD繁华，入则3.5万m^2原生态山体公园

熙园山院不仅位居城市中心，拥享城市繁盛，更拥有城市不可再生的原生态森林公园——塘朗山、银湖山和羊台山森林公园，占有城央86%生态环境。于此之上，同时私享3.5万m^2山体公园，真正的出则繁华、入则宁静，他处无可比拟。

鸿荣源——熙园之上的山院生活

"豪宅专家"鸿荣源每一次出品，均是高端人居标准的一次重新定义，2003年，鸿荣源以香蜜湖·熙园一举开创城市豪宅之先河。如今，熙园山院，集鸿荣源集团22载豪宅开发之大成，传承香蜜湖·熙园精工品质与纯正豪宅血统，实现从城市豪宅到城市别墅的华丽转身，历经数年潜心磨砺，携手荷兰国际管家服务，再造深圳顶级豪宅传奇。

效果图

鸿荣源 与生活共荣 2930 8888 中国深圳·香蜜湖北·深圳北站旁

据媒体报道：广深港高铁计划于2015年开通

品质物业 精彩生活

深物业集团秉承"品质物业，筑恒久经典；精彩生活，建生态家园"的开发理念，执着"至臻服务，至善管理"的管理法则，植根深圳，强势打造深港都会系列精品楼盘，为城市提供精美艺术品，为客户提供优美居住空间。依托房地产主业优势，深物业集团立足珠三角、辐射长三角、放眼全中国，科学定位、精心设计，紧跟市场需求，不断推陈出新，开发出多个中高端房地产项目；在做大做强主业的同时，物业管理、物业租赁、出租汽车运营、餐饮服务、仓储、工程监理等辅业取得稳健发展；深物业集团主业与辅业"双轮"并驾齐驱的发展态势，全面提升了企业品牌和企业竞争力。

深物业·新华城（深圳）

深物业·彩天怡色（深圳）

深物业·深港1号（深圳）

深物业·廊桥国际（深圳）

深物业·金领假日（深圳）

深物业·新华城（深圳）

深物业·彩天怡色（深圳）

深物业·深港1号（深圳）

深物业·廊桥国际（深圳）

深物业

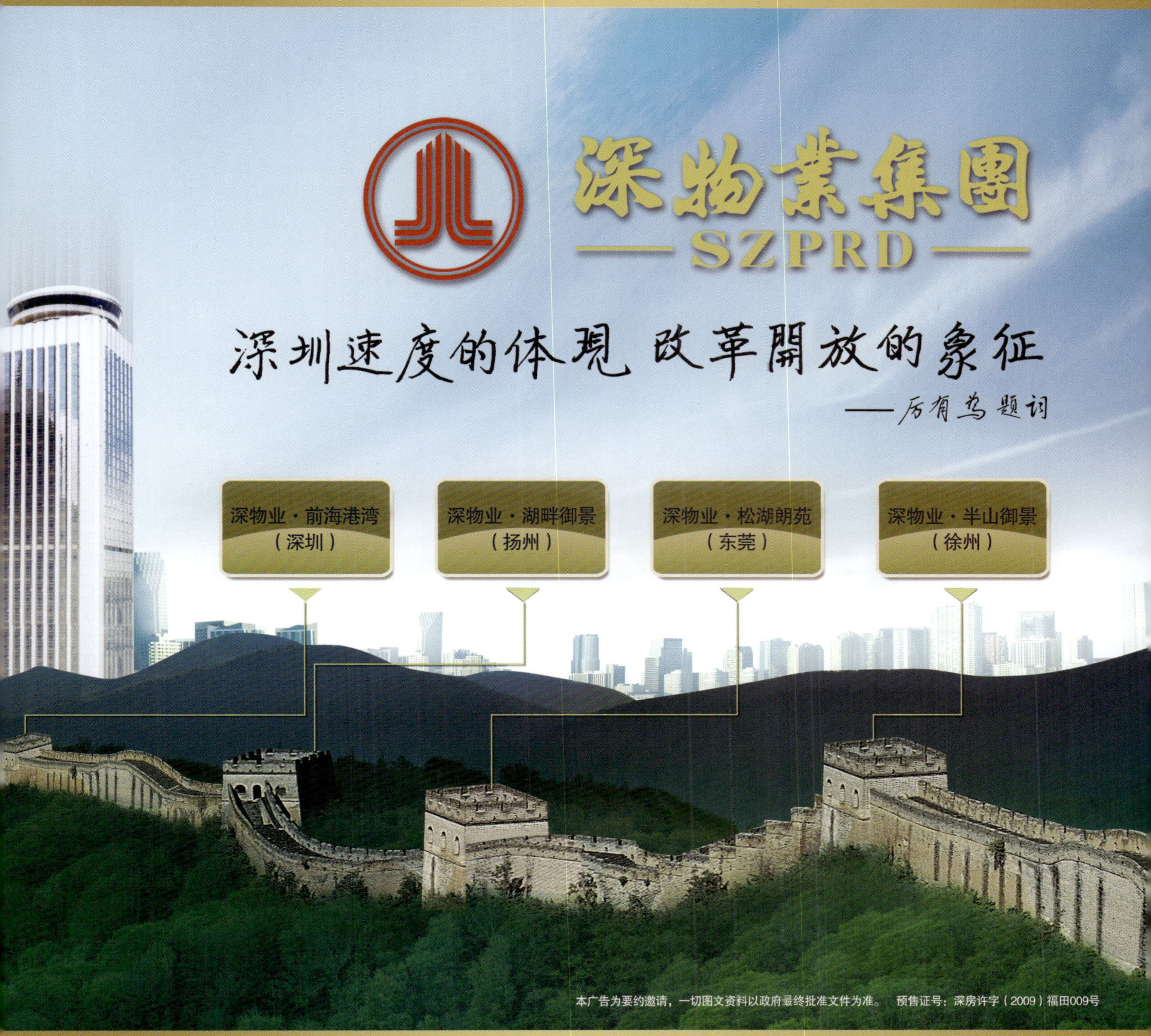
深物業集團
SZPRD
深圳速度的体現 改革開放的象征
——厉有为题词
深物业·前海港湾
（深圳）
深物业·湖畔御景
（扬州）
深物业·松湖朗苑
（东莞）
深物业·半山御景
（徐州）
本广告为要约邀请，一切图文资料以政府最终批准文件为准。 预售证号：深房许字（2009）福田009号

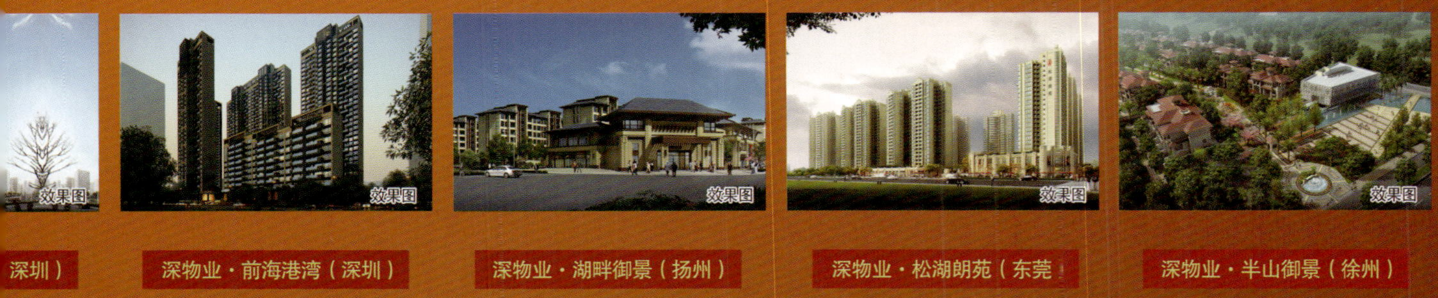
效果图
深圳）
效果图
深物业·前海港湾（深圳）
效果图
深物业·湖畔御景（扬州）
效果图
深物业·松湖朗苑（东莞
效果图
深物业·半山御景（徐州）

CITY
深港系
SHENZHEN
HONGKONG
STYLE
CUBE

CITY CUBE

深物业
廊桥国际
深港跨境求学最佳居所
• 深港跨界商业体

深物业(集团)·皇城地产

◆ 金地天宇一号作品 ◆ 500亩一线鹭湖 ◆ 缔筑南中国豪宅标杆

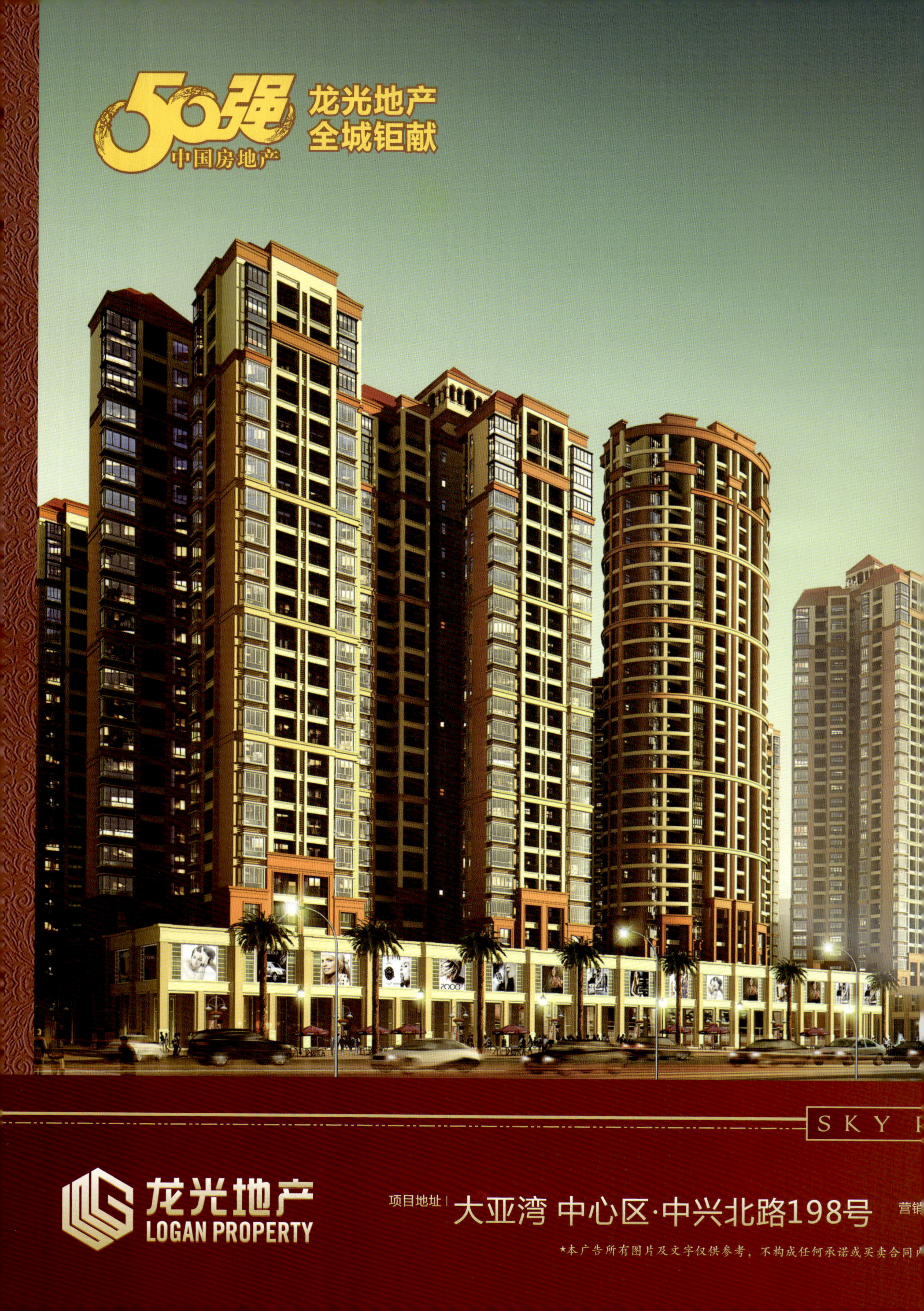

50强
中国房地产
龙光地产
全城钜献
SKY
龙光地产
LOGAN PROPERTY
项目地址
大亚湾 中心区·中兴北路198号
*本广告所有图片及文字仅供参考，不构成任何承诺或买卖合同

双中心 至低价 均价3800元/m²

2期组团火热销售中

绝版地段优势	占据都市中心大亚湾中心区仅有豪宅用地，拥山而居，依水而筑；
稀缺环境优势	坐拥22平方公里中心美地，吐纳山水纯氧精华，坐拥四大公园；
超低密度优势	中心区整体容积率指标超低，30万m²大社区，轻松拥有纯熟生活；
罕有绿化优势	在9万余m²的用地上尊享3万m²的园林，户绿化率达35%；
创新产品优势	创新户型空间，创新前庭后院，鲜花簇拥的阳光车库；
组团园林优势	皇室三大景区再现秘境风情，景物各异，情怀相同；
高端配套优势	尽享中心区政治、商务、商业、公园等高端配套；
一流物管优势	龙光物业担纲社区物管，让社区时刻弥漫幽雅尊贵之气。

LACE

中原地产 整合推广 | LION 品际中国

龙庭热线：+86-752 5550088

政府最后核准之图则及法律文件为准，最终解释权归开发商所有。

效果图

深圳中心　你的完美都会生活平台

丰富的公共艺术品
5分钟都会生活圈
无时差国际时尚
500个品牌500种生活方式
国际学校
文天祥纪念馆
设计艺术中心
云端会所
超甲级写字楼
城市高端住宅天元
800米品牌森林大街
30万平米商业ONE AVENUE
140万平米综合街区

140万平米综合街区
全球都会新中心

位于城市地理和功能双核心的深圳中心，致力于让中心价值不断进化，于5分钟可达的格局中，以复合型街区独创“紧缩都会模式”，为城市带来资源的汇聚与人生的丰盛。

中央大街　第一时间邂逅全球时尚

30万平米商业规模，500个国际品牌，尽在800米品牌森林大街。多座独立奢侈品旗舰店落户其中，在5分钟生活半径中，尽享500种都会生活方式。

公共空间　艺术弥漫的都市艺廊

营造文天祥纪念馆、艺术中心，数十个文化广场等公共空间，成为国际时尚秀、音乐会、首映式、创意市集等活动上演的第一现场。特配国际小学和幼儿园，搭建世界学子的交流平台。

甲级写字楼　全球企业总部首选

350米中心地标建筑，首次采用双轿厢电梯技术，提升办公效率。16套“企业会馆”，1万平米云端CEO CLUB，第一时间参与财智游戏，第一时间分享成功的喜悦。

全球伙伴　100个国际团队联袂，只为一座深圳中心

SOM

四季山水
新世界
SEASONS

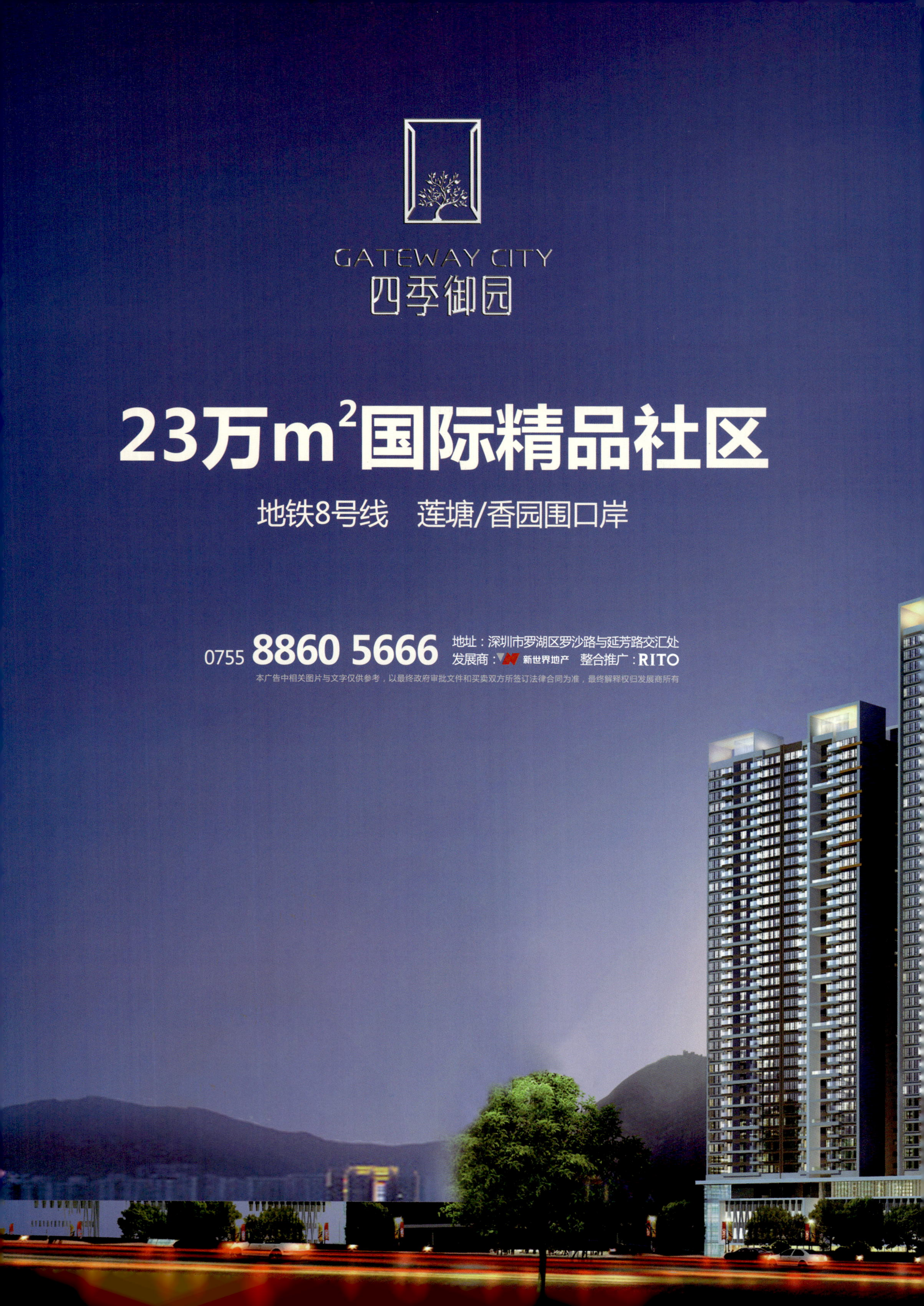
GATEWAY CITY
四季御园
23万m²国际精品社区
地铁8号线　莲塘/香园围口岸
0755 8860 5666
地址：深圳市罗湖区罗沙路与延芳路交汇处
发展商：新世界地产　整合推广：RITO
本广告中相关图片与文字仅供参考，以最终政府审批文件和买卖双方所签订法律合同为准，最终解释权归发展商所有

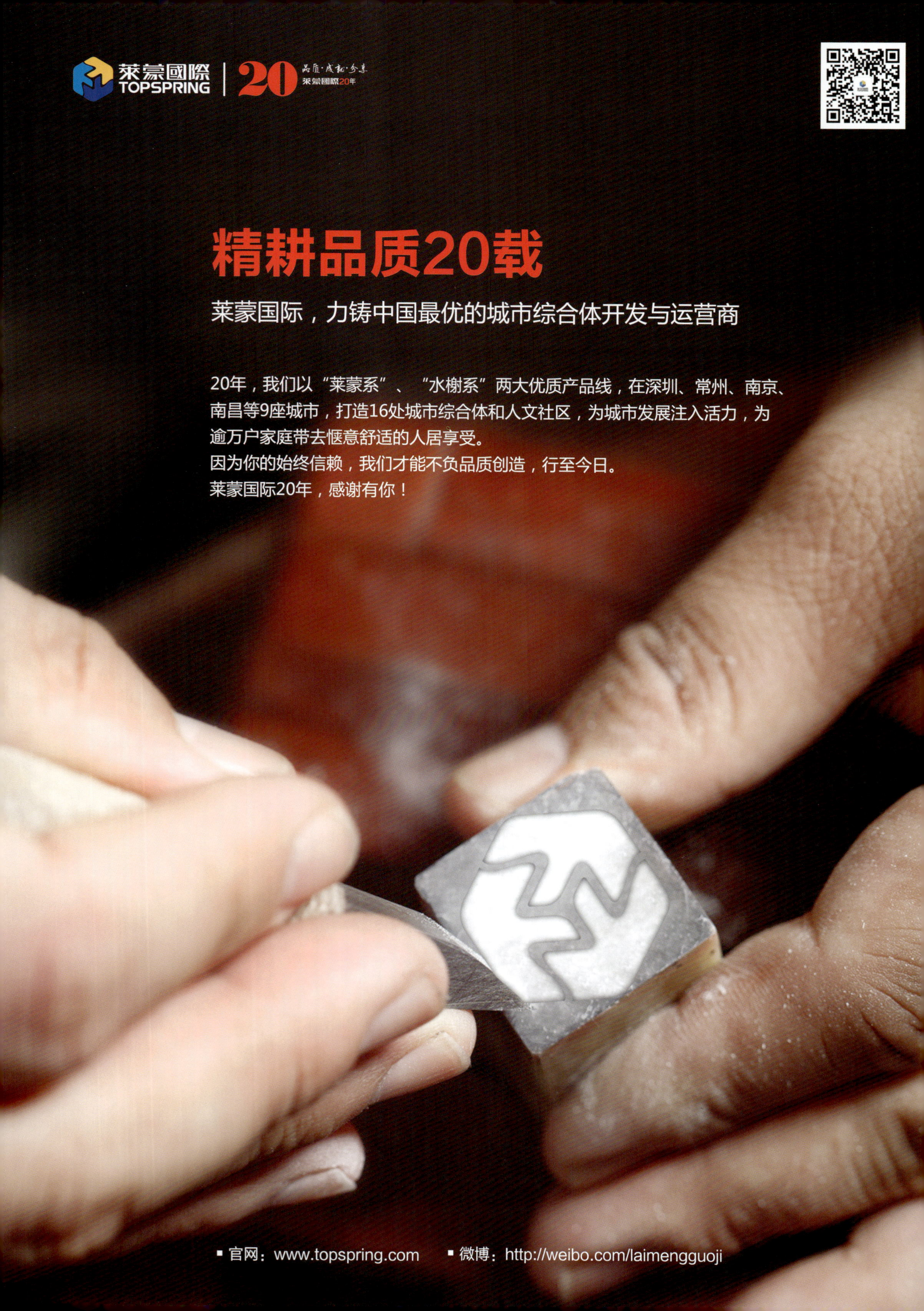
萊蒙國際
TOPSPRING
20
萊蒙國際20年
精耕品质20载
莱蒙国际，力铸中国最优的城市综合体开发与运营商
20年，我们以“莱蒙系”、“水榭系”两大优质产品线，在深圳、常州、南京、南昌等9座城市，打造16处城市综合体和人文社区，为城市发展注入活力，为逾万户家庭带去惬意舒适的人居享受。
因为你的始终信赖，我们才能不负品质创造，行至今日。
莱蒙国际20年，感谢有你！
官网：www.topspring.com
微博：http://weibo.com/laimengguoji

2013

《深圳房地产年鉴》编辑委员会　编

深圳房地产年鉴

深圳报业集团出版社
SHENZHEN PRESS GROUP PUBLISHING HOUSE

国信证券营业一部
京基100
全球招租
寰宇大酒店
UNIVERSAL HOTEL
环宇家私
寰宇大酒店

编辑单位：深圳市规划和国土资源委员会
编著单位：深圳房地产年鉴编辑委员会
协办单位：深圳招商房地产有限公司
深圳经济特区房地产（集团）股份有限公司

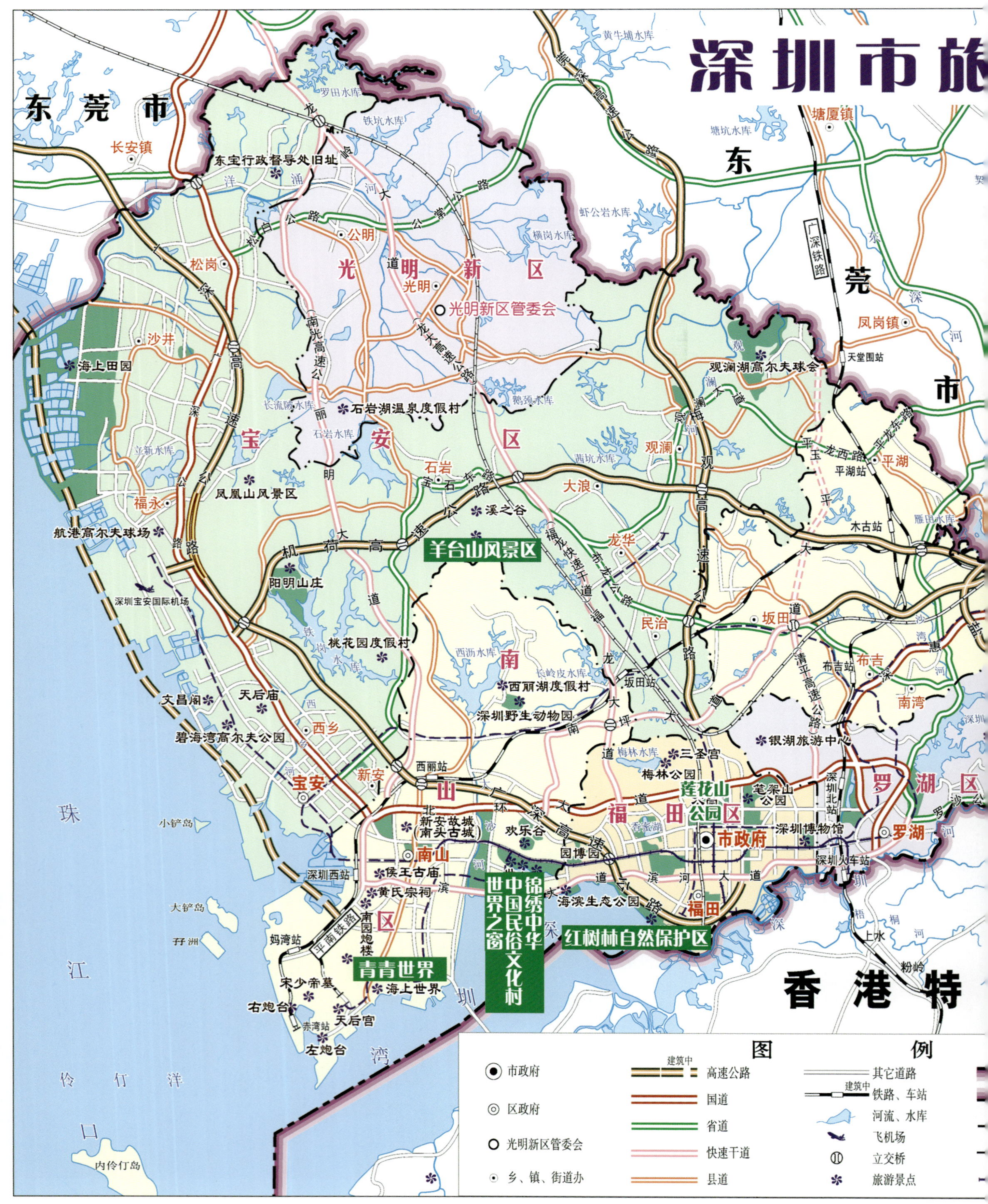

深圳市旅
东莞市
东莞市
长安镇
塘厦镇
凤岗镇
黄牛埔水库
罗田水库
铁坑水库
塘坑水库
虾公岩水库
横岗水库
东宝行政督导处旧址
松岗
公明
光明新区
光明
光明新区管委会
沙井
海上田园
长流陂水库
石岩湖温泉度假村
石岩水库
鹅颈水库
立新水库
宝安区
石岩
大浪
观澜
茜坑水库
观澜湖高尔夫球会
天堂围站
平湖
平湖站
木古站
雁田水库
福永
凤凰山风景区
溪之谷
航港高尔夫球场
羊台山风景区
龙华
阳明山庄
深圳宝安国际机场
民治
坂田
布吉
布吉站
南湾
桃花园度假村
西沥水库
长岭皮水库
西丽湖度假村
坂田站
深圳野生动物园
银湖旅游中心
文昌阁
天后庙
西乡
碧海湾高尔夫公园
梅林水库
三圣宫
梅林公园
莲花山公园
笔架山公园
宝安
新安
西丽站
南山区
福田区
罗湖区
小铲岛
新安故城（南头古城）
欢乐谷
市政府
深圳博物馆
罗湖
南山
园博园
深圳火车站
深圳西站
侯王古庙
黄氏宗祠
海滨生态公园
福田
大铲岛
孖洲
南园炮楼
锦绣中华
中国民俗文化村
世界之窗
红树林自然保护区
妈湾站
平南铁路
青青世界
宋少帝墓
海上世界
右炮台
赤湾站
天后宫
左炮台
珠江口
伶仃洋
深圳湾
内伶仃岛
上水
粉岭
香港特
图例
市政府
区政府
光明新区管委会
乡、镇、街道办
建筑中
高速公路
国道
省道
快速干道
县道
其它道路
铁路、车站
河流、水库
飞机场
立交桥
旅游景点

游交通图
行政区
惠州市
坪山新区
龙岗区
盐田区
比例尺 1:330 000
6600m 3300m 0 3300m
香港特别行政区界
地级界
县级界
新区界
地铁及建筑中地铁
新圩镇
沙田镇
沙田水库
秋长
淡水
惠阳
澳头
白寿湾
纯洲
大亚湾
喜洲
坪地
清林径水库
吉坑世居
龙岗革命纪念碑
龙平公路
龙岗
龙城
大田世居
龙岗植物园
丰田世居
谭仙庙
坑梓
荣田世居
盘龙世居
松子坑水库
坪山新区管委会
坪山
大万世居
铜锣径水库
矿山水库
马峦山风景区
赤坳水库
三洲田水库
东部华侨城
园山风景区
山海大观
红花岭水库
葵涌
罗屋田水库
谭仙古庙
白沙湾
坳仔湾
坝光风景区
径心水库
东江纵队司令部旧址
东江纵队北上抗日纪念处
溪冲工人度假村
小梅沙海滨旅游中心
大梅沙海滨公园
梧桐山风景区
盐田
明思克航母世界
中英街历史博物馆
吉澳
平洲
往湾岛
赤岛
船湾淡水湖
大鹏湾
大鹏
大鹏所城
东山寺古庙
岭澳水库
打马坜水库
咸头岭沙兵遗址
龙岩寺
金水湾度假村
深圳海滨乡村俱乐部
狮子湾
金沙湾海滨度假区
深圳青少年度假村
浪骑游艇会
天后古庙
南澳海滨旅游中心
桔钓沙湾
盆仔湾
南澳
香车水库
七娘山风景区
西涌湾
西涌风帆游艇休憩区
赖氏洲
天后宫（妈祖庙）
大三门岛
南海

OCT 華僑城地产

实景拍摄

27年长镜头 道不尽生活各个段落

实景拍摄

岁月滋养6平方公里优质生活土壤，
春泥新发，燕鸣花开，厚植根脉。
华侨城，集成中国优质生活全方位元素，
美术、雕塑、园艺、高尔夫、民俗、建筑……
以文化史诗巨作的脚本需求布置了各个场景。

实景拍摄

展示空间实景拍摄

展示空间实景拍摄

深圳机场地产

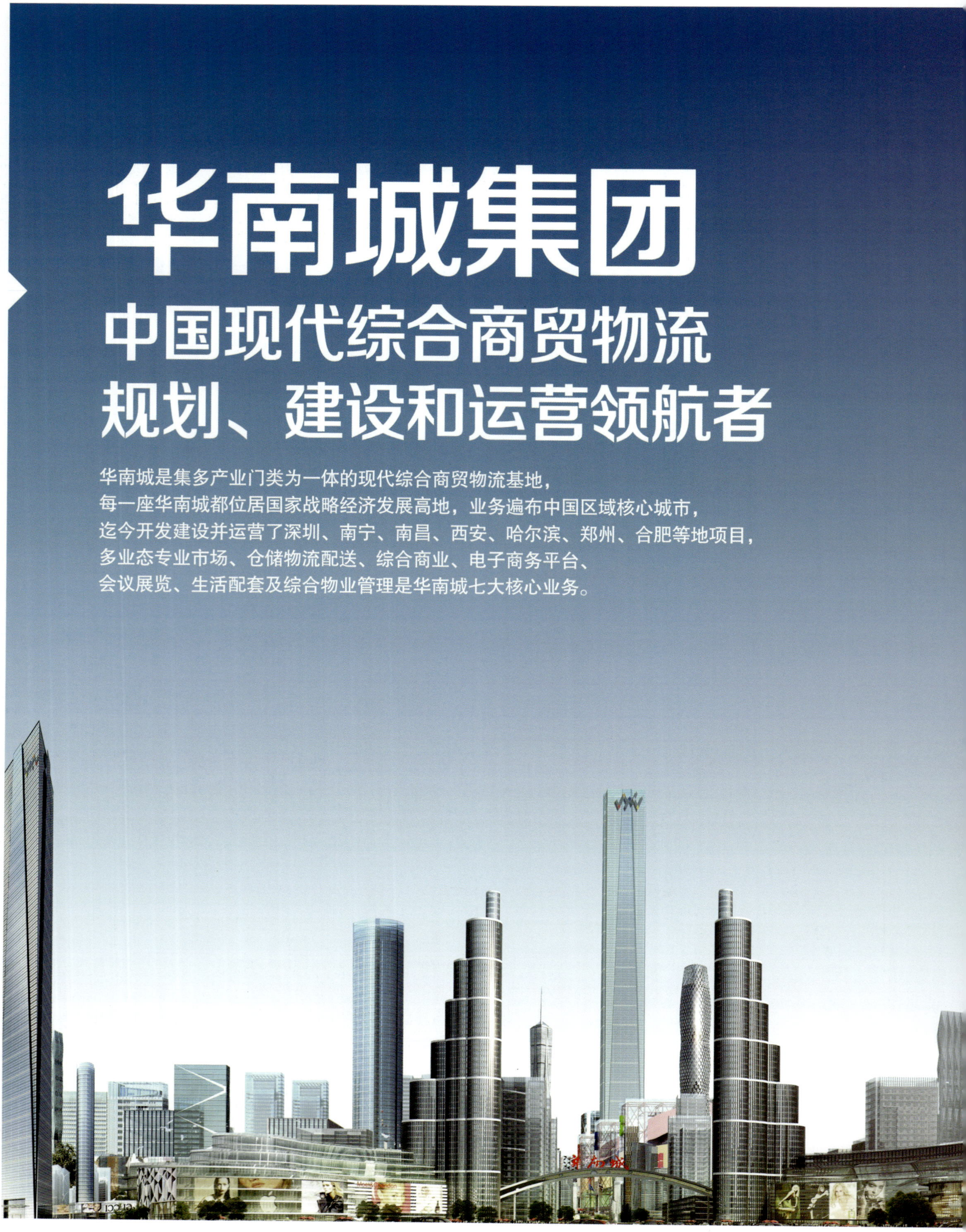
华南城集团
中国现代综合商贸物流
规划、建设和运营领航者
华南城是集多产业门类为一体的现代综合商贸物流基地，
每一座华南城都位居国家战略经济发展高地，业务遍布中国区域核心城市，
迄今开发建设并运营了深圳、南宁、南昌、西安、哈尔滨、郑州、合肥等地项目，
多业态专业市场、仓储物流配送、综合商业、电子商务平台、
会议展览、生活配套及综合物业管理是华南城七大核心业务。

香港咨询处：
香港九龙尖沙咀广东道15号港威大厦永明金融大楼22楼2205-07室
Suites 2205-07, 22/F Sunlife Tower, The Gateway, 15 Canton Road, TST, HK
电话 Tel:852-3188 3118　　传真 Fax:852-3188 1323

集团总部地址：
中国深圳市龙岗区平湖华南大道一号(邮编：518111)
No.1 Hua Nan Main Road, Pinghu, Longgang District, Shenzhen, PRC
电话 Tel:86-755-2849 8888-8108　　传真 Fax:86-755-6126 6518

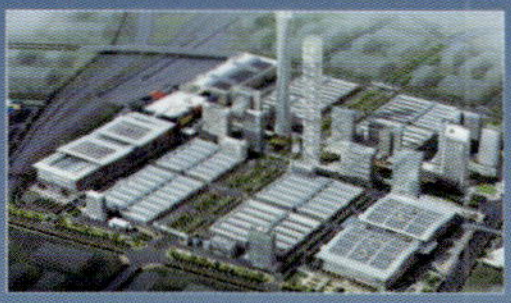

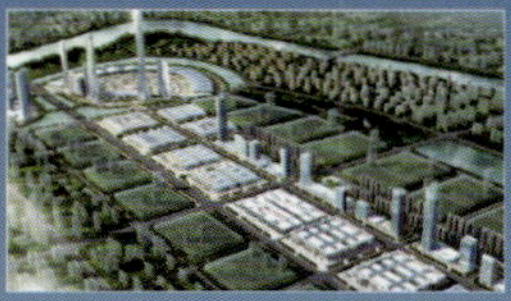

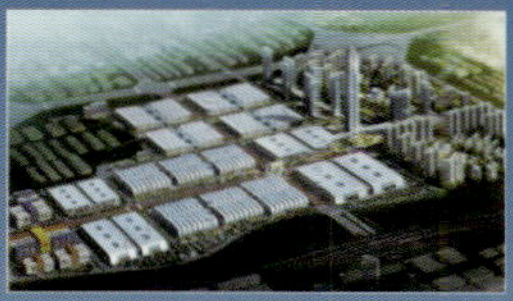

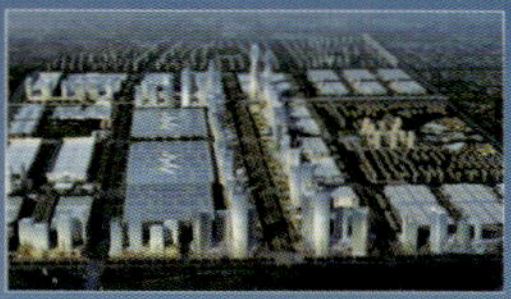

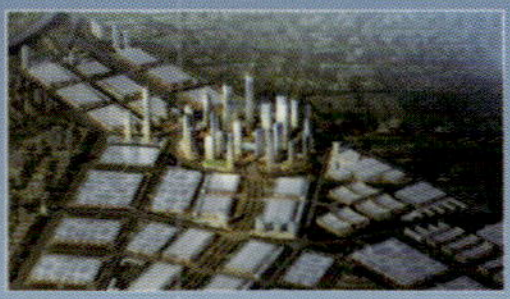

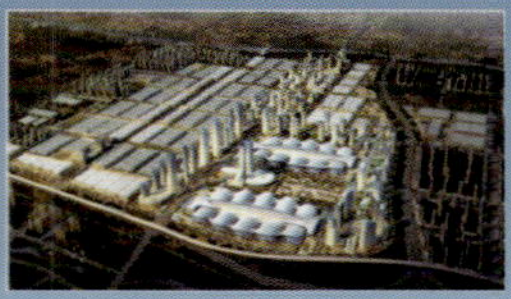

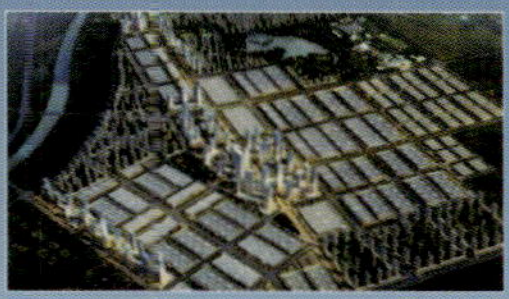

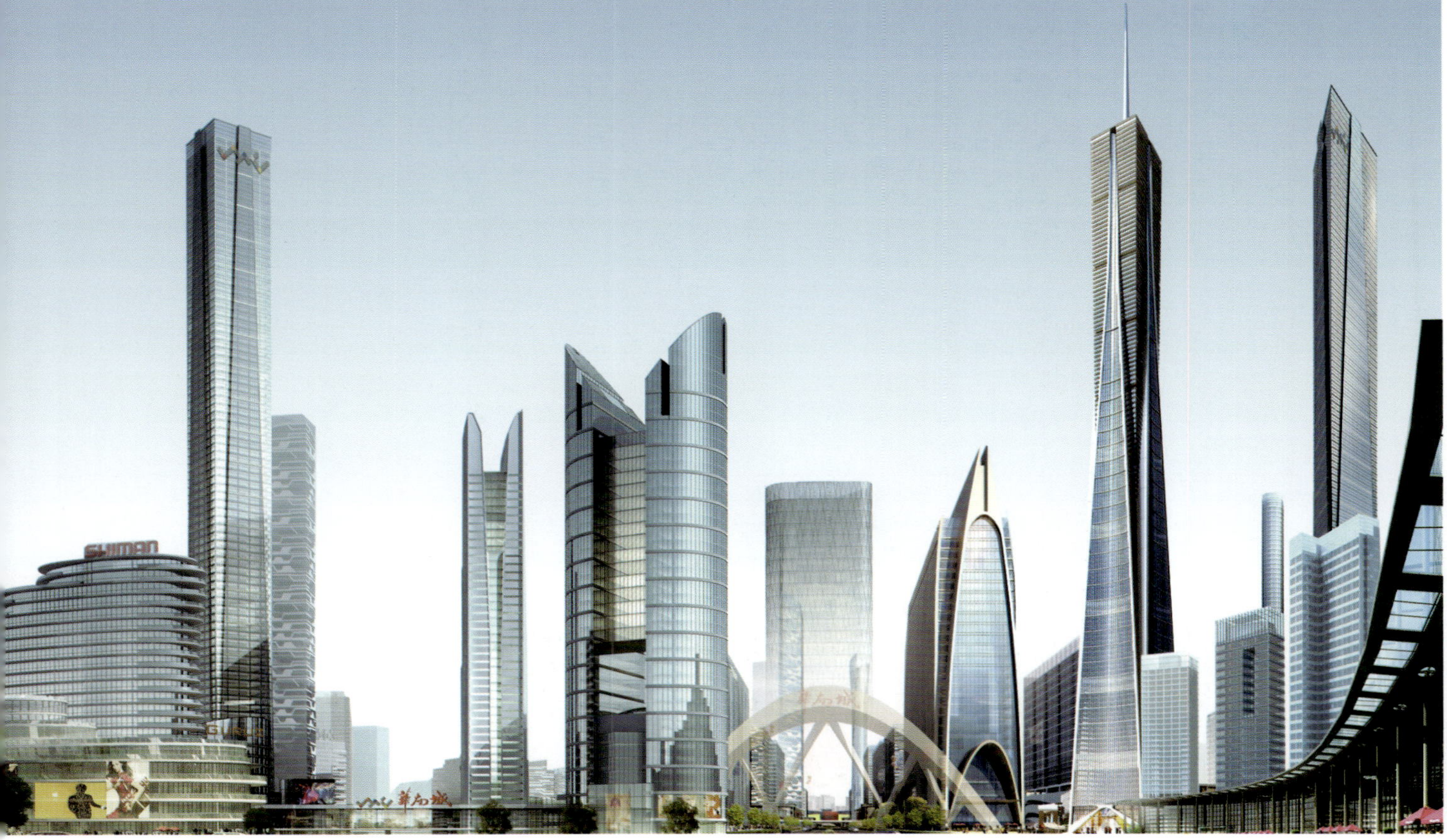

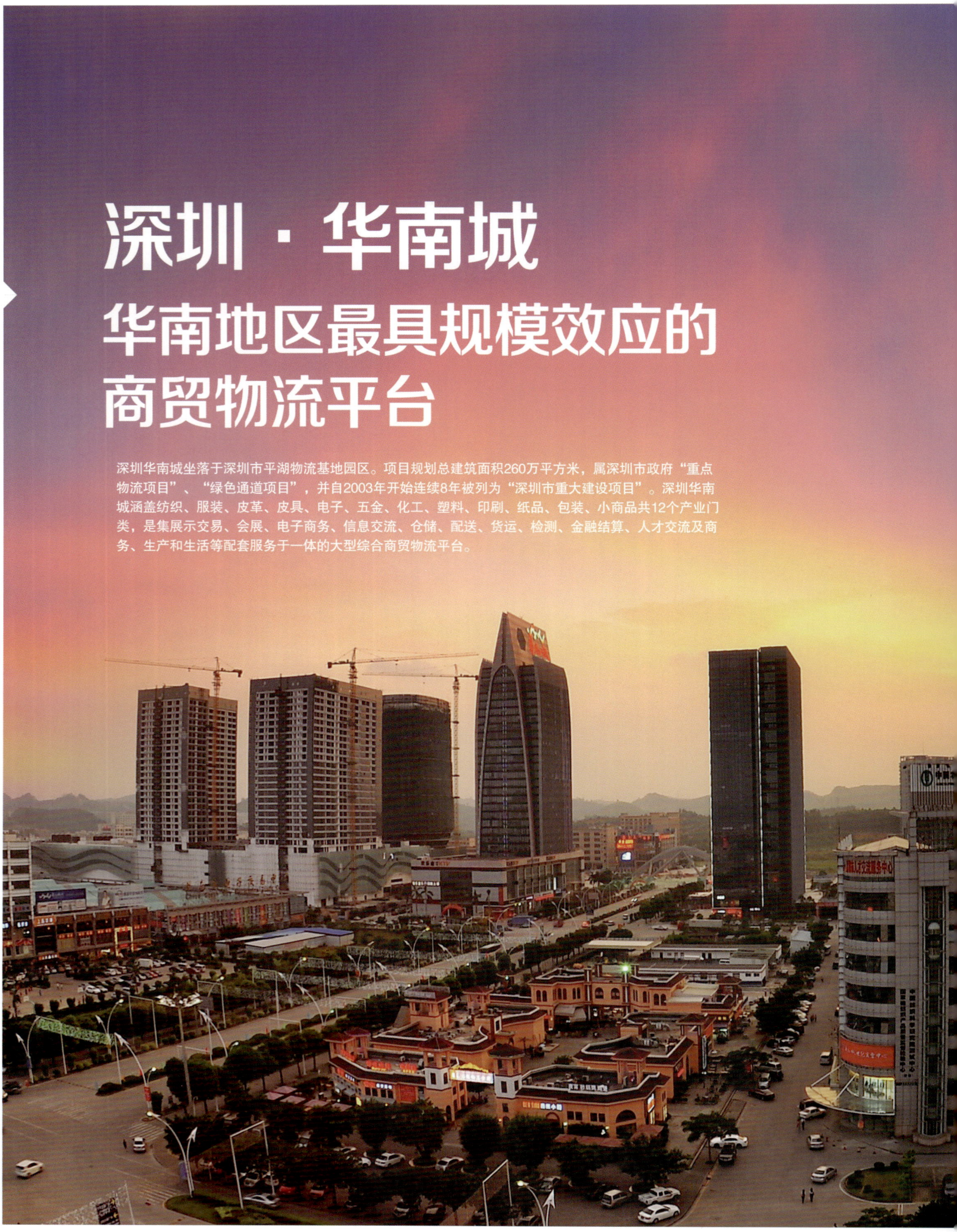
深圳·华南城
华南地区最具规模效应的商贸物流平台
深圳华南城坐落于深圳市平湖物流基地园区。项目规划总建筑面积260万平方米，属深圳市政府“重点物流项目”、“绿色通道项目”，并自2003年开始连续8年被列为“深圳市重大建设项目”。深圳华南城涵盖纺织、服装、皮革、皮具、电子、五金、化工、塑料、印刷、纸品、包装、小商品共12个产业门类，是集展示交易、会展、电子商务、信息交流、仓储、配送、货运、检测、金融结算、人才交流及商务、生产和生活等配套服务于一体的大型综合商贸物流平台。
华南城
China South City
客服热线 400 789 1668
www.csc86.com

佳兆业集团|香港联交所主板上市企业 股票代码1638

佳兆业地产

大鹏国际半岛
深圳新30年价值视野

KPR 佳兆业广场 深圳
Kaisa Peninsula Resort

伊比利亚半岛、希腊半岛、马来半岛，发生在每一个全球半岛的价值上扬曲线，正于大鹏国际半岛再现

伊比利亚半岛成为每年上亿游客的集聚地；希腊半岛，雅典卫城伯特农神庙，见证文明原点的历史震撼；马来半岛以新加坡、吉隆坡为依托；纵观这些国际半岛，不难发现，它们普遍具备着国际大都会的天赋背景。那么，对于深圳大鹏国际半岛来说，其不仅占据着深圳、香港为焦点的珠三角城市带，更是凭其良好的区位吸纳全球各地的游客，而且其三面环海，拥有独特的山海风光、旅游资源、丰富的人文资源，明显的区位优势和巨大的旅游发展潜力已然注定，发生在每一个全球半岛的价值上扬曲线，必将由此再现。

实景拍摄

千亿巨资投入
10大类55个重点项目全线开启
史无前例的政策青睐
定论无可同比的前景优势

如今，在政府指导、规划与重金投入下，大鹏国际半岛已成为深圳最热的投资片区之一。2012年政府在大鹏国际半岛投资781亿，建设10大类55个重点项目。截止2013年，片区累计计划投资逾3000亿。 而纵观深圳，蛇口未来500亿规划中的楼盘卖8万天价，大梅沙260亿高端配套之上新盘单价2.5万，而大鹏国际半岛无论是资金投入还是建设规模，都比其他区域高出数倍，史无前例的政策青睐，使得大鹏国际半岛拥有无可同比的前景优势。

深圳唯一
世界级滨海生态旅游度假区
全面超越既有的所有
标定大鹏国际半岛发展高位

至此，或许很多人感到疑惑的是，为什么是大鹏国际半岛而非大梅沙、大亚湾？在资源环境上，大鹏国际半岛占有7大山，拥有600多年历史的“大鹏所城”，拥有133公里中国最美的八大海岸线之一，是44倍于大小梅沙的海阔联想。同时，还拥有36公里自行车绿道，这样一个全新的片区、国际级的片区，更是目前唯一未被炒作、未来空间最大的片区，必将全面超越既有，重新定义滨海生态度假新生活！

效果图

3 / 生态绿色高尚豪宅，丰盈配套成就自在生活

项目共分三期开发，其中住宅总建筑面积约20万平米，以绿色高尚住宅为规划理念，产品线丰富。同时设有幼儿园、物业管理用房、文化室、居委会、服务站、邮政所等生活配置。

示意图

效果图

/ 地铁上盖物业，织就便利交通网

目紧邻省级干道松白公路、
轨道交通六号线公明广场站约100米，
离南光高速公路出口约两公里，
离龙大高速公路出口约2.5公里，交通极为便捷。

4 / 片区首个集购物、休闲、娱乐为一体的一站式商业中心

项目将以完善的商业配套，良好的购物环境，丰富的商业业态以及整体档次的提升，满足片区一站式消费的商业需求，未来势必成为公明核心商圈升级的标志性项目和代名词。

121-220m² 时光之选

百年经典 ArtDeco建筑
2.9超低容积率，双园林、双泳池续写品质生活
深港中轴，区域商业、交通、配套、产业再升级
龙海大道接驳前海、南山、宝安，优势共享
佐阾购物中心开启在即，1866佐阾荟蓄势将至
金牌户型大奖、绿色建筑大奖造龙华人居新坐标

要么见证，
要么投身这个时代。
地址：深圳龙华新城梅龙路与民兴路交汇处
销售代理：世联地产　整合推广：主观广告
绿景集团
LVGEM
精诚 持续提升城市生活
TEL 2918 8888
诚邀您扫描右侧二维码，关注1866官方微信，了解项目最新动态。

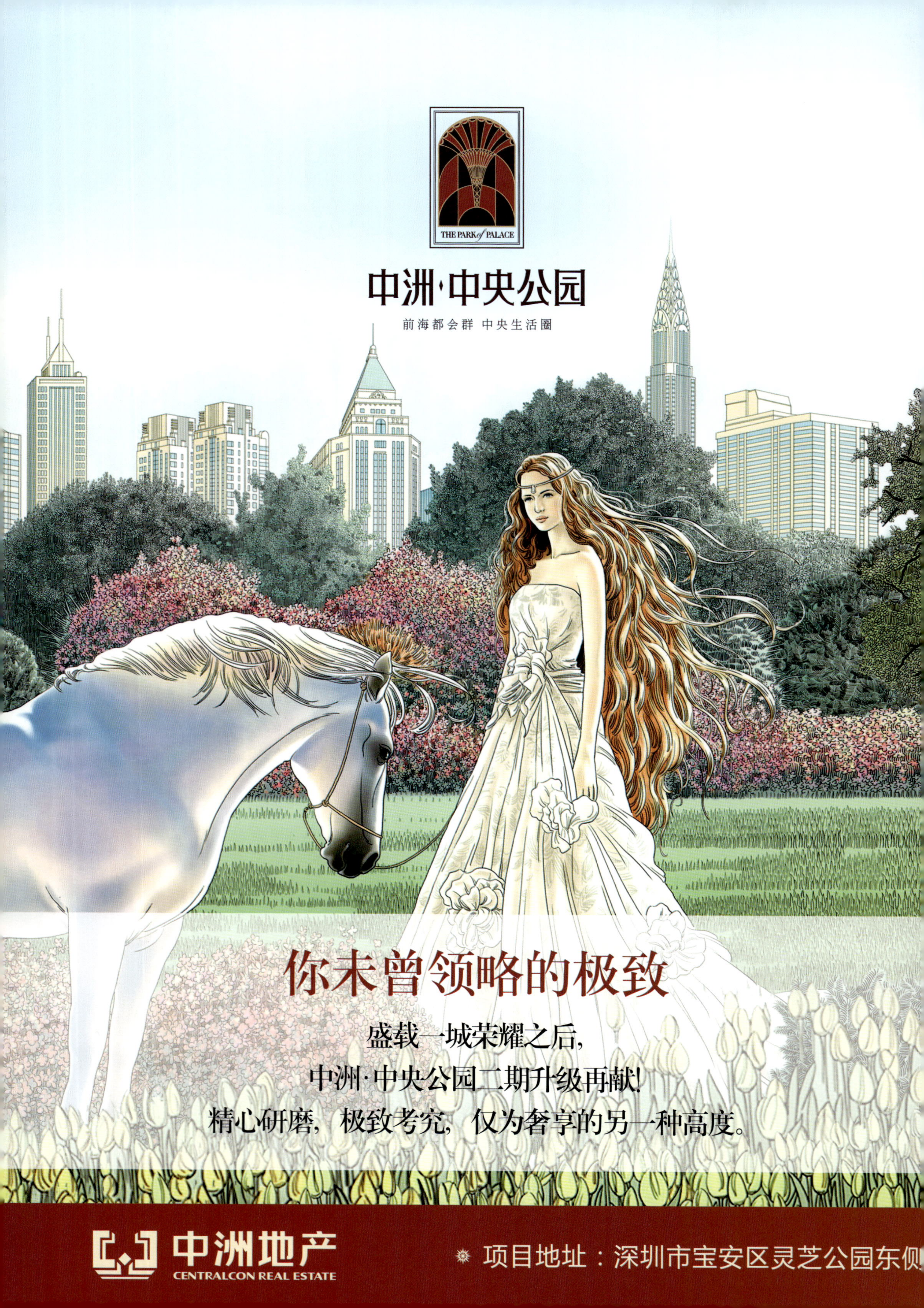
THE PARK of PALACE
中洲·中央公园
前海都会群 中央生活圈
你未曾领略的极致
盛载一城荣耀之后，
中洲·中央公园二期升级再献！
精心研磨，极致考究，仅为奢享的另一种高度。
中洲地产
CENTRALCON REAL ESTATE
项目地址：深圳市宝安区灵芝公园东侧

中洲·中央公园

前海都会群 中央生活圈

致美公园 顶端生活样板

前海中心
唯一百万旗舰综合体

中洲·中央公园，前海中心范围内唯一百万平米旗舰都市综合体，汇聚大型商业、高端公寓、高尚住宅三大物业形态。力邀澳大利亚豪宅专家柏涛倾力规划，打造顶端品质；著名环境景观规划设计公司新西林，雕琢精致园林。既自成一体，又与外部繁华都市紧密结合，足不出户即享世界繁华。二期124-268平米公园美宅，3-5房纯大户高端生活圈。

缔造经典新风范
全球高端建筑主流风格

围合式社区规划，尊享私密生活；经典法式ArtDeco立面，尊贵而简洁。二期采用纯板楼设计，通透舒适，东南和正南朝向，风水上佳；反复斟酌，用心雕琢，只为缔造历久弥珍的建筑经典。

联合国式配套 顶级生活只为匹配阁下尊荣

中洲·中央公园一期不惜巨资成本，甄选“联合国”式顶级配套，以每一处细节的不同凡响，构筑生活的品质空间，只为匹配居者的尊荣。

- ◆ 美国霍尼韦尔门禁对讲（全球安防第一，美国“财富”杂志推崇的高科技）；
- ◆ 顶级品牌迅达电梯（瑞士百年工业象征，全球众多著名建筑的选择）；
- ◆ DESSMANN德施曼指纹密码锁（来自德国的豪宅装备）；
- ◆ 意大利萨维奥（门窗五金件中的“法拉利”）；
- ◆ 南玻LOW-E玻璃（节能高效）。

繁华配套超标 涵养中央丰盛人生

中洲·中央公园，地铁5号线、10号线（规划中）交汇站上盖物业，周边云集六大名校，且匹配宝安中学和宝民小学两所省一级学校的优质学位；不仅有逾20万平米商业旗舰与艺术创意中心在侧；更有灵芝公园、新安公园、宝安公园、上川公园、流塘公园五大市政公园环绕。10分钟生活圈内应有尽有，只待阁下驾临！

150年国际顶级品牌物管顾问 值得托付的“管家”

光辉历史，一切都源自于对居者家人的贴心照顾与服务。服务于全球多处顶级豪宅物业，深谙对高端客户的服务之道，在中洲·中央公园，第一太平戴维斯将为阁下提供更为人性化、安全化的顾问服务。他们一直坚信：与真正的服务相比，名气并不重要。在中洲·中央公园，没有全球的大品牌，只有您的尊贵。

中洲地产 CENTRALCON REAL ESTATE ✵ 项目地址：深圳市宝安区灵芝公园东侧(创业路与前进路交汇处) VIP Line +86 755 299 66666

300万㎡城央岛居公园城邦 坐拥城市核心

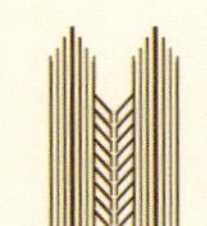

中洲·中央公园
CENTRAL PARK

惠州中洲·中央公园位于金山大道与三环南路交汇的金山岛上，金山湖环绕四周，呈天然心形岛状，举世罕见。该区位处于由惠州大道—金山大道构成的贯穿南北的发展主轴上，是惠州交通大动脉的总枢纽，八分钟内直达惠州三大核心商圈。同时该区位也是惠州中心城区南向拓展的核心着力点，成为构成惠州未来城市格局重要版块。当之无愧为“惠州之心、城市心地”。

惠州中洲·中央公园占地1平方公里，建筑面积约300万㎡。整个项目规划有都市空中官邸、湖景尊享别墅、13万㎡滨水购物中心、国际五星酒店、国际酒店公寓，以及3所重点小学、5所幼儿园和5个白金会所。在这里将崛起的是一个环湖国际公园城邦，一个可以撼动惠州商业格局、成为惠州未来精神地标的CRD(中央休闲闲区)，一个让您能够找到都市生活真谛的“一生之城”。

中洲地产 CENTRALCON REAL ESTATE ▪ 惠州中洲·中央公园 项目地址：中国·惠州·金山大道8号 Vip Line +86 752 780 9999

深圳项目

天健商务大厦

天健·时尚名苑

天健·现代城

天然居

天健·世纪花园

天健·名苑

阳光天健城

时尚空间

时尚新天地

天健·郡城

天健·世纪花园

天健·阳光华苑

长沙项目

长沙一平方英里

长沙芙蓉盛世

南宁项目

南宁国际公馆

南宁商务大厦

南宁世纪花园

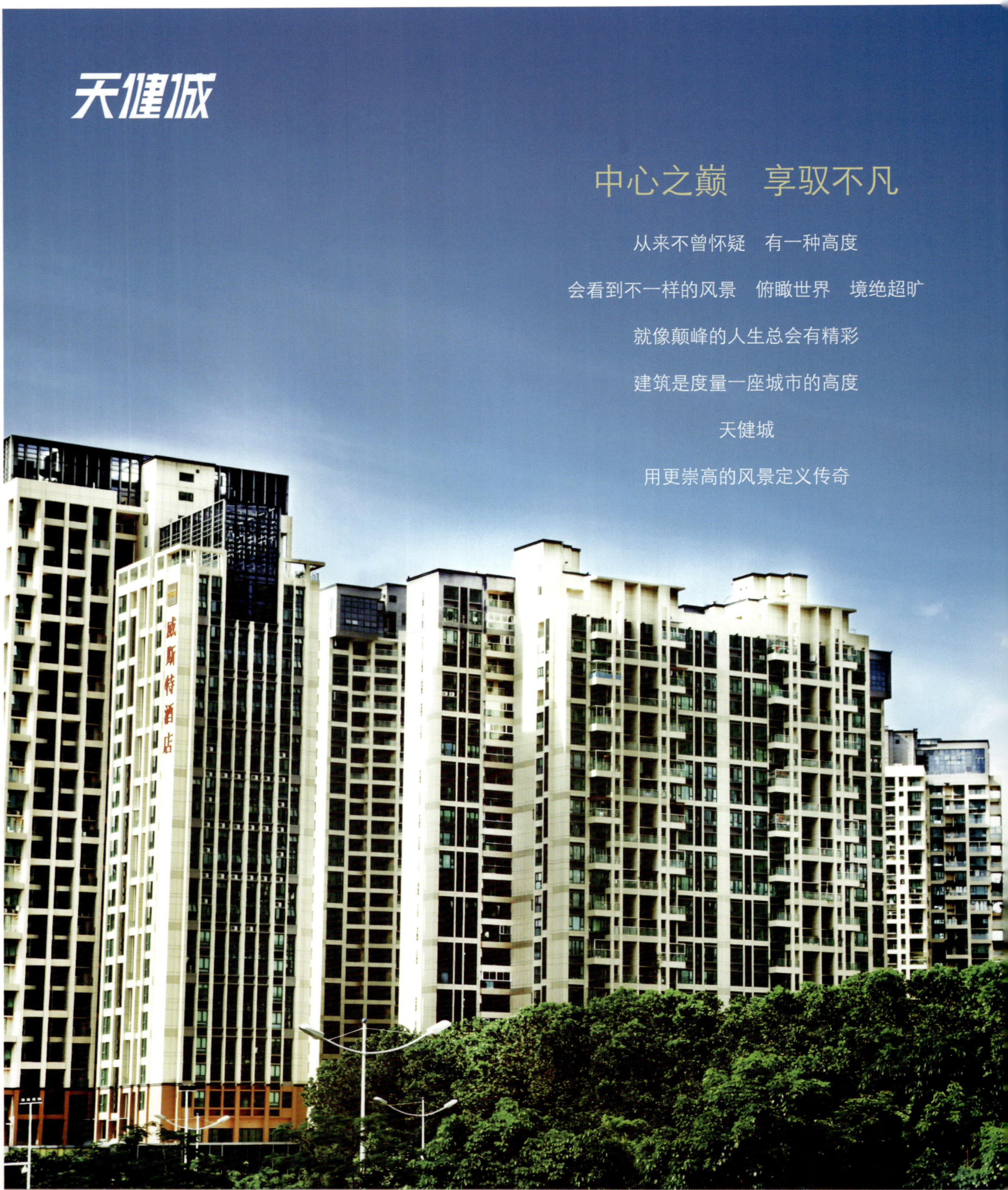

CITIC
FULL CITY
中信龙盛广场|国际公寓

中信地产
CITIC REAL ESTATE

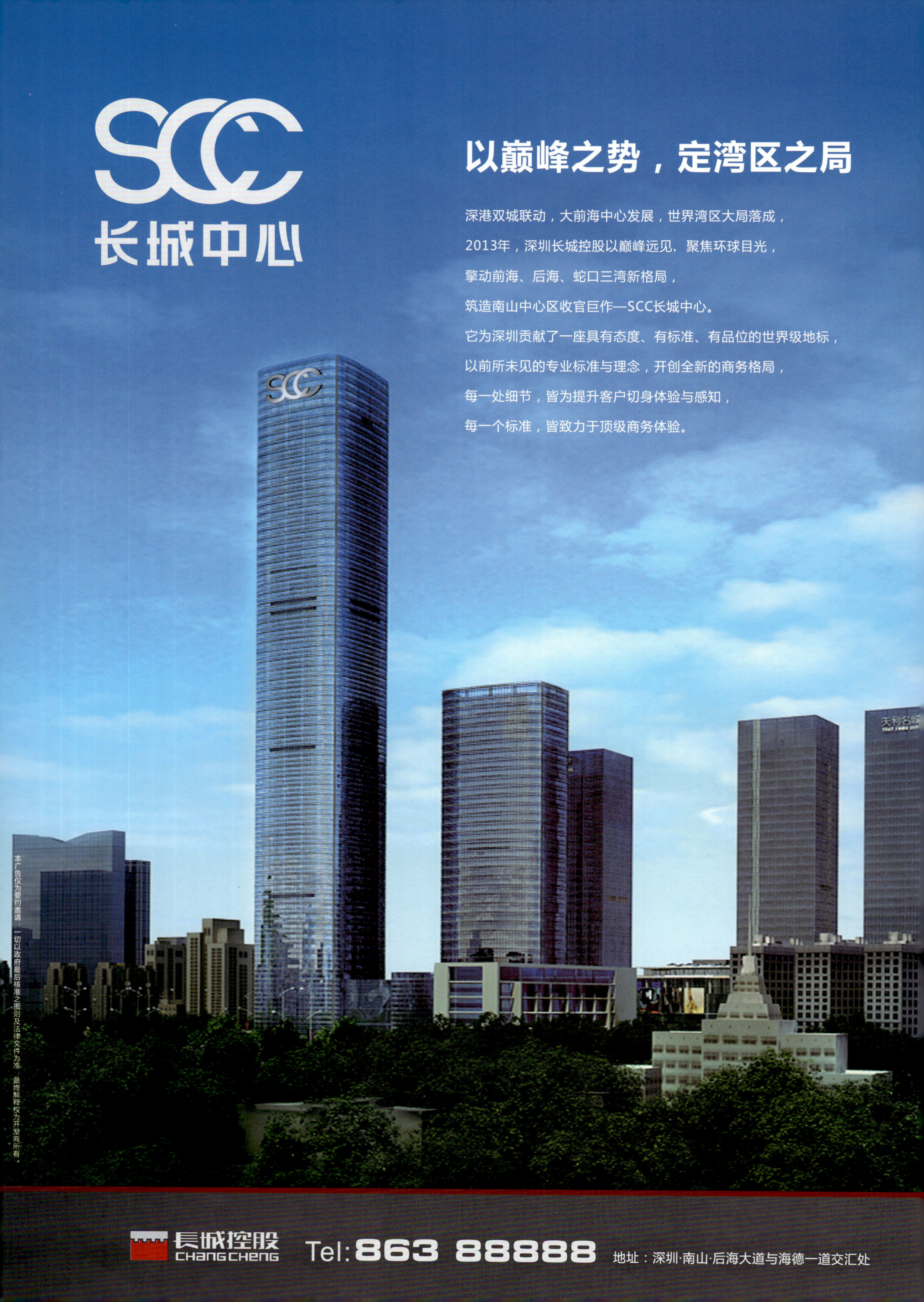
SCC
长城中心
以巅峰之势，定湾区之局
深港双城联动，大前海中心发展，世界湾区大局落成，
2013年，深圳长城控股以巅峰远见，聚焦环球目光，
擎动前海、后海、蛇口三湾新格局，
筑造南山中心区收官巨作—SCC长城中心。
它为深圳贡献了一座具有态度、有标准、有品位的世界级地标，
以前所未见的专业标准与理念，开创全新的商务格局，
每一处细节，皆为提升客户切身体验与感知，
每一个标准，皆致力于顶级商务体验。
本广告仅为要约邀请，一切以政府最后核准之图则及法律文件为准，最终解释权为开发商所有。
長城控股
CHANGCHENG
Tel: 863 88888
地址：深圳·南山·后海大道与海德一道交汇处

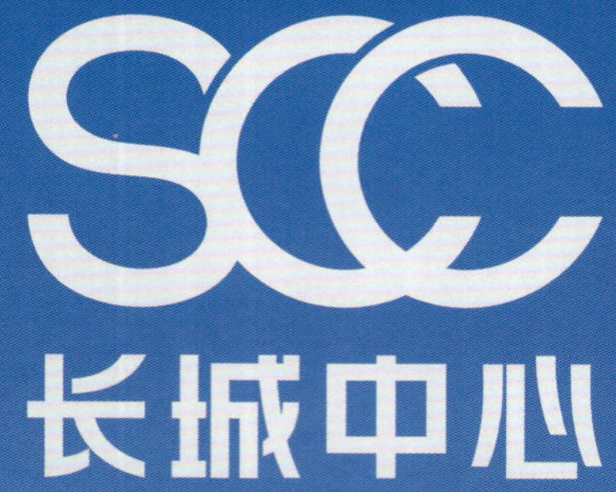

SHENZHEN BAY300M HIGH LANDMARK COMPLEX

长城控股
29年房地产综合开发先行者
坚若长城
建筑永恒作品

29载继往开来，29载辉煌见证。长城控股，站在29年的历史节点，为深圳开启一个新的未来。长城控股，房地产综合开发的先行者，秉承“活力长城，和谐共赢”的理念，致力于房地产开发、建筑、投资、物业管理与酒店经营等多个产业，不断打造建筑精品。长城控股携300米地标综合体—SCC长城中心，执首湾区封面，引领深圳湾金融总部格局。

意向图

世邦魏理仕联袂圣廷苑物管
定制金质服务新高点

世邦魏理仕联袂圣廷苑五星级物管，打造白金级商务物管服务。圣廷苑酒店物业管理服务将吸纳国际知名酒店管理公司的成功经验，实现“全面顾客满意”服务体系，创造领先国际的卓越服务水平。

Tel: 863 88888
地址：深圳·南山·后海大道与海德一道交汇处

300米超甲级综合体，全球顶配助力湾区地标

SCC长城中心，深圳湾CBD首座超甲级商务综合体，总建筑面积233410.71m²，由A座、B座、商业裙楼组成。其中，A座地上61层300.8米，B座地上34层157.75米，涵盖五星万豪酒店、精品商业、白金物管等优质商务配套，未来，将成为深港双城走向世界的资本舞台。

效果图

铂金五星级万豪酒店，顶级标准礼遇层峰商务

SCC长城中心，坐拥高区优质景观资源，以高标准商务配套，匹配五星级万豪酒店。万豪酒店位于A座43-61F，拥有309套客房，大堂位于43F，45-58F为客房层，59为行政客房层，包含约350m²的行政酒廊，60层为总统套房层，SPA、健身房、泳池位于A座的屋顶即61F。

效果图

实景图

300万m²超大商业配套 匹配超甲级商务

SCC长城中心，聚集海岸城、天利名城、保利文化广场 等近300万m²豪华商业配套，与茂业百货、海雅百货等大型购物商场一起，满足精英人士各类商务、生活需求。

东部集团地产
30年征程
30年收获
东部地产，
和者筑善，
对于理念的恪守，从未松懈。
辉煌30载，
东部地产以和为道，
以筑立业，品质为善，
让居者成就自豪感。

卅年磨砺 再铸辉煌

东部地产 进军商业蓝海

贵州·明硐湖国际新城

明硐湖国际新城项目位于六盘水城区，是六盘水去省会城市贵阳的必经之地。远离城市钢铁、煤炭、发电等工业企业聚集区，是城市东拓、拥有自然山水资源、上风上水之地。项目总体规划用地面积约2600亩，其中湖面用地面积约800亩，可建设用地面积约为1300亩，总建筑面积约207万平方米。以“健康休闲、低碳产业、绿色家园”为指导原则，全力打造以“情景商业、酒店商务、休闲湿地、高端地产”为目标的新型国际城市综合发展项目，总投资约70亿元。

一期用地面积92907.44平方米，总建筑面积120779.67平方米，容积率1.30。建筑产品类型有：低层、小高层、高层、商务办公、五星级酒店及酒店公寓、商业步行街等。整体风格考虑为简欧风格，旨在实现打造城市客厅、都市娱乐目的地、高端人士集聚区。

深圳·英郡年华三期

英郡年华三期位于龙岗区南湾街道深惠路的南侧，项目无缝对接地铁三号线丹竹头站。总建筑面积约24万平方米。其中包括购物中心、商业办公、商务公寓和住宅。业态包括百货、超市、影城、休闲娱乐等，预计总投资18.5亿元。项目建成后必将树立龙岗大道一个新的城市标杆。

陕西·霸王河项目

眉县霸王河项目位于霸王河工业园眉兴大道与310国道交界处，总占地面积135734.3平方米(未包括霸王河东岸约94亩土地)，总建筑面积263510.97平方米，目前一期开发以双子楼和商业街为主。双子楼高度17层，A座为写字楼，总用地面积23205.6平方米，总建筑面积41547.05平方米，容积率2.3，B座为商务酒店，总用地面积31434.8平方米，总建筑面积54228.92平方米，容积率2.0，双子楼是园区的标志性建筑，商业街总用地：81350平方米；总建筑面积：168167平方米；一期：39843平方米；二期：128324平方米，主要为霸王河工业园区提供相关配套服务。该项目区位优势明显，交通便利，有望打造眉县县城全新商业中心。

从头越　拔地擎天

甘肃·通达豪苑

甘肃庆阳通达豪苑项目占地面积10万平方米，建筑规模达28万平方米。以高品质现代住宅风格、大型中心园林、沿街商业、大型集中商业构筑核心竞争力，打造庆阳市首席高尚住宅区。

杭州·玲珑天城

杭州玲珑山项目位于浙江省杭州临安市城西端，玲珑山风景区玲珑山脉山脚。距离杭州萧山机场一小时车程，距杭州市区半小时车程，处于杭州市一小时生活圈和杭州至安徽的黄金旅游线交汇点。项目占地面积约24万平方米（360亩），容积率：0.62，总建筑面积约14万平方米，是以地中海风格的联排别墅、西班牙风格的独栋别墅为主的纯别墅低密度住宅。整个项目分两期开发，一期一组团联排别墅2013年底即将面市。

江苏·天地国际公馆

项目位于江苏省连云港市东海县滨河新区，振兴桥北侧，振兴北路东侧，距离东海县行政大道——晶都大道800米，县政府500米。滨河新区是东海县目前重点打造的区域，区域具有规划起点高、建筑规模大、开发商品牌强的特点。目前区域已规划有小学、中学、甲级医院、商业中心、部分政府机关等，未来滨河新区将建设成为东海县一流的高尚居住区。

一期地块155亩规划建筑面积约17万平方米。规划有别墅、电梯洋房、小高层及高层产品。同时，项目将是东海县首个供暖小区，采用地源热泵采暖技术，不仅能够解决冬季采暖、夏季制冷的需求，更是一项环保节能的技术，比使用空调节能约50%，小区也将成为真正的生态节能小区。

天地国际公馆

眉县英郡年华

鹏城产业园

陕西·眉县英郡年华

眉县英郡年华项目处于眉县县城中心区，总用地面积为37895平方米，总建筑面积为111110平方米。周边配套设施相对完善，交通服务便利，也是眉县唯一ArtDeco建筑风格小区，项目一期用地面积6792平方米，总建筑面积21890平方米，为三栋18层高层建筑，其中计容积率面积19321平方米，地下室面积2569平方米。

目前一期已正式动工，十月份即将预售。项目建成后有望开创眉县人居环境新高度。

深圳·鹏城产业园

鹏城创新型都市工业园是东部地产涉足产业地产的开篇之作。项目位于龙岗大道西侧，占地11.74万平方米，规划建筑面积约为41万平方米，集研发、办公、高端生产、公共配套服务、商业生活等多种功能于一体，能有效满足高新技术企业对环境优美、配套完善的现代高新科技园区的追求，即园区的研发办公、生产、公共配套、商务与生活配套一应俱全，满足园区企业各项需求。项目将打造成龙岗区产业发展创新高地，成为横岗街道乃至龙岗区的园区代表。

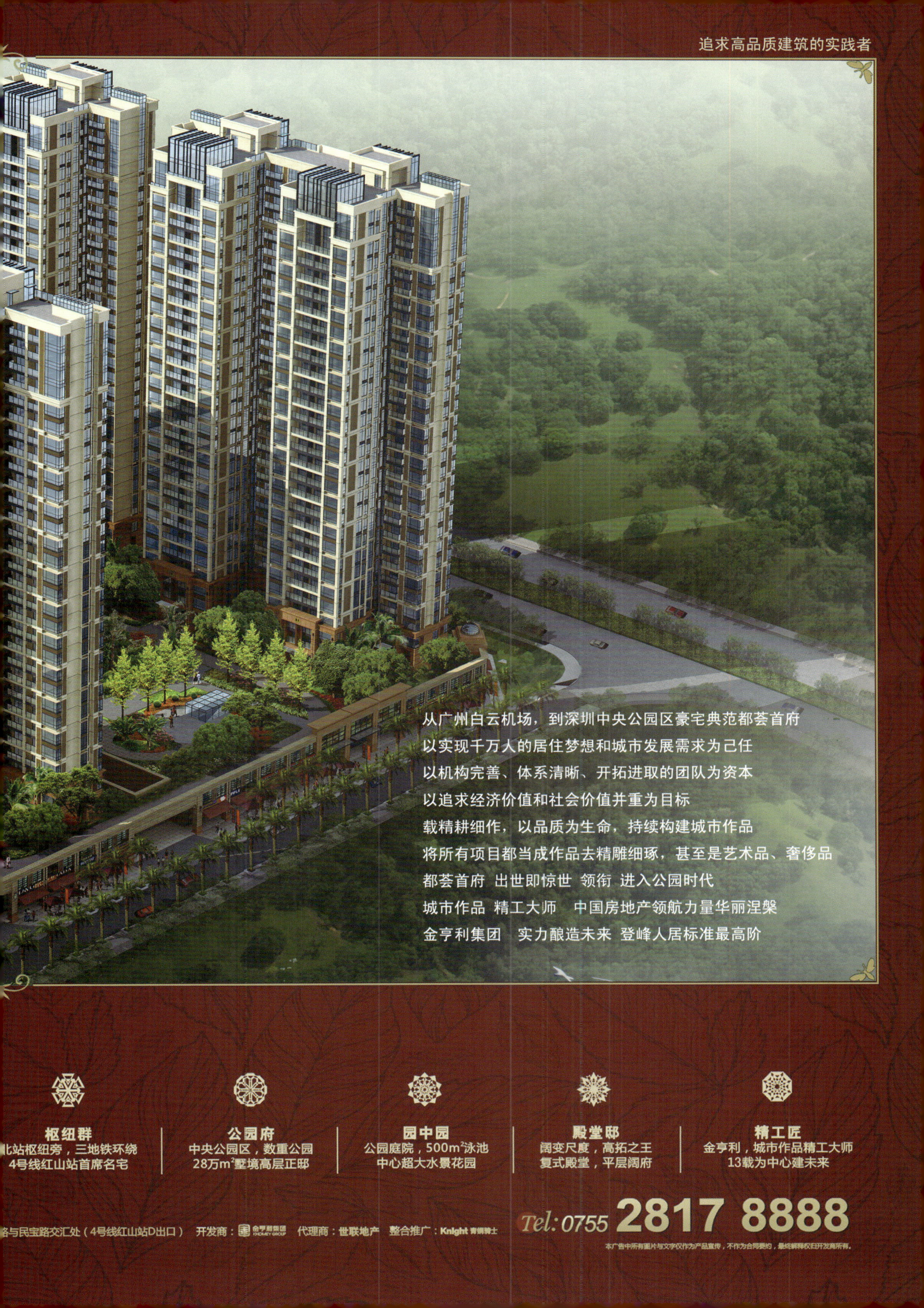
追求高品质建筑的实践者
从广州白云机场，到深圳中央公园区豪宅典范都荟首府
以实现千万人的居住梦想和城市发展需求为己任
以机构完善、体系清晰、开拓进取的团队为资本
以追求经济价值和社会价值并重为目标
载精耕细作，以品质为生命，持续构建城市作品
将所有项目都当成作品去精雕细琢，甚至是艺术品、奢侈品
都荟首府 出世即惊世 领衔 进入公园时代
城市作品 精工大师 中国房地产领航力量华丽涅槃
金亨利集团 实力酿造未来 登峰人居标准最高阶
枢纽群
北站枢纽旁，三地铁环绕
4号线红山站首席名宅
公园府
中央公园区，数重公园
28万m²墅境高层正邸
园中园
公园庭院，500m²泳池
中心超大水景花园
殿堂邸
阔变尺度，高拓之王
复式殿堂，平层阔府
精工匠
金亨利，城市作品精工大师
13载为中心建未来
路与民宝路交汇处（4号线红山站D出口） 开发商：金亨利集团 代理商：世联地产 整合推广：Knight 青铜骑士
Tel:0755 2817 8888
本广告中所有图片与文字仅作为产品宣传，不作为合同要约，最终解释权归开发商所有。

公司简介

深业鹏基（集团）有限公司 成立于1982年2月，为深业集团在香港上市的深圳控股有限公司全资控股的直属国有企业。

深业鹏基集团拥有国家一级房地产开发资质，是深圳特区工业区开发的先驱和开拓者，公司先后开发了上步、八卦岭、莲塘、高发等多个大型综合社区，分别在深圳、长沙、惠州、泰州等地开发了许多大型地产项目，形成了以深圳为核心、辐射内地的产业布局，已发展成为一个以房地产开发为主营业务、物业管理及租赁和工业作为补充发展的大型集团企业。

深业鹏基集团秉承“人本、服务、卓越”的核心价值观，坚持改革和创新，企业信誉和品牌不断提升。公司先后荣获深圳企业金鹏奖、深圳百强企业、深圳外商投资双优企业、深圳市守法纳税大户、特区建立30年企业文化建设功勋企业等荣誉称号。

✦ 深业·欧景城

项目总占地约12万㎡，总建面约25万㎡，容积率1.6，由19栋采用后现代西班牙的设计风格的高层物业及15栋古典西班牙风格的多层电梯洋房组成，以三、四房为主，主力户型面积在100~170㎡。欧景城拥有10万㎡西班牙风情园林，成就都市生活极质之享。园区采用台地与缓坡结合，乔灌木并举、花草相间的巧妙构思，不仅遮阳、吸热、减噪，而且四季变化丰富，观赏、实用效果俱佳。高层均赠送入户花园，部分户型配备独立空中院馆或工人房，实现空间的可变性。此外，项目规划有一栋精品公寓，以满足市场及客户的多层次需求。

✦ 深业·万林湖

深业·万林湖坐落于山水名城惠州，占地41万平方米，是惠州乃至华南地区最具代表性的城市原生态山水别墅群之一。社区紧邻830万平方米的国家4A级红花湖风景区，堪称城市中央景区绝版，涵括独栋别墅、双拼别墅、联排别墅、台地别墅、空中院馆、小高层洋房等多种形态，同时有9000平方米的风情商业街、700平方米的豪华私家会所，6800平方米的超大休闲会所和1.5万平方米集幼儿园、小学为一体的教育体系在内的一系列完备配套设施和国家一级资质物业管理公司的贴心服务。

✦ 深业·金榜山

金榜山项目与万林湖1至6期隔金榜路相望，西临惠州汽车总站，东面紧邻惠盐高速路出口。总建筑面积35万平方米，其中住宅24.6万平米，商业0.9万平米，总规划居住1725户，容积率为2.5，总建筑密度为14.3%，绿地率为35%，总停车数2580，停车率为1.5。项目位于830万平米国家4A级红花湖风景区内，湖山资源得天独厚，小区内也藏青山绿水、鸟语花香。本项目距离繁华中心区仅5分钟的车程，真正做到“出则繁华，入则自然”。同时金榜山比邻万林湖前期项目，共享万林湖11小名校资源与配套成熟的商业街。

✦ 深业·睿城

深业睿城项目位于长沙市长沙县星沙镇中心往东3公里处，北临开元路城市主干道。深业睿城规划总建筑面积63.9万平米，其中住宅46.64万平米，商业3.39万平米，总规划居住4545户，容积率为2.2，总建筑密度为17.46%，绿地率为35.6%，总停车数3676，停车率为0.81。地段优势距长沙黄花机场、长沙火车站、武广高铁长沙站、湘江码头、长沙汽车东站均在20分钟车程内，交通十分便利。项目北侧2公里处有规划的国家级松雅湖公园；沿开元路对面为湖南最大县级文化中心，融图书馆、文化艺术中心、市民健身中心、地下商业为一体；东侧200米处为城市绿化带，规划有健身、休闲公园；西侧为鹏基鹏基诺亚山林项目三期。

✦ 深业·半山名苑

项目位于惠州市仲恺区和畅五路西105号。项目规划总建筑面积78.8万平米，其中住宅57.8万平米，商业1.5万平米，总规划居住4978户。深业半山名苑项目位于仲恺国家级高新区现代科技园，该区域为国务院批准的53个国家级高新产业区之一。区域内及周边的山体与水塘，为半山名苑提供了较好的山水自然资源。区域周边逐渐完善的交通网络和区内生活配套，为本案提供了便利的生活硬件环境。项目处于仲恺中心地带，交通便利，距离市区仅仅15分钟车程，项目附近餐饮、酒店、超市、学校等配套齐全，可享受繁华都市的便利。又能拥有山水相伴的原生态居家环境。

✦ 深业·锦绣姜城

项目位于姜堰市姜堰大道与上海路交汇处，毗邻姜堰市政府，盘踞姜堰大道、罗塘河、上海路城市三大枢纽核心地。项目总占地面积为284790平米，建筑面积为60万平米，容积率为2.14，绿化率为31.08%。涵盖高档住宅、风情商业街、休闲娱乐中心、特色美食街等众多功能，将建成极具香港、深圳特色，并融入本地概念的超大型城市综合体。位于城市中心，与市政府隔街相望，距离市中心仅500米，直通泰州市区约20分钟路程。小区傲居魅力中干河畔，拥揽中干、一支双河美景，独享姜堰最珍贵、最稀缺的城市生态资源，立足于城市风景和人文概念之中心，千余米水岸生活，悠然自得，随心而居。

项目介绍

公司简介

深业南方地产（集团）有限公司 成立于1991年4月，为深业集团在香港上市的深圳控股有限公司全资控股的直属国有企业，拥有国家一级房地产开发资质。

作为全国房地产百强企业，公司以深圳为重点先后开发了深业中心、深业新岸线、深业紫麟山等一批精品住宅和高级写字楼，立足深圳，着力布局广州、佛山等珠三角重点城市，形成了以珠三角为核心、辐射泛珠三角城市的产业布局。已发展成"房地产开发为主业，现代物业管理和物业租赁相配套，集团式管理、集约化经营"的专业地产集团公司。

深业南方集团致力于人居质量的改善和提升，为客户创造优质的生活空间，品牌信誉得到广泛认同。公司先后荣获中国房地产百优企业、中国房地产诚信企业、深圳百强企业、深圳房地产开发企业二十强、深圳市守法纳税大户、深圳企业文化建设十佳突出贡献单位等荣誉称号。

✦ 深业·云东海

占地178.36万平米，折合2675.4亩。项目分为5个地块，其中1-4号地块为住宅用地，5号地块为商服酒店用地。项目产品由国际顶尖建筑设计事务所RTKL和水木清华设计院精心打造，华南首创美式草原风格，并融合托斯卡纳、意大利、北美、英式和中式等经典建筑风格，打造世界主题生活社区。社区园林由香港贝尔高林设计，充分结合原生山体和水系资源，营造浪漫如画的经典自然园林。

✦ 深业·紫麟山

位于龙岗区中心城北区，龙城黄阁、回龙埔区，其南侧为余石岭公园片区，总占地面积为145466.61平米，为龙岗中心城罕有的完全密度高品质湖山大型社区。项目分为二期开发，一期共规划别墅202套，面积主要为22.3-568.43平米。整体别墅依据项目原有地块的自然高差，立于山坡之上，错落有致。溪山树隐的自然生态原貌，树与墅的相得益彰，形成了一幅美妙的城市风景图。项目二期产品主要规划为多层洋层及小高层。

✦ 深业·东城国际

项目位于深圳坪山中山大道与锦龙大道交汇处，东城上邸西面，相隔中集的地块。深业东城国际占地面积72640平米，容积率3.0，建筑面积218086平米，住宅面积170970平米，商业面积42738平米，幼儿园面积2400平米，总户数2273户。本项目地块东北区域为市属深圳市大工业区，西部临宝龙工业城，南靠坪山工业区，地块南部区域以后将建成马峦山风景区，地块北面紧靠坪山河，隔河为坪山高级中学。4万平米商业，天虹进驻，是坪山新区首个一线商业中心，周边规划市政配套、教育配套等完善。

✦ 深业城

深业城位于佛山顺德北滘深业路（南源路口）。项目占地305544平米，总建筑面积为821015平米。其中，计容建筑面积609227.57平米，住宅面积约485663.63平米，商业面积约20000平米。立面风格以现代风格为主适当引入“欧式古典”元素、符号，运用增加线脚及变化色彩的方式将建筑体量划分为三段式，出挑的屋面，形成高低错落的轮廓线，使建筑体态显得庄重、典雅、大气。生活品质高，配套一应俱全。

✦ 深业·江悦湾

江悦湾项目位于广州市白云区，东北侧为彩滨北路。总用地面积94519平米，总建筑面积349992平米，计容积率总面积264651平米，住宅总面积254427平米，商业面积3845平米，小车位2117个，绿地率35%，容积率2.8。项目最大化提升江悦湾江景单位优势，确保江景单位拥有优佳临江位置，前揽江景，后赏园景山景；园景单位围绕中心绿林花丛景观与泳池水景。项目东北侧为彩滨北路，经金沙洲大桥15分钟可通达广州城心旺地－荔湾，天河，海珠，并连接北环高速，约20分钟车程即连接广佛高速，广清高速。预计2012年，年底开通广州地铁6号线，仅数分钟即可步行至项目。

✦ 深业·塞纳湾

塞纳湾位于河源市新城市中心。项目总占地约85万平米，一期占地约14万平米，容积率仅为0.4，是河源唯一纯法式风格别墅大盘，由独栋及联排别墅组成。项目紧邻东江，上风上水，为河源市罕有的江湾城央法式别墅大盘。项目地处“铂金生活圈”，畅享CBD高端生活配套：临近80万平米商业中心以及希尔顿酒店，周边名校林立；河源大学城、河源市一级中学东源中学等，具有非常稀缺的教育资源。

✦ 深业·东城御园

东城御园位于深圳市坪山新区坑梓街道锦绣东路与金辉路交汇处西北侧。总用地面积31197.48平米，总建筑面积93379.28平米，住宅面积74210.24平米（可售住宅面积63022.44平米）。所属片区为深圳市东部门户，深圳市重要的高新技术与先进制造业基地，东部工业组团的副中心，聚龙产业片区的配套服务基地。项目交通便利，通达性强。加上规划中的12号、14号线，将构成便利快捷的“半小时生活圈”。项目由三大公园环抱，毗邻聚龙山公园，全国最大湿地公园，居住环境好，居家安静，生活品质高，配套一应俱全，入住东城御园即可拥有坪山新区外国语学校学位。

港铁入户 45万m²生活大城

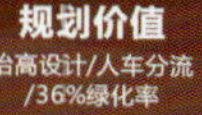

路网价值
8条快速路网
交织繁华生活

地铁价值
与「龙胜站」
仅一道天桥之隔

宜居价值
四重入户/四重隔音
/ 1:1.4车容量

商业价值
地铁连廊双首层商业
/购物公园

规划价值
抬高设计/人车分流
/36%绿化率

品质价值
Art-deco建筑风格
/双大堂

品牌价值
特发集团/澳洲P&T
/江苏华建

中轴价值
深港中轴
「龙胜站」全宜居板块

铁路价值
3站「深圳北站」
接轨国际通道

大城价值
45万m²
和谐生活大社区

生态价值
5000m²市政公园
/50米宽绿化带

多元价值
泛会所空间/知名幼儿园
/公交总站

景观价值
现代禅园林/玉带连廊
/画意景墙

产品价值
全南向点板布局
/绝版小复式

效果图

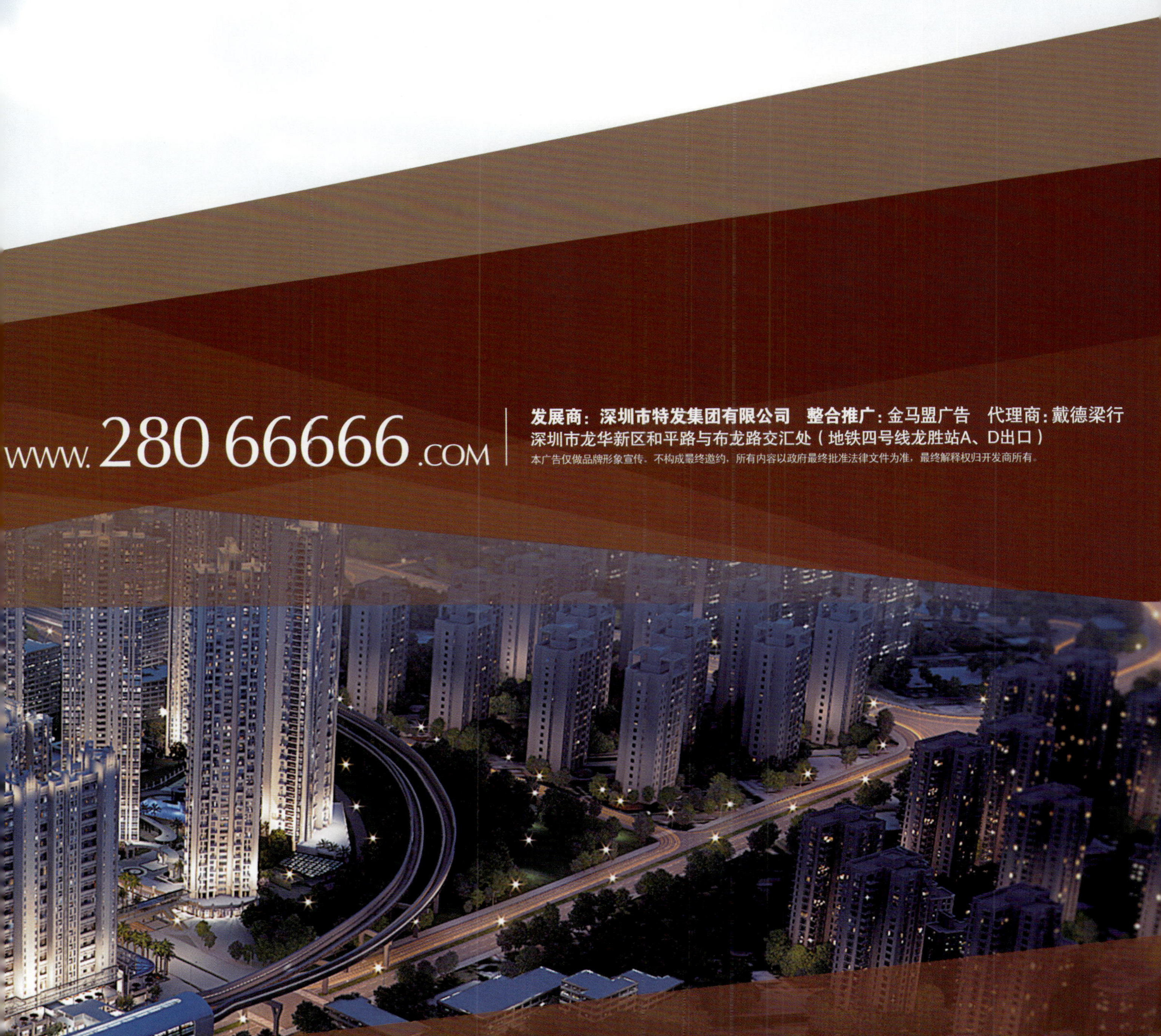
www.280 66666.com
发展商：深圳市特发集团有限公司 整合推广：金马盟广告 代理商：戴德梁行
深圳市龙华新区和平路与布龙路交汇处（地铁四号线龙胜站A、D出口）
本广告仅做品牌形象宣传，不构成最终邀约，所有内容以政府最终批准法律文件为准，最终解释权归开发商所有。

港铁入户 45万m^2生活大城

特发回馈特区心灵著作

龙华唯一

0 和平里的数字美学之 缝地铁接驳世界随您选择

地铁连体，不止是价值的涌动，更是对世界的掌控。【和平里】无缝连接地铁，龙华线（港铁）龙胜站天桥，经9站拥抱整个CBD，12站福田口岸掌控24小时深港繁华，世界咫尺随心而动。

1 和平里的数字美学之 级生活大城幸福完美居家

龙华唯一港铁连体物业，45万m^2城市一级生活大城，地铁、公交总站、住宅、商业商圈、公园、幼儿园……配套极尽周全，以及将在此生活的人们，共同组成了幸福生活的每个细节。你所看到的【和平里】，他们内心的"幸福里"！

2 和平里的数字美学之 条地铁连廊国际门户在此链接

港铁/地铁极大方便了【和平里】出行，双地铁连廊更拓宽了繁华人流尺度。从家门口到地铁闸门亦只需2分钟步程，龙胜站到深圳北站也仅约6分钟，深圳北站作为接驳国际的重要出口，在此一步链接。

3 和平里的数字美学之 大特色公园献给家人的"绿色时光"

音乐响起，健美操、伦巴、拉手舞一同起跳，这里是家人天伦时光的生活场，也是孩子老友的"外交会晤场"。5000m^2市政公园、50米宽绿化长廊、36%绿化率台地园林，与【和平里】连成一体，献给每个家庭幸福永驻的绿色时光。

4 和平里的数字美学之 重交通入户体系直接入户风雨无阻

『和平里』独有外通内达微交通循环体系，以比肩香港豪宅的出行尺度，真正做到人、车全部直接入户。

地铁入户：地铁出站直连商业长廊； 公交入户：绿色生态公交总站直抵小区负一楼；
车行入户：车行直入半地下阳光车库； 花园入户：特色景观风雨连廊，直通每一栋。

地铁连体物业
5 和平里的数字美学之
重隔音系统静揽繁华私密尊宠
不吝重金，采用多重手段，最大程度降低"声污染"，不是我们要求过高，只为匹配您不可退其次的挑剔眼光。【和平里】打造5重隔音降噪系统，让住户享受"静谧看繁华"的私密超凡体验。
280 66666
深房许字（2013）龙华012

U R B A N L I F E

韵动资本都心生活体

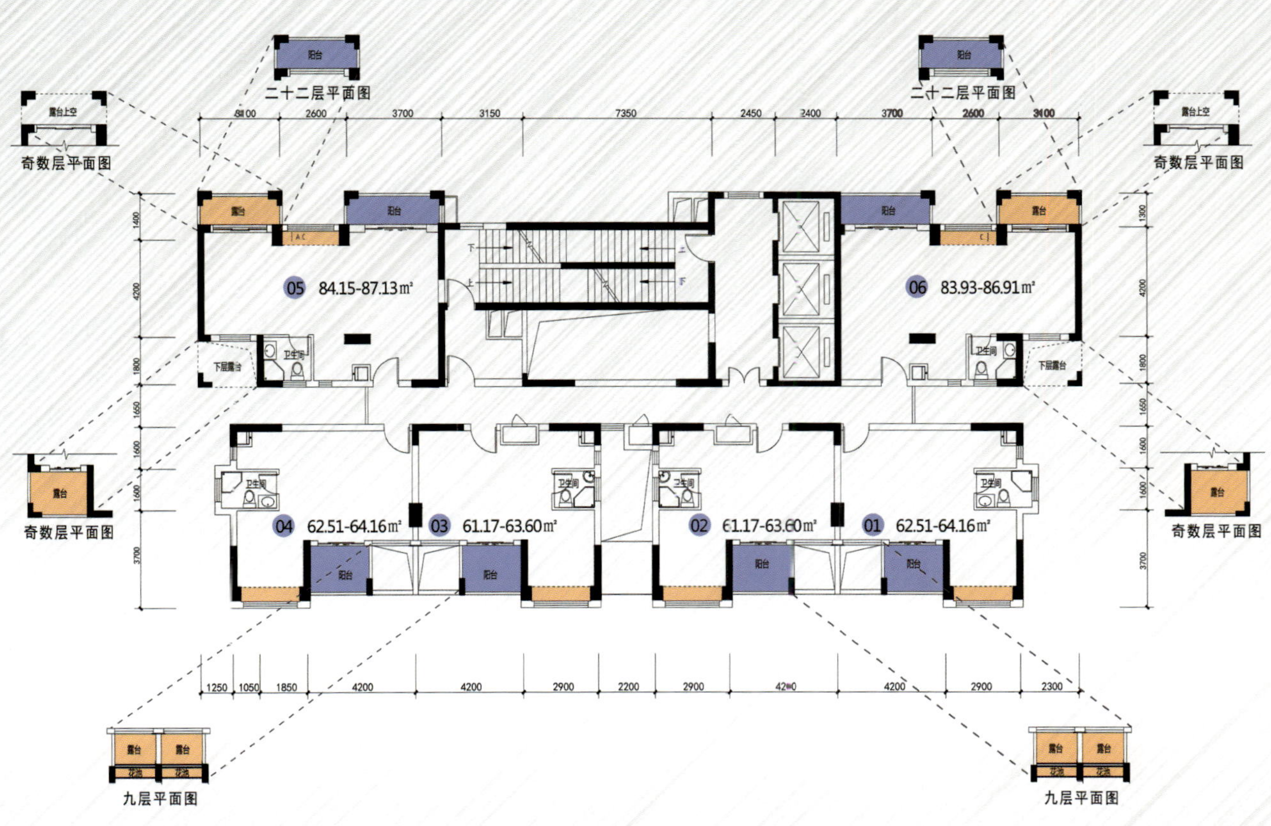

该色块内标注面积为全赠送

该色块内标注面积为半赠送

9-22层偶数标准层平面图

一品澜山

FOR LEADER'S
HILLS

中央生态区·高端品质样板

幸福大空间　从容拥有

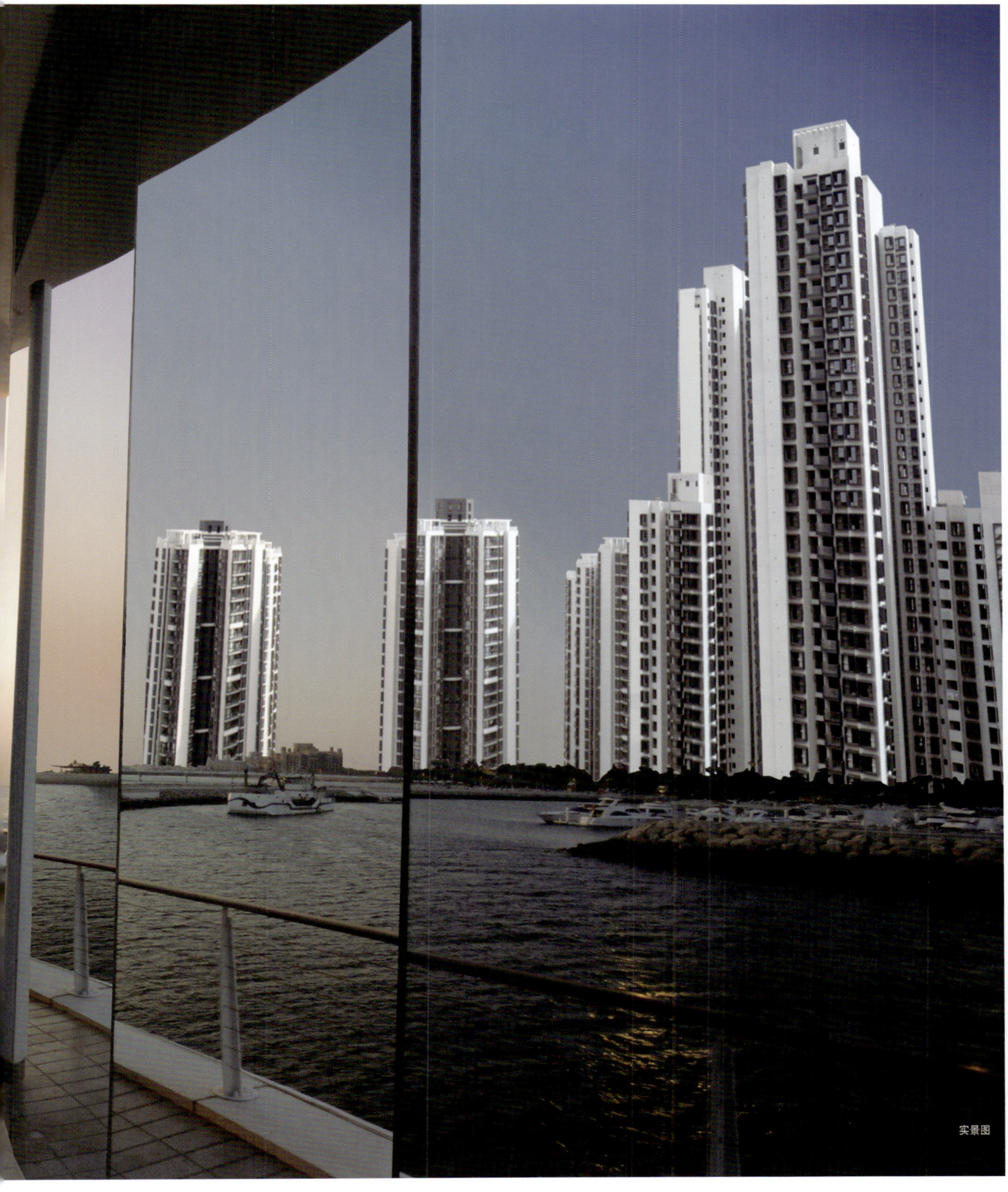
实景图

本广告为要约邀请 一切以政府最后批示之图则及法定文件和买卖双方签订的合同为准 深房许字(2008)南山028号

画海为疆 定义未来

南中国海100万m^2进海社区 聆海热线：**86-755-26868888**

深圳南海益田置业有限公司（香港上市公司南海控股有限公司下属企业 香港联交所股票代码：0680）

项目地址：中国·深圳·蛇口东角头金世纪路与望海路交汇处 http://www.the-peninsula.cn

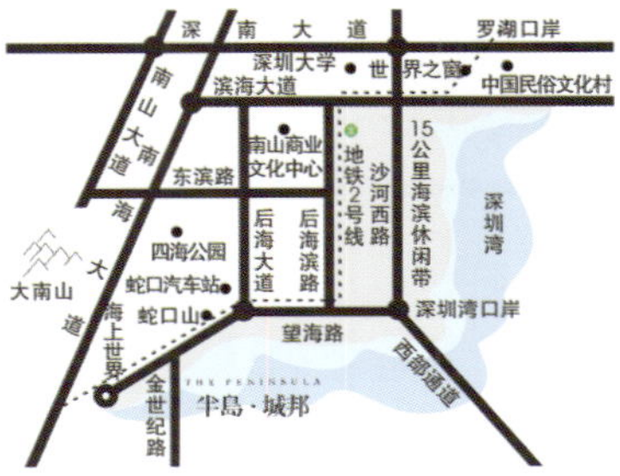

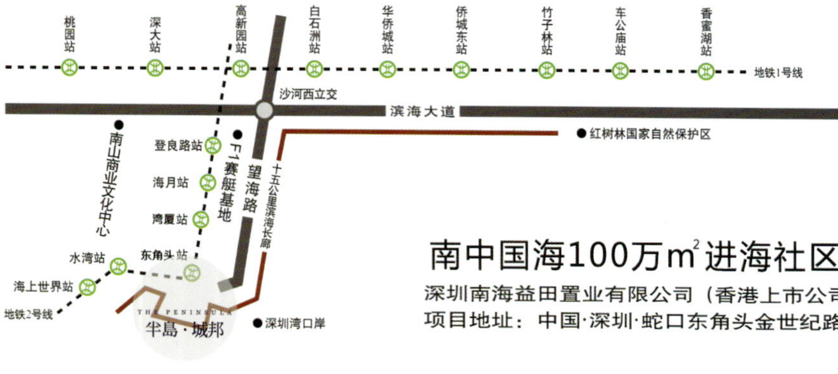

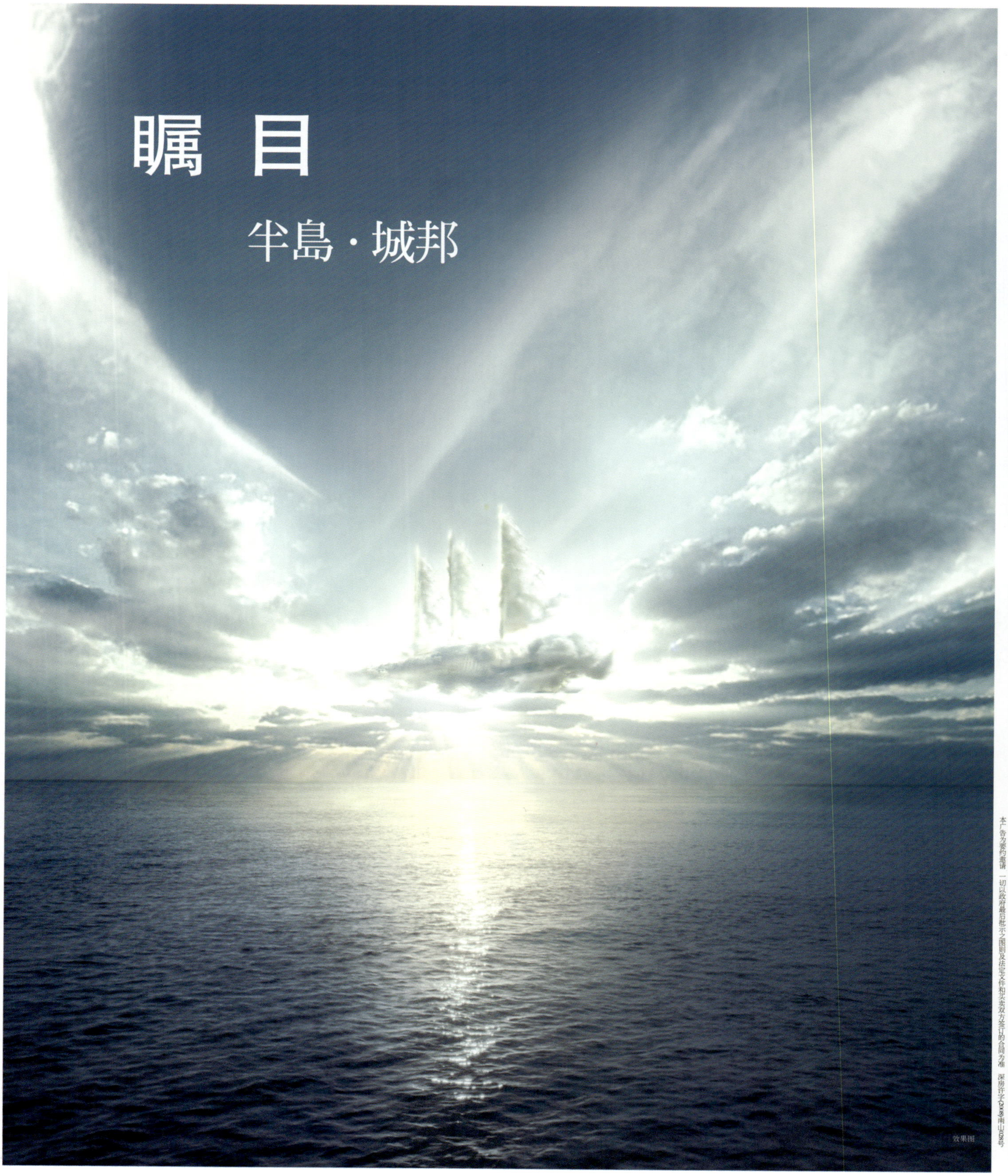

本广告为要约邀请 一切以政府最后批示之图则及法定文件和买卖双方签订的合同为准 深房许字(2008)南山028号

THE PENINSULA
半島·城邦

画海为疆 定义未来

半岛·城邦三面环海，一面依山，专享1.5公里滨海长廊
位踞深港半小时生活圈，尽拥都市生活的繁华与便利
建筑V型进海布局 深圳率先拥有国际游艇俱乐部的社区

南中国海100万m²进海社区 聆海热线：86-755-26868888

深圳南海益田置业有限公司（香港上市公司南海控股有限公司下属企业 香港联交所股票代码：0680）
项目地址：中国·深圳·蛇口东角头金世纪路与望海路交汇处：http://www.the-peninsula.cn

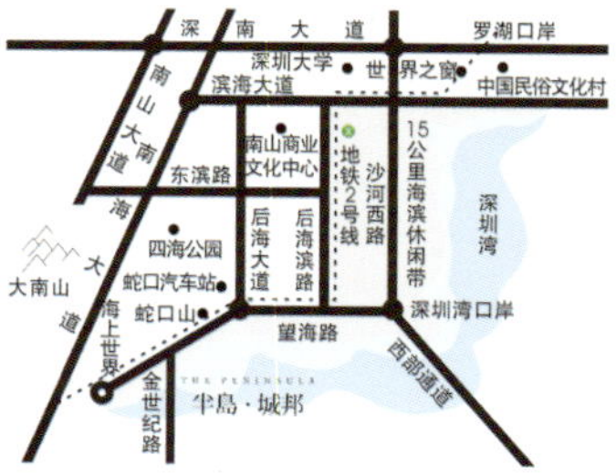

编　辑　说　明

一、《2013 深圳房地产年鉴》（以下称本书）是一部例行出版的资料性工具书，主要反映 2012 年度深圳市以商品房为主的房地产市场发展变化及其相关环境、管理制度等方面的情况，部分追列出历年数据。

二、本书的综合性资料，来自深圳市统计局；专业性资料，来自深圳市规划和国土资源委员会、深圳市发展和改革委员会、深圳市住房和建设局、深圳市重点工程办公室、深圳市房屋租赁办公室、深圳市人居环境委员会、中国人民银行深圳中心支行等房地产业主管与相关部门。缘于资料出处的不同和统计口径的差异，编者虽做过一些技术处理，但仍不尽完善。

三、本书主要通过表式或图示以披露各类相关数据，供读者分析使用；部分属文字性的，也以描述事实为主，基本不含价值判断。

四、本书所称的“全市”为六区和四新区之总体范围。

五、本书的度量单位尽量采用中文单位。其中，涉及长度、面积或体积时，以米、公里、平方米、公顷、立方米代替 m、km、m^2、hm^2、m^3 等国际符号。

六、本书的货币单位，除特别注明为港元（HKD）、美元（USD）外，均为人民币“元”、“万元”或“亿元”。

七、本书附表、附图均以章号冠前，表序随后。表内，凡有“—”符号者，为不应发生数或应发生但数据为零的；空格者，为应发生而未采集到数据的。

八、本书的增减比较多以“±%”表示。如负增长 23.4%，写作“–23.4%”，但正增长 43.5%，则写作“43.5%”，而不作“+43.5%”。

九、本书发生之序数多以“~”省略之。如 1、3、4、5、6 写作“1、3~6”，A、C、D、E、F 写作“A、C~F”。

目 录

全年居民消费价格总水平比上年上升 2.8%。全年工业生产者购进价格指数为 100.0%；工业生产者出厂价格指数为 99.9%。

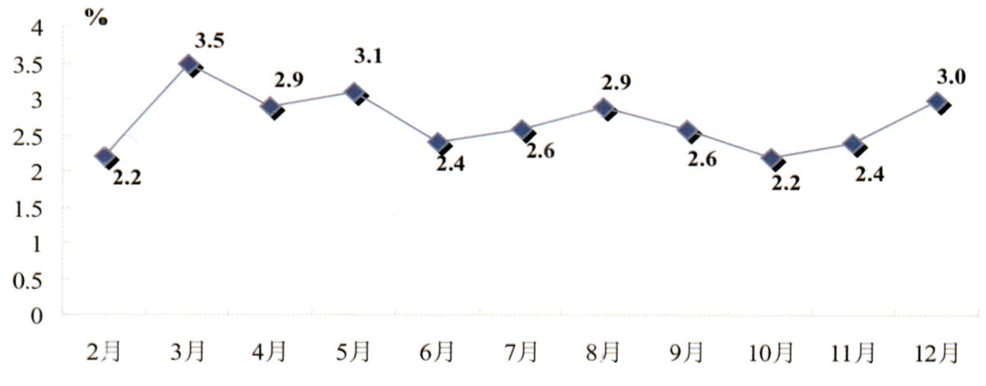

图 1-3 2012 年居民消费价格涨跌幅度（月度同比）

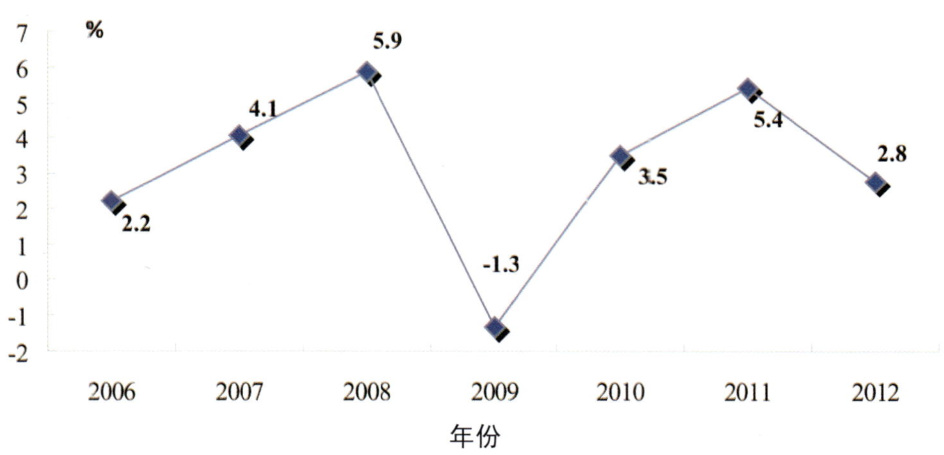

图 1-4 2006～2012 年居民消费价格涨跌幅度

表 1-2 2012 年居民消费价格指数

指标名称	价格指数（%）
居民消费价格总指数（以上年为 100）	102.8
食品类	104.5
烟酒及用品	103.7
衣着	105.0
家庭设备用品及维修服务	103.2
医疗保健和个人用品	103.0
交通和通讯	99.9
娱乐教育文化用品及服务	102.0
居住	101.6

二、农业

2012 年农作物播种面积 8.73 万亩，比上年减少 4.1%，其中，蔬菜播种面积 8.47 万亩，下降 5.8%。水果播种面积 4.70 万亩，下降 7.5%。

全年粮食产量 5.00 吨，比上年下降 72.2%；蔬菜产量 10.39 万吨，增长 2.1%；水果产量 0.27 万吨，下降 6.9%。主要畜产品产量见表 1–3。

表 1-3　主要畜产品产量

指　标	单位	产量	比上年增长（%）
肉猪出栏量	万头	18.47	-9.5
猪肉产量	万吨	1.51	4.9
家禽饲养量	万只	509.96	-12.5
鲜奶产量	万吨	1.33	-7

全年水产品总产量 2.87 万吨，比上年增长 15.3%。其中，海产品 2.74 万吨，增长 16.6%；淡水产品 0.13 万吨，下降 7.1%。

三、工业和建筑业

2012 年实现规模以上工业增加值 5091.42 亿元，比上年增长 7.3%。其中，国有企业增加值 227.43 亿元，增长 1.0%；股份制企业增加值 2426.74 亿元，增长 15.7%；外商及港澳台投资企业增加值 2372.72 亿元，增长 0.1%。分轻重工业看，轻工业增加值 1062.07 亿元，增长 10.0%；重工业增加值 4029.35 亿元，增长 6.6%。

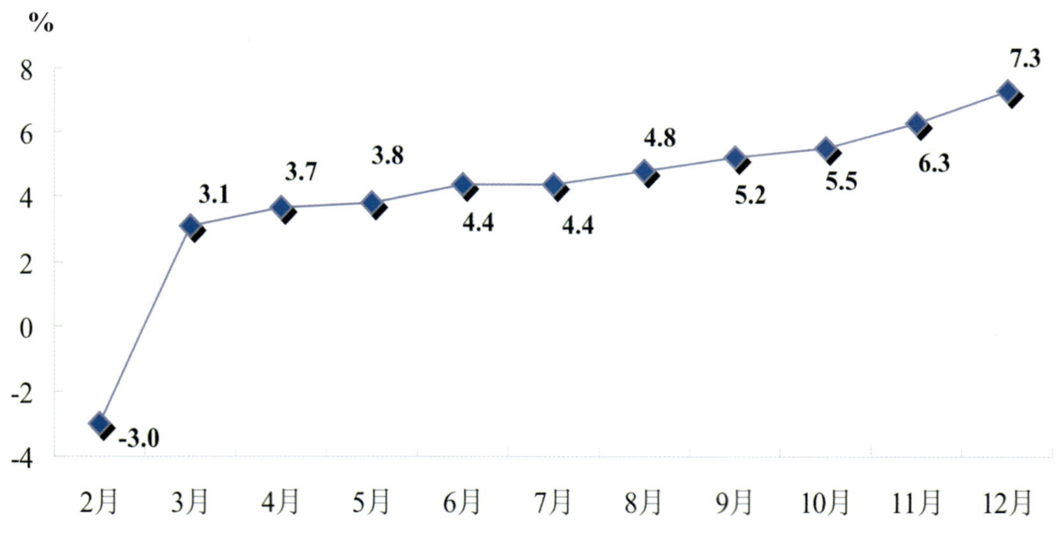

图 1-5　2012 年规模以上工业增加值分月累计增长速度

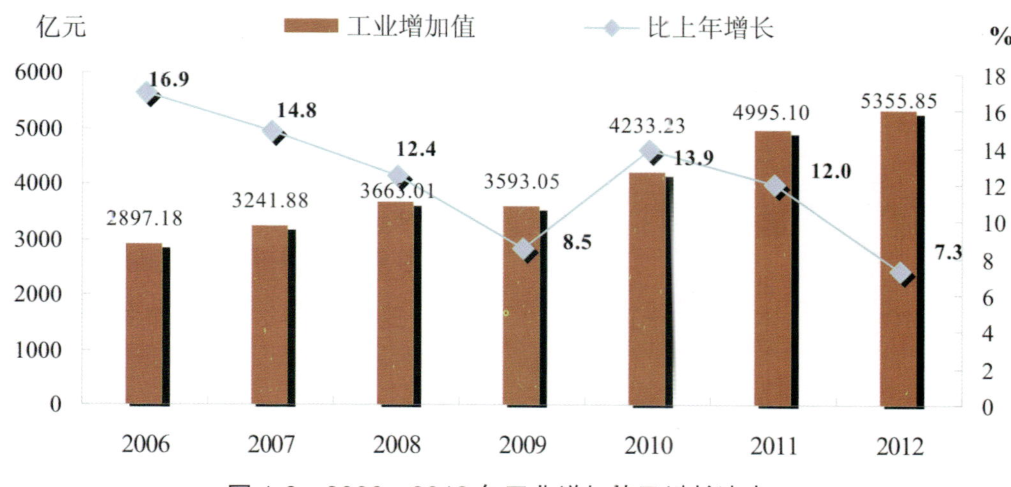

图 1-6 2006～2012 年工业增加值及增长速度

全年规模以上通信设备、计算机及其他电子设备制造业增加值 2772.14 亿元，比上年增长 9.1%，占规模以上工业增加值比重 54.4%。

全年高新技术产品产值 12931.82 亿元，比上年增长 8.9%，其中具有自主知识产权的高新技术产品产值 7888.41 亿元，占高新技术产品产值 61.0%，比上年提高 0.2 个百分点。在高新技术产品产值中，电子信息产业 11360.20 亿元，增长 8.7%；新材料及新能源 722.50 亿元，增长 11.0%；光机电一体化 625.70 亿元，增长 8.9%；生物技术 134.10 亿元，增长 11.8%；环保及其他 89.30 亿元，增长 12.9%。

全年规模以上工业销售产值 20570.86 亿元，比上年增长 6.2%。其中，出口交货值 10669.44 亿元，增长 1.5%，占规模以上工业销售产值比重 51.9%，比上年下降 1.5 个百分点。工业产品销售率 98.5%，比上年下降 0.5 个百分点。主要工业产品产量见表 1–4。

表 1-4　2012 年主要工业产品产量及增长速度

产品名称	单位	数量	比上年增长（%）
饲料	万吨	69.25	12.4
精炼食用植物油	万吨	78.71	0.8
啤酒	千升	623502.6	-5.7
包装饮用水类	万吨	434.95	51.1
卷烟	亿支	191.92	2.2
服装	万件	17407.8	-8.8
家具	万件	2037.59	-10.6
中成药	万吨	2.74	7
塑料制品	万吨	102.49	-19.8
平板玻璃	万重量箱	717.69	5.2
金属集装箱	万立方米	1129.97	9.3
自行车	万辆	379.08	-15.5
家用电风扇	万台	1771.45	-3.2
家用电热烘烤器具	万个	2657.16	3.2
电冷热饮水机	万台	215.43	-11.9
家用吸尘器	万台	1475.74	11.6
程控交换机	万线	1213.55	-37
#数字程控交换机	万线	935.94	-46.9
电话单机	万部	3382.7	-9.7
移动电话机	万部	31068.78	-19
微型电子计算机	万台	5228.56	13.1
显示器	万台	877.75	-60.9
硬盘存储器	万台	8218.81	14.9
彩色显像管	万只	386.14	-12.7
半导体分立器件	亿只	63.81	4.8
集成电路	亿块	142.49	4.2
液晶显示器屏	万片	95525.3	-11.6
电子元件	亿只	1748.7	-4
彩色电视机	万台	3237.51	33.4
数字激光音、视盘机	万台	2351.66	20.5
钟	万只	1350.77	-8.1
表	万只	6557.43	-7.4

全年规模以上工业企业经济效益综合指数187.1%；主营业务收入比上年增长1.6%；实现利税总额下降2.6%；实现利润总额下降5.2%；工业全员劳动生产率15.27万元/人，增长8.1%。

2012年建筑业增加值381.79亿元，比上年增长7.6%，占全市生产总值2.9%。

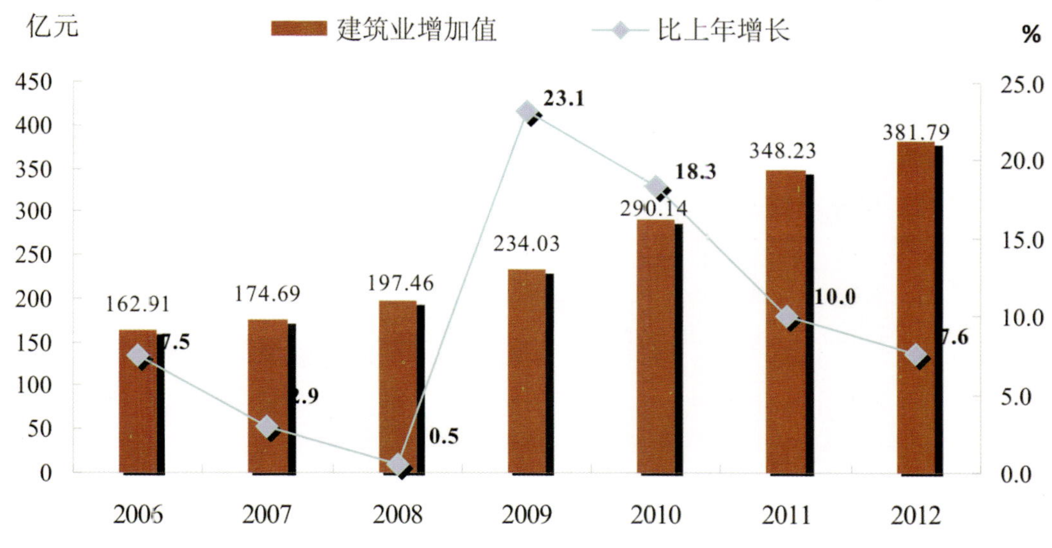

图1-7 2006～2012年建筑业增加值及增长速度

四、固定资产投资

2012年完成固定资产投资额2314.43亿元，比上年增长12.3%。其中，房地产开发项目投资736.84亿元，增长43.1%；非房地产开发项目投资1577.59亿元，增长2.0%。

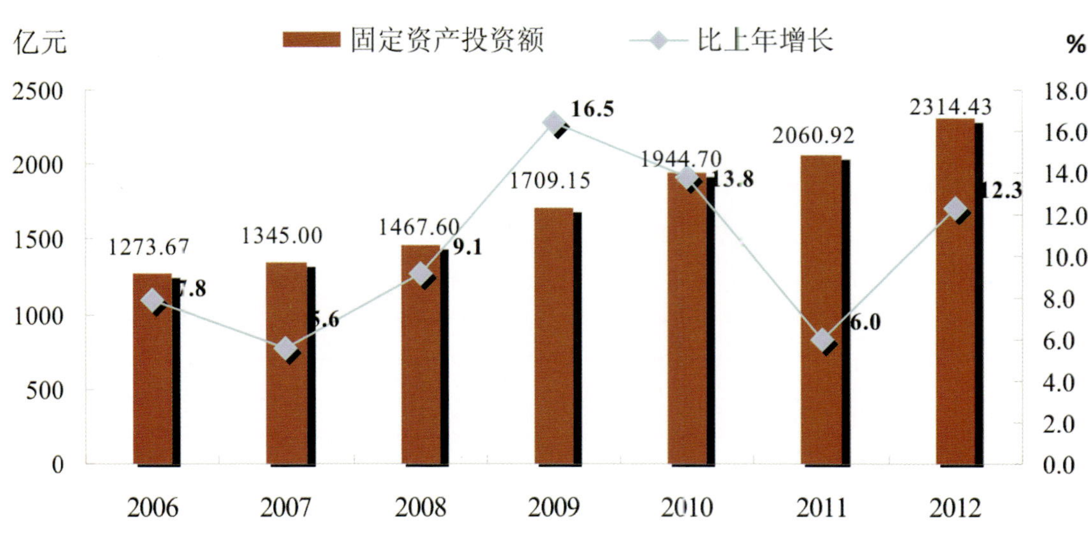

图1-8 2006～2012年固定资产投资及增长速度

表 1-5　2012 年分区全社会固定资产投资

	固定资产投资		房地产开发项目		非房地产开发项目	
	绝对值（亿元）	增速（%）	绝对值（亿元）	增速（%）	绝对值(亿元)	增速（%）
全市合计	**2314.43**	**12.3**	**736.84**	**43.1**	**1577.59**	**2.0**
福田区	160.41	-7.7	85.22	91.5	75.18	-41.8
罗湖区	86.08	13.9	45.05	21.4	41.03	6.6
盐田区	90.09	5.9	34.54	28.1	55.56	-4.4
南山区	312.04	9.1	82.26	18.6	229.78	6.0
宝安区(含光明新区)	885.18	16.3	233.88	46.2	651.30	8.4
#宝安区(不含光明新区)	685.13	16.4	217.35	43.8	467.78	6.9
光明新区	200.05	16.2	16.53	87.1	183.52	12.4
龙岗区(含坪山新区)	780.63	14.9	255.90	44.7	524.74	4.4
#龙岗区(不含坪山新区)	599.89	9.5	229.95	49.0	369.94	-6.0
坪山新区	180.74	37.2	25.95	15.3	154.79	41.7

从三次产业看，第一产业投资 3.85 亿元；第二产业投资 515.78 亿元，比上年增长 8.9%，其中，工业投资 514.96 亿元，增长 9.6%；第三产业投资 1794.80 亿元，增长 13.1%。

表 1-6　2012 年分行业固定资产投资及增长速度

行业	投资额（亿元）	比上年增长（%）
全社会固定资产投资	**2314.43**	**12.3**
农、林、牧、渔业	3.85	—
采矿业	1.09	-87.9
制造业	401.56	7.5
电力、燃气及水的生产和供应业	83.61	-4.4
建筑业	0.83	-76.6
交通运输、仓储和邮政业	240.01	-28.6
信息传输、计算机服务和软件业	46.07	4.7
批发和零售业	23.96	2.9
住宿和餐饮业	25.1	56.9
金融业	54.65	306.5
房地产业	1046.62	51.2
租赁和商务服务业	51.81	165.7
科学研究、技术服务和地质勘查业	12.54	-24.9
水利、环境和公共设施管理业	199.79	-32.3
居民服务和其他服务业	1.35	79.8
教育	42.57	-3.7
卫生、社会保障和社会福利业	23.89	16.5
文化、体育和娱乐业	23.07	-44.9
公共管理和社会组织	32.08	36.8

表 1-7 2012 年房地产开发和销售主要指标完成情况

指标	单位	绝对数	比上年增长（%）
房地产开发项目投资	亿元	736.84	43.1
商品房施工面积	万平方米	3216.69	11.8
其中：住宅	万平方米	2107.59	7.2
商品房竣工面积	万平方米	425.75	31.0
其中：住宅	万平方米	289 40	24.4

五、国内贸易

2012 年社会消费品零售总额 4008.78 亿元，比上年增长 16.5%。其中，批发和零售业零售额 3526.29 亿元，增长 16.6%；住宿和餐饮业零售额 482.49 亿元，增长 15.4%。在批发和零售业零售额中，限额以上零售额 2414.37 亿元，增长 19.0%；限额以下零售额 1111.92 亿元，增长 11.9%。

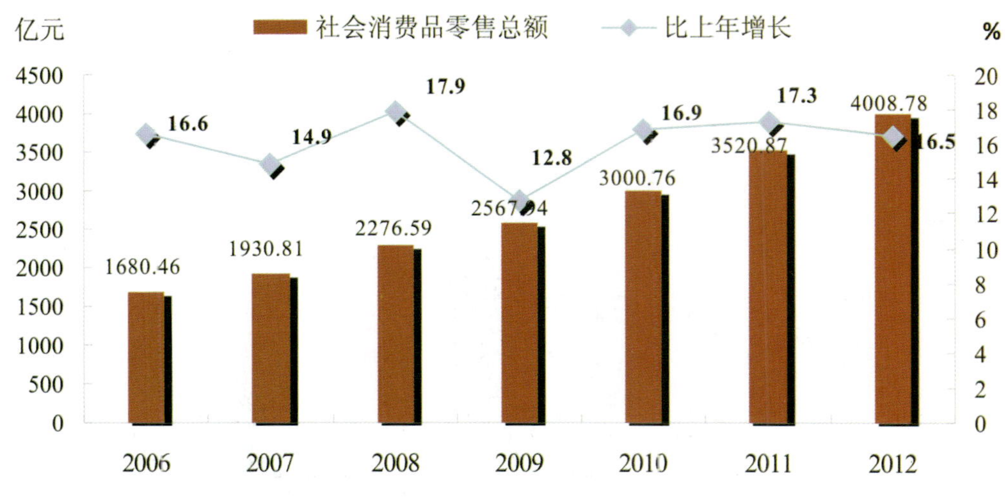

图 1-9 2006～2012 年社会消费品零售总额及增长速度

表 1-8　2012 年分区社会消费品零售总额

	绝对值（亿元）	比上年增长（%）
全市合计	**4008.78**	**16.5**
福田区	1272.07	16.0
罗湖区	835.03	16.2
盐田区	48.46	16.3
南山区	542.28	17.0
宝安区(含光明新区)	806.39	16.9
#宝安区(不含光明新区)	735.81	16.2
光明新区	70.59	25.1
龙岗区(含坪山新区)	504.55	16.9
#龙岗区(不含坪山新区)	458.58	16.3
坪山新区	45.96	45.96

全年商品销售总额 14657.78 亿元，比上年增长 22.1%。其中批发销售总额 11134.06 亿元，增长 23.9%。全年限额以上批发零售贸易业商品销售中，十大类商品销售情况为：文化办公用品类增长 62.6%；日用品类增长 39.4%；通讯器材类增长 36.4%；金银珠宝类增长 32.6%；食品饮料烟酒类增长 15.9%；体育娱乐用品类增长 7.5%；服装鞋帽针织类增长 6.1%；家用电器和音响器材类下降 1.7%；汽车类下降 4.6%；书报杂志类下降 7.1%。

六、对外经济

2012 年外贸进出口总额 4667.85 亿美元，比上年增长 12.7%。其中出口总额 2713.70 亿美元，增长 10.5%，占全国出口总额的 13.2%，占全省出口总额的 47.3%；进口总额 1954.15 亿美元，增长 15.9%。外贸出口总额连续 20 年位居内地城市首位。

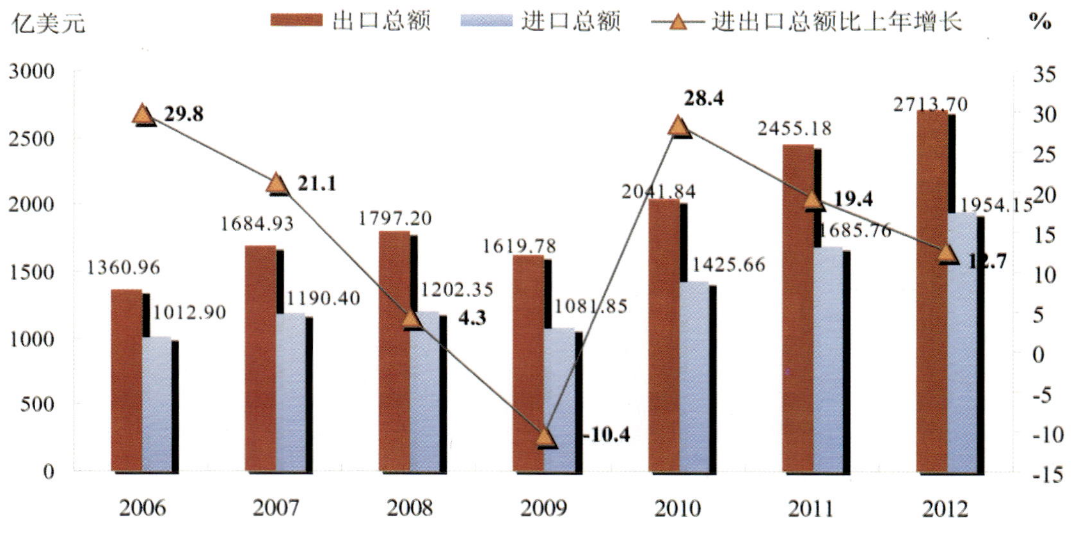

图 1-10　2006～2012 年进出口总额及增长速度

4. 突出城市总体规划的公共政策属性

本次规划由传统的空间设计为主转为空间与政策设计并重，在内容上以政策为出发点，最后归属和落实于政策，保障规划目标的实现。提出了区域协作、经济转型、社会和谐、生态保护四方面的政策内容，最后又构建完整的政策保障体系，提出深圳转型期总体规划实施所需要的创新性政策和体制保障，使本次总体规划成为一个具有空间统筹功能的综合性政策规划。

5. 全过程、全方位的公众参与

除采取了“政府组织、专家领衔、部门合作、公众参与、科学决策”的工作机制外，将市民的全过程参与作为工作重点，充分贯彻以人为本的指导思想，保障公共利益。建立了广泛的民意收集平台，设立热线电话、电子邮件、移动短信、书面接访等多种沟通方式；开展了多途径前期调查,收回有效问卷近 10 万份；进行了深入全面的公开展示，全市共设立七个主展点并在 300 个社区进行公告，同时通过网络进行公示，吸引观展人数逾 10 万人。首创于深圳总体规划的全过程公众参与模式目前已在全国推广。

第二节 土地利用规划

土地利用总体规划是指导土地管理的纲领性文件，是落实土地宏观调控和土地用途管制、规划城乡建设的重要依据，是实行最严格的土地管理制度的基本手段。根据国家和省的统一部署，深圳市新一轮土地利用总体规划先后经历了前期研究、大纲编制和成果编制三个阶段。2012 年 9 月 18 日，《深圳市土地利用总体规划（2006~2020 年）》正式获国务院批复。

一、规划定位与战略

（一）规划定位

新一轮土地利用总体规划定位为适应中国国情和深圳市实际的高度城市化背景下的约束、转型和创新规划，探索建设用地减量增长的土地利用规划新模式。通过新一轮土地利用总体规划的实施促进土地利用与管理的四个转型:

1. 利用模式转型

从外延扩张向内涵集约转变，加大城市更新和建设用地清退力度，优化用地布局，促进土地节约集约利用。

2. 管理理念转型

从被动的资源保障向积极参与宏观调控转变，主动引导和促进经济社会可持续发展。

3. 管理目标转型

从单一的资源管理向资源、资产和资本的复合管理转变，建立符合市场经济发展要求的土地利用和规划管理体系。

4. 管理机制转型

从注重审批向土地全程动态监管转变，实现国土的规范化、标准化和精细化管理。

（二）规划战略

规划体现了高度城市化地区的鲜明特色，提出了空间拓展、循环集约和生态和谐三大土地利用战略。

1. 空间拓展战略

为破解土地资源的瓶颈难题，积极探索土地利用可拓展空间，保障城市可持续发展能力，规划提出：在保护生态环境前提下，充分论证，科学规划，适度实施围填海造地，拓展用地新空间；通过地下公共空间系统、交通系统、市政系统和人防系统等统一规划建设，拓展城市建设发展空间，构建功能齐全、安全方便、环境优美的地下空间利用体系；适当增加地上建设用地的利用强度，优化土地利用结构和布局。

2．循环集约战略

合理安排土地资源的更新时序，加大存量建设用地二次开发力度，强化土地资源的可更新属性，积极推动土地资源循环利用，提高土地利用效率。主要包括：健全“储备－供应－使用－收回－储备”流程，完善土地资源循环利用机制；推动土地管理的重点从新增供地管理为主向存量土地管理为主转变，加快城中村、旧工业区、旧城区等城市用地的更新改造，完善城市更新改造管理机制；强化用地的批后监管评价，充分应用经济、行政、法律等杠杆调节手段，形成低效用地的退出机制；促使工业向园区集中，农田向规模经营集中，健全城市生产生活生态用地的规模集聚机制。

3．生态和谐战略

严格管理基本生态控制线，优化生态用地内部结构和空间布局，提升耕地的生态服务功能，确保城市基本生态安全；促进特区一体化发展，注重实现基本公共服务均等化，提高居民的基本居住条件，优化教育、卫生等社会事业用地的区域配置，提高基础设施用地比例，不断提高民生福利水平；储备预留建设用地，提高生态环境质量。合理协调未来重大建设项目建设与生态保护，确保土地利用的可持续发展。

二、规划特点与创新

（一）认真贯彻落实了党的十八大报告中优化国土空间开发格局，建设生态文明的战略部署

指标上，严格落实省级规划下达的各项指标；空间上，通过调整生产空间，优化生活空间，改善生态空间，促进城市协调发展。功能上，充分发挥各类农用地和未利用地的生态功能。措施上，建立健全生态用地保护的经济激励和制约机制。

（二）提出了建设用地减量增长的土地利用新模式

本轮规划提出了建设用地减量增长的土地利用新模式，具体是通过逐年减少新增建设用地，逐年增加城市更新改造用地，开展建设用地清退等手段，实现建设用地总规模增长速度下降。

（三）构建了市区两级双层规划体系

本轮规划探索建立了双层土地利用规划管理体系。在中心城区外按照宝安、龙岗、光明、坪山四个片区分别编制了片区土地利用总体规划，并于今年1月获市政府批复。经省政府授权，深圳市自主审批和调整功能片区土地利用总体规划。

（四）与相关规划进行了充分的协调和衔接

本轮规划在编制过程中高度重视与各层次相关规划协调与衔接，探索建立了“两规高度衔接，共同编制”的规划编制模式。

三、主要规划指标

（一）建设用地控制目标

1. 建设用地总控制目标

2020年，建设用地比例控制在市域面积的50%以内，建设用地总规模控制在97600公顷以内，其中城乡建设用地规模控制在83700公顷以内，交通水利及其他土地规模控制在13900公顷以内。城乡建设用地中，城镇工矿用地规模控制在83700公顷以内。

2. 新增建设占用农用地、耕地目标

2020年，新增建设用地占用农用地和其他土地不超过13700公顷（其中建设占用农用地不超过7119公顷，建设占用耕地不超过1164公顷；建设占用其他土地6581公顷）。

（二）耕地和基本农田保护目标

2020年耕地保有量保持在4288公顷以上，规划期间，全市基本农田保护面积保持在2000公顷以上。

（三）土地节约和集约利用规划目标

1. 人均城镇工矿用地指标

按常住人口和国土统计口径计算，2020年，全市的人均城镇工矿用地控制在78平方米以内。

2. 建设用地地均GDP

2020年，全市建设用地产出率≥20亿元/平方公里，全市每年万元GDP建设用地年均下降7%。

3. 地均工业增加值

2020年，全市地均工业增加值≥45亿元/平方公里。

（四）土地生态环境建设规划目标

2020年，具有重要生态功能的耕地、园地、林地、水域和部分自然保留地面积达到105000公顷以上，占全市土地总面积的比例不小于53%，形成安居乐业的城市生态环境和人文环境。建成区绿化覆盖率不小于45%。

四、建设用地空间管制

为加强对城乡建设用地的空间管制，规划划定了禁止建设区、允许建设区、有条件建设区、限制建设区，并明确各分区管制规则。

（一）禁止建设区

禁止建设区主要指城市基本生态控制线范围内的严格控制区域，包括一级水源保护区、现有和拟建的自然保护区核心区、重要自然次生植被区等，总面积48276公顷，占市域土地总面积的24%。空间管制措施如下：

1. 区内土地的主导用途为生态建设与环境保护空间，严格禁止与主导功能不相符的各项建设。

2. 原有不符合其功能要求的各类人工设施，应逐步迁出。重点清退区内违法建筑、采石场等，恢复自然植被、湿地和生态系统的结构和功能，确保饮用水源安全。

3. 积极治理现存石漠化土地、水土流失以及裸露山体缺口、裸地。对已受破坏的重要生态系统，结合生态建设工程，组织重建和恢复。

4. 除法律法规另有规定外，规划期内禁止建设用地边界不得调整。

（二）允许建设区

深圳市允许建设区总面积83697公顷，占市域土地总面积的42%。空间管制措施如下：

1. 区内土地主导用途为城镇及工矿建设发展空间。

2．区内新增城乡建设用地受规划指标和年度计划指标约束，统筹增量与存量用地，促进土地节约集约利用。

3．规划实施过程中，在允许建设区面积不改变的前提下，其空间布局形态可依据程序进行调整，但不得突破建设用地扩展边界。

4．允许建设区边界(规模边界)的调整，报规划审批机关同级国土资源管理部门审查批准。

（三）有条件建设区

规划期内，在充分考虑城市发展趋势、空间拓展模式和主要发展方向的基础上，确定深圳市有条件建设区总面积 15344 公顷，占市域土地总面积的 8%。空间管制措施如下：

1．在不突破城市允许建设区的规划建设用地规模控制指标前提下，有条件建设区内土地可以用于规划建设用地的布局调整，依程序办理建设用地审批手续，同时相应核减允许建设区用地规模。

2．规划期内建设用地扩展边界原则上不得调整。如需调整按规划修改处理，严格论证，报规划审批机关批准。

（四）限制建设区

限制建设区是指允许建设区、有条件建设区和禁止建设区以外的区域，总面积 53902 公顷，占市域土地总面积的 27%，空间管制措施如下：

1．区内土地主导用途为农业生产空间，是发展农业生产，开展土地整治和基本农田建设的主要区域。

2．区内禁止城市建设，控制线型基础设施和独立建设项目用地。列入广东省人民政府规定的限制建设区项目目录的能源、交通、水利、军事、国家安全、矿山和其他因生态保护与建设要求需要单独选址的项目，可在限制建设区内安排建设用地，按规定程序报批。

3．基本农田保护区内土地包括基本农田和直接为基本农田服务的农村道路、农田水利、农田防护林及其他农业设施；区内现有建设用地应当复垦为耕地，规划期间确实不能复垦的，可保留现状用途，但不得扩大面积；不得破坏、污染和荒芜区内土地。

基本农田保护区内耕地面积大于上级下达的基本农田保护面积 2000 公顷，尽量减少规划期间不可避免的基本农田占用而导致的布局调整。对于难以定位的独立建设项目，列明可在基本农田保护区内安排的建设项目清单，严禁安排城市建设用地和未列入项目清单的其他非农建设项目，在不突破多划的基本农田规模的前提下，列入项目清单的建设项目占用基本农田时不再补划，简化相应用地报批程序。

4．主要河流湖泊等各类型湿地、25 度坡以上农用地和其他土地原则上不进行建设开发，确需建设开发，需要严格论证；维护保育现有生态，防止污染，不断提高生态服务功能。

5．地质灾害易发区需开发建设的项目，在治理现有地质灾害的同时避免新的地质灾害的发生，应加大新建工程的地质灾害防治力度，新建项目的地质灾害防治工程与主体工程必须做到同时设计、同时施工和同时验收，地质灾害防治工程未验收的不得投入使用。

第三节 法定图则与专项规划

一、法定图则

法定图则编制管理一直是市规划国土委一项重要工作，图则大会战过后，委内要求各职能部门和图则编制单位继续稳步推进法定图则编制工作。为实现全市范围内法定图则的全覆盖，市规划国土委组织编制了法定图则 231 项，其中已通过审批的法定图则有 214 项，覆盖率达 95%。目前在编的法定图则有 15 项（其中 11 项已公示），法定图则全覆盖的目标基本实现，为全市建设发展及管理管理提供法定规划依据。其中，2012 年图则委审批通过的法定图则草案及公示意见处理共 32 项。

表 2-1 2012 年通过图则委审批的法定图则一览表

序号	图则编号	图则名称
1	LG204-05&303-10	宝龙东-新布地区
2	BA301-07	公明中心地区南片
3	BA401-05	观澜北(企坪)地区
4	BA203-01&02&10	松岗西北地区
5	BA203-04&05	松岗中心地区北片
6	BA401-T1&01&02&04	观澜西北地区
7	LG1C2-09&12	民乐地区
8	LH01-03&FT02-06	红岭-通心岭片区
9	BA301-03	公明中心北地区
10	LH01-06&02-01	文锦渡-北斗地区
11	LH01-02	鹿丹村地区
12	LH01-01	人民南地区
13	LG303-08&09	江岭-沙壆地区
14	BA402-04&05&06&07	大浪中心地区
15	BA302-01	光明北地区
16	BA101-01&02&03	宝安中心区
17	NS02-04	后海湾片区
18	NS02-03	东角头片区
19	NS06-02&03	大新地区
20	BA301-01&02	公明茨田埔地区
21	LG103-08&09&10	下李朗-良安田地区
22	BA302-02	公明楼村地区
23	BA301-06	公明将石地区
24	LG104-04	大康地区
25	LG203-03	坪东地区
26	BA303-03&04	石岩东地区
27	BA202-11	沙井中心地区东片
28	LG202-06&204-04&T1	龙岗大埔片区
29	BA301-10&13&14&16	公明田寮-玉律片区
30	LG204-T2&T3&T4	南约地区
31	BA201-02	立新水库北地区
32	BA102-02&03&04	新安上川片区

二、专项规划

1、深圳市步行和自行车交通系统规划设计导则

国家住房和城乡建设部在 2010 年首批“城市步行和自行车交通示范项目”的基础上，2011 年确定深圳、厦门等 6 个城市作为开展第二批“示范项目”工作的城市。对于确定为示范项目的城市，按照住建部要求需组织编制全市步行和自行车交通专项规划、规划设计导则等相关规划和政策措施，以指导步行和自行车交通示范项目的建设，促进步行和自行车交通的发展。2012 年 8 月中旬，深圳市规划和国土资源委员会负责组织编制的《深圳市步行和自行车交通发展规划及设计导则》按计划进度要求，形成中期成果，并于 8 月 17 日完成了征求专家意见咨询。12 月 27 日，项目成果通过委第 82 次综合技术会议审查。

2、深圳经济特区“二线”沿线发展策略研究

在系统梳理“二线”历史管理政策及沿线地区现状特征的基础上，对范围内现有的规划功能定位、用地结构、空间关系等方面进行技术评估，从土地、交通、生态、人文和城市安全等方面提出发展策略，并对几个重点关口片区提出规划指引，为下一步的法定规划编制提供参考。目前，该规划已基本完成技术成果，并征求委内各部门意见，为市政府撤销“二线”关物理设施等工作提供技术支撑。

三、城市发展单元规划

为适应新时期的城市发展需要，积极推动城市转型和城市空间结构、功能优化调整，保障转变经济发展方式的空间需求，充分发挥各级政府、各部门和市场主体在城市开发建设过程中的积极性和主动性，2012 年，市规划国土委城市发展单元规划工作例会将松岗沙埔片区、机场周边地区、宝安尖岗山片区、观澜樟坑径片区、深圳北站片区、西丽中心区、南湾丹竹头片区、大运新城地区、小梅沙片区、金沙片区、坝光片区等地区纳入 2012 年深圳市城市发展单元规划编制计划。

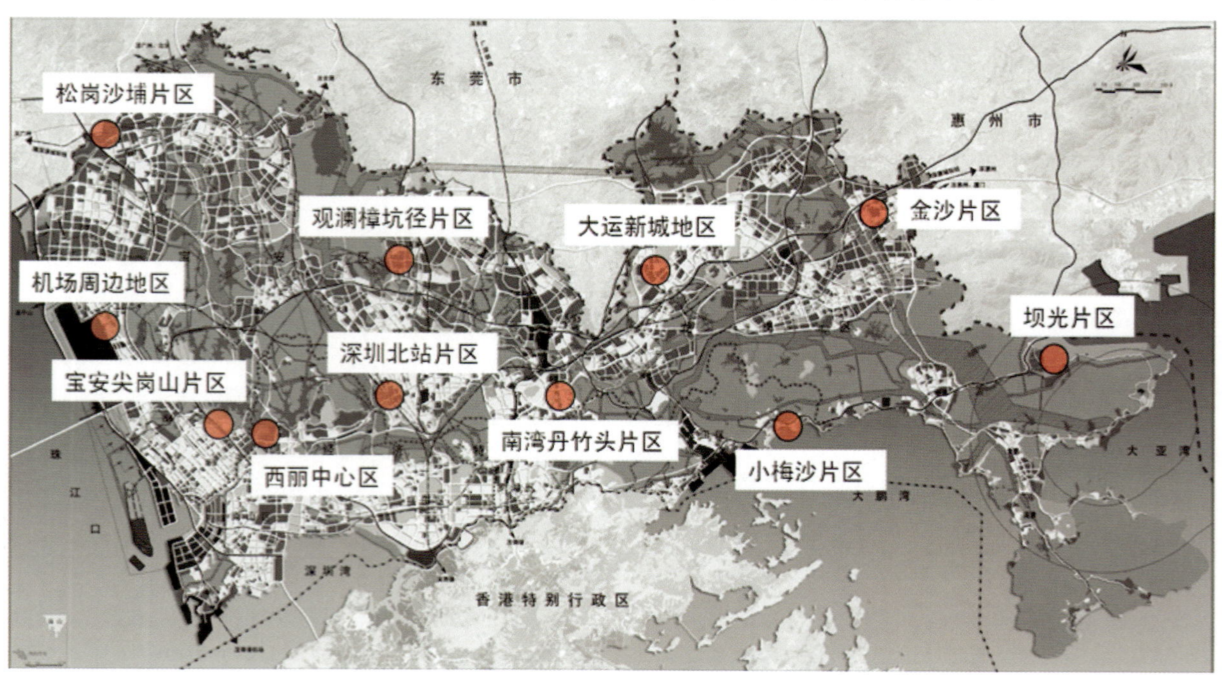

2012 年全市发展单元试点地区示意图

目前，2011 年的 9 个发展单元除光明中心区外，8 个发展单元规划大纲均已完成公示。坪山中心区和光明门户区发展单元作为第一批成果已报市政府审批，华为科技城和笋岗-清水河片区近期拟报市政府，其他发展单元规划大纲将陆续向市政府报批后实施。

2012 年的各单元中，小梅沙片区、松岗沙埔和金沙片区等 3 个发展单元规划已签订项目合同，并于 2011 年由各区政府开展相关工作，目前已形成初步方案。坝光片区、深圳北站地区、观澜樟坑径地区及南湾丹竹头地区等 4 个发展单元目前正按照计划开展相关工作。

第四节 住房建设规划 2013 年度实施计划

深圳市住房建设规划是根据住房和城乡建设部《关于做好住房建设规划与住房建设年度计划制定工作的指导意见》(建规〔2008〕46 号)、《城市住房建设规划编制导则》(建房改研〔2012〕1 号)以及《深圳市住房建设规划(2011~2015)》(深规土〔2011〕288 号)。该计划的制定是以科学发展观为指导，落实国家、广东省加强房地产市场宏观调控和保障性安居工程建设的精神，立足深圳实际，发挥住房在经济社会发展中的基础性配套作用，以深化土地管理制度改革为契机，突破土地资源瓶颈。有序发展住房市场，保持住房政策的稳定性，突出宏观调控的针对性、前瞻性和有效性，引导合理住房需求释放，稳步提升居民居住品质，促进质量深圳建设。

一、上年度计划实施评价

1.1 商品住房用地供应与市场情况

2012 年，全市落实商品住房用地共 111.03 公顷，其中，招拍挂供应商品住房用地 42.3 公顷，完成计划的 105.75%；批准征地返还用地 4.57 公顷，通过城市更新安排商品住房用地约 64.16 公顷。本年度中小套型普通商品住房用地和保障性住房用地达到住房用地供应总量的 70%。

2012 年，全市新建商品住房销售 3.97 万套、361.65 万平方米，面积同比增长 33.54%，其中 90 平方米以下 3.21 万套，为总量的 80.86%；二手住房成交 5.58 万套、468.4 万平方米，面积同比下降 8.35%；商品住房新批准预售 5.45 万套、502.81 万平方米，面积同比增长 32.16%。2012 年，全市房地产开发投资累计完成 736.8 亿元，同比增长 24.8%，房地产开发投资占全市固定资产投资比重达到 31.8%，其中住宅开发投资累计完成 474.6 亿元，同比增长 20.7%；新建商品住房新开工面积为 561.9 万平方米，同比增长 34.6%。

1.2 保障性安居工程建设分配情况

2012 年，根据国家、广东省的部署，本市计划年度新安排保障性安居工程用地 30 公顷，并通过城市更新配建、产业用地配套、拆迁安置及企业自有用地建设等方式，安排筹建保障性安居工程项目 4 万套、开工 3.5 万套、竣工 1 万套、供应 2 万套。

2012 年，全市新安排保障性安居工程建设用地 30.2 公顷。并通过安排城市更新住房项目用地、工业配套用地、拆迁安置用地共落实保障性安居工程项目 4 万套，全市完成新开工 3.8 万套，竣工 1.8 万套，供应 2.39 万套，完成投资约 147.2 亿元。在保障性住房分配中，实现了全年每月向社会供应一个保障性住房项目，并实行了以申请人户籍或社保缴纳时间为标准的轮候排序。

1.3 上年度计划实施成效评估

2012 年，全市继续落实国家房地产市场宏观调控精神，加强住房供应，落实住房限购政策，引导开发企业理性定价，落实差别化信贷和税收政策，对存量住房交易实施按核定价格征税，积极研究住房市场发展的长效机制。2012 年，全市投资投机购房需求得到抑制，自住需求成为需求主体，全年新房销售中，首套住房比例达到 84.6%；根据国家统计局 12 月份数据，深圳市新建商品住宅价格同比指数为 100.9，同比上涨 0.9%，商品住房市场较平稳发展。

2012 年，根据国家、广东省的部署，全市持续推进保障性安居工程建设，超额完成了上年度计划的保障性安居工程建设目标，保障性住房成为多渠道住房供应体系的重要部分；加强了保障性安居工程分配管理，初步完善了轮候规则；推进完善住房保障制度，通过了《深圳市住房保障制度改革创新纲要》，进一步建立健全具有深圳特色的“多渠道、分层次、广覆盖”的新型住房保障体系建设。

1.4 存在问题与不足

（1）2012 年，在土地资源和环境约束下，住房供应更加依赖存量渠道，城市更新和征地返还住房建设供应时序存在不确定性因素，增加了住房计划实现的难度；

（2）年度新安排保障性住房用地项目多选址于原特区外，且存在交通、配套设施不完善等问题，与普通居民住房保障实际需求不尽一致；

（3）通过城市更新等方式配套建设的公共租赁住房，存在回购资金落实难、企业参与运营管理的意愿不强等问题；

（4）符合一定条件的原农村集体经济组织集资房、城中村自建房等纳入住房保障体系缺乏有效措施支持。

二、 住房形势与发展目标

2.1 住房发展形势

2013 年国家对住房工作要求是，更加重视群众的生活质量和社会发展，要建立市场配置和政府保障相结合的住房制度，坚持房地产市场调控政策不动摇，继续加强保障性住房建设和管理。

2.2、住房发展年度目标

（1）进一步深化落实房地产市场宏观调控，制定并公布年度住房价格控制目标，保持房地产市场健康平稳发展；

（2）增加住房有效供应，加强对城市更新建设、轨道交通配套建设等渠道供应潜力的统筹协调，加强供应时序监测管理，合理引导居住需求；

（3）加快保障性安居工程规划建设，优

化保障性住房布局与建设渠道，推进轨道交通和城市更新配套保障性住房建设。

三 计划内容

3.1 新建商品住房

（一）年度建设安排

加强普通商品住房有序供应指引，安排建设商品住房6万套、建筑面积530万平方米。其中，年度新安排住房用地建设1万套、90万平方米，城市更新用地安排建设2.9万套、建筑面积250万平方米，轨道交通三期地铁上盖安排建设2万套、建筑面积约180万平方米，征地返还用地安排建设0.1万套、建筑面积10万平方米。

（二）加强计划对住房供应的指导

推进住房供应管理制度建设，强化住房规划和年度计划对各类住房供应的指导，将住房新安排用地、城市更新、轨道交通配套建设、征地返还和拆迁安置用地等住房用地建设安排，纳入年度计划管理，落实对住房用地供应、存量用地利用及住房供应时序的监督管理，确保市场平稳健康发展。

（三）空间布局与用地计划

衔接轨道交通建设和城市更新，优化商品住房建设布局。在轨道交通三期工程7、9、11号线的松岗、香瑞东、安托山和彩田工业区等车辆段，在光明、坪山、龙华、大运新城等新功能区，优先选址布局中小套型普通商品住房；加强轨道交通沿线、新功能区的城市更新住房建设，积极完善交通、医疗、教育、文体等设施建设。

本年度供应商品住房用地90公顷。其中，新安排商品住房用地30公顷，城市更新商品住房用地60公顷。此外，综合利用轨道三期工程用地和征地返还用地约48公顷。本年度住房用地选址与出让安排中，中小套型普通商品住房及保障性住房用地总量应不低于70%。

（四）居住需求引导

合理引导居住需求，支持自住需求，抑制投机投资需求。落实差别化的住房首付成数、贷款利率等信贷、公积金政策和住房限购措施，推进住房交易和保有环节的税收改革，完善差别化住房税收征缴政策。

（五）市场监测监管

建立房地产项目全过程监管体系；加强对住房供应时序和房源总量结构的监管，开展“十二五”住房建设规划实施中期评估；做好市场监测，完善市场分析和报告制度；加强房地产市场巡查，加大对违法违规行为的查处力度；加强房地产征信体系建设，建立以主管部门组织协调，房地产行业协会具体实施的征信管理；完善物业市场管理机制，有效提升服务水平和居住满意度。

3.2 存量商品住房

（1）交易市场

规范存量住房市场交易秩序，研究合理调整首套、中小套型普通商品住房交易的计税税基，支持居民首套自住住房需求；加强存量住房交易中介管理，规范中介机构和房地产经纪人的准入管理，完善经纪人诚信体系建设；加强住房信息建设，按照国家统一部署，加快深圳市个人住房登记信息、房屋交易信息、住房保障信息等系统的整合，实现与广东省和国家个人住房信息系统的对接。

（2）租赁市场

积极发展普通居民可支付的住房租赁市场。探索研究各类住房的租金分级管理，落实结构性减税相关精神，探索实施降低普通住房租赁税费相关政策，完善提取住房公积金用于缴纳住房房租和物业管理费等措施，促进中小套型普通住房的租赁供应，提高居民实际承租能力，进一步规范和发展较低居住成本的普通住房租赁市场，发挥住房租赁市场在解决居民住房问题和促进各类人才安居中的重要作用。

3.3 保障性住房

（1）总量结构

加大保障性安居工程建设力度，促进商品住房和保障性住房供应均衡可持续发展。本年度新增安排筹集建设保障性住房 4 万套，建筑面积 262 万平方米，其中，通过本年度安排新供应用地 30 公顷建设保障性住房 2 万套、约 105 万平方米；通过城市更新配套建设、拆迁安置、企业自有用地安排建设等存量用地建设及筹集保障性住房 2 万套、约 157 万平方米。

（2）布局指引

结合 2011 年度前海深港现代服务业合作区、光明新区、坪山新区、龙华新区、大鹏新区等新型功能区开发建设，以区域保障性住房需求为导向，统筹布局新型功能区内产业园区及其周边范围的保障性住房建设，合理安排一定规模的居住用地建设公共租赁住房，充分发挥对人才沉淀和产业发展的积极作用。结合轨道交通三期工程建设，在轨道交通上盖和沿线合理安排建设保障性住房，持续推进对低收入家庭的居住保障。

（3）开工建设

2012 年，根据国家、省保障性安居工程工作部署，深圳市新开工保障性住房 3.5 万套、竣工 1 万套。

（4）资金安排

根据2011 年度保障性安居工程建设要求，各级发展改革、财政部门应做好投资计划安排和资金供给工作；住房公积金主管部门应积极借鉴相关城市经验，加强住房公积金贷款对保障性住房建设的资金支持作用。

（5）分配监管

2012 年，本市以租售方式供应保障性住房 2 万套，进一步合理配置货币与实物比例，加大货币补贴实施力度，向符合条件的户籍低收入居民和人才 100%发放货币补贴。要健全保障房长效轮候和公示制度，实施住房保障对象的分类和跟踪管理，加强保障性住房年度资格复核和退出管理，促进住房保障信息与相关征信系统有效衔接。实现保障房从用地供应、开工建设、竣工验收和轮候分配各环节全过程监管。积极开展全市住房保障需求调查，加强住房保障与经济社会发展关系的评估，细化人才界定标准与轮候排序，建立住房保障目标的科学调整机制。

（6）利用存量

积极推进原农村集体经济组织集资房、城中村村民自建房统一纳入保障性安居工程工作。结合住房建设规划计划、产业发展需求，在确保住房质量、消防安全的前提下，试点以整体租赁方式将原农村集体经济组织集资房、城中村村民自建房纳入保障性住房有效供应渠道，就近提供给符合条件的住房困难家庭和人才。加大力度清理盘活机关、事业单位自建住房，住房保障主管部门制订并实施全市统一的清退规定，清退回收的房源优先用于本单位符合人才和住房保障标准的员工居住。加强工业区配套闲置宿舍的动态统筹管理，按工业园区或街道边界范围，集约、合理调配闲置的工业区配套宿舍。规范企业、单位利用存量用地建设公共租赁住房的准入条件、规划设计、建设总量和布局，以及分配运营的管理。

3.4 住房品质提升

提高住房产品的规划建设和技术应用水平，推进绿色、低碳住房建设，引导住房工业化预制装配和智能化建设。加强居住安全、功能、配套和服务等质量建设和监管，满足居民的居住质量提升需求。相关部门加强含装修商品住房的验收监管，规范保障性住房建设、装修和验收标准；定期排查山体边坡、城中村居住区、旧住宅区及保障性住房的安全和消防隐患；完善住房的功能设计，提高住房成套率和节能比率；推进原特区外环境综合整治、环境卫生管理和居住公共安全体系建设。

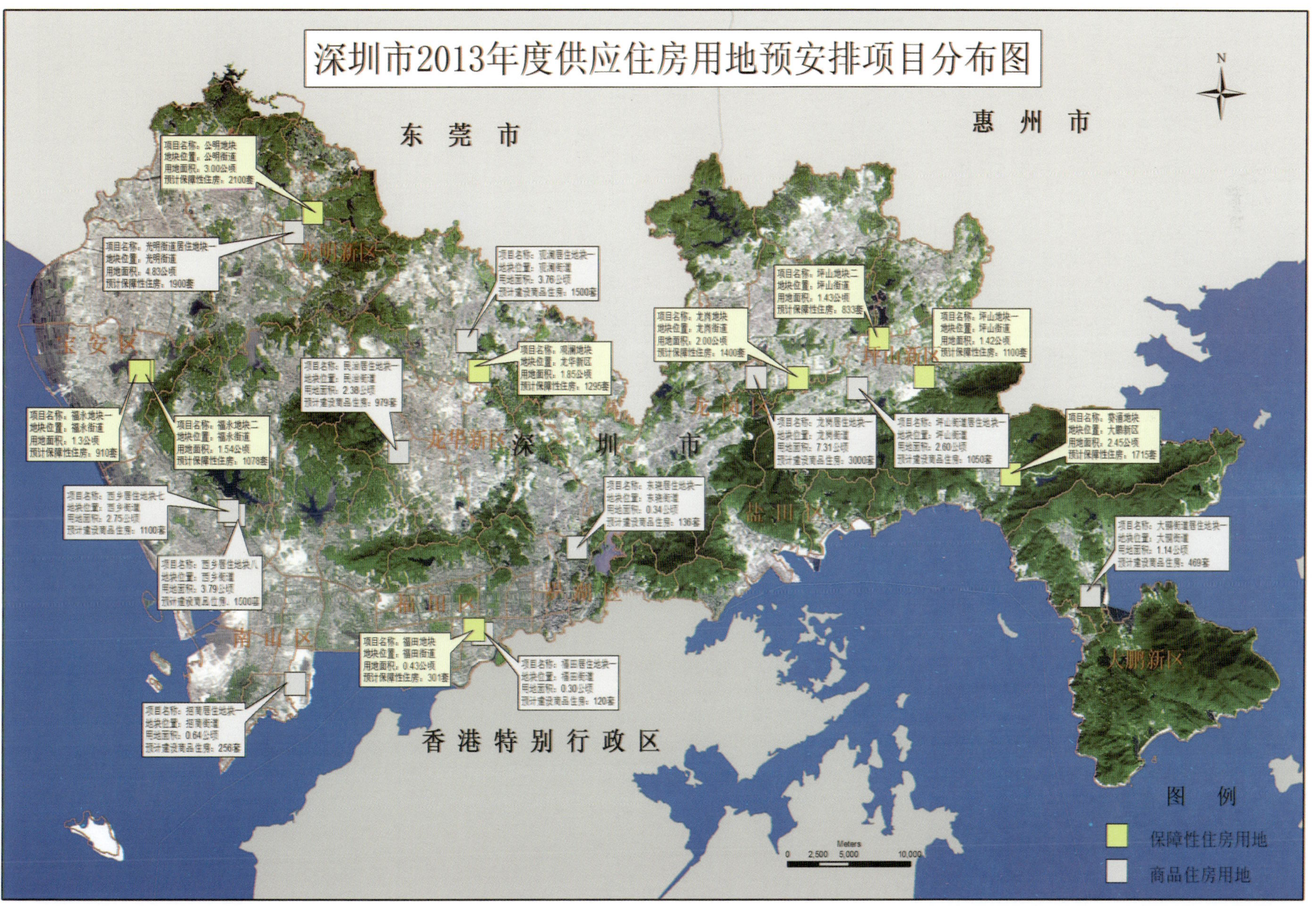
深圳市2013年度供应住房用地预安排项目分布图
东莞市
惠州市
深圳市
香港特别行政区
光明新区
宝安区
龙华新区
龙岗区
坪山新区
盐田区
罗湖区
福田区
南山区
大鹏新区
项目名称：公明地块
地块位置：公明街道
用地面积：3.00公顷
预计保障性住房：2100套
项目名称：光明街道居住地块一
地块位置：光明街道
用地面积：4.83公顷
预计保障性住房：1900套
项目名称：观澜居住地块一
地块位置：观澜街道
用地面积：3.76公顷
预计建设商品住房：1500套
项目名称：观澜地块
地块位置：龙华新区
用地面积：1.85公顷
预计保障性住房：1295套
项目名称：民治居住地块一
地块位置：民治街道
用地面积：2.38公顷
预计建设商品住房：979套
项目名称：福永地块一
地块位置：福永街道
用地面积：1.3公顷
预计保障性住房：910套
项目名称：福永地块二
地块位置：福永街道
用地面积：1.54公顷
预计保障性住房：1078套
项目名称：西乡居住地块七
地块位置：西乡街道
用地面积：2.75公顷
预计建设商品住房：1100套
项目名称：西乡居住地块八
地块位置：西乡街道
用地面积：3.79公顷
预计建设商品住房：1500套
项目名称：福田地块
地块位置：福田街道
用地面积：0.43公顷
预计保障性住房：301套
项目名称：福田居住地块一
地块位置：福田街道
用地面积：0.30公顷
预计建设商品住房：120套
项目名称：招商居住地块一
地块位置：招商街道
用地面积：0.64公顷
预计建设商品住房：256套
项目名称：东晓居住地块一
地块位置：东晓街道
用地面积：0.34公顷
预计建设商品住房：136套
项目名称：龙岗地块
地块位置：龙岗街道
用地面积：2.00公顷
预计保障性住房：1400套
项目名称：坪山地块二
地块位置：坪山街道
用地面积：1.43公顷
预计保障性住房：833套
项目名称：坪山地块一
地块位置：坪山街道
用地面积：1.42公顷
预计保障性住房：1100套
项目名称：龙岗居住地块一
地块位置：龙岗街道
用地面积：7.31公顷
预计建设商品住房：3000套
项目名称：坪山街道居住地块一
地块位置：坪山街道
用地面积：2.60公顷
预计建设商品住房：1050套
项目名称：葵涌地块
地块位置：大鹏新区
用地面积：2.45公顷
预计保障性住房：1715套
项目名称：大鹏街道居住地块一
地块位置：大鹏街道
用地面积：1.14公顷
预计建设商品住房：469套
图例
保障性住房用地
商品住房用地
Meters
0 2,500 5,000 10,000

第五节 住房保障发展规划

一、2012年度计划实施情况

(一)新增用地供应

2012年,全市实际新供应保障性安居工程建设用地约约为30公顷,完成年度计划目标。

(二)新增安排任务

2012年,计划新增安排保障性安居工程项目4万套,实际新增安排约4万套,占“十二五”规划五年总体目标的16.7%,完成年度计划目标。

(三)新开工任务

计划新开工保障性安居工程项目3.5万套,实际新开工约3.8万套,完成年度目标109%,占“十二五”规划五年总体目标的18.1%。其中,公共租赁住房约2.2万套,安居型商品房约0.5万套,拆迁安置房约1.1万套。

(四)竣工任务

2012年,计划竣工保障性安居工程项目1万套,实际竣工约1.8万套,占“十二五”规划五年总体目标的8.6%。其中,公共租赁住房约1.36万套,经济适用住房约0.42万套,安居型商品房约0.02万套。

(五)供应任务

2012年,计划供应保障性安居工程项目2万套,实际供应约2.39万套。其中,公共租赁住房约1.44万套,经济适用房约0.18万套,安居型商品房约0.41万套,限价商品房约0.36万套。

(六)低收入家庭住房货币补贴

2012年,全市发放货币补贴3534户。其中:廉租住房货币补贴1578户,其中,福田区255户,罗湖区258户,南山区158户,盐田区19户,宝安区224户,龙岗区143户,光明新区456户,坪山新区65户;低收入住房困难家庭货币补贴1956户,其中,福田区496户,罗湖区376户,南山区196户,盐田区61户,宝安区329户,龙岗区474户,坪山新区24户。

表2-2 2012年低收入家庭住房货币补贴实施情况表

区域	廉租住房货币补贴(户)	低收入住房补贴(户)
总计	1578	1956
福田区	255	496
罗湖区	258	376
南山区	158	196
盐田区	19	61
宝安区(含龙华新区)	224	329
龙岗区(含大鹏新区)	143	474
光明新区	456	——
坪山新区	65	24

（七）人才安居工程

2012 年，已向 88 家单位 14440 万名高、中、初级人才发放补贴款 4961.73 万元，已为 109 家重点企事业单位安排了 1239 套公共租赁住房。杰出人才、领军人才、国家“千人计划”人才的安居已经实现常态化申请受理。

（八）住房公积金

截至 2012 年底，全市住房公积金缴存开户人数累计近 530.81 万人，缴存额累计达 386.05 亿元。公积金提取金额累计达 83.23 亿元，有效发挥了住房公积金的住房保障作用。

（九）资金安排

2012 年，全市保障性安居工程建设完成投资约 147.2 亿元。其中，公共租赁住房完成投资约 84.7 亿元，经济适用住房完成投资约 8.7 亿元，限价商品住房（安居型商品房）完成投资约 28 亿元，城市棚户区（拆迁安置房）完成投资约 25.8 亿元。全年各级政府共筹集保障性安居工程资金约 42.9 亿元。

（十）质量与配套

新增建设保障性安居工程全部按照绿色建筑标准建设；落实了保障性安居工程质量安全管理措施；加大力度推进保障性安居工程项目周边道路建设，其中龙悦居项目新彩通道、长安观澜安居型商品房项目观光路平安立交改造等项目正在抓紧施工，观澜街道工业一路、爱心家园项目福花路、坪山汤坑保障性安居工程项目碧沙北路等项目前期工作已经完成，即将全面开工。

二、2013 年度计划目标

（一）新增安排目标

2013 年，计划新增安排保障性安居工程项目 4 万套，建筑面积约 246 万平方米。

其中，通过新增安排供应用地建设约 1 万套、63 万平方米，通过城市更新项目配建公共租赁住房约 1.2 万套、72 万平方米，通过工业用地配建产业配套住房约 1 万套、50 万平方米，通过利用自有用地建设及筹集约 0.4 万套、28 万平方米，安排拆迁安置房约 0.4 万套、33 万平方米。

（二）新开工目标

2013 年，计划新开工保障性安居工程项目 1.5 万套，包括，公共租赁住房约 0.9 万套，安居型商品房约 0.55 万套，拆迁安置房约 0.05 万套。

其中，市本级约 0.292 万套；罗湖区约 0.008 万套；南山区约 0.12 万套；宝安区约 0.1 万套；龙岗区约 0.68 万套；光明新区约 0.14 万套；龙华新区约 0.16 万套。

（三）竣工目标

2013 年，计划竣工保障性安居工程项目 2 万套。包括，公共租赁住房约 0.8 万套，经济适用住房约 0.08 万套，安居型商品房约 0.4 万套，拆迁安置房约 0.72 万套。其中，市本级约 0.77 万套，福田区约 0.09 万套，南山区约 0.52 万套，宝安区约 0.05 万套，龙岗区约 0.4 万套，坪山新区约 0.04 万套，龙华新区约 0.06 万套，大鹏新区约 0.07 万套。

（四）基本建成目标

2013 年，计划基本建成保障性安居工程项目 3.02 万套，包括，公共租赁住房约 1.82 万套，经济适用住房约 0.08 万套，拆迁安置房约 0.72 万套，安居型商品房约 0.4 万套。其中，市本级约 1.79 万套，福田区约 0.09 万套，南山区约 0.52 万套，宝安区约 0.05 万套，龙岗区约 0.4 万套，坪山新区约 0.04 万套，龙华新区约 0.06 万套，大鹏新区约 0.07 万套。

（五）供应目标

2013 年，计划竣工保障性安居工程项目 2 万套。包括，公共租赁住房约 0.8 万套，经济适用住房约 0.08 万套，安居型商品房约 0.4 万套，拆迁安置房约0.72万套。其中，市本级约0.77万套，福田区约0.09万套，南山区约0.52万套，宝安区约0.05万套，龙岗区约0.4万套，坪山新区约0.04万套，龙华新区约0.06万套，大鹏新区约0.07万套。

（六）资金计划

2013年，保障性安居工程筹集建设资金总需求约为150亿元，全市将继续参照2012年的标准发放住房补贴，对2013年符合条件的家庭实现应保尽保。

市、区财政共安排约10亿元，专项用于约20万人才安居租房补贴。其中，市财政安排约5亿元，将为约10万人才发放租房补贴；区财政2013年共安排约5亿元，将为各区约10万人才发放租房补贴，其中，福田、罗湖、南山分别安排约1亿元（各约2万人才），宝安、龙岗分别安排约0.5亿元(各约1万人才)，盐田、光明、龙华分别安排约0.25亿元（各约0.5万人才），坪山、大鹏分别安排约0.125亿元（各约0.25万人才）。

全市保障性安居工程建设资金总需求约为150亿元，其中，市财政约13亿元，区财政约32亿元，社会投资约105亿元。进一步深化各投资渠道完成投资情况与投资需求调研，完善资金评估机制，继续运用保险资金、发行债券等方式拓展保障性安居工程融资渠道，形成可持续的保障性安居工程资金保障机制。

（七）质量与品质目标

2013年，实现新增保障性安居工程项目100%达到《深圳市绿色建筑评价规范》铜级标准；严控工程质量，打造1~2个达到省部级以上工程质量奖项标准的精品工程，打造2~3个绿色低碳生态示范社区；实现项目周边地区市政设施和交通配套设施的进一步完善。

第六节 城市设计

《留仙洞总部基地城市设计》

留仙洞片区总部基地已经列入深圳市“十二五”规划，是深圳五大总部基地之一，也是九个战略新兴产业集聚区之一，其承担着产业转型和提升城市品质的重要使命。项目用地位于深圳市南山区西丽片区，由留仙大道、石鼓路、茶光路和茶光新路所围合，为留仙洞总部基地的核心区，用地面积约135公顷。对于该总部基地，一是创造产业转型创新平台，以新一代信息技术为核心的产业转型抓手；汇聚战略性新兴产业总部的创新平台。二是提升地区发展定位，促进城市高端融合，带动产学研一体发展；打造体现人性、高效、集约、优质、低碳等城市价值的示范片区。

该规划用地的功能以新型产业用地为主，并结合轨道站点混合设置商业服务业设施用地。规划借鉴先进园区建设经验，采用相关策略引导高品质园区建设，包括立体街坊、开放绿廊、高质配套、产业社区，体现高效集约、开放共享、便捷服务、快速实施等设计策略。其规划特点如下：

1．七个高强度密集街坊

方案提出七街坊的空间布局方式，街坊内部功能复合、空间立体、低碳生态等特点。

2．三条高品质绿色廊道

北侧服务谷：绿色、立体、慢行、界面丰富的坡地，打造服务走廊。南侧休闲谷：绿色的、地面的、安静的廊道，打造休闲走廊。中部活力谷：双轨道综合体与服务综合体形成活力走廊。

3．三类高质量综合配套

公共服务平台：绿色服务廊和中部服务综合体。

道路系统：方格支路网和地下环路，活化内部交通。

可持续性项目：物资/垃圾系统处理和雨水搜集与废水回收利用。

整体空间布局
景观串接、街坊通透
空间跌落、景观均好

整体空间布局
绿廊：活动功能、公园办公
平台：无缝对接、互动交流

第三章 城市建设

第一节 基础设施建设

一、轨道交通建设

（一）国家铁路及其场站工程建设

根据 2007 年 12 月由国务院审议通过的《综合交通网中长期发展规划》，深圳被列为全国 42 个综合交通枢纽城市之一。深圳地区铁路枢纽最终将形成以厦深铁路为横轴，京广深港客运专线、广深铁路为两竖轴的双“十”字结构，以深圳北站（原龙华火车站）、深圳站为主，福田站、布吉站及深圳东站为辅的“两主三辅”的铁路客运格局。

1. 广深港客运专线

广深港客运专线被国家《中长期铁路网规划》纳入到满洲里至港澳台运输大通道的建设中。该线由广州南站引出，向东南经广州市番禺区的沙湾、黄阁等镇，下穿珠江狮子洋后，经过东莞市沙田、虎门镇，从长安进入深圳境内，经公明、光明、石岩引入深圳北站。线路全长 105 公里，工程总投资 167 亿元。其中，深圳市境内 36.6 公里，工程投资 58 亿元。项目深圳段于 2005 年开工建设，广深段已于 2012 年 12 月 26 日开通试运营。全线预计于 2015 年建成通车。

2. 厦深铁路

厦深铁路是国家《中长期铁路网规划》“四纵四横”快速铁路通道中杭州至深圳沿海快速通道的组成部分，线路全长 502 公里，全线设前场、新角美、漳州南、漳浦、云霄、诏安、饶平、潮汕、潮阳、普宁、葵潭、陆丰、汕尾、鲘门、惠州南、深圳新城站等共 17 个站，工程投资估算总额为 417 亿元。其中广东段全长约 357 公里，工程投资估算总额为 288 亿元。国家发展改革委于 2007 年 9 月 27 日正式批复项目可行性研究报告。该项目于 2008 年 1 月 6 日开工建设，2009 年进入主体施工阶段。到 2012 年年底，路基土石方开工累计完成 419.948 万立方米；桥梁开工累计完成 19371.368 折合成桥米；涵洞开工累计完成 1653.404 横延米；隧道开工累计完成 13143.26 折合成洞米。预计全线于 2013 年建成通车。

（二）地铁规划建设

2008 年 10 月 15 日，《深圳市城市轨道交通建设规划（2005～2011）》调整方案获国家批准。2005～2011 年间，深圳建设完成 1 号线续建工程，全段于 2011 年 6 月 15 日投入试运营；2 号线首期工程和东延线工程，全段于 2011 年 6 月

28 日投入试运营；3 号线首期段工程和西延段工程，全段于 2011 年 6 月 28 日投入试运营；4 号线续建工程于 2011 年 6 月 16 日投入试运营；5 号线工程于 2011 年 6 月 22 日投入试运营。

《深圳市城市轨道交通近期建设规划(2011~2016 年)》于 2011 年 4 月 25 日获国家发展和改革委员会批准。本次规划建设以下线路：11 号线由福田中心区至松岗，线路全长约 51.7 公里；9 号线自向西村至深圳湾，线路全长 25.3 公里；7 号线自太安至动物园，全长 30.3 公里；6 号线自深圳北站至松岗，全长 37.9 公里；根据前期工作的进展情况，适时建设 8 号线，自国贸至小梅沙，线路长约 26.4 公里。上述线路合计总长度约 169.6 公里，新增车站数量 95 座。规划实施后，深圳市轨道交通线路将达到 10 条，通车里程约 348 公里。其中：

7 号线工程。全长 30.3 公里，设车站 28 座，车辆段和停车场各 1 座。至 2012 年底，丽水至农林段 6 个车站围护结构平均完成 15%，其余车站累计平均完成 5%，车辆段及停车场土石方工程累计完成 95 万立方。

9 号线工程。全长 25.3 公里，设车站 22 座，车辆段和停车场各 1 座。至 2012 年底，全线总计 26 个工点，绝大部分完成施工围挡，施工进场率 100%，侨城东车辆段土方累计完成 85 万方，深湾站、红树湾站、园岭、鹿丹村、红岭北等累计完成连续墙 6190 幅。

11 号线工程。全长 51.7 公里，设车站 17 座，4 座主变电所，车辆段和停车场各 1 座。至 2012 年底，完成或部分完成全线 49 个工点的施工围挡，车站围护结构总体完成约 35%，连续墙累计完成 687 幅；高架段累计完成 1400 余根桩基；机场北停车场已完成全部土方开挖和鱼塘回填，软基处理完成，松岗车辆段软基处理旋喷桩完成 3.2 万延长米。

（三）机场规划建设

1. 深圳机场飞行区扩建工程

深圳机场飞行区扩建工程是深圳市重大交通设施项目，于 2009 年 11 月 28 日正式开工建设。该工程占地面积 5866122 平方米，包括机场工程（二跑道工程、客货码头迁建工程、供电工程）、空管工程、供油工程、一跑道西区软基处理等建设项目。

油码头迁建工程于 2010 年 8 月完工并投入使用；供电工程一期 110/10KV 变电站及固戍线路于 2011 月 3 月投入使用；二跑道于 2011 年 6 月完工，并已投入使用；供电工程二期处于施工准备阶段；客货码头迁建工程 2012 年 4 月 2 号客运突堤开工，目前处于施工阶段；一跑道西区南端滑软基处理和道面工程软基处理施工并完工；空管工程航管楼及塔台主体处于施工阶段。

2. 深圳机场航站区扩建工程

深圳机场航空业务量已达设计饱和容量，本项目建设是适应未来航空业务发展的客观需要，可有效缓解营运过程中的硬件设施矛盾。项目占地 2421500 平方米，分为航站区主体工程、航站区配套工程及供油工程。其中，航站区主体工程包括 T3 航站楼、停车楼及捷运系统、货运库、机场生产辅助设施及生活设施、特种车辆等；航站区配套工程包括站前交通、站坪及配套滑行道、供电、通信、给排水、供冷供热、污物处理工程等建设项目。航站楼为 45.1 万平方米。2012 年 12 月 25、26 日进行了 T3 航站楼暨 GTC 土建工程的竣工验收。

二、主要道桥工程建设

（一）广深沿江高速公路（深圳段）项目

该工程路线全长 30.45 公里，采用双向八车道高速公路标准，路基宽度 41 米，桥梁宽度 40.5 米，设计行车速度 100 公里/小时。全线设置 4 座互通式立交，主线桥梁长度 30.35 公里。项目建设有利于珠江三角洲穗、莞、深地区以及香港经济共同发展，形成沿江经济开发带的，有利于机场、港口等客货集疏和外贸集装箱集疏运，完善区域公路网，满足日益增长的交通运输发展的需要。截至 2012 年 12 月底，项目累计完成投资 83.9 亿元，占已批复一期工程概算 103.69 亿元的 80.9%。

（二）梅观高速公路扩建项目

梅观高速公路改造段全长 19.054 公里，按双向八车道高速公路标准加宽，标准路基宽 41 米。项目建设是为了更好的满足交通量增长，适应区域经济发展，进一步完善深圳市高快速干线路网及广东省高速公路网功能。

截至 2012 年 12 月 25 日，梅观高速公路扩建工程清湖至黎光段路基土石方基本完成，桥台、梁上部结构基本完成；涵洞、通道、墩柱、盖梁、拓宽部分桥梁桩基全部完成；梅林至清湖段路面修缮及交通改善工程已通过交工验收并完成交工结算。

（三）东部过境高速公路

该项目起于莲塘水厂处（与莲塘口岸、爱国路相连接），向南通过规划一线莲塘口岸与香港一号干线相接，向北与深惠、深汕高速公路相接，路线全长 31.1 公里，占地 2697 亩。起点至盐排高速采用双向 8 车道断面，盐排高速至终点道路断面为双向 6 车道。共设特大桥 4 座，大、中桥 25 座；涵洞 60 座，隧道 4 座，互通式立交 6 座，主线收费站 1 处，匝道收费站 4 处；综合服务区 1 处；变电所 5 处。项目建设期从 2011 年 6 月至 2014 年 12 月。2012 年主要进行征地拆迁、施工招标以及施工图评审工作。

（四）南坪快速路（二期）A 段工程

南坪快速路是《深圳市干线路网规划》提出的“一横八纵”建设计划中的核心工程，南坪二期是南坪快速路西段工程，其贯通南山、宝安、福田三区，将南坪快速路一期与深圳港西部港区连接，充分发挥了南坪快速路在路网中的轴带作用。该工程路线全长 11.2 公里，双向八车道。截至 2012 年 12 月底，已完成工程投资 21.04 亿元，占项目总投资的 75.9%。

三、公用事业工程建设

（一）公明供水调蓄工程

项目位于光明新区，总投资 101285 万元，建设公明水库扩建工程、鹅颈水库至公明水库连通隧洞、公明水库至石岩水库供水工程和雨洪利用工程等，库容 1.42 亿立方米。项目建成后，与铁岗水库、石岩水库、西丽水库一起，共同承担宝安区、光明新区、南山区、福田区的供水保障任务，供水范围覆盖市内 950 平方公里，供水保障时间由现在的二十天提高到三个月。

截至 2012 年底，项目累计完成投资 49050 万元，供水隧洞开挖及初衬完成 92.9%，二衬完成 33.9%；连通隧洞贯通并完成全部初衬，二衬完成 24%；1 号坝全部完工；2 号坝填筑完成 36.6%；3 号坝填筑完成 23.8%；4 号坝填筑完成 47%；5 号坝、6 号坝合同工程量全部完成。

（二）深圳抽水蓄能电站

项目地址位于深圳市盐田区和龙岗区内，装机容量 1200 兆瓦，项目总投资 599060 万元，建设年限为 2011~2018 年。项目建设有利于优化电源结构、减轻西电故障和大机组跳闸引起的事故风险，改善核电、火电运行条件，提高输电线路输送效率和利用率，降低输电成本，提高电网运行经济性。

截至 2012 年底，主体工程开始施工，通风洞、交通洞、2#施工支洞及其连接道路等施工完成；上下库连接道路路基、路面工程完工；上水库双拥林和生态风景林搬迁工程开工。

四、其他公共配套设施工程建设

（一）华侨城欢乐海岸

该项目占地面积 56.5 万平方米，建设购物中心、曲水湾、椰林沙滩、度假公寓、华侨城湿地公园等五大区域。项目建成后将为深圳市民提供开放的公共空间，填补深圳大型开放式都市娱乐和生态旅游项目的空白，大大丰富旅游文化产业的内涵，提升深圳滨海城市形象。

截至 2012 年底，项目已正式开业，蓝汐精品酒店投入试用，创意展示中心正式使用，旅游信息中心挂牌正式开放，曲水湾及电影院已正式开业。购物中心在做内部装修，万豪行政公寓及蓝楹湾商务中心二次装修，已完成装饰及设备专业全部施工图，蓝楹湾度假公寓公寓Ⅱ标桩基施工，公寓Ⅰ标主体结构施工，湿地公园已正式开放。

（二）南方科技大学校区建设

该项目位于南山区西丽塘朗山片区，总投资248686万元，建设年限为2010~2012年。深圳高等教育发展相对滞后，高校规模、结构、质量和效益难以适应深圳经济社会快速发展和市民对高等教育的需求。建设南方科技大学有利于提升高等教育水平，实现深圳高等教育事业的跨越式发展。该项目一期用地面积28.44万平方米，总建筑面积 23.42 万平方米，其中地上面积20.42万平方米，地下面积3万平方米。

2010 年完成立项、选址、用地预审，获得可研、环评、规划总平面的批复，完成勘察、水土保持方案的编制，以及Ⅰ标段施工招标；2011年完成施工图设计以及主体工程施工；截至2012年，除因使用功能改变的实验单元外，其余工程基本完工。

第二节　重点工程建设

一、2012年投资完成情况

2012年，全市共安排重大项目340个，其中，重大建设项目195个，总投资5019亿元，年度计划投资714亿元;重大前期项目145个，总投资2757亿元。全市重大项目计划执行情况良好。其中：重大建设项目累计完成投资730亿元，完成年度计划102.2%，占全市全社会固定资产投资完成额31.5%；重大前期项目前期工作进展顺利，11个项目已提前开工建设，34个项目2013年即将开工建设。重大项目作为我市国民经济和社会发展的重要支撑力量，为2012年“稳增长”目标的顺利实现作出重要贡献。

（一）重大产业项目引领作用不断增强，产业转型升级取得新突破

重大产业项目(包括战略性新兴产业、先进制造业、现代服务业)成为重大项目的投资主力，对经济发展的引领作用日益突出，有力带动全市产业结构的转型升级。重大产业项目完成投资378亿元，占重大项目完成总额52%，分别较2010年、2011年提高18、13个百分点，重大产业项目比重连续三年攀升。一是战略性新兴产业规模化发展。坪山生物医药企业加速器主体工程封顶，华大基因深圳国家基因库、阿里巴巴商业云计算研发中心、百度华南总部及研发中心、光启超材料产业化基地等项目加快建设，创新成果转化能力逐渐增强。二是高技术制造业高端化发展。旭硝子玻璃基板、盛波光电偏光片（一期）等项目竣工投产，长安标致雪铁龙汽车合资项目进入设备安装调试阶段，比亚迪新能源汽车、深超光电多晶硅薄膜晶体管、研祥中试基地等项目加快推进，产业竞争力显著提升。三是金融产业集群化发展。深圳证券交易所营运中心即将投入使用，平安国际金融中心、太平金融大厦、中信银行大厦、招商银行深圳分行大厦等项目顺利推进，全国金融中心地位进一步巩固。

（二）重大民生项目扎实推进，社会民生福利水平迈上新台阶

重大民生项目完成投资61亿元，为提升全市社会民生福利水平发挥重要作用。一是保障性安居工程全面推进。龙华龙悦居1–4期保障性住

房进入施工尾期，松坪村三期、深康村等保障性住房项目迅速推进，保障性住房供给能力不断提

升。二是教育、卫生、文化、体育项目加快建设。香港大学深圳医院正式运营，宝荷医院、新安医院、儿童医院改扩建、南方科技大学校区建设、青少年活动中心改扩建等项目加快推进，深圳当代艺术馆与城市规划展览馆 BOT 融资取得重要成果，全市公共服务设施布局进一步完善。

（三）重大基础设施逐步完善，城市建设取得新成就

重大基础设施项目（包括综合交通、城市更新、宜居环境、资源能源保障项目）进展顺利，完成投资 291 亿元，推动城市功能进一步完善。一是综合交通不断改善。地铁 7、11 号线获批正式动工，清平高速公路即将通车，深圳机场航站区扩建工程、广深沿江高速公路、机场南路、深汕公路（二期）、梅观高速扩建工程、彩田路北延段等项目有序推进，有力推进特区一体化进程。二是城市更新项目增长迅猛。龙岗区保利岗贝村一期封顶，华润大冲村、岗厦河园片区、星河雅宝科技创新园等项目全面推进，重大城市更新项目投资额大幅增加，较去年增长 9 倍，城市面貌进一步提升。三是城市环境不断改善。观澜河、布吉河、新圳河–西乡河等河流水环境整治工程全面开展，推动了水环境质量持续改善。西气东输二线正式向深圳供气，深圳电网工程、抽水蓄能电站、岭澳核电站等项目加快推进，资源能源保障能力明显提升。

（四）投资结构进一步优化，投融资改革跨出新步伐

随着重大基础设施项目投融资改革的深入，社会投资在重大项目中的比重进一步提高，重大项目中社会投资完成 638 亿元，占重大项目完成总额 87.4%，较 2011 年同期上升 5.3 个百分点，较 2010 年大幅度上升 38.5 个百分点，社会投资已成为重大项目投资的主力军。一是产业基础设施建设有效带动社会投资。12 个战略性新兴产业基地和 11 个集聚区加快建设，成功吸引国药集团、招商局集团、航天科技集团等一批央企项目签约落户，产业集聚效应逐渐显现。二是社会资金参与重大项目建设力度加大。通过创新投融资体制，当代艺术馆和城市规划展览馆、深圳湾科技生态园、软件产业基地、光明中小企业总部基地等项目吸引了大量社会资金参与，有效缓解了财政资金压力。

（五）重大项目分级协调全面实施，投资效益实现新跃升

为切实加大重大项目协调力度、提高协调效率，全面落实“市长–副市长–各区（新区）、各部门”的三级协调机制，加大重大项目协调力度，提升重大项目服务水平，全年共协调了 284 个项目报来的 487 个问题，有效推动了重大项目建设进度。53 个重大新建项目中 48 个项目已顺利开工，开工率达 91%；142 个续建项目中 49 个项目竣工投入使用，竣工率 35%，同比增长 3 个百分点，呈现项目转化速度逐渐加快，竣工投产率持续提升的良好局面，重大项目投资效益明显提高。

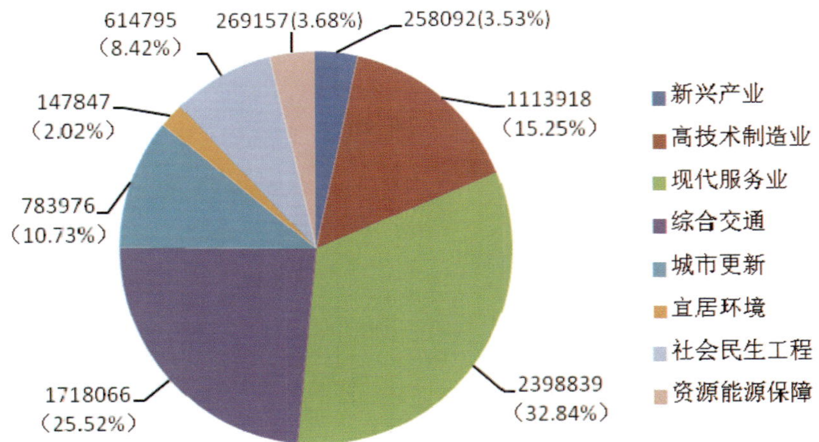

图 3-1　2012 年全市重大项目投资分行业完成情况（单位：亿元）

二、2013 年计划安排

表 3-1　深圳 2013 年重大项目计划表

单位：万元

编号	建设单位及项目名称	建设日期	建设规模及建设地址	总投资	本年度计划完成投资	资金来源	本年度建设内容
	新兴产业项目 38 项						
	续建项目 28 项						
1	深圳华大基因研究院	2012. 10	建筑面积 18000 平方米，建设基因信息数据库（一期）和生物样本资源库（一期），拟实现 1000 万份可溯源性生物样本的存储能力。	78000	57000	政府投资：32000；社会投资：25000	主体工程施工，机电设备安装，园林景观、市政道路施工，装修施工。
	深圳国家基因库（一期）	2014. 03	大鹏新区大鹏办事处下沙片区“禾塘仔”地块				
2	深圳翰宇药业股份有限公司	2011. 11	用地面积 25258 平方米，建筑面积 50263 平方米，建设多肽药物制剂生产厂房，形成年产多肽药物制剂 3000 万支的生产能力。	28300	6295	社会投资：6295	完成基础建设及安装装饰工程施工，完成设备安装调试，通过 GMP 认证。
	多肽药物生产基地建设	2013. 11	坪山新区坪山办事处国家生物产业基地				
3	深圳市信立泰生物医疗工程有限公司	2011. 06	用地面积 2440 平方米，建筑面积 1 7940 平方米，建设冠脉支架研究开发中心和生产厂房。	19330	3260	社会投资：3260	厂房建设、辅助车间装修。
	生物医疗器械研发和生产基地项目	2015. 12	坪山新区坪山办事处聚龙山三号路				
4	深圳市北科生物科技有限公司	2011. 09	用地面积 4017 平方米，建筑面积 33972 平方米，建设干细胞库及处理中心、干细胞库及处理中心、干细胞技术研究中心、药物筛选与评价中心等。	19519	8940	社会投资：8940	装修及设备安装调试。
	北科总部及国际干细胞研发基地	2014. 02	南山区粤海街道科苑南十道				

（续表）

编号	建设单位及项目名称	建设日期	建设规模及建设地址	总投资	本年度计划完成投资	资金来源	本年度建设内容
5	深圳信立泰药业股份有限公司	2011. 02	用地面积 49933 平方米，建筑面积 124345 平方米，建设研发中心和生产厂房，设计产能片剂 63.5 亿片/年、胶囊剂 11 亿粒/年。	80572	8340	社会投资：8340	厂房建设及装修。
	信立泰药业创新药物产业化基地项目	2017. 12	坪山新区坪山办事处聚龙山三号路				
6	深圳致君制药有限公司	2011. 01	用地面积 7000 平方米，建筑面积 23000 平方米，新建综合库房、生活配套设施（综合楼）和扩建头孢固体制剂二车间等。	30000	5400	社会投资：5400	内部装修、设备调试等。
	深圳致君制药有限公司医药研发制造基地二期	2014. 12	龙华新区观澜办事处观澜高新技术产业园				
7	洙圳市康哲药业有限公司	2011. 12	用地面积 36422 平方米，建筑面积 80130 平方米，建设新药酪丝亮肽生产基地，设计产能 600 万瓶/年。	35681	6000	社会投资：6000	主体工程建设。
	康哲药业有限公司新药生产基地建设工程	2014. 08	坪山新区坑梓办事处金沙地区				
8	深圳市理邦精密仪器股份有限公司	2012. 04	用地面积为 38954 平方米，建筑面积 97490 平方米，建设办公用房、研发中心、试生产车间及其他配套用房等。用于研究开发产科妇科产品、影像产品、医用传感器等生物及医疗器械产品。	30026	9000	社会投资：9000	主体工程施工。
	深圳市理邦精密仪器股份有限公司企业研究开发中心及产业化基地	2015. 10	坪山新区坑梓办事处金沙片区				
9	西门子（深圳）磁共振有限公司	2012. 11	在原址进行项目扩建，扩建面积约为 30000 平方米，用以满足磁共振系统和 AX 系统的研发相生产经营需要。扩建达产后，年新增 300 台磁共振系统生产能力。	20000	6000	社会投资：6000	房屋设施建设完成，设备采购、安装及测试。
	西门子（深圳）磁共振有限公司研发与生产基地三期	2015. 12	南山区粤海街道高新中二道与科技中一路交界处				

（续表）

编号	建设单位及项目名称	建设日期	建设规模及建设地址	总投资	本年度计划完成投资	资金来源	本年度建设内容
10	龙岗区政府市特区建设发展集团有限公司	2012.08	核心启动区面积550000平方米，重点建设低碳能源体系、低碳会展中心、低碳交园区道路通、丁山河治理和既有建筑绿色改造等，为整个国际低碳城的推进起示范作用。	1184643	112432	政府投资：50716；社会投资：61716	核心启动区建设。
	深圳国际低碳城核心启动区建设	2020.12	龙岗区坪地街道高桥片区				
11	深圳国家高技术产业创新中心	2012.02	用地面积12293平方米，拟建北侧研发大楼，楼高100米23层，南侧实验室大楼，楼高67米16层以及会议中心、展览厅等设施。	75357	10000	政府投资：10000	完成地下室主体工程，完成地上二层主体结构。
	深圳国家工程实验室大楼	2015.05	南山区粤海街道高新南七道				
12	洙圳北理工创新中心有限公司	2012.12	用地面积2519平方米，建设北京理工大学在深圳的科技创新平台，包含电动汽车工程技术中心、光电成像技术与系统研究中心、卫星导航电子信息技术研究中心等。	20100	6045	社会投资：6045	地下室和主体工程施工。
	深圳北理工创新中心项目	2014.01	南山区粤海街道深圳虚拟大学园				
13	深圳市力能加电站有限公司	2012.08	新建42座充电站，以满足2013年新增1000辆纯电动公交大巴、1000辆纯电动出租车、1000辆电动公务车的充电需求。	27543	10000	社会投资：10000	场站选址及建设。
	新能源公交车基础设施运营网络项目	2014.05	福田区，南山区，宝安区，龙岗区，光明新区，坪山新区				
14	招商新能源（深圳）有限公司	2012.06	利用前海湾保税园区及物流园区仓库屋顶进行建设，项目总装机容量9.7兆瓦，安装面积约为14万平方米。	11589	2353	社会投资：2353	完成2兆瓦光伏屋顶电站建设及相关改造工作。
	深圳市前海光伏发电示范项目	2015.06	前海合作区临海大道				
15	深圳巴斯巴科技发展有限公司	2011.10	建筑面积13500平方米，对原有厂房12000平方米进行装修改造，以实现产能扩充。主要产品为电动汽车充电连接器、电池连接系统专用母排和高压连接系统等。	10800	5600	社会投资：5600	厂房装修，设备购置、安装、调试。
	新能源汽车高压大电流连接系统产业化项目	2013.12	龙华新区大浪办事处上横朗建滔工业园				

（续表）

编号	建设单位及项目名称	建设日期	建设规模及建设地址	总投资	本年度计划完成投资	资金来源	本年度建设内容
36	深圳市多彩实业有限公司	2013. 01	用地面积 31413 平方米，建筑面积 50245 平方米，建立多彩研发总部、多彩北航云计算实验室，以及移动互联周边设备的现代化生产制造基地。	30000	5000	社会投资：5000	厂房建设。
	移动互联周边设备及云计算产业化基地	2015. 05	龙华新区观澜办事处观澜高新技术产业园				
37	深圳市华艾实业发展有限公司	2013. 09	用地面积 43106 平方米，建筑面积 139451 平方米，建设物联网产业项目孵化基地、物联网核心技术研发及其产品应用和创新产业园。	36000	8000	社会投资：8000	地下室及主体建筑施工。
	华艾信息产业园	2015. 06	龙岗区龙岗街道新生社区				
38	中建材光电科技（深圳）有限公司	2013. 03	建设平板显示器玻璃基板实验室和太阳能光电技术实验室，利用先进试验线设备开发出高质量的光电新产品。	10000	5000	社会投资：5000	工程中心实验室建设、试验设备采购、试验线采购、安装、调试。
	中建材光电玻璃新材料工程研究中心	2013. 12	南山区南山街道南海大道海王大厦 A 座 13 楼				
	高技术制造业 27 项						
39	长安标致雪铁龙汽车有限公司	2011. 11	用地面积 996092 平方米，建筑面积 1294910 平方米，建设整车生产四大工艺厂房、发动机工厂，设计产能 20 万辆/年。	961500	210 000	社会投资：210 000	整车场建设，发动机厂建设。
	长安标致雪铁龙合资项目	2015. 12	龙华新区观澜办事处原哈飞汽车工业园				
40	中兴发展有限公司	2011. 01	用地面积 110236 平方米，建筑面积 140846 平方米，建设研发、培训及配套宿舍社区等。	68000	20000	社会投资：20000	主体工程完成，装修工作开始。
	中兴国际研发培训中心	2014. 12	盐田区梅沙街道盐田深华石场片区				
41	深超光电（深圳）有限公司	2011. 06	在原有厂区内新增玻璃基板月投入量为 1.5 万片的低温多晶硅膜晶体管液晶显示器件生产线。	193700	8450	社会投资：8450	生产线 50%量产至达产。
	第五代低温多晶硅薄膜晶体管液晶显示器件项目	2013. 06	龙华新区龙华办事处民清路北深超光电科技园 A 栋				

（续表）

编号	建设单位及项目名称	建设日期	建设规模及建设地址	总投资	本年度计划完成投资	资金来源	本年度建设内容
42	深圳南方中集东部物流装备制造有限公司	2011. 07	用地面积为60767平方米，建筑面积为53767平方米，建设生产厂房车间及其一系列配套服务设施。	62193	35800	社会投资：35800	所有工装、设备、人员联动试机，试投产、正式生产。
	南方中集东部工厂三期工程	2013. 12	坪山新区坪山办事处锦龙大道3号				
43	深圳市怡化电脑有限公司	2010. 08	用地面积5581平方米，建筑面积68100平方米，新建研发与测试中心。	66042	23715	社会投资：23715	完成装修、装饰工程，并准备验收资料。
	金融自助设备研发、测试中心	2013. 12	南山区科技园填海六区				
44	深圳市盛波光电科技有限公司	2012. 09	月地面积78323平方米，建筑面积133150平方米，分两期建设，二期项目将新建生产厂房、研发大楼及相关配套设施，建设两条幅宽为1490mm的TFT-LCD用偏光片生产线。	147093	40000	社会投资：40000	6号生产线项目基建和设备采购，以及7号生产线项目基建前期等工作内容。
	TFT-LCD用偏光片二期项目	2016. 08	坪山新区坪山办事处青松西路8号				
45	深圳市讯美科技有限公司	2011. 10	用地面积37196平方米，建筑面积达148800平方米，新建年产50万台套生产线及产品研发中心等。	65100	20000	社会投资：20000	主体工程及设备进场、安装预埋工程。
	红外非致冷热像仪	2014. 12	南山区粤海街道高新园中区科华路3号				
46	深圳市华加日西林实业有限公司	2010. 05	用地面积80017平方米，建筑面积52650平方米，设计产能为太阳能边框、家具、影视LED约1亿套，散热器、幕墙材料7500吨。	61843	8000	社会投资：8000	完成厂房的扩建和生产线基建工程以及周边道路等设施项目建设；完成轿车零部件、电子类产品铝合金材料的生产线项目建设。
	深圳市华加日西林实业有限公司搬迁扩建项目	2014. 12	坪山新区坑梓办事赴丹梓大道南				
47	深圳市迅宝投资发展有限公司	2009. 12	用地面积86000平方米，建筑面积155000平方米，新建三条可回收食品包装容器生产线，可形成年产100亿只能力。	100000	30000	社会投资：30000	厂房建设及设备引进。
	GT环保食品包装容器基地建设项目	2014. 12	大鹏新区葵涌办事处金业路金涌小区迅宝工业园				

（续表）

编号	建设单位及项目名称	建设日期	建设规模及建设地址	总投资	本年度计划完成投资	资金来源	本年度建设内容
48	深圳市电连精密技术有限公司	2012. 10	用地面积 14731 平方米，建筑面积 44193 平方米，建设生产制造中心、综合厂房、科研楼及综合楼等。	21800	10000	社会投资：10000	主体工程完上后，竣工验收，安装设备调试。
	微型化、高可靠性射频连接器及互连系统研发和产业基地（一期）	2013. 12	光明新区公明办事处南环大道钟表基地				
49	洙圳福田燃机电力有限公司	2012. 03	用地面积 38008 平方米，建筑面积 162202 平方米。工业区改造后重点发展以电子和系统控制应用为主的航空航天产业及相关配套高端服务业。	65000	12000	社会投资：12000	完成全部前期工作，开始进行土方外运及基坑支护工程施工，开始进行桩基础施工。
	深圳福田航电科技产业园	2015. 10	福田区梅林街道中康路 26-446 号				
50	招商局光明科技园有限公司	2012. 02	用地面积为 207692 平方米，建筑面积为 527200 平方米，建设招商局光明“科技企业加速器”。	256308	10000	社会投资：10000	完成项目二期工程两栋主体研发办公楼地下室建设。
	招商局光明“科技企业加速器”	2017. 12	光明新区光明办事处观光路 3009 号				
51	市住宅工程管理站	2010. 09	用地面积 123028 平方米，建筑总面积 619131 平方米。新建管理及研发大厦、国际技术转移大厦，科技研发大厦等。	400000	87690	社会投资：87690	完成工程建设并竣工验收。
	深圳市软件产业基地	2013. 12	南山区粤海街道高新区南区的填海六区				
52	研祥智能科技股份有限公司	2008. 04	用地面积 80074 平方米，建筑面积 2 1 0000 平方米，建设嵌入式智能平台 EIP、嵌入式安全平台 ESP、嵌入式 CPU、特种计算机等产品的研发和中试。	100000	10000	社会投资：10000	完成全部建设工程并竣工验收。
	研祥生产中试基地（研祥技工业园）建设项目	2013. 12	光明新区光明办事处龙大高速东侧、四号				
53	深圳中集天达空港设备有限公司	2011. 09	用地面积 132221 平方米，建筑面积 184482 平方米，新建办公大楼、钢板库、登机桥及其他产品车间等。	52808	32808	社会投资：32808	办公楼、厂房建设以及辅助设施建设等。
	中集天达工业园	2014. 12	宝安区福永街道福元二路				

（续表）

编号	建设单位及项目名称	建设日期	建设规模及建设地址	总投资	本年度计划完成投资	资金来源	本年度建设内容
54	创维半导体（深圳）有限公司	2010. 08	用地面积 17025 平方米，建筑面积 85128 平方米，建设研发大楼及中试厂房各一栋。主要产品为 TV 视频芯片、多媒体芯片、控制主芯片等。	101134	27000	社会投资：27000	完成项目建设中机电安装、电梯安装、空调安装、消防工程、强电安装、公共部分装修、市政总平及竣工验收等各项工作。
	创维半导体设计中心	2015. 12	南山区粤海街道高新南四道				
55	创维平面显示科技（深圳）有限公司	2004. 12	用地面积 41.1 万平方米，总建筑面积约为 100 万平方米，计划分期完成建设，建设厂房、办公楼、员工宿舍。	220000	35000	社会投资：35000	3、4 号工程师楼及二期地下室、开闭所。
	创维科技工业园二期	2016. 07	宝安区石岩街道塘头村 18 号				
56	深圳市中林实业发展有限公司	2012. 04	建筑面积 548790 平方米，建设 IT 产业和孵化中心、办公研发中心及相应的配套设施用房等。	116335	40717	社会投资：40717	桩基础施工建设、地下室施工建设和主体施工建设。
	中林科技产业园区二期	2015. 12	龙华新区龙华办事处龙华滴湖工业园				
57	格兰达技术（深圳）有限公司	2012. 10	用地面积 53553 平方米，建筑面积 78000 平方米，建设年产各类半导体装备产品 2000 台套生产能力。	50000	10000	社会投资：10000	完成建设包括 1 栋 7 层行政研发综合楼、1 栋 5 层厂房，设备采购。
	格兰达半导体装备产业基地	2014. 06	坪山新区坪山办事处大工业区翠景路 33 号				
58	深圳市兆驰股份有限公司	2012. 03	用地面积为 148845 平方米，建筑面积 476329 平方米，建设厂房、仓库、研发及配套宿舍。	150000	60000	社会投资：60000	完成 6 栋宿舍全部土建、安装工程及全部室外工程，完成 3 栋厂房全部土建、大部分安装工程及部分室外工程。
	兆驰创新产业园	2015. 12	龙岗区南湾街道下李朗				
59	深圳威盛上华科技有限公司	2010. 01	建筑面积 68881 平方米，建设创新科技设计中心、芯片及无线应用设计中心、营运暨销售支持中心。	78657	8000	社会投资：8000	进行幕墙施工和内部装修工作，以及工程竣工验收。
	威盛科技大厦（威盛深圳创新设计中心）	2015. 06	南山区粤海街道深南大道以北，科技中二路以东				

（续表）

编号	建设单位及项目名称	建设日期	建设规模及建设地址	总投资	本年度计划完成投资	资金来源	本年度建设内容
	新建项目 6 项						
60	深圳市特区建设发展集团有限公司	2013. 04	总建筑面积 321820 平方米，主要的建设内容包括 SOHO 公寓、商业、办公以及配套用房。	315127	50 000	社会投资：50000	开展一期建筑安装工程、装修、室外工程、软硬件采购、设备安装调试等工作。
	光明平板显示园中小企业总部基地综合体	2016. 12	光明新区公明办事处地铁 6 号线观光站北侧，南侧紧邻行政中心区				
61	深圳市特区建设发展集团有限公司	2013. 04	总建筑面积 419005 平方米，建设厂房，住宅，研发办公楼及商铺等。	218590	40000	社会投资：40000	开展一期建筑安装工程、装修、室外工程、软硬件采购、设备安装调试等工作。
	光明光电企业产业加速器及高端人才房	2016. 12	光明新区公明办事处光明高新技术产业园木墩组团内，北侧紧邻规划中的光明新城				
62	深圳市华测检测技术股份有限公司	2013. 01	建筑面积 44289 平方米，建设 1 栋总部大厦、2 栋实验室，为华南区 20 万家客户提供涉及工业品检测、消费品检测、贸易保障及生命科学等技术服务。	50000	14000	社会投资：14000	地下室开挖及桩基施工，主体施工。
	华测中国总部及华南检测基地建设项目（华测检测大楼）	2014. 07	宝安区新安街道留仙二路				
63	窒气化工产品（深圳）有限公司	2013. 01	用地面积 14100 平方米，建筑面积 7426 平方米，分三期建设高纯电子气体（如氧气、氩气、氮气、氦气和氨气等）生产基地。	28600	25000	社会投资：25000	厂地内道路，围栏及建筑物的地下结构的施工及厂房的设计施工。
	平板显示产业链配套的超高纯电子气体项目	2014. 03	光明新区光明办事处光明高新区				
64	深圳市奋达科技股份有限公司	2013. 01	项目二期用地面积 80000 平方米，建筑面积 202100 平方米，建设厂房、宿舍及研发办公楼	106061	15000	社会投资：15000	开展土建施工。
	奋达工业园二期工程	2013. 12	宝安区石岩街道洲石路				
65	大百汇实业集团有限公司	2013. 08	用地面积 29609 平方米，建筑面积 103600 平方米，建设厂房，办公楼，宿舍，职工食堂及其他生活配套等。	65610	8000	社会投资：8000	完成项目各项开工前行政申报审批手续及相关项目建设设计，进入主体建设阶段。
	大百汇高新技术产业园	2015. 08	盐田区海山街道深盐路北侧				

(续表)

编号	建设单位及项目名称	建设日期	建设规模及建设地址	总投资	本年度计划完成投资	资金来源	本年度建设内容
	现代服务业 48 项						
	续建项目 40 项						
66	中国平安人寿保险股份有限公司	2009. 08	建设南北两栋楼，含商业、办公、酒店、商务公寓等，其中北楼计容积率建筑面积 377232 平米，高 588 米 115 层，南楼计容积率建筑面积 128880 平方米，高 250 米 60 层。	1277980	130000	社会投资：130000	北楼钢结构核心筒至 50 层，外框架楼板混凝土至 30 层；南楼完成初步设计及报批，基坑开挖。
	平安金融中心	2016. 06	福田区福田街道福华三路				
67	太平财产保险有限公司	2010. 06	总建筑面积 130060 平方米，建设一栋她上 48 层，地下 4 层高档甲级总部办公大楼。	163148	25000	社会投资：25000	完成园林绿化的 70%；完成室外总体的 90%；精装修施工完成 97%。幕墙内外立面挂装完成 97%；消防、机电、电梯、弱电施工完成 97%。
	太平金融大厦	2014. 12	福田区莲花街道福中三路				
68	中国建设银行股份有限公司深圳市分行、中国中投证券有限责任公司	2012. 12	总建筑面积 106320 平方米，建筑高度 180 米，其中地上 40 层，地下 4 层。	188000	8000	社会投资：8000	完成基坑土石方工程，地下室建设。
	建设银行大厦	2017. 09	福田区莲花街道福中三路与民田路交汇处				
69	招商银行股份有限公司	2011. 07	总建筑面积 105845 平方米，由一座 165 米高塔楼及 3 个裙楼组成。	131592	8000	社会投资：8000	地下室工程。
	招商银行深圳分行大厦项目	2015. 07	福田区莲花街道深南大道与鹏程一路交汇处				
70	中信银行股份有限公司信用卡中心	2011. 09	总建筑面积约 64429 平方米，建设 1 栋地上 24 层，地下 4 层的自用型综合业务办公楼。	76481	6000	社会投资：6000	完成地下室结构，主体结构施工至 15 层。
	中信银行大厦	2014. 12	福田区莲花街道福田中心区 23-2-5 金融发展地块				

（续表）

编号	建设单位及项目名称	建设日期	建设规模及建设地址	总投资	本年度计划完成投资	资金来源	本年度建设内容
71	招商证券股份有限公司	2010. 05	总建筑面积 60000 平方米，拟建造一座甲级金融证券总部大厦。	104000	15000	社会投资：15000	完成主体工程施工；开展幕墙及外立面装饰专业工程施工；开展机电及设备安装工程。
	招商证券大厦	2014. 12	福田区福田街道福华一路与民田路交汇处西南角				
72	民生金融租赁股份有限公司	2012. 11	总建筑面积 56258 平方米。建设 1 栋高度 99.7 米，地上 22 层，地下 4 层，南面设骑楼的办公大楼。	82483	8000	社会投资：8000	完成桩基工程及施工图设计，地下室施工。
	民生金融大厦	2015.11	福田区莲花街道福中三路与海田路西南角				
73	国银金融租赁有限公司	2012. 11	总建筑面积 79600 平方米。建设 1 栋高度 150 米的高层办公楼，地上 35 层，地下四层。	128100	5000	社会投资：5000	土方开挖、桩基础。
	国银金融中心	2015. 12	福田区莲花街道福中三路南侧，金田路北侧，海田路西侧				
74	深圳市生命置地发展有限公司	2011. 09	建筑面积 129000 平方米，建设一栋地上 44 层，地下 4 层，高度约 200 米的甲级写字楼。	210000	25000	社会投资：25000	主体工程施工。
	生命保险大厦	2015. 04	福田区莲花街道金田路与福中一路交汇东南角				
75	国信证券股份有限公司	2012. 09	总建筑面积 80000 平方米，建设高度不超过 208 米的自用型综合性营运大厦。	141500	8000	社会投资：8000	完成土石方、基坑支护及桩基础工程，地下五层施工及内支撑拆除。
	国信金融大厦	2015. 12	福田区福田街道福华路与民田路交汇处				
76	中国人寿保险股份有限公司	2011. 10	总建筑面积 75000 平方米，建设高度不超过 150 米的 5A 级写字楼。	135534	8000	社会投资：8000	地下工程及部分主体工程施工。
	中国人寿大厦	2015. 06	福田区福田街道新洲路与福华路交汇东北角				
77	鼎和财产保险股份有限公司	2011. 09	总建筑面积 162890 平方米，建设高度约 200 米的总部大楼。	174629	8000	社会投资：8000	桩基础及地下结构施工，装修方案及施工图设计等。
	鼎和大厦	2015. 12	福田区福田街道福华三路与金田路交汇处				

（续表）

编号	建设单位及项目名称	建设日期	建设规模及建设地址	总投资	本年度计划完成投资	资金来源	本年度建设内容
78	南方基金管理有限公司、博时基金管理有限公司	2011. 09	总建筑面积约 109726 平方米，规划高度不超过 200 米，是由南方基金管理有限公司和博时基金管理有限公司联合投资兴建的甲级总部办公写字楼。	107515	15000	社会投资：15000	主体工程施工。
	基金大厦	2016. 10	福田区福田街道深南路与益田路交汇处				
79	第一创业证券股份有限公司	2009. 12	总建筑面积 50748 平方米，建设高度 100 米的自用型甲级写字楼。	57856	4556	社会投资：4556	设备安装调试，精装修及工程验收。
	投行大厦（第一创业大厦）	2013. 12	福田区福田街道福华一路以南				
80	华安财产保险股份有限公司	2009. 05	总建筑面积 62488 平方米，建设 1 栋高度 80 米，地上 18 层，地下 3 层的总部大厦。	92000	15000	社会投资：15000	幕墙施工，室内设备安装，室内装修，竣工验收。
	华安保险总部大厦	2013. 12	福田区福田街道福华一路南侧				
81	中国海洋石油总公司	2011. 04	总建筑面积 246497 平方米，建设地上 45 层，地下四层的集生产指挥中心、应急指挥中心、研发中心于一体的中海油南方区域总部大楼。	301755	8000	社会投资：8000	完成基坑土方开挖、支护、内支撑，完成地下室土建。
	中海油大厦	2015. 12	南山区粤海街道后海滨路与创业路交汇东南角				
82	天虹商场股份有限公司	2011. 03	总建筑面积 80000 平方米，共建 21 层，1-9 层为商场，10-21 层为写字楼。	81557	10000	社会投资：10000	主体结构、幕墙、安装工程施工。
	天虹商场股份有限公司总部大厦	2014. 03	南山区粤海街道后海滨路与东滨路交汇处				
83	中国移动通信集团广东有限公司深圳分公司	2010. 09	总建筑面积 103174 平方米，建筑总高度为 180 米，地上 36 层，地下 4 层。	65000	10000	社会投资：10000	主体工程施工。
	中国移动深圳信息大厦	2015. 05	福田区福田街道市中心区 26-3-2 地块				

（续表）

编号	建设单位及项目名称	建设日期	建设规模及建设地址	总投资	本年度计划完成投资	资金来源	本年度建设内容
84	新百丽鞋业（深圳）有限公司	2011. 09	总建筑面积 46808 平方米，楼高 120 米，主要用于新百丽公司总部办公。	50000	8000	社会投资：8000	完成承台、底板施工，完成地下四层、地上一至十八层主体施工。
	百丽大厦	2014. 12	南山区粤海街道东滨路与后海滨路交汇处				
85	深圳市航天高科投资管理有限公司	2010. 04	用地面积 12618 平方米，总建筑面积 196594 平方米，建设总部管理中心、军民两用产业技术研发中心、国际经济技术合作交流中心。	177000	30000	社会投资：30000	主体工程施工至 1、2 号楼封顶。
	航天科技广场	2014.06	南山区粤海街道海德三道与后海滨路交汇处				
86	中海信科技开发（深圳）有限公司	2012. 08	总建筑面积 334852 平方米，建设内容包括厂房、检测大楼、综合服务楼、行政办公、商业及生活配套设施等。	76756	30000	社会投资：30000	主体工程、装饰装修工程、水电及设备安装工程等。
	中海信中小企业上市培育基地项目	2014. 08	龙岗区布吉街道布澜路甘李工业园				
87	深圳市投资控股有限公司	2011. 12	总建筑规模约 1870000 平方米，主体建筑物性质为研发，包括产业用房、办公、商业、酒店、公寓等。项目建筑限高 250 米，停车位 6800 个。	1500000	120000	社会投资：120000	推进一区 5 栋楼建设，二、三、四区基坑工程和地下室结构工程。
	深洲湾科技生态园	2016. 12	南山区粤海街道高新南区				
88	深圳华侨城都市娱乐投资公司	2008. 05	规划总建筑面积 25 万平方米，建设购物中心、曲水湾、椰林沙滩、度假公寓、华侨城湿地公园等五大区域。	348700	60000	社会投资：60000	完成全部主体工程等。
	深圳华侨城欢乐海岸	2014. 10	南山区沙河街道白石路与深湾五路交汇处东南侧				
89	深圳雅宝房地产开发有限公司	2011. 09	用地面积 622900 平方米，可建设用地面积 203000 平方米，规划建筑面积 1052600 平方米（其中产业用房面积 736800 平方米）。	1300000	160000	社会投资：160000	1 号地块主体结构封顶；4 号地块地质勘探完成，基坑支护及土石方工程开工。
	星河雅宝高科创新园	2021. 04	龙岗区坂田街道五合大道北侧				

（续表）

编号	建设单位及项目名称	建设日期	建设规模及建设地址	总投资	本年度计划完成投资	资金来源	本年度建设内容
90	深圳市科之谷投资有限公司	2010.08	总拆迁用地面积为131935平方米，规划建设用地面积121371平方米，计容积率建筑面积为788910平方米。	2080000	360000	社会投资：360000	北区商务公寓主体结构封顶，南区完成相关设计工作，桩基施工完成，双塔开工。
	赛格日立旧工业区升级改造项目	2017.12	福田区华富街道赛格日立工业区				
91	深圳市金龙房地产开发有限公司	2011.04	总建筑面积391425.22平方米，建设集大型购物公园、五星级酒店、餐饮、娱乐、办公等于一体的大型商业建筑群。	308235	50000	社会投资：50000	一期（公园道大厦）：室内装修施工，园林工程施工，机电设备安装等；二期（来福士广场）、三期：基坑、基础完成，地下室施工。
	南油购物公园	2015.04	南山区粤海街道南海大道与创业路交汇处				
92	深圳观澜湖房地产开发有限公司	2011.12	项目分三期建设，总用地面积是10万平方米，总建筑面积约40万平方米，建设内容含商业中心、酒店、文化娱乐设施和办公综合用房等。	284438	150000	社会投资：150000	基础及主体的建设，部分工程装修。
	观澜湖商业中心	2015.05	龙华新区观澜办事处高尔夫大道两侧				
93	深圳招商房地产有限公司	2010.04	用地面积439000平方米，总建筑面积1045000平方米，建设环船广场、船尾广场、船后广场、女娲广场、金融中心二期、文化艺术中心、滨水岸线等。	2123182	320000	社会投资：320000	环船广场开始营业，所有道路工程竣工通车，雨水泵站投入使用， 污水泵站开始扩建，文化艺术中心等进行地下室和主体施工。
	海上世界城市综合体	2015.12	南山区招商街道蛇口海上世界				
94	华南国际工业原料城（深圳）有限公司	2007.09	总建筑面积约1260000平方米，建设内容包括交易展示区、保榄物流区、生活配套区及其他配套设施。	500000	40000	社会投资：40000	桩基础、基坑开挖、地下室结构、主体结构（部分）工程等。
	华南国际工业原料城二期	2014.12	龙岗区平湖街道华南大道1号				
95	深业进智物流发展有限公司	2012.12	建筑面积79048平方米（不含地下），含仓储和配套办公。	47144	5000	社会投资：5000	完成基坑开挖，基坑支护及地下工程，准备主体工程开工。
	深业进智现代物流分拨中心（清水河北区）	2015.06	罗湖区清水河街道清水河一路1 12号				
96	深圳深业物流集团股份有限公司	2012.03	总建筑面积92870平方米，建设内容包括物流信息中心、多式联运市场、保税和监管仓、多功能仓库、停车场及堆场等。	31010	10000	社会投资：10000	主体工程施工。
	深业物流平湖中心	2014.12	龙岗区平湖街道新木片区				

（续表）

编号	建设单位及项目名称	建设日期	建设规模及建设地址	总投资	本年度计划完成投资	资金来源	本年度建设内容
97	深圳深业物流集团股份有限公司	2012. 10	总建筑面积为 452600 平方米，建设内容包括国际物流采购中心、国际物流总部基地及配套设施。	423094	40862	社会投资：40862	桩基础工程。
	深业物流中心	2016. 08	罗湖区笋岗街道宝安北路与梨园路交汇东南侧				
98	深圳市美泰国际物流有限公司	2010. 05	拟规划总建筑面积约 150000 平方米，一期建筑面积 98600 平方米，建设内容包括综合服务楼、公路货运信息交易中心、仓库、装卸作业平台、装卸作业场等。	85000	8000	社会投资：8000	一期安装工程和装修工程完成；二期报建等前期工作。
	龙岗公路货运枢纽工程	2015. 05	龙岗区南湾街道下李朗村				
99	深圳中外运物流有限公司	2012. 02	总建筑面积 239000 平方米，项目性质主要为物流仓库，含仓储中心、行政办公中心、维修中心、海关查验处理中心、查验平台等。	50000	15000	社会投资：15000	工程整体竣工验收。
	深圳中外运平湖物流中心	2013. 10	龙岗区南湾街道下李朗村平湖物流园区				
100	深圳盐田港普洛斯物流园有限公司	2012. 09	规划总建筑面积 181600 平方米，其中一阶段用地 30850 平方米，建筑面积 47100 平方米，拟建设一栋建筑面积 641 14 平方米的多层仓库。	72311	8000	社会投资：8000	一阶段完成地下室及基础工程、仓库 1-4 层主体、装饰工程、水电安装、外装、外网、绿化及室外道路的建设。
	深圳盐田港普洛斯物流园二期	2017. 03	盐田区盐田街道盐田港后方陆域 19#D 地块				
101	深圳市粤信尾货物流有限公司	2011. 12	总建筑面积 200015 平方米，建设提供尾货交易、展示、仓储、配送、加工等服务的尾货集散、批发中心。	50000	20000	社会投资：20000	主体工程施工。
	粤信物流基地二期	2013. 12	龙岗区平湖街道下李朗平吉大道 2 号				
102	洙圳市农产品股份有限公司	2008. 08	用地面积 303000 平方米，总建筑面积 820000 平方米，主要建设冷链存储及物流区、交易及配送加工区、综合配套及服务区。	180000	30000	社会投资：30000	2 万吨冷库工程、综合环保工程、商务办公楼工程、生活配套宿舍楼、一期主体维护等工程。
	深圳国际农产品物流园	2015. 12	龙岗区平湖街道白坭坑社区				

（续表）

编号	建设单位及项目名称	建设日期	建设规模及建设地址	总投资	本年度计划完成投资	资金来源	本年度建设内容
103	深业泰富物流集团股份有限公司	2011.10	用地面积44500平方米，计容建筑面积163200平方米，拟打造集设计研发、汽车物流配送、零配件供应、展示服务、总部办公等为一体的综合型汽车物流产业园。	175236	43623	社会投资：43623	项目一期竣工，二期完成基坑施工工程、地下室及裙楼施工工程。
	清水河国际汽车物流产业园	2016.05	罗湖区清水河街道清水河三路				
104	深圳报业集团	2011.11	总建筑面积136711平方米，作为一期配套工程，包括报业集团龙华印务厂区续建工程和报业集团龙华书刊印刷基地。	62589	16 850	社会投资：16850	基础工程、主体工程、设备采购安装。
	深圳报业集团龙华印务中心二期	2014.06	龙华新区龙华办事处龙华清湖工业园				
105	市建筑工务署	2006.09	总面积约7.7平方公里，建设内容包括排洪工程、海堤工程、中集地块及周边道路软基处理工程、A-H等地块软基处理工程。	329367	6800	社会投资：6800	B、C、Gl、H地块完成卸载等收尾工程；El、F地块竣工验收，前海合作区临时苗圃工程完成苗木种植。
	前海填海区	2013.12	前海合作区铲湾路以北、双界河以南、月亮湾大道以西的区域				
	新建项目8项						
106	华润深圳湾发展有限公司	2013.02	拟规划总建筑面积600000平方米，建设内容包括总部办公、商业、商务公寓、酒店、住宅、美术馆以及物业管理用房。	1500000	220000	社会投资：220000	基坑支护及土方工程，柱基础工程。
	华润深圳湾综合发展项目	2017.12	南山区粤海街道后海中心区				
107	大成基金管理有限公司	2013.01	用地面积4101平方米，总建筑面积74000平方米。建设一栋总部办公楼，包括办公和商业等。	114677	8000	社会投资：8000	完成土方开挖及基坑支护结构施工、桩基础施工、地下室底板施工等工作。
	大成基金管理有限公司总部办公大楼	2015.12	南山区粤海街道后海中心区				
108	深圳报业集团	2013.03	总建筑面积102450平方米，建筑高180米，建设深圳文化新闻发布与展示中心、文化产品博览中心、文博会议办公与交流中心。	97070	10000	社会投资：10000	主体建筑及设备安装工程。
	文博大厦	2015.10	福田区莲花街道新洲路与红荔路交汇处西南侧				

（续表）

编号	建设单位及项目名称	建设日期	建设规模及建设地址	总投资	本年度计划完成投资	资金来源	本年度建设内容
109	深圳市北头实业股份有限公司、深圳市禾顺实业有限公司、深圳天佶绿能投资控股有限公司	2013. 01	总建筑面积为 418480 平方米，建设内容包括商业、办公、酒店、高级人才公寓、停车库与公共通道等。	180965	8000	社会投资：8000	基础施工。
	天佶湾国际广场	2016. 12	南山区粤海街道后海滨路与创业路交汇东北角				
110	盐田区建筑工程事务局	2013. 01	规划总建筑面积为 1 19277 平方米，建设集商业性办公（包括商务办公、商务公寓）及商业为一体的超高层综合体，总建筑高度为 143.1 米。	73000	5000	政府投资：5000	基坑及地下室施工。
	盐田现代产业服务中心	2015. 12	盐田区沙头角街道沙盐路				
111	中国长安汽车集团深圳投资有限公司	2013. 09	建筑面积 144000 平方米，拟新建 5 家 4S 店、综合楼（包括汽车展示区、物流中心等）、机动车检测站、配套商业楼及地下车库等。	47395	5000	社会投资：5000	方案设计、初步设计、施工图设计及报建，取得施工许可，DS 旗舰店、奔驰旗舰店工程施工。
	观澜汽车整车、零部件展示及售后维保项目	2015. 06	龙华新区观澜办事处观澜街道观光路南侧				
112	中国烟草总公司深圳市公司	2013. 07	用地面积 73480 平方米，总建筑面积 257180 平方米，建设内容包括仓储、中转、配送、运输装卸、包装加工等物流功能区域及其相应的配套设施区域。	125000	8000	社会投资：8000	完成场地平整、地下室开挖及基础工程等。
	深圳烟草物流中心	2017. 07	龙岗区南湾街道李朗路与田心东路交叉口南侧				
113	深圳海源恒业投资有限公司	2013. 01	总建筑面积 127964 平方米，建设集商贸物流、设计研发、物流控制、电子商务、总部办公和生活服务配套于一体的塑胶产业高端服务平台。	50000	10000	社会投资：10000	地下室开挖、桩基础工程、主体工程等。
	海源恒业高端塑胶商贸物流基地	2015. 06	龙岗区平湖街道富安大道北面				
	社会民生工程 35 项						
	续建项目 26 项						
114	市建筑工务署	2010. 08	用地面积 96403 平方米，建筑面积 138965 平方米，设计规模病床 800 床。	77075	17000	政府投资：17000	外墙装修完成，机电设备安装完成 80%，室内精装修累计完成 80%，室外工程累计完成 80%。
	深圳市宝荷医院	2014. 02	龙岗区龙城街道宝荷路南侧				

（续表）

编号	建设单位及项目名称	建设日期	建设规模及建设地址	总投资	本年度计划完成投资	资金来源	本年度建设内容
115	市建筑工务署	2010.10	用地面积11000平方米，建筑面积99556平方米，新建外科住院楼1栋，设计床位630床。	56615	20000	政府投资：20000	砌体工程、钢结构工程、普通装修工程、幕墙金属门窗工程、给排水工程、电气工程、通风空调工程、消防工程、电梯工程完成。
	北京大学深圳医院外科住院楼	2014.09	福田区莲花街道莲花路1120号北大医院院内				
116	市建筑工务署	2010.08	用地面积6300平方米，建筑面积68716平方米，新建内科综合大楼1栋，设计病床位626张，停车位330个。	37312	12000	政府投资：12000	完成装修工程、弱电、消防、地下室及室外工程；完成统安装调试及修补工作。
	深圳市第二人民医院内科综合大楼	2014.02	福田区华富街道笋岗西路3002号市第二人民医院院内				
117	市建筑工务署	2009.03	用地面积22909平方米，建筑面积为103000平方米，新建住院大楼1栋，建成后医院病床数扩至800张。	65000	17000	政府投资：17000	完成净化工程50%，完成中央空调机房40%，完成智能化工程80%，完成二期（包括地下室工程、精装）80%。
	深圳市儿童医院改扩建工程	2013.12	福田区莲花街道深圳市儿童医院内				
118	罗湖区建筑工务局	2012.11	用地面积24903.45平方米，总建筑面积72600平方米，设计病床数400张，车位数600个。	47133	7000	政府投资：7000	完成基坑、土石方、挡墙和边坡工程；主体工程施工图规划报批；预算编制；施工招标及施工许可办理。
	罗湖区中医院莲塘新院建设工程	2016.06	罗湖区莲塘街道仙桐路				
119	宝安区石岩街道办事处	2011.12	用地面积16037平方米，建筑面积61286.5平方米，改扩建分两期建设，一期为扩建工程，二期为改建工程。	39600	13000	政府投资：13000	进行主体大楼的施工建设。
	石岩人民医院扩建（一期）工程	2015.12	宝安区石岩街道石岩医院现址西侧				
120	市建筑工务署	2012.10	用地面积82412平方米，建筑面积为171204平方米，设计病床位1000张。	91535	11000	政府投资：11000	上部结构施工完成80%，累计完成100%；完成医疗综合楼砌体抹灰、门窗安装、屋面工程，完成部分后勤楼、行政楼的幕墙及精装修工程。
	深圳市新安医院	2014.12	宝安区新安街道				

（续表）

编号	建设单位及项目名称	建设日期	建设规模及建设地址	总投资	本年度计划完成投资	资金来源	本年度建设内容
121	深圳大学	2010.01	总规划约70多万平方米，建设南校区综合服务中心、南校区1#天桥、南校区连廊及平台、基础实验室、西丽校区、学府医院等14个子项目。	641015	169897	政府投资：90100；社会投资：79797	实验与信息中心、艺术综合楼项目、西北角环境景观工程开展前期工作，其他子项目进行主体及配套施工。
	深圳大学扩建工程	2015.12	南山区粤海街道深圳大学南北校区				
122	市建筑工务署	2011.09	用地面积50000平方米，建筑面积51129平方米，建设规模为1500学位。建设音东楼、舞蹈美术楼、综合教学楼、综合剧场及音乐厅及附属建筑等。	27800	8000	政府投资：8000	完成剩余的工程内容：主体结构封顶、完成室内装饰，机电设备安装等。
	深圳艺术学校新址工程	2014.03	南山区西丽街道南山大道3960号（南山大道与北环大道交叉口东北角）				
123	盐田区建筑工程事务局	2011.06	用地面积为74574.92平方米，建筑面积为72461.19平方米。建设电教室、阶梯教室、阅览室、教学综合楼、艺术及办公楼、体育馆等。	35680	16000	政府投资：16000	完成主体结构、室内外装饰以及室外工程施工。
	盐田高级中学	2014.06	盐田区盐田街道盐田港后方陆域西南片区				
124	深圳市地铁集团有限公司	2008.11	建筑面积602150平方米，共建设11000套住房，主要由22栋27-35层高的塔楼和6栋18-24层高的板楼组成，公益配套包括一所24班小学、两个12班幼儿园及社区健康服务中心等。	320000	31000	社会投资：31000	完成消防电梯安装调试和室内安装装修I程，完成消防、智能化等设备工程调试，预计主体工程年底完工。
	前海车辆段上盖保障性住房工程	2014.06	南山区南山街道前海片区				
125	深圳市地铁集团有限公司	2011.12	用地面积269800平方米，是地铁五号线塘朗车辆段上盖物业的一部分，将建设3818套公共租赁住房。	235800	49000	社会投资：49000	完成转换层和主体结构施工，开展砌体、抹灰等工作。
	塘朗保障性住房工程	2015.06	南山区西丽街道塘朗山北侧，留仙大道南侧				
126	深圳市地铁集团有限公司	2010.10	用地面积87580平方米，建筑面积264037平方米，拟建18栋保障性住房、商业及配套设施。规划总户数3024户。	105366	20000	社会投资：20000	完成一期工程施工；完成二期主体结构封顶，并开展砌体、内墙及天棚抹灰等工作。
	横岗车辆段上盖保障性住房及配套工程	2014.10	龙岗区横岗街道六约中心片区西南				

（续表）

编号	建设单位及项目名称	建设日期	建设规模及建设地址	总投资	本年度计划完成投资	资金来源	本年度建设内容
127	深圳市地铁集团有限公司	2010.12	用地面积 65900 平方米，总建筑面积 187090 平方米，共建设 3208 套公共租赁住房。	139700	40000	社会投资：40000	完成主体工程封顶。
	蛇口西保障性住房	2015.06	南山区蛇口街道大南山西南侧				
128	罗湖区建筑工务局	2010.12	用地面积为 37298.04 平方米，建筑面积 123240 平方米。建设 1996 套保障性住房。	64000	20000	政府投资：20000	完成南地块主体工程、室内装修及地下室，北地块土方及部分主体工程。
	莲塘地块罗湖区保障性住房	2015.12	罗湖区莲塘街道国威路				
129	市住宅工程管理站	2011.08	用地面积 8902 平方米，建筑面积总 60266 平方米，建设两栋塔楼，地上 30 层，地下 2 层，裙房和地面设公交首末站。	32000	10000	政府投资：10000	完成主体结构施工及砌体施工，同步完成部分水电安装工程。
	龙泽苑（原名白石龙保障性住房项目）	2014.04	龙华新区民治办事处十一号之路北侧，梅陇南路西侧				
130	宝安区住宅局	2009.11	用地面积 67997 平方米，建筑面积 179527 平方米，包括 14 栋塔楼及裙楼组成，建筑层数 24-28 层，建筑总高度 73.9-87.4 米，共 1326 套住房。	70799	17000	政府投资：17000	塔楼室内、外墙装修施工，地下室装修和安装工程施工，门窗施工，室内精装工程，室外工程等配套工程。
	坪洲新村二期	2014.06	宝安区西乡街道海滨大道和海城路交汇处				
131	宝安区住宅局	2010.12	用地面积 21343 平方米，总建筑面积 65710 平方米，包括 5 栋 25、29 层住宅，共 933 套住房。	35223	7000	政府投资：7000	主体结构，砌体工程，水、电、消防工程，门框工程，屋面工程，内墙抹灰工程，屋面太阳能系统工程，地面工程。
	坪洲新村三期	2014.12	宝安区西乡街道海滨大道和海城路交汇处				
132	市住宅工程管理站	2011.04	用地面积 20450 平方米，建筑面积 117301 平方米，规划总户数 2124 户，由 4 栋 34 层的折板型离层住宅围合而成而成。	43232	14000	政府投资：14000	主体结构封顶，砌体完成抹灰完成 40%，水电完成 10%，门窗完成 30%。
	平湖保障性住房	2014.12	龙岗区平湖街道山厦社区				

（续表）

编号	建设单位及项目名称	建设日期	建设规模及建设地址	总投资	本年度计划完成投资	资金来源	本年度建设内容
133	市住宅发展事务中心	2011.01	一期、二期和四期总用地面积126080平方米，总建筑面积597607平方米，总数7109套。	193206	15000	政府投资：15000	完成园林景观及收尾工程。
	龙悦居保障性住房项目（一、二、四期）	2013.06	龙华新区民治办事处金龙路西面				
134	市住宅工程管理站	2011.10	用地面积为13601平方米，建筑面积约76106平方米，建筑高度83米，总户数456户。	29820	10000	政府投资：10000	主体结构封顶，砌体、抹灰及安装工程施工。
	益田大厦项目	2014.08	福田区益田社区				
135	中国长安汽车集团深圳投资有限公司	2012.07	用地面积为112092平方米，建筑面积370100平方米，建设包括住宅、商业、公共配套设施及社区体育活动场地。	222467	80000	社会投资：80000	完成所有塔楼外墙装饰并开始室内装修绿化。
	观澜安居商品房项目	2015.03	龙华新区观澜办事处规划新丹路南侧				
136	市建筑工务署	2011.04	总建筑面积83569平方米，建设地上7层、地下2层的人力资源公共服务平台。	53695	25000	政府投资：25000	室内外装修、机电设备安装等。
	深圳人才园	2014.03	福田区沙头街道竹子林片区红树林路东				
137	市建筑工务署	2010.08	总建筑面积120365平方米，其中一期建筑面积92278平方米，项目建成后可满足各市直机关至少30年的档案存储需求。	45003	10000	政府投资：10000	电梯设备安装，高低压变配电及IOKV外线工程、智能化工程、有限电视系统及精装修工程。
	深圳市档案中心工程	2013.12	福田区梅林街道中康片区				
138	市建筑工务署	2012.09	用地面积19596平方米，建筑面积38171平方米，改造为与国际化创新型城市相适应的公益性、综合性、现代化的社会教育绿色基地。	32895	10000	政府投资：10000	进行主体结构施工，完成地下室施工，完成部分上部主体施工。
	深圳市青少年活动中心改扩建项目	2014.12	福田区华强北街道红荔路与红岭路交叉口				
139	深圳证券交易所	2012.12	用地面积100501平方米，建筑面积111128平方米，可形成500学位办学规模。	101829	31290	社会投资：31290	完成学院场地平整及桩基础、地下室工程以及教学楼、体育馆、大报告厅、餐厅、学员公寓、教职工公寓的主体工程及外装修工程等。
	中国资本市场学院建设工程	2015.06	南山区西丽街道西丽湖水库2012-003-0044地块				

（续表）

编号	建设单位及项目名称	建设日期	建设规模及建设地址	总投资	本年度计划完成投资	资金来源	本年度建设内容
	新建项目 9 项						
140	深圳市孙逸仙心血管医院	2013. 01	用地面积 22458 平方米，建筑面积 88470 平方米，设计床位 500 张。	70969	8000	政府投资：8000	完成基坑支护工程、桩基础工程、主体结构完成至地上一层的 50%。
	深圳市孙逸仙心血管医院迁址新建	2016. 06	南山区朗山路				
141	市新建市属医院筹备办公室	2013. 01	用地面积 80503 平方米，建筑面积为 137900 平方米，建筑规模 800 床位。	81050	13000	政府投资：13000	进行场地平整及地基处理、基坑支护、桩基础工程、地下室工程施工。
	深圳市新明医院	2015. 12	光明新区光明办事处圳美社区				
142	宝安区福永街道办事处	2013. 01	用地面积 2181 平方米，建筑面积 38300 平方米，新建 1 栋地上 19 层、地下两层的住院大楼。	32042	10000	政府投资：10000	地下管线迁改、拆除原建筑、基坑支护开挖、石方爆破、基坑施工工程。
	福永人民医院扩建工程	2015. 12	宝安区福永街道德丰路福永医院				
143	市总工会	2013. 08	总建筑面积 80767 平方米，建设教学楼、实训楼、宿舍楼、图书馆、职工继续教育综合楼等。	24828	15000	社会投资：15000	完成工程施工量的 20%。
	深圳市职工继续教育学院校园建设工程	2015. 07	坪山新区坪山办事处创景南路				
144	市金融产业服务基地项目建设领导小组办公室	2013.07	规划面积 2. 24 平方公里，土地整备实施规模 102. 12 公顷。总建筑规模为 381. 93 万平方米。	550000	40000	政府投资：30000;社会投资：10000	完成桩基础、地下室施工。
	平湖金融产业服务基地拆迁安置工程	2015.12	龙岗区平湖街道良安田社区、山厦社区				
145	深圳市当代艺术馆与城市规划展览馆筹建办公室	2013. 01	用地面积 29688 平方米，建筑面积 80000 平方米，由当代艺术馆与城市规划展览馆两个馆组成。	158858	3000	社会投资：3000	完成基坑开挖，主体施工。
	深圳当代艺术馆与城市规划展览馆	2016. 12	福田区莲花街道福田中心区 28-4 地块				
146	深圳市文学艺术界联合会	2013. 03	用地面积 10000 平方米，建筑面积 62200 平方米，建设包括展厅、演讲厅、研究室、表演厅、图书馆、公共服务、办公和设备用房。	38026	8000	社会投资：8000	完成施工设计方案、招投标工作，进行基坑支护、地基与基础施工。
	深圳文学艺术中心	2016. 03	福田区莲花街道彩田路与红荔路交汇处西南角				

（续表）

编号	建设单位及项目名称	建设日期	建设规模及建设地址	总投资	本年度计划完成投资	资金来源	本年度建设内容
147	清华大学深圳研究生院	2013. 04	用地面积 9660 平方米，建筑面积 66180 平方米，建设深海研究创新基地和能源与环境、材料学科、新型光电与先进装备制造战略几个学科的研究创新基地。	30197	5000	社会投资：5000	完成基坑支护及桩基础工程，主体工程开工。
	清华大学深圳研究生院创新基地建设工程（一期）	2015. 08	南山区西丽街道西丽大学城清华校区东侧（地块二）、及大学城核心区（地块三）				
148	隆泰集团投资有限公司	2013. 03	用地面积 22281 平方米，建筑面积 208000 平方米。建设包括养老居住、商业服务设施、文体及医疗设施和宿舍及附属设施等，可至少提供 1300 个床位。	38759	8000	社会投资：8000	完成前期工作及施工准备，完成基础施工。
	深圳市康达养老公寓	2015. 12	宝安区石岩街道北环路口上屋社区				
	城市更新项目 10 项						
	续建项目 7 项						
149	华润置地（深圳）有限公司	2012. 03	一期工程主要为原村民回迁物业，总建筑面积约 1500000 平方米，主要建设内容为住宅和办公楼。	2627536	357518	社会投资：357518	一期项目回迁物业施工及部分华润自有住宅开工。
	华润大冲旧村改造项目	2015. 10	南山区粤海街道大冲村				
150	深圳市金地大百汇房地产开发有限公司	2010. 10	改造范围用地 220800 平方米，建设用地面积 161500 平方米，总建筑面积 1112150 平方米，包括住宅、商业、商务办公、商务公寓、配套设施等。	800000	100000	社会投资：100000	完成桩基及土石块施工，部分地块进行标准层施工。
	岗厦河园片区城中村改造项目	2015. 10	福田区福田街道福华路与岗厦路交汇处				
151	深圳市中航城置业发展有限公司	2009. 11	属于中航城项目子项目，主要包括 Dl、D2、G/M、H 及 O 地块改造，占地面积 31940. 92 平方米，总建筑面积为 221670 平方米，计容积率建筑面积 182898 平方米。	37166	73401	社会投资：73401	中航城中航新天地商厦东、西座、D2 地块建设及周边道路、配套设施建设工程。
	深圳中航城改造项目	2014. 12	福田区华强北街道深南中路				
152	深圳市大鹏佳兆业房地产开发有限公司	2012. 09	拆迁用地面积 59120 平方米，建设用地面积 48256 平方米，规划建设总面积 130520 平方米，包括住宅、商业、商务公寓、酒店、配套设施、保障性住房等。	180000	60000	社会投资：60000	完成工程主体外立面、装修及附属配套工程。
	大鹏第三工业区城市更新项目	2013. 06	大鹏新区大鹏办事处迎宾北路与岭南街交汇处				

（续表）

编号	建设单位及项目名称	建设日期	建设规模及建设地址	总投资	本年度计划完成投资	资金来源	本年度建设内容
153	招商局蛇口工业区有限公司	2011. 12	规划总建筑面积约 1700000 平方米，建成后将形成集客运枢纽、历史文化博览、文化艺术表演、商务办公配套及活动庆典等于一体的综合国际社区。	1890000	52000	社会投资：52000	完成填海造地 130000 平方米，进行港池航道疏浚及新建邮轮及客运码头施工。
	招商局蛇口工业区太子湾片区综合开发项目	2020. 12	南山区招商街道太子湾片区				
154	深圳市雅豪园投资有限公司	2010. 08	占地面积 69992 平方米，总建筑面积 357067 平方米，提供提供保障性住房约 12985 平方米，公共配套设施约 7672 平方米。	274404	40000	社会投资：40000	项目建设二期(2、3、4、5 栋)开工，项目建设一期完成竣工验收。
	保利岗贝村城市更新项目	2014. 12	龙岗区龙岗街道爱联社区				
155	深圳市皇庭房地产开发有限公司	2012. 01	属于岗厦河园片区改造项目范围，总用地面积为 10000 平方米，计容总建筑面积 122500 平方米，建筑限高 250 米。	120000	20000	社会投资：20000	完成 100%地下室结构施工。
	皇庭大厦	2015. 12	福田区福田街道福华路与金田路交汇处				
	新建项目 3 项						
156	新旺实业发展（深圳）有限公司	2013. 01	用地面积 37100 平方米，计容建筑面积 331700 平方米，包括住宅、商业、配套设施等。	452841	109849	社会投资：109849	完成桩基础工程招标、桩基检测招标、总包单位招标、桩基施工及检测，进行土方支护工程、地下室工程及裙房结构施工等。
	黄贝岭村旧村改造（03-01 地块）项目	2016. 10	罗湖区黄贝街道深南东路黄贝岭村				
157	深圳市建业建筑工程有限公司	2013. 03	拆迁用地面积 53044 平方米，开发建设用地面积 37338.6 平方米，计容建筑面积 199800 平方米，地下建筑面积 99432 平方米，包括普通住宅、安居型商品房、商业、公共配套设施等。	390000	220850	社会投资：220850	补缴地价，进行拆迁及前期管线迁移、基坑开挖及支护、桩基施工以及地下室结构施工。
	建业小区北区城市更新单元项目	2016. 09	福田区香蜜湖街道建业小区北区				
158	深圳市金沙湾大酒店有限公司	2013. 01	拆迁用地面积 34728 平方米，开发建设用地面积 34450 平方米，计容积率建筑面积 41700 平方米，包括酒店、公共配套设施等。	15000	70000	社会投资：70000	完成基础施工，主体施工至封顶，开展装修、配套项目建设等工作。
	大鹏金沙湾大酒店更新单元项目	2014. 12	大鹏新区大鹏办事处				

（续表）

编号	建设单位及项目名称	建设日期	建设规模及建设地址	总投资	本年度计划完成投资	资金来源	本年度建设内容
	道路机场港口项目 21 项						
	续建项目 18 项						
159	深圳市广深沿江高速公路投资有限公司	2009. 05	线路全长约 30. 45 公里，99.7%为桥梁。采用高速公路标准，双向八车道，设计行车速度 100 公里/小时。	1120360	150000	社会投资：150000	完成路面、房建、机电、交通安全设施及绿化等工程。
	广深沿江高速公路（深圳段）	2013. 09	南山区，宝安区，前海合作区				
160	深圳市梅观高速公路有限公司	2010. 11	扩建线路长约 10.9 公里（含清湖立交），采用高速公路标准，双向八车道两侧加宽，增设中央绿化带、全线照明等。	77405	20901	社会投资：20901	完成旧桥拆除及重建、旧路面施工并实现整体交通转换，争取完成项目交工验收。
	梅观高速公路扩建工程	2014. 06	龙华新区				
161	深圳华昱东部高速公路有限公司	2011. 04	线路全长约 31.1 公里，采用高速公路标准，双向八车道，设计行车速度 80 公里/小时；设特大桥 4 座、大桥 25 座，互通立交 6 处。	618158	10000	社会投资：10000	开展征地拆迁，以及路基、路面、桥梁、隧道等土建工程施工。
	深圳市东部过境高速公路	2016. 12	罗湖区，盐田区，龙岗区，坪山新区				
162	广东博大高速公路有限公司博深分公司	2009. 12	博深高速全长约 63 公里，深圳境内线路长约 13 公里，采用双向六车道高速公路标准，设计行车速度为 100 公里/小时。	176782	10000	社会投资：10000	开展路基、路面、桥涵、交通工程等施工。
	博罗至深圳高速公路深圳段	2014. 06	龙岗区				
163	深圳市交通运输委员会	2012. 10	近期对广深高速主线路基拼宽改造约 1. 54 公里，新建 7 条匝道，全长 6. 35 公里，迁建广深高速管理用房 17000 平方米。	50000	24000	政府投资：24000	完成所有路基、桥梁等匝道施工，实现竣工通车。
	广深高速鹤洲立交改造工程	2013. 12	宝安区西乡街道广深高速与机荷高速交汇处				
164	深圳市交通运输委员会	2008. 06	线路全长约 11. 18 公里，采用城市快速路标准，双向八车道，设计行车速度 80 公里/小时。	277317	10000	社会投资：10000	完成深高速代建段施工；平南铁路代建段实施中山园段改线方案，开展改线段主线桥梁工程施工。
	南坪快速路二期 A 段工程	2014. 12	南山区，宝安区				
165	深圳市交通运输委员会	2009. 11	线路全长 4. 35 公里，起于前海立交，止于南头立交，采用城市快速路标准，双向八车道，设计行车速度 80 公里/小时。	160464	10000	政府投资：10000	完成 7 标（新城立交）范围内所有工程建设，开展 B 段其它标段施工。
	南坪快速路二期 B 段工程	2015. 12	南山区				

（续表）

编号	建设单位及项目名称	建设日期	建设规模及建设地址	总投资	本年度计划完成投资	资金来源	本年度建设内容
166	深圳市交通运输委员会	2012.11	南起彩梅立交，北至新区大道，线路全长3.25公里，采用城市一级主干道标准，双向六车道，设计行车速度60公里/小时。	92461	15000	社会投资：15000	完成全部隧道及桥梁土建工程建设。
	彩田路北延段工程	2015.12	福田区，龙华新区				
167	深圳市建筑工务署	2010.09	线路全长约4.55公里，包括软基处理（概算约2亿元）、道路桥梁、排洪渠改迁等。采用城市快速路标准，机动车道主线设双向六车道，辅道设双向四车道。	124255	25000	政府投资：25000	完成剩余工程施工，与T3航站楼同步投入使用。
	机场南路新建工程	2013.12	宝安区西乡街道				
168	深圳市交通运输委员会	2008.05	分为上下两层，上层为疏港高架桥约10公里，按一级公路标准建设；下层为市政道路约11.9公里，匝道桥约8.1公里。	233578	25000	政府投资：25000	继续开展第5、6、7合同段施工，以及绿化、照明、交通设施等附属工程建设。
	西部港区疏港道路工程	2014.12	南山区，前海合作区				
169	宝安区建筑工务局	2008.09	线路全长约18.05公里，采用城市主干道标准，双向六车道，红线宽70-100米。	192750	40000	政府投资：40000	开展路口、路面、人行道、绿化及交通工程等施工。
	福永码头至公明北环道路工程（松福大道市政工程）	2013.12	宝安区福永街道				
170	圳市交通运输委员会	2012.12	北起坪西公路葵涌段北侧，南接坪西公路雷公山隧道入口，全长约4.66公里，按城市快速路标准建设，双向六车道。设计行车速度60公里/小时。	69291	20000	政府投资：20000	完成征地拆迁等前期工程，开展主体工程施工。
	葵涌环城西路新建工程	2016.12	大鹏新区				
171	深圳市交通运输委员会	2012.08	根据《深圳市清除断头路三年行动计划》，全市2013年打通32条断头路，改善片区交通，其中市交通运输委负责9条，各区及建筑工务署负责23条。	90000	10000	政府投资：10000	全市共打通32条断头路。
	片区交通综合整治（2013年全市打通断头路项目）	2015.12	宝安区，龙岗区，光明新区，坪山新区，龙华新区，大鹏新区				

（续表）

编号	建设单位及项目名称	建设日期	建设规模及建设地址	总投资	本年度计划完成投资	资金来源	本年度建设内容
172	深圳市机场（集团）有限公司深圳永远航空油料有限公司	2008. 10	分航站区主体工程、配套工程及供油工程，包括T3航站楼、停车楼及捷运系统、货运库、辅助设施及生活设施、特种车辆、站前交通、站坪及配套工程等。	1204599	200000	社会投资：200000	进行T3航站楼工程验收转场，开展贵宾楼、货运库、交通中心、市政道路、供电供油工程等施工。
	深圳机场航站区扩建工程	2013. 12	宝安区西乡街道深圳机场西航站区				
173	深圳市机场（集团）有限公司深圳承远航空油料有限公司、民航中南管理局	2008. 07	新建3600米长、60米宽的第二跑道，IIOKV/IOKV供电工程、客货码头迁建工程、供油工程、空管工程，一跑道西区软基理等。	228969	30000	政府投资：30000	开展供电工程二期施工、完成110KV输变电、码头迁建工程施工等。
	深圳机场飞行区扩建工程	2013. 12	宝安区西乡街道深圳机场西航站区				
174	洙圳市建筑工务署	2006. 03	填海造地总面积约13.2平方公里，近期实施飞行区第二跑道、航站区以及空港枢纽地区约7平方公里的软基处理工程。	750199	30000	政府投资：30000	完成机场空港枢纽地区软基处理工程卸载及机场防洪排涝工程剩余全部工程量。
	深圳机场飞行区扩建陆域形成及软基处理工程	2015. 12	宝安区福永街道				
175	东海航空有限公司	2011. 08	用地面积98448平方米，总建筑面积172945平方米，主要包括行政办公楼、机库、运行控制中心、停机坪、业务楼等。	80000	10400	社会投资：10400	继续进行一期工程设备安装及管网道路施工，启动二期工程地下基础及部分主体结构施工。
	东海航空产业中心	2014. 06	宝安区福永街道宝安大道西侧				
	新建项目3项						
176	深圳盐田西港区码头有限公司	2009. 09	陆域纵深600米，码头岸线长1142米。新建3个5万吨级集装箱专用泊位，扩建3号泊位，设计年吞吐能力180万标准箱。	383800	30000	社会投资：30000	开展 4#泊位疏浚工程及后方堆场陆域建设。
	深圳港盐田港区西作业区集装箱码头工程	2015. 12	盐田区盐田街道				
177	深圳市交通运输委员会	2013. 01	线路全长6.47公里，包含桥梁3座、隧道2座，按城市主干道标准建设，双向六车道，设计行车速度50公里/小时。	95527	30000	政府投资：30000	开展电力及电信通道、桥梁隧道工程以及给水、雨水工程等施工。
	坂李大道（含冲之大道）道路工程	2015. 06	龙岗区				

（续表）

编号	建设单位及项目名称	建设日期	建设规模及建设地址	总投资	本年度计划完成投资	资金来源	本年度建设内容
178	深圳市交通运输委员会	2013.01	道路总长约4公里，包括丹梓西路、龙坪立交及站前路东段（龙坪路至丹梓西路段）三部分，按城市主干道标准建设，双向6车道，设计行车速度60公里/小时。	52000	25000	政府投资：25000	完成道路、桥涵工程、以及交通安全设施、绿化工程等施工。
	丹梓西路（含龙坪立交）道路工程	2014.10	龙岗区，坪山新区				
179	深圳市交通运输委员会	2013.01	占地面积31.2万平方米，包括南、北广场工程，以及坪兰路、站前路、和乐路（均为新建次干道，双向六车道）。	68400	25000	政府投资：25000	完成南、北广场以及站前路、和乐路、坪兰路等工程施工。
	坪山站（暂定名）综合枢纽及配套工程	2014.12	龙岗区，坪山新区				
	轨道交通项目8项						
	续建项目5项						
180	深圳市地铁集团有限公司	2012.08	线路全长约51.7公里，其中地下段39.4公里，高架段11公里，过渡段1.3公里；设车站17座（其中地下站13座），设松岗车辆段和机场北停车场，设主变电所4座。	3332200	773000	社会投资：773000	车站主体范围内的征地拆迁、交通疏解、管线改迁等前期工作，车站围护结构施工、土石方和部分主体结构施工。
	深圳市轨道交通11号线工程	2016.12	福田区，南山区，宝安区，前海合作区				
181	深圳市地铁集团有限公司	2012.08	线路全长约30.3公里，全部为地下线，设车站28座，其中换乘站11座；设深云车辆段与安托山停车场，新建主变电所2座。	2377000	310000	社会投资：310000	开展征地拆迁、交通疏解、管线改迁等前期工作，车站围护结构、土石方及部分车站主体结构施工。
	深圳市轨道交通7号线工程	2017.03	福田区，罗湖区，南山区				
182	深圳市地铁集团有限公司	2012.11	线路全长约25.3公里，全部为地下线；设车站22座，其中换乘站10座；设侨城东车辆段和笔架山停车场，设主变电站2座。	2549200	266000	社会投资：266000	开展征地拆迁、交通疏解、管线改迁等前期工作，车站围护结构、土石方及部分车站主体结构施工。
	深圳市轨道交通9号线工程	2017.06	福田区，罗湖区，南山区				

（续表）

编号	建设单位及项目名称	建设日期	建设规模及建设地址	总投资	本年度计划完成投资	资金来源	本年度建设内容
183	广深港客运专线有限责任公司	2008.12	起点接深圳北站，终点位于深圳河深港交界处，包括一车站（福田站）、一路基、两隧道（益田路隧道和深港连接隧道），线路长 11.42 公里。	591640	25000	社会投资：25000	完成隧道 1350 米、无碴道床及铺板双线 4.6 公里，通信信号光电缆敷设 4 公里及福田站机房设备安装、房屋 7592 平方米等。
	广深港客运专线深圳段（含福田站及相关工程）	2015.12	福田区				
184	厦深铁路广东有限公司	2008.07	厦深铁路全长 502 公里，深圳市境内 46.5 公里，属国家 I 级双线电气化铁路，设深圳东站，并与广深港客运专线交汇于深圳北站。	412000	32040	社会投资：32040	完成全线土建及安装工程，计划 2013 年底开通。
	厦深铁路深圳段	2013.12	龙岗区，坪山新区，龙华新区				
	新建项目 3 项						
185	深圳市地铁集团有限公司	2013.06	线路全长约 37.8 公里，其中高架段 31.4 公里，地下段 6.1 公里，过渡段 0.3 公里；设车站 20 座，其中高架站 18 座；设长圳车辆综合基地，新建主变电所 2 座。	2301256	10000	社会投资：10000	完成工可研审批和初步设计审查，完成 6 号线施工图设计 50%工作量，力争前期工程开工建设。
	深圳市轨道交通 6 号线工程	2017.06	宝安区，光明新区，龙华新区				
186	深圳市地铁集团有限公司	2013.01	包括主体工程、接驳设施、市政道路、1 号线车公庙站改造及配套景观绿化等，其中主体工程包括 7、9、11 号线车公庙站及附属设施，接驳设施包括公交首末站等。	286000	47000	社会投资：47000	完成初步设计及施工图设计等前期工作，完成围护结构施工，开展土石方和主体结构施工。
	车公庙综合交通枢纽工程	2016.12	福田区香蜜湖街道车公庙				
187	珠三角城际轨道交通有限公司	2013.06	穗莞深城际铁路全长约 74 公里，深圳境内长约 16 公里。由东莞市长安金沙至深圳机场，并在 T3、T4 航站楼设站，远期延伸至前海。	510000	11000	社会投资：11000	完成施工图设计等前期工作，计划 2013 年下半年开工建设。
	穗莞深城际铁路深圳段	2016.12	宝安区				
	环境资源项目 21 项						
	续建项目 14 项						
188	市水务局	2010.10	起于民治街道油松河与坂田河汇合口，止于深圳与东莞交接企坪断面，总长 12.96 公里，主要建设防洪排涝工程、水质改善工程、水生态修复工程和河道景观工程。	150062	20000	政府投资：20000	龙华河、观澜河口及观澜等调蓄池主体完工，进行设备、电气及自动化、外电等安装工程施工。
	观澜河流域综合治理工程一观澜河干流污染治理工程（截污）	2014.06	宝安区，龙华新区				

（续表）

编号	建设单位及项目名称	建设日期	建设规模及建设地址	总投资	本年度计划完成投资	资金来源	本年度建设内容
189	市防洪设施管理处	2012. 09	项目为布吉河笋岗桥下游综合治理工程，范围从笋岗路到鹿丹村调节池，治理河道长 2.7 公里。包括河道防洪、水质改善及安装、景观绿化及广深铁路桩基加固等工程，新建鹿丹村调节池 1 座。	64595	10000	政府投资：10000	第一、二标段河道土建工程施工建设，包括河道清淤、围堰建设、岸坡支护、截污箱涵施工、岸坡施工等。
	布吉河（特区内）水环境综合整治工程（第二阶段）	2015. 12	罗湖区桂园街道笋岗路至滨河路下游				
190	宝安区环保水务局	2012. 01	河道综合整治总长 14.2 公里，主要建设 6 公里截污管、初雨水调蓄池 1 座、固戍污水厂深度处理工程、回用水管 20 公里、新圳河水闸 1 座及其他配套辅助工程。	38494	10000	政府投资：10000	厂区内设备安装与调试，厂区内回填，园林绿化工程施工等。
	新圳河一西乡河水环境整治工程	2014. 06	宝安区西乡街道宝安新中心区				
191	大鹏新区管委会	2008. 07	管线总长 47 公里，由大鹏和南澳除东涌与西涌外全部区域内配套的污水干管组成，污水干管按远期总水量 14 万立方米/日的规模建设。	35662	5000	政府投资：5000	共同沟隧洞工程、南澳片区管网工程、泵站工程设备安装。
	水头污水处理厂配套干管	2013. 12	大鹏新区大鹏办事处、南澳办事处片区				
192	市水务局	2010. 10	占地面积 74935 平方米，建筑面积 9635 平方米，建设规模为处理日含水率 80%污泥 800 吨。	47600	18000	政府投资：18000	主体工程建设。
	老虎坑污泥处理厂工程	2014. 06	宝安区松岗街道燕川罗田林场				
193	深圳市宝安区城市管理局	2011. 07	建设用地画积 32.8 万平方米，其中库区占地面积 26. 56 万平方米，总库容 960 万立方米，日均处理规模 840-5200 吨/天。	43475	2815	社会投资：2815	完成西区工程施工。开展东区、中区施工招标等工作。
	老虎坑垃圾卫生填埋场二期工程	2013. 06	宝安区松岗街道塘下涌村老虎坑环境园区内				
194	深圳市水务局	2010. 08	总库容 1. 86 亿立方米，校核蓄水位 79 米，龙清输水规模 60 万立方米/天，东清输水规模 40 万立方米/天，设计洪水标准 500 年一遇。	116075	13000	政府投资：13000	完成 1 号坝坝体填筑，开始 2 号坝坝体填筑，完成 3—7 号坝坝基处理；龙清线完成管道 2000 米，东清线完成管道 1500 米。
	清林径引水调蓄工程	2014. 08	龙岗区龙城街道、横岗街道、坪地街道				

（续表）

编号	建设单位及项目名称	建设日期	建设规模及建设地址	总投资	本年度计划完成投资	资金来源	本年度建设内容
195	深圳市水务局	2007.10	建设公明水库扩建工程、鹅颈水库至公明水库连通隧洞、公明水库至石岩水库供水工程和雨洪利用工程等，库容 1.42 亿立方米。	101285	10000	政府投资：10000	供水隧洞初衬及开挖完成 200 米；连通隧洞二衬完成 2000 米：2、3、4 号坝分别填筑完成 180 万立方米、50 万立方米、200 万立方米。
	公明供水调蓄工程	2015.12	光明新区公明办事处果场路长乐亭				
196	深圳市水务局	2008.08	建设一座主坝、三座副坝、溢洪道、输水洞、环库道路及生活办公区，扩建后总库容 2188 万立方米，抽水蓄能电站装机容量 1200 兆瓦。	42664	5000	政府投资：5000	二标段主坝及 3 个副坝工程全面开工；四标段大坝安全监测系统设备预埋工作；五标段完成输水（放空）洞闸门及启闭设备采购安装。
	铜锣径水库扩建工程	2014.12	龙岗区横岗街道保安社区简龙村				
197	深圳供电局有限公司	2010.02	建设主变容量 3794 万千伏安电站（共 86 座）及 2096 千米线路工程。	1310000	178000	社会投资：178000	建设主变容量约 330 万千伏安及线路长约 312 千米。
	深圳电网重点工程	2015.12	光明新区，坪山新区，龙华新区，大鹏新区				
198	深圳蓄能发电有限公司	2011.02	由上水库、下水库、输水系统、地下厂房洞室群及开关站等部分组成。总装机容量 1200 兆瓦，年发电量 15.11 亿千瓦时。	599060	45697	社会投资：45697	建设上水库大坝、水道厂房系统 I 标、II 标、III标。
	深圳抽水蓄能电站	2018.08	盐田区，龙岗区				
199	中海石油深圳天然气有限公司	2012.08	建设 4 座 16 万立方米 LNG 储罐及配套气化等设施，建设 1 个 8-26.6 万立方米 LNG 船接卸泊位及接收站取排水口工程，规划接收液化天然气规模 400 万吨/年。	807605	90170	社会投资：90170	完成接收站工程、码头工程、取水隧道工程施工等合同的签署以及接收站工程主要设备材料采办工作。
	深圳液化天然气项目（迭福站）	2015.12	大鹏新区大鹏办事处迭福片区				
200	广东大鹏液化天然气有限公司	2012.11	建设 16 万立方米储罐，配套增加低压泵 3 台、蒸发气（BOG）压缩机 1 台、空气压缩机两套、制氮设备 1 套。	97187	26803	社会投资：26803	储罐桩基施工、储罐承台施工、储罐外罐施工、BOG 压缩机施工。
	广东大鹏 LNG 接收站四号罐工程项目	2015.10	大鹏新区大鹏办事处下沙村称头角				

（续表）

编号	建设单位及项目名称	建设日期	建设规模及建设地址	总投资	本年度计划完成投资	资金来源	本年度建设内容
201	深圳市燃气集团股份有限公司	2009.09	建设4座天然气门站，1座高-次高调压站，5座高-中压调压站、8座电厂调压站及约146公里高压输气管线。	258020	23123	社会投资：23123	建设10座场站和7.76公里高压管线。
	深圳市天然气高压输配系统工程	2014.05	光明新区，坪山新区，龙华新区，大鹏新区				
	新建项目7项						
202	市水务局	2013.07	拟治理河道总长4465米，从平原河口至莲塘/香园围口岸上游约620米处，防洪标准为50年一遇。包括河道治理、滞洪区建设、截污工程、堤岸覆绿、边界巡逻路及保安围网重配工程等。	73460	4000	政府投资：4000	完成相关施工图设计及四期工程合同A、合同B的招标工作，完成临时施工围堰、河道开挖及护岸工程等施工。
	治理深圳河第四期工程	2017.07	罗湖区莲塘街道深圳河上游（莲塘河）				
203	龙华新区发展和财政局	2013.01	对观澜河沿河两岸长约14.6千米景观进行改造和提升建设，总面积395939平方米。建设游憩建筑、景观构筑物、巡河路等。	21200	8000	社会投资：8000	建设内容包括游憩建筑、景观构筑物、巡河路、小广场铺装、浮雕墙，挡土墙生态化美化处理、绿化、驳岸改造、植物景观提升等。
	观澜河“一河两岸”景观提升工程	2015.12	龙华新区观澜办事处项目南起与观澜河相交的民清路、北至观澜办事处企坪				
204	市水务局	2013.01	处理日含水率80%污泥800吨，采用“污泥半干化+污泥焚烧+烟气净化”的组合工艺。	50551	8000	政府投资：8000	土建工程完成60%，设备安装完成20%。
	上洋污泥处理厂工程	2015.09	坪山新区坪山办事处田心社区				
205	深圳市燃气集团股份有限公司	2013.07	建设1×8万立方米LNG储罐（液态）、LNG低压输送泵（2用1备）、LNG高压输送泵（2用1备）、气化器、蒸发气压缩机/再凝器、火炬系统、公用设施等。	136134	10025	社会投资：10025	征地、工程EPC招标、基础设计、详细设计、设备与材料采办、场地平整、地质改良及储罐基础施工工作。
	深圳市天然气储备与调峰库工程	2015.04	大鹏新区葵涌办事处土洋社区下洞				
206	深圳大唐宝昌燃气发电有限公司	2013.08	新增扩建2台9F级燃气一蒸汽联合循环发电机组，采用低氮燃烧技术，实施冷、热、电三联，供至龙华新区内各工业蒸汽用户的蒸汽管网以及集中制冷站至园区内用冷用户冷水管网。	293143	50000	社会投资：50000	完成方案设计等前期工作，项目开工建设，开展主设备订货、辅机订货等工作。
	广东大唐国际宝昌燃气热电2×400MW级扩建工程	2015.08	龙华新区观澜办事处人民路233号宝昌工业园内				

（续表）

编号	建设单位及项目名称	建设日期	建设规模及建设地址	总投资	本年度计划完成投资	资金来源	本年度建设内容
207	华电国际电力股份有限公司深圳公司	2013. 08	建设 3×100 兆瓦级燃气一蒸汽联合循环供热机组及配套热（冷）网系统。	171874	30000	社会投资：30000	办理用地手续等前期工作。
	深圳华电坪山分布式能源项目	2014. 08	坪山新区坑梓办事处聚龙山片区 M1-12-7 地块				
208	深圳市华晟科技有限公司	2012. 07	对原有厂房升级改造，建设防静电恒温生产车间，新建三个 500 立方米原料储罐，一条甲醇燃料添加剂生产线和一条甲醇燃料（半成品）生产线，项目建成后新增甲醇燃料（半成品）年产能达到 10 万吨。	22000	10000	社会投资：10000	设备购置安装、厂房防静电装修、人员投入及其研发中心、办公楼、职工宿舍场地建设。
	甲醇燃料开发及产业化项目	2014. 06	龙岗区坪地街道嶂背能源工业园				
	新兴产业 29 项						
	前期项目 29 项						
1	深圳市海普瑞药业股份有限公司	—	建设包含企业总部、肝素钠原料统统筹中心、肝素钠制剂产业链扩展中心、生物医药注册于认证服务中心、生物医药研究院等。	396812	—	—	办理用地手续，开展前期工作。
	海普瑞生物医药总部工程	—	申请选址前海合作区				
2	深圳翰宇药业股份有限公司	—	建设缓控释制剂及高活性注射剂生产基地，年产各类药物固体制剂 100 亿粒，注射剂 1000 万支。	42000	—	—	办理用地手续，开展前期工作。
	缓控释制剂及高活性注射剂生产基地建设	—	坪山新区坪山办事处国家生物产业基地				
3	深圳市开立科技有限公司	—	建设总部办公科研区、生产制造区及生活服务配套设施。	30016	—	—	办理用地手续，开展前期工作。
	彩色多普勒超声成像系统研发及产业化基地	—	申请选址光明新区				
4	深圳万和制药有限公司	—	建设生产中心、研发质量中心、总部办公大楼及相关配套设施与公用工程等。	30025	—	—	办理用地手续，开展前期工作。
	万和创新药物研发与产业化基地	—	申请选址光明新区光明办事处光明高新技术园				

（续表）

编号	建设单位及项目名称	建设日期	建设规模及建设地址	总投资	本年度计划完成投资	资金来源	本年度建设内容
5	深圳市新泰医药有限公司	—	建设研发中心、质检中心、办公综合区及生产车间等。主要产品为缓控释片剂（含头孢菌素）、头孢粉针和冻干粉粉针等。	37000	—	—	办理用地手续，开展前期工作。
	深圳市新泰医药研发生产基地项目	—	申请选址坪山新区坪山办事处				
6	深圳市博纳药品包装材料有限公司	—	建设符合美国FDA和欧盟标准的10万级洁净车间、标准厂房、原材料及成品仓库、研发试验测试中心等。	27400	—	—	办理用地手续，开展前期工作。
	博纳新型精密给药器械研发中心和生产基地	—	申请选址龙华新区观澜办事处观澜高新园				
7	深圳太太药业有限公司	—	建设符合GMP要求的生产车间、仓储设施、管理研发及其它配套设施，实现功能肽产能达300吨/年，女性营养制品1000吨/年。	15000	—	—	办理用地手续，开展前期工作。
	海洋软体动物功能肽生产基地	—	申请选址光明新区公明办事处光明高新园				
8	深圳市国源药业有限公司	—	建设生产中心、研发质量中心、总部办公大楼及相关配套设施与公用工程等。主要产品为妇炎康分散片、六味补血胶囊、头孢克肟颗粒等。	15987	—	—	办理用地手续，开展前期工作。
	国源创新药物研发与产业化基地项目	—	申请选址坪山新区坪山办事处				
9	深圳市北科联药业科技有限公司	—	建设制剂车间，软膏剂车间、粉针剂车间、动力车间、重点化验室、中试车间和医学科技大楼等。	51000	—	—	开展前期工作。
	北科联中药现代化产业基地核心生产区	—	光明新区				
10	深圳市海普瑞药业股份有限公司	—	建设研发中心、中式中心、办公用房及配套宿舍等。包含肝素钠原料药、肝素钠制剂等8条生产线和在研的2条生产线。	514200	—	—	办理用地手续，开展前期工作。
	深圳市海普瑞生物医药研发制造基地项目（启动期）	—	申请选址坪山新区坪山办事处坪山国际生物技术园区				

（续表）

编号	建设单位及项目名称	建设日期	建设规模及建设地址	总投资	本年度计划完成投资	资金来源	本年度建设内容
11	深圳市绿微康生物工程有限公司	—	建设工业酶、食品酶、饲料酶、医药酶生产车间、酶工程技术中心以及综合办公楼。	23000	—	—	办理用地手续，开展项目前期工作。
	绿微康生物酶研发与产业化基地	—	申请选址龙华新区观澜办事处樟坑径				
12	中国农业科学院深圳生物育种创新研究院	—	主要建设科研试验地、科研实验房、生态保育及生活配套等。	80000	—	—	办理用地手续，开展项目前期工作。
	中国农业科学院深圳生物育种创新研究院	—	申请选址大鹏新区大鹏办事处鹏城社区				
13	深圳市嘉泉水处理科技有限公司	—	建设海水淡化设计中心、海水淡化中试基地、海水淡化超滤膜及元件研制基地等。	10000	—	—	办理用地手续，开展项目前期工作。
	海水淡化工程中心	—	申请选址龙华新区观澜办事处樟坑径 04 号地块				
14	深圳市龙岗区科技创新局	—	建设全国核电产业引擎中心，新能源产业总部、研发设计和高端制造基地。	150000	—	—	开展土地招拍挂、企业引进等前期工作。
	深圳新能源产业基地	—	龙岗区龙岗街道宝龙工业城				
15	深圳古瑞瓦特新能源有限公司	—	建设生产厂房、实验室及宿舍，年产各类型号光伏发电并网逆变器系列产品 20000 台。	16020	—	—	办理用地手续，开展项目前期工作。
	10-100kw 太阳能光伏发电集中型并网逆变器产业化项目	—	申请选址宝安区西乡街道				
16	深圳世纪新能源电池有限公司	—	建设 4 栋厂房及 4 栋生产附房，项目定位为新能源汽车动力电池示范园区，主要产品为磷酸铁锂动力电池。	74528	—	—	办理用地手续，开展项目前期工作。
	深圳世纪新能源动力电池生产基地项目	—	申请选址坪山新区坪山办事处				

（续表）

编号	建设单位及项目名称	建设日期	建设规模及建设地址	总投资	本年度计划完成投资	资金来源	本年度建设内容
17	深圳市沃特玛电池有限公司	—	建设磷酸铁锂动力电池生产线，设计产能 685.7 兆瓦时。	30000	—	—	办理用地手续，开展项目前期工作。
	沃特玛电动汽车动力电池组生产基地	—	申请选址坪山新区坪山办事处				
18	腾讯科技（深圳）有限公司	—	建设内容包括研发办公、培训、宿舍等，建成后成为腾讯研发总部基地。	1040519	—	—	落实项目用地，进行整体园区的规划和方案设计。
	腾讯研发总部基地	—	申请选址光明新区光明办事处广深港客运专线光明站附近				
19	深圳市广兴源互联网产业发展有限公司	—	建设互联网高端产业研发中心，引进全国大中型互联网企业。	19600	—	—	开展规划设计等前期工作。
	宝安互联网产业研发中心	—	宝安区西乡街道兴业路与沿江高速之间西乡河以西蚝业地块				
20	深圳市中孚泰文化建筑建设股份有限公司	—	主要建设内容为建设办公业务用房，为建筑设计服务的展厅、剧场、实验室、培训中心等相关配套设施。	83000	—	—	办理用地手续，开展前期工作。
	中孚泰总部基地	—	申请选址龙华新区民治办事处深圳北站片区				
21	深圳市民治沙元埔股份合作公司	—	对原有厂房拆除后建设南座和北座两栋综合类高层建筑，用于物联网成果展示、公共服务及办公。	20099	—	—	开展报建手续等前期工作。
	深圳市泰安物联网产业服务基地	—	龙华新区民治办事处民福路东侧沙元埔工业区内				
22	深圳数字电视国家工程实验室股份有限公司	—	建设深圳市数字电视产业基地，主要包括数字电视国家工程实验室、国家标准地面数字电视推广、产品测试中心和产业孵化中心等。	31907	—	—	办理用地手续，开展前期工作。
	深圳数字电视国家工程实验室大厦	—	申请选址南山区粤海街道高新园				

（续表）

编号	建设单位及项目名称	建设日期	建设规模及建设地址	总投资	本年度计划完成投资	资金来源	本年度建设内容
23	深圳清华大学研究院	—	依托清华大学，建设实验室、研发中心、工程技术中心、公共检测实验室等技术平台，进行应用性研发。	25000	—	—	办理用地手续，开展前期工作。
	深圳清华大学研究院光明创新中心（一期）	—	申请选址光明新区光明办事处高新区南片区				
24	深圳华强集团有限公司	—	建设创意基地、影视制作拍摄及设备生产基地、实验展示基地、华强人才学院、文化企业创业园和人才公寓等。	458245	—	—	办理用地手续，开展前期工作。
	光明新区华强文化创意及出口基地项目	—	申请选址光明新区光明办事处光明门户区				
25	深圳报业集团	—	建设办公写字楼（地上26层，地下3层），主要用于报业集团下属媒体文化项目及入驻企业的生产和运营。	34192	—	—	开展项目前期工作。
	深圳报业集团新媒体文化产业基地	—	福田区莲花街道商报路深圳商报大院				
26	华视传媒集团有限公司	—	建设移动电视媒体研究院、移动电视媒体技术研究院、移动电视媒体文化研究院、移动电视媒体节目中心以及移动电视媒体产业人才培训学院等。	149228	—	—	办理用地手续，开展前期工作。
	华视传媒集团文化创意大厦	—	申请选址前海合作区				
27	深圳广田装饰集团股份有限公司	—	建设中国（深圳）绿色创意设计基地大厦，包含国际创意设计基地、绿色低碳技术研发基地及广田股份总部管理等基地。	92401	—	—	办理用地手续，开展项目前期工作。

（续表）

编号	建设单位及项目名称	建设日期	建设规模及建设地址	总投资	本年度计划完成投资	资金来源	本年度建设内容
28	北大青鸟音乐文化（深圳）有限公司	—	建设国家音乐产业音乐会展中心、音乐家工作室、流行音乐学校、演播厅、音乐人公寓、办公基地等。	25000	—	—	办理用地手续，开展项目前期工作。
	国家音乐产业基地	—	申请选址盐田区梅沙街道艺海东路大梅沙法定图则 5-2 地块北侧				
29	深圳市甘坑生态文化发展有限公司	—	对甘坑村进行改造，建设初步划分为农副产品区、庭院式客家美食区、客家传统生活体验区、蔬菜种植区等。	10150	—	—	完善好遗留建筑及保护工程。
	深圳甘坑生态文化创意村	—	龙岗区布吉街道甘坑村				
30	深圳市新国都技术股份有限公司	—	建设研发生产基地，主要产品为互联网支付产品、手机支付产品。	55000	—	—	办理用地手续，开展前期工作。
	电子支付研发基地及电子支付数据支持中心	—	申请选址宝安区新安街道宝安中心区				
31	深圳市繁兴科技有限公司	—	新建年产 2000 台烹饪机器人的生产线，年加工 1000 吨配菜。	25000	—	—	办理用地手续，开展前期工作。
	AIC 烹饪机器人及其精确配菜产品 DR 产业化项目	—	申请选址光明新区				
32	深圳市电连精密技术有限公司	—	建设生产制造中心、工程技术中心和产品检测测试中心。	39000	—	—	办理用地手续，开展前期工作。
	微型化、高可靠性射频连接器及互连系统研发和产业化（二期）	—	申请选址坪山新区				
33	深圳市银星投资集团有限公司	—	建设 4 栋厂房、1 栋办公楼、4 栋宿舍、1 栋综合楼。	67380	—	—	办理用地手续，开展前期工作。
	激光打印机及耗材的生产与配套	—	申请选址龙华新区观澜办事处大布巷地段银星高科技工业园南侧紧邻				

（续表）

编号	建设单位及项目名称	建设日期	建设规模及建设地址	总投资	本年度计划完成投资	资金来源	本年度建设内容
34	深圳市科聚新材料有限公司	—	设计产能年产汽车轻量化材料 30 万吨，高技术高性能材料 32.1 万吨。	100000	—	—	办理用地手续，开展前期工作。
	高分子工程塑料新材料产业化项目	—	申请选址坪山新区				
35	宏通精密电子（深圳）有限公司	—	建设蓝光高清光学头生产基地，包括生产厂房、员工宿舍、食堂和生活配套等。	57000	—	—	办理用地手续，开展前期工作。
	蓝光高清光学头	—	申请选址龙华新区观澜办事处桂花社区				
36	中国长城计算机深圳股份有限公司	—	建设长城研发办公综合大楼。	190000	—	—	开展前期工作。
	长城研发办公综合大楼项目	—	南山区粤海街道科发路 3 号				
37	深圳市汇清科技有限公司	—	建设内容包括软件咨询服务中心、软件以证考试中心、办公楼、教学楼及图书馆、学生宿舍及食堂、教师宿舍、体育馆等。	89909	—	—	办理用地手续，开展前期工作。
	深圳市微软 IT 培训学院	—	申请选址龙华新区观澜办事处横坑水库旁一地块				
38	深圳市怡化电脑有限公司	—	新建 8 栋标准厂房（6 层和 7 层各 4 栋），1 栋 6 层综合楼，1 层地下停车场。	54415	—	—	办理用地手续，开展前期工作。
	金融自助设备制造基地	—	申请选址光明新区				
39	深圳欧菲光科技股份有限公司	—	新建年产纯平电容式触摸屏 1200 万片，红外截止过滤片及镜座组建 2 亿片生产线，同时建设公司研发总部及资金结算中心。	54912	—	—	办理用地手续，开展前期工作。
	欧菲光总部基地及新型光电元器件生产基地项目	—	申请选址光明新区光明办事处高新技术产业园区				
40	深圳市聚作照明股份有限公司	—	建设新产品生产厂房、技术研发及检测中心楼、产品展厅及办公综合楼、专家和技术及员工宿舍区。	52021	—	—	办理用地手续，开展前期工作。
	聚作“LED 绿色照明系列产品”产业基地建设项目	—	申请选址坪山新区				

（续表）

编号	建设单位及项目名称	建设日期	建设规模及建设地址	总投资	本年度计划完成投资	资金来源	本年度建设内容
41	深圳市麦捷微电子科技股份有限公司	—	建设企业总部、研发中心和生产基地（包括设备采购）。	62012	—	—	办理用地手续，开展前期工作。
	麦捷科技总部及高端产品中试生产基地建设项目	—	申请选址光明新区光明办事处高新产业园				
42	银盛电子支付科技有限公司	—	建设办公区域、支付结算中心、呼叫中心、信息中心、研发中心、商务中心、培训与会展中心、核心机房及其他相关辅助设施。	64000	—	—	办理用地手续，开展前期工作。
	深圳银盛金融集团总部及第三方支付产业基地	—	申请选址龙华新区民治办事处金融集聚区和总部经济集聚区				
43	深圳市中企信星电子商务有限公司	—	建设中企信星公司的电子商务信用体系管理基地，为全国乃至全时间电子商务交易主体提供高端的信用披露服务。	32023	—	—	办理用地手续，开展前期工作。
	深圳电子商务信用之都：技术、标准、服务平台、应用推广及产业园	—	申请选址南山区西丽街道留仙洞				
44	科通通信技术（深圳）有限公司		建设嵌入式产业基地和微软亚太研发集团南方总部。	59037	—	—	完成全部前期工作。
	深圳嵌入式技术研发服务产业基地暨微软亚太研发集团南方总部	—	南山区南山街道科园路				
45	深圳市共进电子股份有限公司	—	建设总部办公地点、资金中心、研发中心、生产基地、销售中心和产品展示及配送中心，主要生产和销售宽带接入终端。	113880	—	—	办理用地手续，开展前期工作。
	宽带网络终端设备产业基地项目	—	申请选址光明新区光明办事处高新产业带				
46	泰祥汽卓配件（深圳）有限公司	—	在现有土地上新建厂房及仓储大楼。	20000	—	—	扩建废水处理项目，扩建汽车雨刷涂装线，扩建汽车雨刷橡胶清洗线，增加高效生产设备及淘汰老旧设备。
	泰祥汽车配件扩建项目	—	龙岗区坪地街道富坪路 310 号				

（续表）

编号	建设单位及项目名称	建设日期	建设规模及建设地址	总投资	本年度计划完成投资	资金来源	本年度建设内容
47	深圳市科特士汽车零部件研发有限公司	—	建设汽车零部件研发生产基地，主要产品为 LED 电子电器元件控制系统、刹车系列以及铝合金件等汽车零部件产品。	635000	—	—	办理用地手续，开展前期工作。
	汽车零部件研发生产基地一期	—	申请选址光明新区				
48	深圳市富上佳实业发展有限公司	—	项目拟将现有的场地建成为一个车体支架及汽车零部件生产与配套基地。	35894	—	—	办理用地手续，开展前期工作。
	车体支架及汽车零部件的生产	—	申请选址龙华新区观澜办事处银星高科技工业园南侧紧邻片区				
49	深圳市英威腾电气股份有限公司	—	建设城市轨道交通车辆电气牵引设备研发及生产基地，项目建成后预计年能将达到 720 套。	52500	—	—	办理用地手续，开展前期工作。
	城市轨道交通车辆电气牵引设备研发及产业化	—	申请选址光明新区光明办事处				
50	深圳市方大自动化系统有限公司	—	建设办公楼、屏蔽门测试室等。	40000	—	—	办理用地手续，开展前期工作。
	轨道交通设备研发中心项目	—	申请选址南山区西丽街道高新区北区				
51	市市场监督管理局	—	建设检验、检测、试验、技术研发、考试、管理服务、业务及附属配套等用房。	20641	—	—	办理用地手续，开展前期工作。
	深圳市特种设备安全检验测试基地	—	申请选址宝安区石岩街道				
	现代服务业 18 项						
	前期项目 18 项						
52	深圳市创新投资集团有限公司	—	拟建设一座深创投总部大厦，作为深创投开展业务办公、国际交流、人才培训、项目孵化、创投及金融中介机构服务的场所。	205000	—	—	落实用地等前期工作。
	深圳市创新授资集团有限公司创新总部大厦	—	申请选址南山区粤海街道				

（续表）

编号	建设单位及项目名称	建设日期	建设规模及建设地址	总投资	本年度计划完成投资	资金来源	本年度建设内容
53	安信证券股份有限公司、民太安保险公估集团股份有限公司	—	建设安信证券和民太安保险公司共用的高档总部办公大楼。	169287	—	—	调整方案设计，完成初步设计、施工图设计等。
	安信金融大厦（暂定）	—	福田区福田街道福华一路				
54	深圳市特区建设发展集团有限公司	—	拟建设平湖金融与现代服务业产业基地。	490 000	—	—	开展基地配套项目经济测算，编制项目详细规划等前期工作。
	平湖金融与现代服务业基地配套服务启动区	—	申请选址龙岗区平湖街道玉平大道以西，惠华路两侧，广九线以西				
55	宝安区石岩街道办	—	拟建成低碳、环保、高科技的现代化总部经济园区。	800000	—	—	完成专项规划报批工作，开展用地方案图设计、工程设计及相关项目报建工作。
	石岩战略性新兴产业总部园区	—	申请选址宝安区石岩街道塘头片区				
56	海信南方有限公司	—	拟规划建设高度为150米的海信南方总部基地。	139000	—	—	落实项目用地等前期准备工作。
	海信集团深圳南方总部基地	—	申请选址南山区蛇口街道后海片区				
57	深圳市东方银座集团有限公司	—	建设集商务、办公、购物为一体的现代服务业总部。	303833	—	—	完成更新范围内拆迁补偿协议签订、规划设计方案报批、土地出让合同签订等工作。
	前海现代服务业总部大厦	—	申请选址南山区南头街道前海路与学府路交汇处东北侧				
58	深圳市金活医药有限公司	—	拟建设金活集团与中联集团在内地的核心总部，作为采购结算、管理、研发、培训等的业务管理中心。	88600	—	—	落实项目用地，完成初步设计等前期工作。
	金中大厦	—	申请选址南山区粤海街道后海片区				

（续表）

编号	建设单位及项目名称	建设日期	建设规模及建设地址	总投资	本年度计划完成投资	资金来源	本年度建设内容
59	中国电子信息产业集团有限公司	—	对原有建筑更新改造，建设中国电子信息产业集团有限公司国际总部，包含多栋现代化智慧型商务楼宇及城市综合体。	1500000	—	—	开展前期工作。
	中国电了国际总部	—	福田区华强北街道				
60	深圳市龙岗国商企业有限公司	—	打造集总部空间、专业服务平台和科技展览、大型会议中心等于一体的特色园区，建成后将为华为科技城提供配套服务。	126069	—	—	完善用地手续，方案设计等前期工作。
	深圳科创谷中小企业总部基地	—	龙岗区坂田街道坂田村牛古岭				
61	深圳市宝骏汽车销售服务有限公司	—	拟建设含宝马及迷你汽车展览厅、零配件配送中心、分销管理中心、宝马国际会员俱乐部及高端汽车技术人员培训基地等的华南区总部基地。	220000	—	—	办理用地手续，开展前期工作。
	宝骏汽车华南区管理总部基地	—	申请选址罗湖区				
62	深圳市创捷供应链有限公司	—	建设供应链及电子商务企业总部，5C企业事业部等，建立专业的融资、咨询、信息服务及商务配套服务平台。	278228	—	—	落实项目用地，规划设计完善及施工图设计等前期工作。
	国际电子商务供应链产业基地	—	申请选址宝安区新安街道宝安中心区				
63	深圳市天健龙岗房地产开发有限公司、深圳市汽车经销商商会	—	建设内容包括展示销售（4S店）、物流仓储、商业配套、总部金融、产品研发等。	30035	—	—	完成项目前期工作。
	龙岗国际汽车交易展示中心	—	申请选址龙岗区龙城街道中心城26区				
64	长安标致雪铁龙汽车有限公司	—	建设长安标致雪铁龙汽车有限公司物流中心，为长安标致合资项目的配套项目，保证汽车生产基地生产、销售和售后全体系物流需要。	49480	—	—	招标，设计等前期准备工作。
	长安标致雪铁龙汽车有限公司物流中心	—	龙华新区观澜办事处企坪北山				

（续表）

编号	建设单位及项目名称	建设日期	建设规模及建设地址	总投资	本年度计划完成投资	资金来源	本年度建设内容
65	深圳市中油润德销售有限公司	—	建设非油保障物资仓储区、应急物资仓储区、加油站便利店物资仓储区、配送区和综合行政配套等。	32560	—	—	落实项目用地，并开展其它前期工作。
	中油深圳仓储物流配送服务基地	—	申请选址南山区西丽街道茶光路曙光仓储区和同乐片区				
66	深圳市南方农产品物流有限公司	—	建设集大宗农产品批发、肉类水产品批发、大型农产品加工配送、花卉集散等的综合性批发物流园区。	65000	—	—	落实项目用地及其他前期工作。
	深圳国际农产品物流园西区	—	申请选址龙岗区平湖街道白泥坑丹平快速公路西侧				
67	深圳市信利康供应链管理有限公司	—	拟建设仓储用房2栋，地上每栋各10层，地下共一层，建筑高度48. 9米。	33364	—	—	前期报建、施工招标、三通一平等工作。
	深圳市信利康全球供应链服务物流园	—	龙岗区下李朗社区桂树路和联李东路交汇处				
68	深圳市长城物流有限公司	—	建设含国际电子采购中心、产品展示大厅、国际物流总部基地、配套公寓等的物流园区。	227198	—	—	完成前期准备工作，完成客户清场、场地平整，完成设计及相关报建等。
	长城国际物流中心	—	罗湖区笋岗街道宝岗北路笋岗库一区				
69	深圳市深国际华南物流有限公司	—	拟扩大龙华片区物流园区立体仓库及配套建设规模，内容包括仓储设施、配套办公及地下室等。	68789	—	—	建设华南物流交易展示中心、10号仓库及配套工程。
	华南国际物流中心二期工程项目	—	龙华新区民治办事处民康路1号				
	社会民生工程25项						
	前期项目25项						
70	市人民医院	—	用地面积15913平方米，建筑面积81370平方米，设计床位1200张。	59333	—	—	完成概算批复、建设场地三通一平、详细勘察；完成施工图设计、报建审核及施工招标工作。
	深圳市人民医院内科住院大楼	—	罗湖区翠竹街道东门北路1017号				

（续表）

编号	建设单位及项目名称	建设日期	建设规模及建设地址	总投资	本年度计划完成投资	资金来源	本年度建设内容
71	市中医院	—	建成后床位规市中医院模由 600 张增加到 800 张。	25714	—	—	完成项目前期审批、实施项目方案设计及建设工程概算。
	深圳市中医院综合楼建设工程	—	福田区福田街道福华路 1 号				
72	中国人民武装警察部队广东省边防总队医院	—	建设床位 700 张。	31770	—	—	完成施工图设计及报建等前期工作。
	中国人民武装警察部队广东省边防总队医院住院大楼建设工程	—	罗湖区清水河街道金湖路 8 号				
73	深圳市康宁医院	—	建设规模 800 张床位，建设综合性现代化精神病专科医院。	70241	—	—	完成初步设计、消防、人防报建及详堪，编制水土保持方案。完成工程概算、施工图设计及施工图审查。
	深圳市健宁医院	—	坪山新区坪山办事处汤坑社区				
74	市新建市属医院筹备办公室	—	设 1000 张床位，建设一家集医疗、科研、预防于一体的三级甲等肿瘤专科医院。	144500	—	—	完成前期审批工作、支付部分设计及详堪费用。
	深圳市肿瘤医院	—	龙岗区坂田街道吉华路南侧				
75	大鹏新区社会建设局		一期规划建设床位 600 张，建设门急诊综合楼，医技楼，住院楼，行政后勤综合楼等	154362	—	—	取得项目建议书批复、可行性研究报告批复、选址意见书、用地方案图、建设用地规划许可证、设计方案审批意见及概算批复等审批文件。
	深圳市大鹏人民医院	—	大鹏新区葵涌办事处白石岗				
76	市妇幼保健院	—	在现有卫生资源基础上，建成病床规模 1100 张，建设内容主要包括住院大楼（二期）工程以及供电、给排水、中央空调、环保供热水系统、信息化系统、消防、道路、绿化等配套设施。	53000	—	—	落实用地情况、工程咨询、初步方案设计等。
	深圳市妇幼保健院福强院区二期工程	—	福田区沙头街道福强路 3012 号				

（续表）

编号	建设单位及项目名称	建设日期	建设规模及建设地址	总投资	本年度计划完成投资	资金来源	本年度建设内容
77	宝安区观澜人民医院	—	新增200床位，建成后医院规模达到700张床位标准。	32949	—	—	方案设计招标、用地勘察、水土保持、初步设计、概算编制审批、施工图设计、预算审批。
	观澜人民医院扩建工程	—	龙华新区观澜办事处观澜人民医院现状宿舍区及人民公园路西侧				
78	龙华新区发展和财政局	—	新建100000平方米医疗用房及交通设施，新增640个床位。	56600	—	—	可行性研究、工程勘察设计、施工准备。
	龙华人民医院扩建工程	—	龙华新区龙华办事处建设路				
79	龙华新区发展和财政局	—	建设60个班，3000学位寄宿制高中。	20945	—	—	办理用地手续，开展前期工作。
	深圳市第八高级中学	—	龙华新区民治办事处梅林关口				
80	坪山新区发展和财政局	—	建设普通教室、专用教室、阶梯教室、图书馆、办公用房、文体楼、教工与学生食堂、学生宿舍、教工宿舍、其他生活服务用房。	20000	—	—	完成前期工作，施工前准备。
	深圳市第九高级中学	—	坪山新区坪山办事处田心田头片区				
81	市教育局	—	规模60个班，学位3000个。	25 000	—	—	办理用地手续，开展前期工作。
	深圳市第十一高级中学	—	大鹏新区葵涌办事处溪涌				
82	深圳市建筑工务署	—	办学规模7000人。包括教室、实验室、图书馆、室内体育用房、行政及教师办公用房、会堂、食堂、学生宿舍、附属用房及相关室外工程等。	150687	—	—	完成初步设计工作。
	香港中文大学（深圳）一期工程	—	龙岗区龙城街道大运公园南侧，龙翔大道以北用地				
83	哈尔滨工业大学深圳研究生院	—	建设教学科研办公用房、学生宿舍及生活服务用房。	38883	—	—	开展项目前期工作，进行初步方案。
	哈尔滨工业大学深圳校区扩建工程	—	南山区桃源街道西丽大学城西校区本科生发展备用地				

（续表）

编号	建设单位及项目名称	建设日期	建设规模及建设地址	总投资	本年度计划完成投资	资金来源	本年度建设内容
84	龙岗区住房和建设局	—	建设内容包括科技馆、青少年宫、公共艺术馆。	95000	—	—	申报用地选址及用地预审，开展前期工作。
	龙岗区“三馆“项目	—	龙岗区龙城街道龙城广场西侧				
85	龙华新区发展和财政局	—	建设商业及公寓、体育酒店、购物中心、文化长廊、景观塔、文化体育服务中心、体育综合馆等。	135836	—	—	完成可行性研究报告、环评、方案设计、初步设计等前期工作。
	观澜文化体育公园	—	龙华新区观澜办事处观光路以南、观兴东路以西、新丹路以北				
86	深圳市特区建设发展集团有限公司	—	建筑面积为 160000 平方米，建设深圳科技馆（新馆），创新大厦写字楼。	203920	—	—	办理用地手续，开展前期工作。
	科技馆（新馆）与创新大厦	—	南山区粤海街道北侧是高新技术园区，紧邻深圳湾体育中心，西侧是海岸城，东临深圳湾岸线				
87	市总工会	—	新建 1 栋地上 20 层，地下 3 层的文化宫大楼。	47575	—	—	完成前期工作及施工准备。
	深圳市第二工人文化宫	—	福田区华富街道红荔西路				
88	市司法局	—	新建收容量 4000 人劳教所。	41468	—	—	落实用地、完成用地规划审批、初步方案设计及三通一平。
	市第二劳教所新址建设工程	—	申请选址龙华新区观澜办事处牛岭石场				
89	市民政局	—	项目保留现有用房建筑面积 18000 平方米，新增建筑面积 50978 平方米，新建（含改造）遗体接收及处置楼、冷藏库、火化楼等。	23603	—	—	完成地质详勘，项目设计，项目报建等。
	深圳市殡仪馆改扩建项目	—	龙岗区南湾街道沙湾拖田坑				

（续表）

编号	建设单位及项目名称	建设日期	建设规模及建设地址	总投资	本年度计划完成投资	资金来源	本年度建设内容
90	市民政局	—	建设规模为 500 张床位。	8112	—	—	开展初步设计概算编制、概算审批、施工图设计审核等前期工作。
	深圳市儿童福利院	—	龙华新区观澜办事处观光路北侧				
91	深圳市康馨养老事业投资发展有限公司	—	建设一座满足深圳市退休老干部、老职工及原老村民等各种老年人群需求，并集居住、购物、通讯、银行、医护等配套于一体的小型颐养康乐中心。	16950	—	—	完成前期工作，施工前准备。
	福田区康馨长者颐养康乐中心	—	福田区梅林街道上梅林片区，东临中康路，北侧为梅林居，西侧为百兴苑，南侧为东方富苑				
92	市新建市属医院筹备办公室	—	主要建设科研试验用房、学术交流用房、行政办公用房、后勤服务用房、专家和学生公寓等。	28940	—	—	初步勘查、设计公司招标、详细勘查、水土保持方案设计、方案设计报审、可研申报等工作。
	市医学科学研究院	—	南山区沙河街道滨海医院西侧				
93	市经济贸易和信息化委员会	—	新建码头长度 2507 米。	150154	—	—	完成主要前期咨询项目，包括工程可行性研究报告编制、技术论证、项目环评、工程详细勘察、工程方案设计等。
	宝安远洋渔业基地建设	—	宝安区西乡街道大铲湾物流园区				
94	深圳市大龙园农业科技发展有限公司	—	主要建设内容为珍稀水生动物繁养殖生产大棚、活体展示走廊、科普走廊及生产管理中心等。	36136	—	—	办理用地手续，开展前期工作。
	大龙园珍稀水生动物养殖示范园	—	罗湖区东湖街道大望社区新平村				
	城市更新 11 项						
	前期项目 11 项						
95	中粮地产（集团）股份有限公司	—	总建筑面积 1 360000 平方米，计容积率面积为 960000 平方米，定位为集大型购物中心、甲级写字楼、高级服务公寓、高档住宅等为一体的城市综合体。	1644000	—	—	完成 05、06、07 地块所有业主及租户拆迁谈判签约、所有建筑物拆除与产权注销以及专项规划报批工作。
	中粮深圳大悦城	—	宝安区新安街道宝城 25 区创业路				

（续表）

编号	建设单位及项目名称	建设日期	建设规模及建设地址	总投资	本年度计划完成投资	资金来源	本年度建设内容
96	深圳市勤诚达集团有限公司	—	用地面积 330800 平方米，开发建设用地面积 177679 平方米，规划计容积率建筑面积 923920 平方米。	869550	—	—	取得单元专项规划批复，完成一期用地房屋收购搬迁补偿工作，筹备一期建设用地。
	龙岗楼吓、对面岭片区城市更新项目	—	龙岗区龙城街道龙西社区				
97	中信华南（集团）深圳有限公司	—	拟建总建筑面积约 1203600 平方米，计容积率建筑面积 841800 平方米，包括住宅、商业、研发办公、商务公寓、公共配套及市政交通设施等。	656000	—	—	取得单元专项规划批复。
	龙腾工业区城市更新项目（一期）	—	龙岗区龙城街道吉祥南路				
98	深圳市农产品股份有限公司	—	占地面积约 65000 平方米，建设面积约 520000 平方米。其中一期项目占地面积 62000 平方米，计容总建筑面积 450000 平方米，包括商业、办公、公寓等。	610000	—	—	开展项目用地拆迁等前期工作。
	深圳布吉农批市场城市更新项目	—	罗湖区东晓街道布吉路西侧布吉农产品中心批发市场				
99	深圳市龙岗佳兆业房地产开发有限公司	—	拆迁用地面积 139672 平方米，建设用地面积 96000 平方米，规划建设总面积 480000 平方米，包括产业研发、产业配套、公共配套等。	500000	—	—	开展专项规划报审、项目拆迁谈判工作。
	大鹏第二工业区 B 区更新单元	—	大鹏新区大鹏办事处第二工业区 B 区				
100	今日国际控股集团有限公司	—	拟开发总建筑面积 560000 平方米物业，地下建筑面积 156000 平方米，地上建筑面积 400000 平方米，包括住宅、商业、办公、商务公寓、酒店、公共配套设施等。	400000	—	—	完成地上建筑物 70% 的谈判及房屋搬迁工作，完成剩余房屋搬迁谈判工作及办理规划许可手续。
	今日健康产业中心（坪地长美岭工业区更新单元）	—	龙岗区坪地街道坪西社区长美岭工业区				
101	宝吉工艺品（深圳）有限公司	—	拆迁用地面积 335877 平方米，建设范围包括住宅开发建设用地、保障性住房用地和学校建设用地等。	385289	—	—	02、03、04 等地块开展设计方案报批工作。
	宝吉工业区改造项目	—	龙岗区坂田街道布澜一级路、布吉路、中浩五路围合区域				

（续表）

编号	建设单位及项目名称	建设日期	建设规模及建设地址	总投资	本年度计划完成投资	资金来源	本年度建设内容
102	深圳市盐田佳兆业房地产开发有限公司	—	计容积率总建筑面积1070886平方米，包括住宅、商业、办公、配套设施等。	291881	—	—	开展1号地块保障性住房地块及相关配套的方案审批工作，继续完善其他地块拆迁补偿手续及修改法定图则手续。
	盐田三、四村和西山吓村整体搬迁项目	—	盐田区盐田街道后方陆域				
103	深圳市锦鸿新成投资发展有限公司	—	总建筑面积286900平方米，包括办公、商业、地下停车场、设备层及人防工程等。	291004	—	—	取得环保等各种批文和项目工程建设施工许可证，筹备现有物业拆迁和桩基础开工建设工作。
	南油大厦城市更新项目	—	南山区粤海街道南海大道与登良路交汇处				
104	深圳市保利置地房地产开发有限公司	—	本更新单元“拆除重建区”内规划计入容积率总建筑面积为95350平方米，包括住宅、商业、公共配套设施等。	110718	—	—	开展规划设计、开工筹备等前期报批报建工作。
	保利龙华东风汽车厂城市更新项目	—	龙华新区龙华办事处龙观东路				
105	丰隆集团有限公司	—	占地面积为14411平方米，拟建高度为399米，总建筑面积为142000平方米，包括商业、写字楼、社会多层停车库等。	108962	—	—	启动项目规划方案招投标及审批工作，完成专项规划修改，取得环保等各项批复。
	佳兆业环球中心（丰隆中心）	—	福田区南园街道深南路上步路交叉口西南侧				
	道路机场港口10项						
	前期10项						
106	深圳市外环高速公路投资有限公司	—	西起于沿江高速，向东经沙井、松岗、光明、观澜、东莞凤岗、龙岗、坪山、葵涌等街道，终点与盐坝高速相接。全长93.2公里（深圳段76.4公里），拟采用全线六车道、高速公路标准。	2205097	—	—	完成初步设计工作。
	深圳外环高速公路深圳段	—	宝安区，龙岗区，光明新区，坪山新区，龙华新区				

（续表）

编号	建设单位及项目名称	建设日期	建设规模及建设地址	总投资	本年度计划完成投资	资金来源	本年度建设内容
107	深圳市交通运输委员会	—	西起爱国路立交，以隧道穿越东湖公园，与东部过境高速近期起点相接，全长约 3 公里，采用城市快速路标准，双向六车道，设计车速 60 公里/小时。	145353	—	—	完成初步设计及施工图等前期工作。
	深圳市东部过境高速公路连接线工程	—	罗湖区黄贝街道				
108	深圳至中山跨江通道工程领导小组办公室	—	起于宝安区西乡黄鹤互通，与机荷高速对接，止于中山市港口镇新隆立交，与中江高速对接。跨江桥隧工程全长 22.09 公里，采用桥隧组合方案，设两处通航孔。	3240000	—	—	开展规划选线、环境评价及可行性研究等前期工作。
	深圳至中山跨江通道工程（跨江桥隧工程）	—	宝安区				
109	深圳市交通运输委员会	—	西起水官高速横坪立交，东至聚龙路（规划外环高速田头立交），全长约 22.2 公里，采用城市快速路标准，路基宽度 33 米，双向六车道，设计车速 80 公里/小时。	230000	—	—	开展项目前期相关审批工作，开展项目施工、监理招标工作。
	南坪快速路三期工程	—	龙岗区，坪山新区				
110	深圳市交通运输委员会	—	起于前海规划振海路，止于后海滨立交，线路全长 4.9 公里，采用城市快速路标准，新建双向六车道主线下沉隧道，改造双向六车道地面道路等。	180000		—	完成初步设计、施工图设计等前期工作，与轨道交通 11 号线共线段前期工程开工建设。
	桂庙路快速化改造（一期）工程	—	申请选址南山区南山街道桂庙路				
111	深圳市交通运输委员会	—	线路全长 7. 88 公里，绿梓大道至葵涌环城西路段（约 4.16 公里）按城市快速路标准建设，双向六车道，其余段按城市主干道标准建设。	108538	—	—	完成工可研、初步设计、施工图设计及施工招标等工作。
	坪西公路坪山至葵涌段扩建工程	—	坪山新区，大鹏新区				
112	深圳市交通运输委员会	—	南起泥岗立交，北接坂雪岗大道，全长约 7.5 公里（含隧道 9135 米，桥梁 5448 米），采用城市主干道标准，双向八车道，全线设置立交 3 座。	233077	—	—	开展可行性研究、初步设计等前期工作。
	坂银通道工程	—	福田区，龙岗区				

（续表）

编号	建设单位及项目名称	建设日期	建设规模及建设地址	总投资	本年度计划完成投资	资金来源	本年度建设内容
113	深圳市交通运输委员会	—	通道全长 11. 10 公里（含锦龙大道改线段 2.40 公里，特长隧道 7.5 公里），自南坪快速路三期锦龙立交至盐坝高速公路盐港东立交。	301200	—	—	完成项目前期工作，力争前期工程开工建设。
	坪盐通道工程	—	罗湖区，盐田区，坪山新区				
114	鑫科贤实业投资有限公司	—	码头岸线总长 548.7 米，陆域总面积 27. 435 万平方米，建设 3 个 1000 吨级集装箱驳船泊位、3 个 5000 吨级通用件杂货泊位及相应配套设施，年设计吞吐量 250 万吨。	120867	—	—	开展初步设计及施工图设计等前期工作，力争启动围堰、填筑等前期工程。
	深圳港宝安综合港区一期工程	—	宝安区福永街道西海堤外侧				
115	深圳市人民政府口岸办公室	—	占地面积 17.2 公顷，单体建筑面积 81112 平方米；定位为客货运综合性口岸，设计交通量为旅客 3 万人次/日，车辆 17850 自然车/日。	151281	—	—	开展初步设计、施工图设计等工作，实施高压线改迁、场地平整等前期工程。
	莲塘口岸工程	—	罗湖区莲塘街道莲塘片区				
	轨道交通 7 项						
	前期项目 7 项						
116	深圳市地铁集团有限公司	—	线路全长约 26.4 公里，由国贸至小梅沙，设车站 14 座，其中换乘站 3 座。	1082000	—	—	完成工程可行性研究和总体设计。
	深圳市轨道交通 8 号线工程	—	罗湖区，盐田区				
117	深圳市地铁集团有限公司	—	线路全长约 6.5 会里，均为高架线，共设 5 座车站，设停车场 1 座。	445302	—	—	开展可行性研究及相关专题研究等前期作。
	深圳市轨道交通 3 号线北延段工程	—	龙岗区				
118	深圳市地铁集团有限公司	—	线路长约 7.3 公里，由清湖至观澜，共设 6 座车站。	350000	—	—	开展可行性研究及相关专题研究等前期工作。
	深圳市轨道交通 4 号线北延段工程	—	龙华新区				

（续表）

编号	建设单位及项目名称	建设日期	建设规模及建设地址	总投资	本年度计划完成投资	资金来源	本年度建设内容
119	深圳市地铁集团有限公司	—	起于福田区益田村，经福田中心区、龙华新区、龙岗区及东莞市凤岗镇，止于龙岗区吉祥站，线路全长44.4公里，设车站29座，设车辆段和停车场各1座。	2670000	—	—	开展可研报告及相关专题、总体设计等前期工作。
	深圳市轨道交通16号线工程	—	福田区，龙岗区，龙华新区				
120	深圳市地铁集团有限公司	—	占地面积约12公顷，建筑面积约75万平方米，包括1、5、11号线和港深西部快轨前海湾站，以及相关配套设施工程。	406708	—	—	开展设计、施工招标及相关工作。
	前海综合交通枢纽工程	—	前海合作区				
121	西部沿海铁路筹备组	—	深茂铁路全长387公里，其中深圳境内约34公里，属国家I级双线电气化铁路，与广深港客运专线、厦深铁路交汇于深圳北站。	520000	—	—	开展可行性研究及相关专题研究等前期工作。
	深茂铁路深圳段	—	宝安区，龙华新区				
122	龙华新区发展和财政局	—	线路长约12.5公里，共设17座车站。其中，主线长约9.5公里，设13站；支线长约3公里，设4站。	138000	—	—	开展可行性研究及相关专题研究等前期工作。
	深圳市龙华新区现代有轨电车试验线工程	—	龙华新区				
	环境资源项目11项						
123	市城市管理局	—	规划总面积146.22平方公里，保护区范围包括排牙山和笔架山山地森林、坝光银叶树红树林湿地、东涌红树林湿地、西冲香蒲桃林。建设基础设施、生物多样性保护、科研和豁测和培训等工稗。	51293	—	—	开展详细规划、项目环评、可行性研究报告、初步设计与概算、水土保持方案设计、施工图设计等编制工作。
	大鹏半岛自然保护区	—	申请选址大鹏新区大鹏办事处大鹏新区大鹏、葵涌、南澳街道				

（续表）

编号	建设单位及项目名称	建设日期	建设规模及建设地址	总投资	本年度计划完成投资	资金来源	本年度建设内容
124	市城市管理局	—	处理量为5000吨/日生活垃圾焚烧处理厂及其配套设施建设，拟采用BOT投资建设。	382459	—	—	开展工可研、环评等前期工作。
	东部垃圾焚烧处理项目	—	申请选址龙岗区坪地街道坂陂				
125	市水务局	—	项目供永规模80立方米/秒，年引水量约20亿立方米，取水口在顺德杏坛镇西江左岸，输水干线沿途分水给南沙后，在虎门大桥下游穿越狮子洋，输水至东莞、深圳。	2400000	—	—	规划编制等前期工作。
	珠江三角洲西水东调工程	—	申请选址宝安区，光明新区				
126	岭湾核电有限公司	—	建设2台1000兆瓦级CPR1000型压水堆核能发电机组。	2277946	—	—	完成项目申报工作。
	岭澳核电三期扩建工程	—	申请选址大鹏新区大鹏办事处大亚湾核电基地				
127	深圳能源集团股份有限公司	—	建设2台1000兆瓦超超临界洁净煤发电机组。	823725	—	—	完成电厂三大主机设备招标、初步设计、环评工作，开展施工图设计，完成项目环评工作及项目征地、用海等手续。
	深圳能源滨海电厂	—	申请选址大鹏新区大鹏办事处坝光片区				
128	中国石油天然气股份有限公司深圳液化天然气项目经理部	—	—	735124	—	—	—
	西气东输二线深圳LNG应急调峰站项目	—	申请选址大鹏新区葵涌办事处迭福北				
129	深圳能源集团股份有限公司	—	建设总规模为6台390MW（F级）联合循环发电机组，本期建设3台390MW天然气联合循环发电机组，同期开展余热利用工程。	362555	—	—	完成可行性研究等专项研究工作，落实天然气气源合同和用地协议，取得各部门支持性文件，完成设计招标并签订主设备供货协议。
	深圳光明燃机电厂（原月亮湾改扩建）项目	—	申请选址光明斯区公明办事处田寮村田寮采石场（或宝安潭头采石场）				

第四节 2012年城市更新工作情况介绍

2012年，我市城市更新工作以推进经济社会实现有质量的稳定增长和可持续的全面发展为目标，积极主动、扎实有效地推进相关工作。

（一）完善、充实城市更新政策体系，为规范、高效推进城市更新工作奠定基础

一是出台了《深圳市城市更新实施细则》，进一步细化和深化《深圳市城市更新办法》的有关规定，提高城市更新的规范性和可操作性。二是出台了《关于加强和改进城市更新实施工作的暂行措施》（以下简称《暂行措施》），对城市更新项目历史用地提出了简便易行的处置办法，调整了市场评估地价评估机制及地价收缴方式，并建立了更新项目优先集中审批机制，为加快城市更新的实施工作提供了强有力的政策支持。三是启动了《深圳经济特区城市更新条例》立法工作。

（二）建立城市更新单元计划常态申报和定期清理机制，提高城市更新单元计划的可实施性

一是有序推进城市更新单元计划审查与报批工作。建立城市更新单元计划常态申报机制以来，我市城市更新单元计划审批速度大大提升。2012年，我市共形成5批次63项城市更新计划，涉及拆除用地面积约4.7平方公里。二是积极组织城市更新单元计划清理工作。按照《实施细则》和《暂行措施》的相关规定，对城市更新单元计划制度建立以来的计划内项目进行了全面梳理，对于不符合城市更新政策相关要求的更新单元，将依程序调出全市更新单元计划。

（三）优化审批机制，科学推进更新单元规划审批

2012年，审批通过城市更新单元规划42项，涉及拆除用地面积约4.47平方公里，开发建设用地面积约3.05平方公里，土地贡献率约为32%。规划批准总建筑面积约1601万平方米，其中住宅约795万平方米（含保障性住房及安居商品房约58万平方米）；产业研发用房约290万平方米（含创新型产业用房约14万平方米）。规划配建中小学校15所（含九年一贯制）、幼儿园32所、社区健康服务中心23处、公交首末站11处及其他配套设施一批，各类配套设施总建筑面积约25万平方米。

（四）简化流程，关联审批，推进项目实施提速提效

8月22日，全市召开加快城市更新实施工作动员会以来，采取多项措施大力推动项目实施工作。一方面，分解任务，倒排进度，有重点、有针对地推进更新项目实施。另一方面，对城市更新项目核发建设用地规划许可、宗地图制作、产权注销办理、用地审批等进一步简化流程，并联审批，提速提效，对重大项目指派专人跟踪，采取提前介入、绿色通道等方式加快办理相关手续。2012年，我市城市更新项目签订土地合同并已开工60项，涉及用地面积约207公顷。截至2012年底，我市已完成改造项目11项，完成改造用地面积约61.3公顷，节地48公顷，节地率约为75%；正在改造项目66项，涉及改造用地面积约501.2公顷。全年所有改造项目累计投入改造资金超过250亿元。

第四章　土地市场

第一节　土地资源及利用

根据土地利用变更调查，截至 2012 年 12 月 31 日，深圳市行政区土地总面积 1996.78 平方公里，其中：农用地 907.60 平方公里，占 45.45%；建设用地 942.74 平方公里，占 47.21%；未利用地 146.44 平方公里，占 7.33%。

表 4-1　深圳市历年土地利用分类构成

单位：平方公里

年份	辖区面积	农用地					建设用地			未利用地	
		耕地	园地	林地	牧草地	其他农用地	居民点及工矿	交通运输用地	水利设施用地	未利用地	其他土地
1995	1948.69	65.32	221.36	720.09	3.91	—	494.86	37.57	—	166.34	239.24
1996	1948.69	64.65	219.14	715.29	3.91	—	499.74	46.80	—	160.66	238.50
1997	1948.69	64.43	218.53	713.22	3.91	—	505.57	46.81	—	158.65	237.57
1998	1948.69	64.16	217.48	706.92	3.89	—	515.57	47.00	—	158.86	234.81
1999	—	—	—	—	—	—	—	—	—	—	—
2000	1952.85	63.72	275.61	644.78	0.66	—	559.32	60.77	—	121.94	226.05
2001	1952.85	61.47	281.57	615.76	1.91	—	597.88	64.21	—	114.71	215.34
2002	1952.84	60.14	302.62	605.10	0.74	113.02	615.10	73.70	60.18	73.51	48.73
2003	1952.84	46.94	290.25	595.03	0.51	91.69	679.35	74.84	60.12	65.76	48.35
2004	1952.84	45.22	277.90	590.04	0.48	86.26	700.79	77.80	60.44	64.68	49.23
2005	—	—	—	—	—	—	—	—	—	—	—
2006	1952.84	40.89	264.21	582.03	1.39	75.64	743.07	89.03	59.73	49.60	47.26
2007	1952.84	38.47	254.23	573.44	1.35	72.42	762.02	98.34	59.60	49.93	43.04
2008	1952.84	38.16	249.91	569.87	1.32	70.41	769.85	102.21	59.46	49.20	42.63
2009	1991.63	31.60	236.50	585.78	0.18	75.81	636.96	207.32	49.57	94.43	73.48
2010	1991.64	31.60	236.50	585.78	0.18	75.82	763.63	80.65	49.57	61.78	106.13
2011	1991.64	29.67	225.60	579.14	0.18	72.33	801.77	86.58	44.53	57.76	94.07
2012	1996.78	30.27	224.76	582.03	0.18	61.95	805.26	91.88	45.61	93.75	52.68

第二节 土地储备

一、储备土地管理机构

深圳市土地储备中心是深圳市土地储备工作的承办机构，主要履行以下职责：根据本市国民经济和社会发展规划、城市近期建设规划，负责组织对全市土地供需状况的调查，为政府职能部门编制全市土地储备计划、土地储备年度计划提供服务；根据土地储备年度计划制定具体地块的土地储备方案，经报批后组织实施；受政府委托依法适时收购土地；负责对政府依法通过征收、转地、收回、收购、置换等方式取得的土地进行储备管理，及时为市政府批准的建设项目提供土地；负责筹集并按规定使用土地储备资金。

二、2012年土地储备情况

截至2012年底，全市已纳入储备机构管理的土地共4660块，合计总面积为217.52平方公里，约占全市土地总面积的10.8%。根据深圳市土地利用总体规划（2006~2020），已纳入储备管理的土地中，可建设用地面积为113.25平方公里（包括有条件建设区范围）。随着划线移交、违法查处、数据梳理和确权登记工作的不断推进，储备中心在管储备土地将进一步向可建设用地集中。

三、储备土地管理

深圳市储备土地主要通过直接委托基层政府管理、招标委托企业管理进行日常看管。2012年，储备中心对储备土地日常管理提出了更高的要求，加强了储备土地日常巡查和储备土地管理效果的监管力度，并充分利用卫片等科技手段进行抽查，全面加强了储备土地日常管理工作。同时进一步完善储备土地相关制度建设，发布了《关于做好土地整备地块验收和移交入库工作的通知》，规范土地整备验收移交入库工作；修订了《储备土地入出库工作规程》，进一步规范了储备土地管理工作，并完善储备土地管理考核评议机制，强化监督考核，防范廉政风险。

2012年，储备中心全面完成了全市储备土地使用现状调查、资料整理和数据分析工作，掌握了全市储备土地使用情况，完善了台账建设，深入梳理了储备土地历史遗留问题和涉嫌违法违规占用问题，为进一步强化储备土地管理，处理各类储备土地历史遗留问题奠定了基础，也为土地储备管理决策提供信息支撑。

另外，储备中心重点开展了储备土地领域"打非治违"、"三打两建"等重要行动，清理了一批涉嫌违法侵占储备土地行为，保护了储备土地的安全。通过"打非治违"行动，全市共计排查出涉嫌违法侵占地块477处，一律移交辖区执法部门进行清理并查处。其中龙岗储备中心还结合"三打两建"行动，开展储备土地黑燃气和非法养殖点占用专项排查整治，清理非法养殖6处，约5640平方米。

四、储备土地综合整治

2012年，储备中心对需要整治的储备土地实施了简易整治工程，大大提升了储备土地市容环境。全年全市范围共实施了围墙33400米，围网14674米，绿化5万平方米，设置警示牌1160块。储备土地工程整治一方面美化了市容环境；另一方面，有效地扼制了储备土地违法侵占现象。目前为止，所有已实施围墙围网的地块均未出现违法侵占现象。

五、储备土地确权登记及投融资工作

2012 年，为保障土地整备工作的顺利开展，储备中心积极开展了储备土地确权登记及投融资工作：

一是储备土地确权发证工作有序进行。截至 2012 年 12 月，储备中心申请储备土地确权共六批次，合计 592 块，面积 3159.46 公顷，辖区管理局给予确权批复的用地共 155 块，面积 600.6 公顷。在已确权地块中，有 89 块，面积 253 公顷的用地办理了权属登记，领取了房地产证书。

二是开展储备土地融资，保障土地整备资金需求。截至 2012 年底，与国开行、招行、平安、建行四家金融机构签订土地整备融资框架协议共计 4 份，取得银行授信额度共计 240 亿元；签订借款合同 9 份，借款合同金额共计 89.90 亿元；签订土地抵押合同 10 份，抵押储备土地 27 块，面积 39.06 公顷，抵押物评估价值为 115.08 亿元。与此同时，积极配合做好整备项目资金拨付工作，支持了 64 个土地整备项目。

三是严格把关整备土地验收入库，保障土地整备成果。中心严格按照相关规定办理了全市各区整备土地的入库管理工作。2012 年度整备验收合格的地块 187 块，面积 1335.71 公顷。

六、土地储备相关法律政策文件

《土地储备管理办法》国土资源部、财政部、中国人民银行联合发布，2007 年 11 月 19 日开始实施。

《深圳市土地储备管理办法》（深圳市人民政府令 153 号），2006 年 8 月 1 日起施行。

《深圳市土地储备管理办法实施细则》（深国房〔2006〕775 号），2007 年 1 月 1 日起实施。

《深圳市土地收购实施细则》（深国房〔2007〕628 号）。

《深圳市国有未出让土地管理暂行办法》（深府〔2010〕122 号），从 2010 年 11 月 1 日起施行。

《关于推进土地整备工作的若干意见》（深府〔2011〕102 号）

《深圳市储备土地登记规程》（深规土〔2011〕341 号）

《关于做好土地整备地块验收和移交入库工作的通知》（深规土〔2012〕180 号）

第三节　土地出让

2012 年，包括历史用地、原农村用地、行政划拨用地补办出让手续在内，全市共签订出让合同 241 宗，土地面积 768.09 公顷，比上年增加 23.3%。

从出让方式看，全年协议方式出让 177 宗，土地面积 512.29 公顷，同比增加 45.2%；招标、拍卖、挂牌方式出让 64 宗，土地面积 255.80 公顷，同比减少 5.3%。

从土地用途看，全年出让商服用地 38 宗，土地面积 131.93 公顷，同比增加 505.7%；工矿仓储用地 61 宗，土地面积 145.37 公顷，同比减少 9.8%；公用设施用地 16 宗，土地面积 22.08 公顷，同比减少 44.1%；公共建筑用地 42 宗，土地面积 240.18 公顷，同比增加 300.4%；住宅用地 76 宗，土地面积 221.94 公顷，同比减少 14.1%；交通运输用地 5 宗，土地面积 2.76 公顷，同比减少 8.3%；特殊用地 2 宗，土地面积 3.77 公顷，同比增加 371.3%。

表 4-2 深圳市 2012 年公开招标、拍卖、挂牌出让土地使用权项目一览

单位： 宗、平方米、元、元/平方米

序号	交易日期	宗地号	出让方式	用途	出让年期（年）	位置	土地面积（平方米）	建筑面积（平方米）	总地价（元）	地面地价（元/平方米）	楼面地价（元/平方米）	竞得人	备注
1	2012-1-6	A603-0382	挂牌	工业用地	50	光明新区公明街道	11179.79	39110	10324000	923.45	263.97	摩比天线技术（深圳）有限公司	
2	2012-1-10	A002-0037	挂牌	商业服务业设施用地	50	宝安区新安街道	5430.82	32580	325000000	59843.63	9975.45	深圳市宝安区投资管理有限公司	两宗地捆绑出让
3	2012-1-10	A002-0038	挂牌	商业服务业设施用地	50	宝安区新安街道	6202.07	38450	369000000	59496.26	9596.88	深圳市宝安区投资管理有限公司	
4	2012-2-14	T107-0027(B)	挂牌	道路+地下社会停车场库+地下商业用地	40	南山区后海中心区	2822.46	430	33000000	11691.93	76744.19	深圳市鹏润达置业集团有限公司	
5	2012-2-14	T107-0025	挂牌	商业性服务设施用地	40	南山区后海中心区	2892.50	39600	367000000	126879.86	9267.68	中建钢构有限公司	
6	2012-2-28	G04310-0032	挂牌	工业用地	50	龙岗区布吉街道甘李工业园	60519.18	334852	217658000	3596.51	650.01	中海信科技开发（深圳）有限公司	
7	2012-2-28	G04311-0096	挂牌	工业用地	50	龙岗区布吉街道甘李工业园	23194.60						

（续表）

序号	交易日期	宗地号	出让方式	用途	出让年期（年）	位置	土地面积（平方米）	建筑面积（平方米）	总地价（元）	地面地价（元/平方米）	楼面地价（元/平方米）	竞得人	备注
8	2012-4-6	A932-0834	挂牌	工业用地	50	龙华新区观澜街道	299999.40	255000	181995300	606.65	713.71	长安标致雪铁龙汽车有限公司	
9	2012-5-8	B202-0072	挂牌	配套设施用地	50	福田区景田片区	4000.32	3200	72000000	17998.56	22500.00	深圳市恒新利创投资发展有限公司	幼儿园用地
10	2012-5-8	B304-0097	挂牌	配套设施用地	50	福田区景田片区	4000.07	3200	74000000	18499.68	23125.00	深圳市万景立建设有限公司	幼儿园用地
11	2012-5-16	G14209-0169	挂牌	工业用地	50	坪山新区坑梓街道	9631.31	24090	7688000	798.23	319.14	深圳市兴源鼎新科技有限公司	
12	2012-5-16	G14320-0135	挂牌	工业用地	50	坪山新区金沙地区	10000.55	25000	7402900	740.25	296.12	深圳市安特高科实业有限公司	
13	2012-5-23	T107-0015	挂牌	商业性服务设施用地	40	南山区后海中心区	5566.60	47300	541000000	97186.79	11437.63	广东喜之郎集团有限公司	
14	2012-6-14	A011-0190	挂牌	工业用地	50	宝安区新安街道	10074.70	35250	9894200	982.08	280.69	深圳市华测检测技术股份有限公司	

（续表）

序号	交易日期	宗地号	出让方式	用途	出让年期(年)	位置	土地面积（平方米）	建筑面积（平方米）	总地价（元）	地面地价（元/平方米）	楼面地价（元/平方米）	竞得人	备注
15	2012-6-14	A907-0153	挂牌	工业用地	50	龙华新区观澜街道	21258.85	63700	20959900	985.94	329.04	华润三九医药股份有限公司	
16	2012-6-14	G14310-8076	挂牌	工业用地	30	坪山新区沙田片区	28267.02	70700	16194300	572.90	229.06	深圳市德塔电动汽车科技有限公司	
17	2012-6-14	G13111-0106	挂牌	工业用地	30	坪山新区坑梓街道	11332.92	28330	6596200	582.04	232.83	深圳华意隆电气股份有限公司	
18	2012-6-14	A124-0045	挂牌	工业用地	50	宝安区西乡街道	14324.91	23000	13419700	936.81	583.47	深圳承远航空油料有限公司	
19	2012-6-14	A002-0042	挂牌	商业性服务设施用地	40	宝安区新安街道	7665.64	55190	538000000	70183.31	9748.14	深圳农村商业银行股份有限公司	
20	2012-6-15	A511-0029	挂牌	商业性办公用地	20	光明新区高新园区	29013.71	63000	116000000	3998.11	1841.27	深圳市光明新城物业发展有限公司	

（续表）

序号	交易日期	宗地号	出让方式	用途	出让年期(年)	位置	土地面积（平方米）	建筑面积（平方米）	总地价（元）	地面地价（元/平方米）	楼面地价（元/平方米）	竞得人	备注
21	2012-6-20	G14320-0136	挂牌	工业用地	50	坪山新区金沙社区	9005.18	22510	4500000	499.71	199.91	深圳市邦健电子有限公司	
22	2012-6-26	G13122-8008	挂牌	工业用地	30	坪山新区坑梓街道	20000.57	49990	12135000	606.73	242.75	深圳市捷佳伟创新能源装备股份有限公司	
23	2012-6-27	T404-0049	挂牌	工业用地+三类居住用地	50	南山区高新北区	9349.74	90000	36731200	3928.58	408.12	深圳市残友集团股份有限公司	
24	2012-7-3	G14320-0137	挂牌	工业用地	50	坪山新区金沙社区	9913.44	24780	5000000	504.37	201.78	深圳市新产业生物医学工程有限公司	
25	2012-7-4	G10221-0588	挂牌	工业用地	30	龙岗区坪地街道	18518.84	55560	11348700	612.82	204.26	深圳市光大激光科技股份有限公司	
26	2012-7-4	G10203-0487	挂牌	工业用地	30	龙岗区坪地街道	34502.77	103500	21349000	618.76	206.27	深圳市京泉华电子有限公司	
27	2012-7-4	G10221-0589	挂牌	工业用地	30	龙岗区坪地街道	31406.06	94220	19253900	613.06	204.35	深圳市三利谱光电科技股份有限公司	

（续表）

序号	交易日期	宗地号	出让方式	用途	出让年期(年)	位置	土地面积（平方米）	建筑面积（平方米）	总地价（元）	地面地价（元/平方米）	楼面地价（元/平方米）	竞得人	备注
28	2012-7-4	G10203-0490	挂牌	工业用地	30	龙岗区坪地街道	14977.03	60000	10780800	719.82	179.68	深圳市森广源实业发展有限公司	
29	2012-7-4	G10203-0488	挂牌	工业用地	25	龙岗区坪地街道	30042.42	120170	18706200	622.66	155.66	深圳市杰科电子有限公司	
30	2012-7-4	G10203-0489	挂牌	工业用地	20	龙岗区坪地街道	8243.03	28850	3970400	481.67	137.62	创世纪转基因技术有限公司	
31	2012-7-4	G02324-0003	挂牌	工业用地	30	龙岗区宝龙工业区	17586.24	61600	12987400	738.50	210.83	深圳市今天国际物流技术股份有限公司	
32	2012-7-4	G02319-0008	挂牌	工业用地	50	龙岗区宝龙工业区	37015.98	222100	45343100	1224.96	204.16	深圳市龙岗区城市建设投资有限公司	
33	2012-7-4	G02305-0013	挂牌	工业用地	30	龙岗区宝龙工业区	8021.21	32100	5982200	745.80	186.36	深圳市亚泰光电技术有限公司	
34	2012-7-4	G11102-0181	挂牌	工业用地	30	龙岗区宝龙工业区	11943.48	47800	8964900	750.61	187.55	深圳市华力兴工程塑料有限公司	
35	2012-7-4	G04311-0094	挂牌	工业用地	25	龙岗区布吉街道	11299.16	39600	7584600	671.25	191.53	深圳龙岗区华通实业有限公司	

（续表）

序号	交易日期	宗地号	出让方式	用途	出让年期(年)	位置	土地面积（平方米）	建筑面积（平方米）	总地价（元）	地面地价（元/平方米）	楼面地价（元/平方米）	竞得人	备注
36	2012-7-4	G04228-0161	挂牌	仓储用地	25	龙岗区南湾街道	5000.55	15000	2403300	480.61	160.22	深圳市朗华供应链服务有限公司	
37	2012-7-4	G04409-0128	挂牌	仓储用地	25	龙岗区南湾街道	8000.28	32000	3638500	454.80	113.70	深圳市信利康供应链管理有限公司	
38	2012-7-4	G04227-0087	挂牌	仓储用地	25	龙岗区平湖街道	5666.62	17000	2878700	508.01	169.34	深圳市中泰米业有限公司	
39	2012-7-12	G14320-0139	挂牌	工业用地	30	坪山新区坑梓街道金沙片区	44761.61	111900	26000000	580.85	232.35	深圳市海滨制药有限公司	
40	2012-7-12	A933-0738	挂牌	仓储用地	20	龙华新区观澜街道	70000.22	84000	22000000	314.28	261.90	长安标致雪铁龙汽车有限公司	
41	2012-7-26	A004-0100	挂牌	宗地部分住宅及配套建筑面积权益	70	宝安中心区	/	78086	520000000	/	6659.32	深圳市鸿荣源房地产开发有限公司	出让标的为宗地部分住宅及配套建筑面积权益

（续表）

序号	交易日期	宗地号	出让方式	用途	出让年期(年)	位置	土地面积（平方米）	建筑面积（平方米）	总地价（元）	地面地价（元/平方米）	楼面地价（元/平方米）	竞得人	备注
42	2012-8-10	T204-0109	挂牌	工业用地	30	南山区高新区南区	5047.39	50470	120000000	23774.66	2377.65	深圳市易思博软件技术有限公司	
43	2012-8-10	J235-0010	挂牌	工业用地	30	盐田区沙头角	29609.43	103600	70202100	2370.94	677.63	大百汇实业集团有限公司	
44	2012-8-10	A613-0725	挂牌	工业用地	30	光明新区公明街道	14110.43	26800	9000000	637.83	335.82	空气化工产品（深圳）有限公司	
45	2012-8-16	T107-0028	挂牌	商业服务业设施用地+居住用地	/	南山区后海中心区	53661.73	490000	2653000000	49439.33	5414.29	华润深圳湾发展有限公司、华润置地（深圳）发展有限公司和华润万家（深圳）发展有限公司	该宗地由3家企业联合竞得
46	2012-11-7	G11340-8011	挂牌	居住用地	70	坪山新区坪山街道	29514.71	94500	303000000	10266.07	3206.35	金地（集团）股份有限公司	
47	2012-11-13	G12201-0299	挂牌	居住+商业+文化设施用地	70	坪山新区坪山街道	159656.99	379400	1224000000	7666.44	3226.15	招商局地产控股股份有限公司	

（续表）

序号	交易日期	宗地号	出让方式	用途	出让年期(年)	位置	土地面积（平方米）	建筑面积（平方米）	总地价（元）	地面地价（元/平方米）	楼面地价（元/平方米）	竞得人	备注
48	2012-11-28	A122-0341	招标	居住用地	70	宝安西乡街道尖岗山地区	151787.21	182100	2000000000	13176.34	10982.98	中海地产集团有限公司	
49	2012-11-30	T204-0134	挂牌	工业用地（新型产业用地）	30	南山区高新区南区	9999.67	100000	130000000	13000.43	1300.00	深圳科能先进储能材料国家工程研究中心有限公司	
50	2012-12-5	A503-0080	挂牌	工业用地	30	光明新区光明高新区	8446.95	40350	18890000	2236.31	468.15	深圳市得润电子股份有限公司	
51	2012-12-5	A608-0159	挂牌	工业用地	30	光明新区光明高新区	14895.33	37230	9100000	610.93	244.43	深圳市怡化电脑有限公司	
52	2012-12-11	T107-0069	挂牌	居住用地	70	南山区后海中心区	14787.82	110000	947000000	64039.19	8609.09	华润置地（深圳）发展有限公司	
53	2012-12-12	A725-0043	网上挂牌	工业用地	30	宝安区石岩街道	20152.46	50380	11400000	565.69	226.28	深圳市劲拓自动化设备股份有限公司	

（续表）

序号	交易日期	宗地号	出让方式	用途	出让年期(年)	位置	土地面积（平方米）	建筑面积（平方米）	总地价（元）	地面地价（元/平方米）	楼面地价（元/平方米）	竞得人	备注
54	2012-12-13	A631-0101	网上挂牌	工业用地	30	光明新区公明街道	13834.79	34590	22210000	1605.37	642.09	深圳一电科技有限公司	
55	2012-12-13	A631-0102	网上挂牌	工业用地	30	光明新区公明街道	13892.39	34730	31330000	2255.19	902.10	深圳市英威腾电气股份有限公司	
56	2012-12-13	A631-0103	网上挂牌	工业用地	30	光明新区公明街道	12887.35	38665	20710000	1607.00	535.63	深圳市港利通科技股份有限公司	
57	2012-12-13	A805-0050	挂牌	商业用地＋居住用地（保障性住房用地）	70	龙华新区民治街道	5882.23	23520	136000000	23120.48	5782.31	深圳市金众房地产有限公司	
58	2012-12-25	T204-0115	挂牌	高等院校+工业用地（新型产业用地）+公共绿地	30	南山区高新区虚拟大学园区	4917.41	35350	48660000	9895.45	1376.52	深圳市西北工业技术研究院有限公司	
合 计							1535716.14	4404433	11483192500				

表 4-3　深圳市历年签订土地出让合同情况（按出让方式分）

单位：宗、公顷、万元

年份	合计			其中							
				协议		招标		拍卖		挂牌	
	宗数	面积	合同地价	宗数	面积	宗数	面积	宗数	面积	宗数	面积
1987～1993	1636	3782.93		1574	3739.65	59	42.33	3	0.95	—	—
1994	500	1351.00		495	1342.93	3	4.27	2	3.80	—	—
1995	739	1878.55		739	1878.55	—	—	—	—	—	—
1996	668	1249.83		666	1247.14	2	2.69	—	—	—	—
1997	573	1272.73	705005.00	573	1272.73	—	—	—	—	—	—
1998	560	1978.86	573178.00	556	1968.47	2	5.81	2	4.58	—	—
1999	590	969.67	465915.00	584	934.40	6	35.27			—	—
2000	502	1076.58	519649.71	491	1034.29	7	15.56	4	26.73	—	—
2001	524	1250.99	799422.01	514	1146.03	6	79.90	4	25.06	—	—
2002	427	1332.32	428330.00	415	1273.09	2	7.61	10	51.62	—	—
2003	332	1409.62	592594.00	322	1301.60	—	—	10	108.02	—	—
2004	326	1072.97	756300.00	303	938.56	—	—	12	104.67	11	29.74
2005	288	918.92	534862.23	278	856.28	—	—	5	50.70	5	11.94
2006	368	1688.97	1348305.82	342	1570.04	9	65.38	8	34.79	9	18.76
2007	517	1899.27	1615342.08	487	1787.90	2	5.31	—	—	28	106.05
2008	260	543.48	1273288.08	201	264.91	1	2.95	—	—	58	275.62
2009	232	629.31	1266256.49	176	394.67	—	—	3	18.07	53	216.57
2010	305	1035.97	1317358.19	223	559.50	1	2.40	5	14.45	76	459.62
2011	221	622.95	1413097.70	153	352.90	—	—	—	—	68	270.05
2012	241	768.09	2948044.53	177	512.29	—	—	—	—	64	255.80

表 4-4　深圳市历年签订土地出让合同情况（按土地用途分）

单位：宗、公顷

年份	合计		其中																	
	宗数	面积	商服用地		工矿仓储用地		公用设施用地		公共建筑用地		住宅用地				交通运输用地		水利设施用地		特殊用地	
			宗数	面积	宗数	面积	宗数	面积	宗数	面积	宗数	面积	经济适用房	宿舍	宗数	面积	宗数	面积	宗数	面积
1987～1993	1690	3784.00	231	151.80	596	1635.45	131（宗）		760.55（公顷）		689	1198.75	—	45.24	13	17.05	—	—	30	20.40
1994	500	1351.01	84	152.29	179	350.73	66（宗）		509.97（公顷）		149	315.54	—	6.70	7	4.42	—	—	15	18.06
1995	739	1878.54	128	96.14	226	451.72	53（宗）		763.85（公顷）		317	542.63	—	6.61	11	10.03	—	—	4	14.17
1996	668	1249.83	97	53.85	180	396.20	103（宗）		191.44（公顷）		266	459.29	—	9.95	19	147.51	—	—	3	1.54
1997	573	1272.72	105	100.67	113	177.70	65（宗）		87.91（公顷）		258	361.33	—	10.91	27	524.16	—	—	5	20.95
1998	560	1976.80	79	79.54	155	332.25	38（宗）		197.75（公顷）		233	404.23	—	9.80	4	1.16	18	703.64	33	258.23
1999	590	969.65	71	91.34	268	402.21	17（宗）		9.29（公顷）		188	226.65	—	5.78	7	6.37	2	1.81	37	231.98
2000	502	1076.58	65	42.33	139	359.24	30（宗）		64.28（公顷）		176	259.51	—	1.62	8	140.17	11	11.08	73	199.97
2001	524	1250.94	68	40.70	167	513.23	55（宗）		100.53（公顷）		154	359.02	—	2.00	16	81.64	10	7.42	54	148.40
2002	427	1332.32	57	61.64	143	389.22	28（宗）		289.94（公顷）		112	244.24	—	—	29	86.04	6	2.29	52	258.95
2003	332	1409.62	29	34.47	105	449.75	46	91.18	26	15.43	98	261.56	25.12	—	9	34.35	—	—	19	522.88
2004	326	1072.97	37	62.81	144	539.92	15	58.19	58	162.64	63	177.77	13.16	—	2	63.17	—	—	7	8.47
2005	288	918.92	16	19.90	127	427.94	38	84.86	42	207.36	58	136.14	4.32	0.92	6	12.68	—	—	1	30.04
2006	368	1688.97	47	331.72	150	519.64	55	248.73	34	94.24	68	232.08	—	2.99	11	258.97	—	—	3	3.59
2007	517	1899.27	22	20.59	291	1397.63	74	76.17	48	114.65	57	136.98	0.50	—	19	146.07	1	0.45	5	6.70
2008	260	543.48	33	20.33	43	154.61	48	39.67	69	146.69	41	122.11	1.70	—	20	52.57	—	—	6	7.50
2009	232	629.31	20	12.33	37	175.09	47	44.96	49	203.89	49	136.84	—	—	24	47.91	—	—	6	8.29
2010	305	1035.97	31	85.37	67	382.65	68	58.95	57	146.46	63	145.78	29.71	—	17	192.20	—	—	2	24.56
2011	218	542.86	20	21.78	45	161.21	22	37.49	30	59.98	90	258.43	77.73	—	9	3.01	1	0.15	1	0.80
2012	241	768.09	38	131.93	61	145.37	16	22.08	42	240.18	76	221.94	7	14.84	5	2.76	1	0.06	2	3.77

注：因土地分类标准发生变化，2002 年及以前的土地分类按以下方式转换为新的地类。原住宅用地、宿舍用地以及以住宅为主的综合楼用地计入新分类标准的住宅用地；原商业、经营性办公用地以及以办公或商业为主的综合楼用地计入商服用地；原工业、仓储用地计入工矿仓储用地；原能源水利用地计入水利设施用地；原非经营性办公用地、公益用地合并计入公用设施用地、公共建筑用地的合并项目中；原交通用地计入交通运输用地；原其他用地均计入特殊用地。

第四节　土地转让

2012年，深圳市通过有形土地市场转让土地2宗，转让土地面积共4.94公顷，成交金额共3550.52万元。其中，供应设施用地1宗，实际交易土地面积0.69公顷，成交金额662万元；工业用地1宗，实际交易土地面积4.25公顷，成交金额2888.52万元。

表4-5　深圳市历年土地转让情况

单位：公顷、万元

年份	合计		其中							
	面积	金额	商服用地		工矿仓储用地		住宅用地		其他用地	
			面积	金额	面积	金额	面积	金额	面积	金额
2001	34.24	50686.60	0.52	1850.00	7.49	6290.60	26.23	42546.00	—	—
2002	62.72	94922.64	8.29	40148.40	15.72	6374.20	38.71	48400.04	—	—
2003	141.14	283900.00	5.44	44770.00	16.29	11590.50	114.01	219529.50	5.40	8010.00
2004	68.84	182182.15	—	—	18.29	8542.00	50.55	173640.15	—	—
2005	24.70	51206.80	0.67	965.00	5.20	3748.00	14.18	31589.80	4.65	14904.00
2006	4.77	47462.50	1.82	31800.00	1.50	1660.00	1.45	14002.50	—	—
2007	0.95	6931.00	—	—	0.03	81.00	0.92	6850.00	—	—
2008	2.67	2311.00	—	—	2.47	2011.00	0.20	300.00	—	—
2009	3.33	9656.15	1.00	6912	2.25	2444.15	0.08	300.00	—	—
2010	0.04	2216.00	—	—	—	—	0.04	2216.00	—	—
2011	2.74	15836.00	—	—	2.30	7000.00	0.44	8836.00	—	—
2012	4.94	3550.52	—	—	4.25	2888.52	—	—	0.69	662.00

表4-6　深圳市2012年公开拍卖、挂牌转让土地使用权项目一览

交易日期	标的名称	交易方式	用途	位置	宗地土地总面积（平方米）	实际交易土地面积（平方米）	宗地总建筑面积（平方米）	成交金额（万元）
2012-9-25	A112-0075	挂牌	供应设施用地	宝安区西乡街道	6893.25	6893.25	12000	662.00
2012-12-19	G13118-8006	挂牌	工业用地	坪山办事处	42478.16	42478.16	84100	2888.52

第五节　土地市场管理

为进一步创新土地利用方式，充分挖掘土地资源潜力，推进深圳市土地管理制度改革，保障空间资源优化配置和有效供给，提升土地节约集约利用能力和管理水平，促进产业转型升级发展，深圳市制定和出台了优化空间资源配置促进产业转型升级“1+6”政策文件。该系列政策文件包括主文件《深圳市人民政府关于优化空间资源配置促进产业转型升级的意见》（深府〔2013〕1 号），6 个附属文件《深圳市完善产业用地供应机制拓展产业用地空间办法（试行）》（深府办〔2013〕1 号）、《深圳市创新型产业用房管理办法（试行）》（深府办〔2013〕2 号）、《深圳市工业楼宇转让管理办法（试行）》（深府办〔2013〕3 号）、《关于加快发展产业配套住房的实施意见（试行）》（深府办〔2013〕4 号）、《深圳市宗地地价测算规则（试行）》（深规土〔2013〕12 号）和《深圳市贯彻执行〈闲置土地处置办法〉的实施意见（试行）》（深规土〔2013〕22 号）。这些政策文件的制定，为深圳市在新时期开展土地节约集约利用工作提供了制度保障。

《深圳市人民政府关于优化空间资源配置促进产业转型升级的意见》（以下简称《意见》）统领 6 个附属文件，围绕促进产业转型升级和“创新发展、深圳质量”理念，提出借助深圳土地管理制度改革平台，节约集约利用有限的空间资源，以“创新”为主题，以优化空间资源配给为主线，大力实施四个“更加突出”重要举措，最大限度地满足产业发展需求。《意见》强调：（1）创新空间规划，通过规划统筹，建立多层次、全方位的产业空间载体，推进产业分区均衡化布局，引导新增产业项目向产业集聚区集中，通过创新规划手段等措施，满足产业发展需求。（2）创新空间资源供给，建立房地并举、优先供房模式，以结构性、差别化的土地供给，引导空间资源向深圳鼓励发展的产业配置，限制和逐步淘汰落后产能。（3）创新二次开发利用机制，加快产业用地资源整备，引导社区土地服务产业发展，提高工改工项目比重，推进旧工业区升级改造。（4）创新产业项目监管服务，搭建产业用地供需服务平台，建立健全产业项目用地用房准入、推出机制，

加强建设用地批后监管，有效遏制、处置和利用闲置产业用地，保障产业空间资源高效利用。

《深圳市完善产业用地供应机制拓展产业用地空间办法（试行）》着力于建立健全产业用地供应的信息公开与收集制度，将原农村集体经济组织继受单位可用的产业发展用地纳入全市统一的土地市场，有效拓展产业用地来源。

其核心内容主要有：（1）搭建产业空间供需公开透明的服务平台。产业用地区位、规模等将每季度在平台上予以公布，企业可通过平台充分了解产业用地供应计划，提交用地申请，改变以往需向不同部门提出申请的局面；政府可通过平台收集企业空间需求，保障土地供应的公开透明，实现政企信息共享。（2）鼓励原农村集体经济组织继受单位符合规划的工业用地进入市场流通。在符合规划的前提下，分别明确了合法的与尚未完善征（转）地补偿手续的两类工业用地入市交易收益分配。同时，为调动继受单位的积极性，对于申请纳入全市统一的产业用地市场的合法留用地，给予免收《深圳市原农村集体经济组织非农建设用地和征地返还用地土地使用权交易若干规定》（198 号令）中规定的 10%的公告基准地价优惠。

《深圳市创新型产业用房管理办法（试行）》对创新型产业用房的规划计划、筹集建设、准入配置、调剂退出等管理过程进行了规范。（1）提出了创新型产业用房筹集建设的六种渠道：企业通过招拍挂方式取得建设用地使用权建设、政府直接投资建设、政府租赁或购买符合条件的工业厂房、在城市更新项目中按一定比例配建、在符合城市规划原则下利用单位自有用地建设、其他符合政策规定的渠道。（2）按“租售并举”和“有进有退”的原则供应。（3）管理实行“按行业分类”，市财政投资建设、购买的创新型产业用房，产权由政府相关部门或市投融资平台持有，相关产业主管部门为管理主体，负责分配及后续管理，企业在申请租赁和购买时，可按照所属行业向相关产业主管部门申请。（4）租售价格实行政府基准价，由发展改革、产业、规划国土部门根据开发成本、税金、利润、土地市场评估价、基准地价、产业导向等因素确定，原则上为同片区同档次产业用房市场评估价的 50~70%，体现政策性产业用房的扶持导向，支持成长型企业、中小企业发展。

《深圳市工业楼宇转让管理办法（试行）》在（深府〔2008〕213 号）基础上，针对原有规定分割转让范围较窄、交易方式过于单一、抵押融资受限、配套设施使用受限等问题，进行了修订完善。主要体现在：（1）调整了适用范围，除高新区、“两规”处理的工业楼宇外，均纳入此次调整范围。（2）扩大了分割转让范围。（3）增加和明确了受让人资格、再转让限制及政府在特定情况下的优先购买权等内容。（4）提供了更灵活的转让方式，允许符合规定的工业楼宇可自行交易。（5）明确了配套设施可分割转让方式。（6）放宽了工业楼宇登记的基本单元，明确工业楼宇可以栋、层、间为单位办理房地产权证。（7）规定了转让时的地价补缴标准。（8）明确了转让增值收益按比例上缴等。旨在促进深圳工业楼宇交易活跃，盘活存量空间，约束投机行为。

《关于加快发展产业配套住房的实施意见（试行）》对产业配套住房的申请条件、房源筹集、房屋形式、配套建设、管理体制、流转机制、供应方式、入住制度、试行时间做出了规定，形成了体系完整的政策框架。主要体现在：（1）覆盖范围为企业所有职工，突破了户籍、人才限制。（2）多元化房源筹集，可通过政府建设、政府征收、租赁、收购或没收违建等方式提供、配建、社区存量开发、开发商建设等多种途径。（3）多样化供应，有集体宿舍、单身宿舍、人才公寓、探亲周转房、单元式住房等不同类型。（4）内部循环产权模式，优先本单位职工，剩余部分向邻近单位出租，产权依附用地，不可分割转让。（5）以租为主，在质量、品位上倡导低碳环保、公共配套。

《深圳市宗地地价测算规则（试行）》配合配套发布的 2013 年基准地价标准，规范深圳宗地地价测算工作。通过实施差别化的地价标准，体现了对新兴业态的鼓励和对部分产业的限制。主要体现在：（1）对符合深圳市产业发展导向的总部经济、战略性新兴产业、现代服务业、高新技术产业、先进制造业和优势传统产业的研发及总部，给予地价优惠支持。（2）对容积率较高的新建产业项目，给予地价优惠鼓励。（3）对落后产能企业和产业项目，采取提高土地资源使用成本等限制政策，逐步转移、淘汰。地价修正系数最低 0.5，最高 2.0，最大差距达 4 倍。

《深圳市贯彻执行〈闲置土地处置办法〉的实施意见（试行）》是针对《闲置土地处置办法》（国土资源部 53 号令）制订的符合深圳实际的实施办法，内容主要包括闲置土地的认定、处置的职责和权限、政府原因造成闲置的情形、闲置土地处置方式、土地闲置费的征收标准、征收对象及追缴、闲置土地的预防和监管、关于新旧处置办法的衔接等。主要亮点是：（1）提高了处置效率，由主管部门审批，报市政府备案。（2）细化了处置方式，规定了适用范围、征收标准、程序等。（3）强化了预防监管，实行批、供、用、查全过程动态监管。

第六节 地价指数

一、指数编制说明

（一）编制对象

深圳市综合地价指数、深圳市住宅用地地价指数、深圳市商业用地地价指数、深圳市工业用地地价指数；罗湖区、福田区、南山区、盐田区的居住、商业、工业用地的地价指数。

（二）指数基期

以 2000 年 12 月 31 日为基期，各类用地类型的指数其基期均设为 100。

（三）指数编制的数据来源

国土资源部部署的深圳市城市地价动态监测项目始于 2007 年，深圳市 2007 年以后（含 2007 年）的地价指数编制的数据来源于该项目；2007 年以前的数据来自深圳市规划和国土资源委员会发布的深圳市地价指数。

（四）指数编制办法

由于编制指数所采用的数据分别来自城市地价动态监测和深圳市地价指数，二者的地价水平值的内涵虽然不同，但均能正确反映深圳市土地价格的变化趋势。通过适当的数据处理手段，将两个时期的地价水平值调整为连续可比，并以此计算各期的地价指数。

表 4-7　深圳市历年地价动态监测的土地评估价值指数

年度 类型	2000	2001	2002	2003	2004	2005	2006	2007	2008	2009	2010	2011	2012			
	4季	4季	4季	4季	4季	4季	4季	4季	4季	4季	4季	4季	1季	2季	3季	4季
综合	100.00	101.05	101.13	103.02	103.83	104.88	137.13	305.65	208.82	278.07	343.43	408.46	398.58	404.32	416.43	424.59
住宅	100.00	101.58	101.70	104.23	105.06	106.15	145.79	268.99	204.62	279.64	300.08	338.34	338.04	337.40	352.94	359.78
商业	100.00	99.31	99.09	99.59	100.17	100.96	116.59	329.40	213.36	282.05	418.66	533.71	505.36	524.20	529.06	536.92
工业	100.00	99.47	100.74	102.34	104.15	106.06	126.49	269.79	158.19	167.13	199.04	207.87	208.8	209.55	216.31	228.76

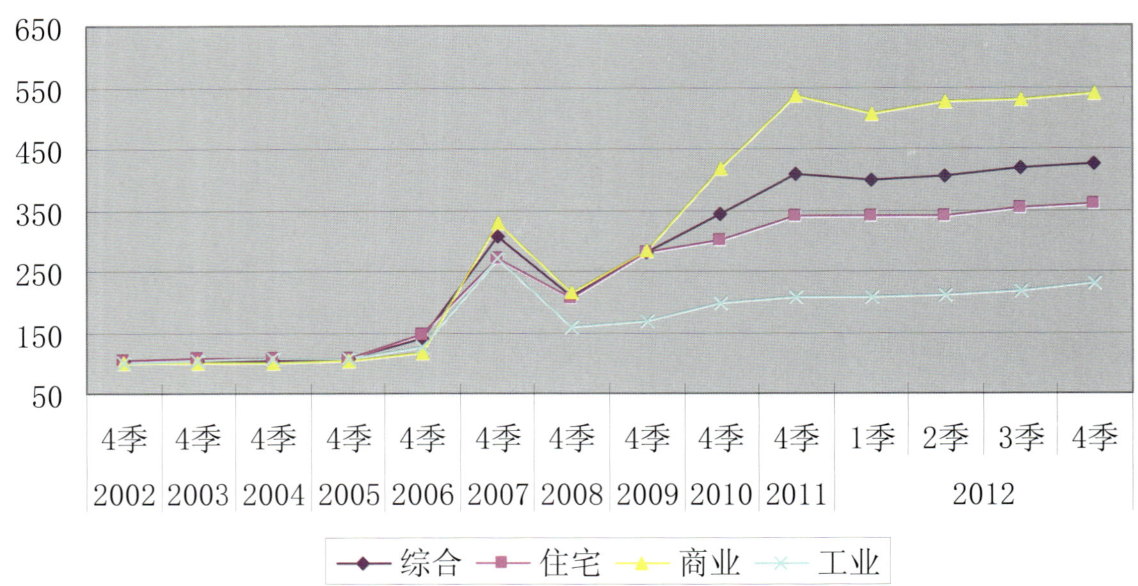

图 4-1　深圳市历年地价动态监测的土地评估价值指数示意图

表 4-8　深圳经济特区历年居住用地地价动态监测的土地评估价值指数

年度 区域	2000	2001	2002	2003	2004	2005	2006	2007	2008	2009	2010	2011	2012
	4季	4季	4季	4季	4季	4季	4季	4季	4季	4季	4季	4季	4季
罗湖区	100.00	100.89	99.76	103.59	104.26	104.63	133.66	214.59	198.84	221.75	266.78	233.94	240.33
福田区	100.00	99.60	100.00	102.24	103.03	104.28	147.96	279.69	260.21	344.72	335.67	358.36	395.24
南山区	100.00	104.29	105.57	106.45	107.54	109.21	156.04	417.29	245.77	378.07	413.70	515.78	549.82
盐田区	100.00	105.71	106.42	114.70	116.24	118.38	128.44	242.20	218.52	422.47	445.55	425.33	447.06

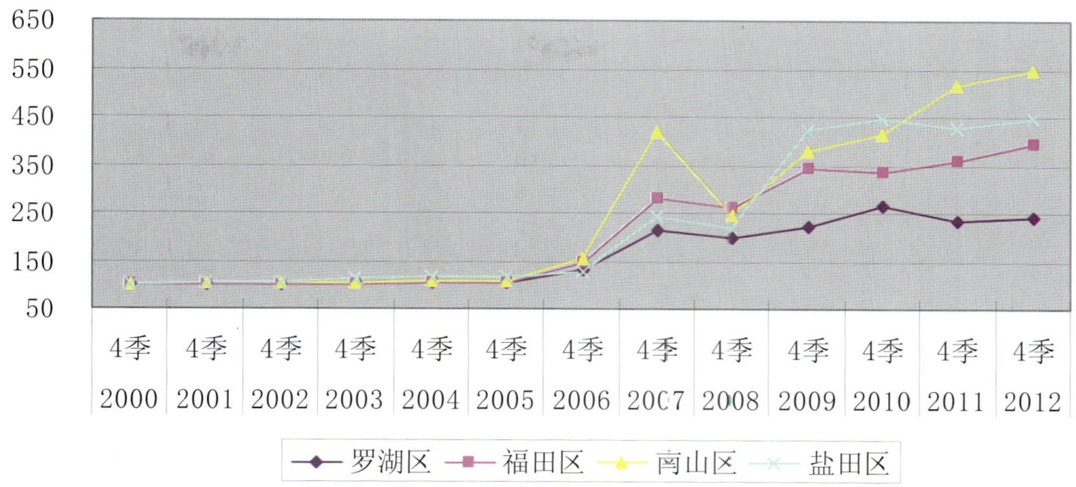

图 4-2 深圳经济特区历年居住用地动态监测的土地评估价值指数示意图

表 4-9 深圳经济特区历年商业用地地价动态监测的土地评估价值指数

年度 / 区域	2000	2001	2002	2003	2004	2005	2006	2007	2008	2009	2010	2011	2012
	4 季	4 季	4 季	4 季	4 季	4 季	4 季	4 季	4 季	4 季	4 季	4 季	4 季
罗湖区	100.00	99.41	98.82	99.45	99.49	99.95	101.54	254.47	221.37	220.72	243.85	231.45	229.51
福田区	100.00	98.73	97.92	96.47	96.87	97.40	114.64	354.06	247.78	318.90	486.82	662.00	679.15
南山区	100.00	99.93	99.71	100.03	100.94	101.80	116.09	381.57	246.37	390.31	641.24	857.70	831.63
盐田区	100.00	99.05	99.33	99.16	99.78	100.11	101.18	239.11	211.84	197.54	216.32	215.37	230.94

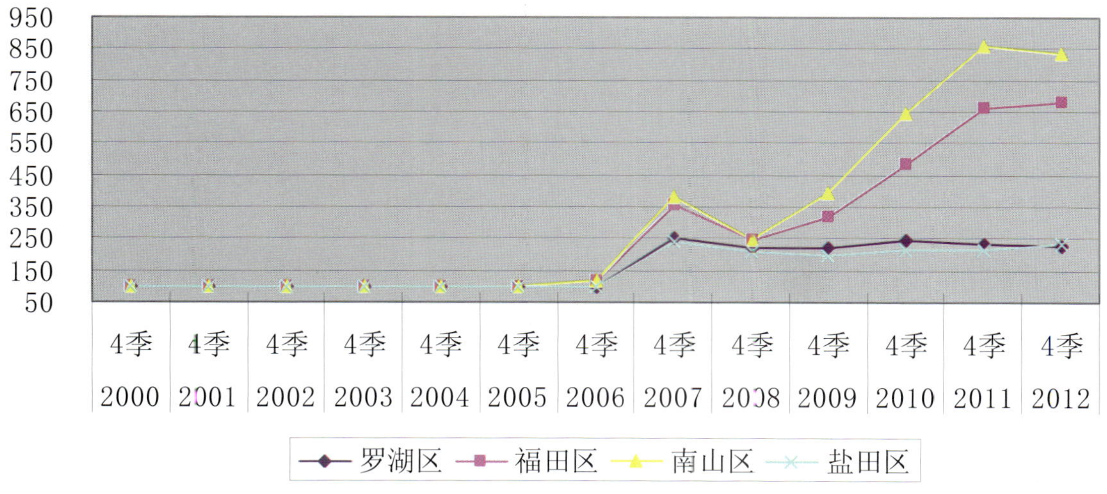

图 4-3 深圳经济特区历年商业用地动态监测的土地评估价值指数示意图

表 4-10　深圳经济特区历年工业用地地价动态监测的土地评估价值指数

年度/区域	2000	2001	2002	2003	2004	2005	2006	2007	2008	2009	2010	2011	2012
	4季	4季	4季	4季	4季	4季	4季	4季	4季	4季	4季	4季	4季
罗湖区	100.00	101.52	102.60	104.33	106.71	108.66	119.69	164.23	154.97	143.47	153.71	143.75	158.66
福田区	100.00	100.38	102.47	104.17	105.22	107.11	140.78	327.28	182.44	181.69	224.33	309.82	333.86
南山区	100.00	99.54	99.94	101.22	103.54	105.22	117.42	442.21	157.83	153.65	188.60	197.49	230.69
盐田区	100.00	105.82	106.06	107.24	110.80	115.06	123.59	183.06	162.41	165.02	181.07	165.64	189.91

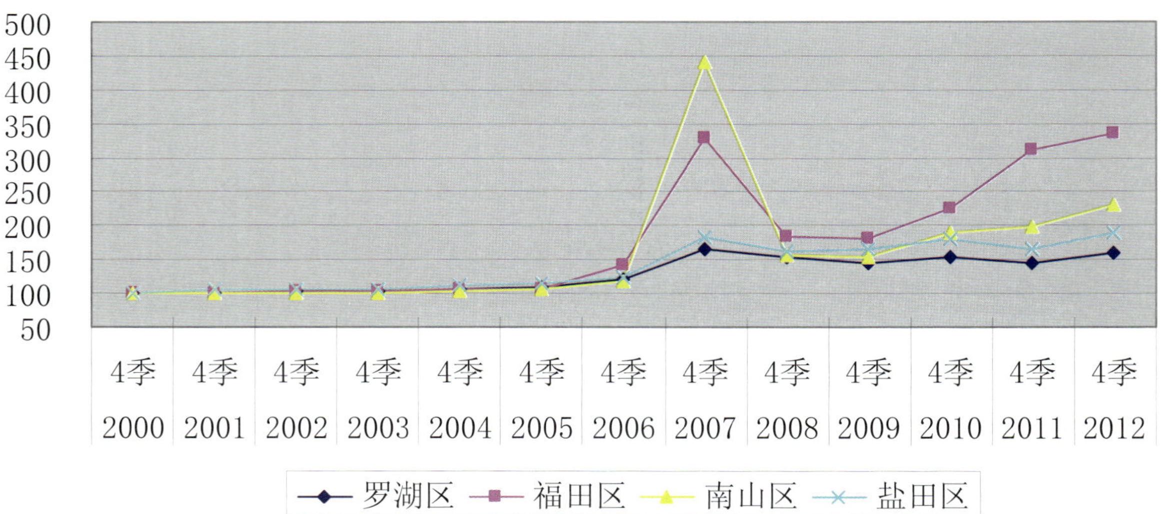

图 4-4　深圳经济特区历年工业用地动态监测的土地评估价值指数示意图

第五章 房地产开发

第一节 房地产开发投资

一、完成投资情况

2012 年，深圳市共完成房地产开发投资736.84 亿元，同比增加 34.8%。从用途结构来看，住宅完成投资 474.60 亿元，同比增加20.7%。其中，90 平方米以下住宅投资 264.57 亿元，同比增加 25.2%；办公楼投资 26.99 亿元，同比减少 33.4%；商业用房投资 90.11 亿元，同比增加 27.5%；其他用房投资 145.13 亿元，同比增加 69.5%。从投资计划来看，2012 年，全市房地产计划总投资 3375.10 亿元，同比增加10.61%；实际完成房地产开发投资额为 736.84 亿元，占年度计划总投资的 17.4%，同比增加3.6 个百分点。

总体而言，2012 年全市的房地产开发投资呈现以下特点：一是全市房地产开发投资仍以住宅为主，住宅所占份额为 64%，低于上年2.2 个百分点。90 平方米以下住宅投资额所占比例与上年基本持平；二是办公楼投资占比较上年有所回落，所占份额为 3.7%，较上年下降 3.2 个百分点；三是商业用房和其他类商品房份额则有所上扬。商业用房所占份额 12.2%，较上年微幅增长，其他类用房包括工业厂房、仓储、研发等物业投资所占份额为 19.7%，较去年增长 5.2 个百分点。全年实际完成房地产开发投资额占年度计划总投资比例，同比小幅增长。

表 5-1　深圳市历年房地产开发完成投资构成（按房屋用途分）

单位：亿元

年　份	本　年 完成投资	其　　中					
		住　宅	普通住宅	别墅、高档住宅	办公楼	商业用房	其　他
1996	124.83						
1997	136.65	85.50			18.18	14.78	18.19
1998	181.01	117.15			16.45	16.82	30.59
1999	261.45	184.25			19.34	21.34	36.52
2000	271.02	193.96			11.61	23.97	41.48
2001	322.85	220.34			9.25	27.30	65.96
2002	410.36	282.81			16.61	36.99	73.95
2003	449.05	308.76			19.20	49.60	71.49
2004*	434.24	255.84	251.36	4.48	24.51	57.44	96.46
2005	423.69	265.53	229.57	35.96	28.04	53.07	77.04
2006	462.09	325.05	252.30	72.75	30.63	67.39	39.02
2007	461.05	331.73	276.25	55.48	30.08	53.53	45.71
2008	440.49	314.98	227.47	6.08	26.12	51.97	47.42
2009	437.46	289.78	284.29	5.49	35.34	53.22	59.12
2010	458.47	304.89	296.01	8.87	37.90	59.36	56.32
2011	590.21	393.35	381.22	12.13	40.55	70.68	85.63
2012	736.84	474.60	264.57	32.64	26.99	90.11	145.13

注：从 2005 年 12 月起，深圳市国土资源和房产管理局、深圳市统计局分别取消了原房地产统计系统，统一使用新的统计系统，致使 2005 年统计口径较以前年度发生变化。目前，已对 2004 年度的统计数据做了追溯调整，调整后的口径与 2005 年相同，2003 年及以前年度数据不作调整，下同。

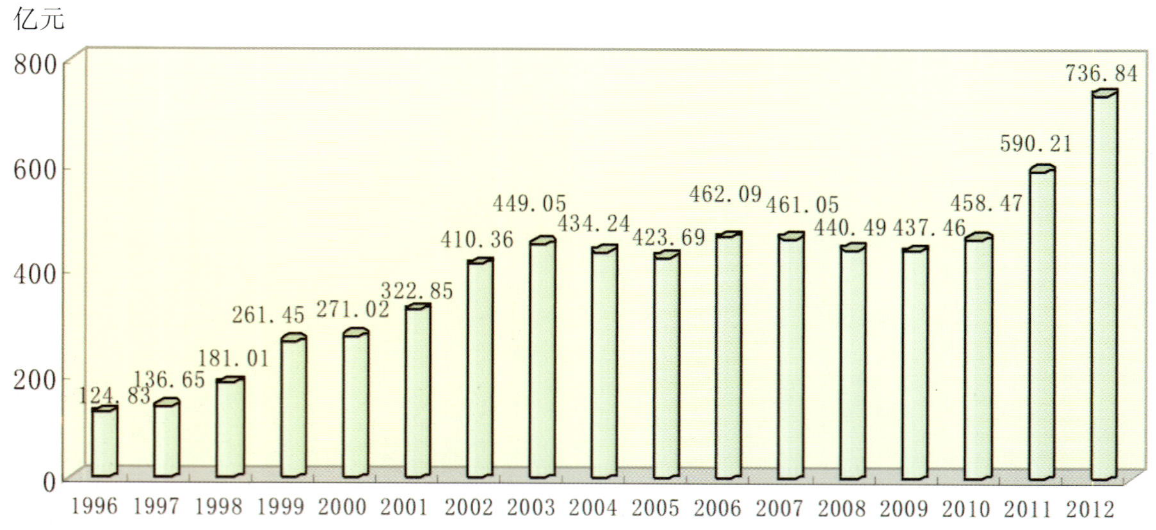

图 5-1　深圳市历年房地产开发完成投资示意图

表 5-2　深圳市历年房地产开发完成投资构成（按投资去向分）

单位：亿元

年　份	本　年 完成投资	其　　中				
		商品房建设投资	土地开发投资	土地购置费	旧建筑物购置费（2004年以前） 配套工程投资（2004年以后）	其　他
1985前	35.27	29.27	6.00		—	—
1986	9.71	8.04	1.67		—	—
1987	9.02	6.94	1.54		—	0.54
1988	6.80	5.58	1.22		—	—
1989	12.16	9.37	1.06		—	1.73
1990	11.12	9.39	1.73		—	—
1991	25.56	15.42	9.18		—	0.96
1992	71.49	33.83	35.14		—	2.52
1993	102.77	69.96	26.98		—	5.83
1994	130.46	90.17	30.17		—	10.12
1995	103.04	91.45	11.11		—	0.48
1996	124.82	99.26	9.26	5.72	—	10.58
1997	136.65	109.91	7.78	13.52	—	5.44
1998	181.02	125.40	18.68	34.10	—	2.84
1999	261.45	198.95	16.11	42.46	—	3.93
2000	271.02	196.54	25.24	47.57	—	1.67
2001	322.85	217.57	25.07	80.21	—	—
2002	411.12	304.00	26.25	72.42	1.02	7.43
2003	449.05	321.04	37.63	90.38	—	—
2004*	434.24	343.93	11.69	71.80	6.82	
2005	423.69	325.57	24.84	64.05	9.23	
2006	462.09	399.58	6.71	43.86	11.95	
2007	461.05	369.46	10.23	62.22	19.14	
2008	440.49	357.27	6.67	65.98	10.57	
2009	437.46	364.42	7.31	45.25	20.49	
2010	458.47	370.88	5.96	60.99	15.75	
2011	590.21	—	—	111.03	14.38	
2012	736.84	—	—	129.77	14.96	

注：自2011年1月起，国家统计局和深圳市统计局取消了对商品房建设投资、土地开发投资两项指标的统计。

二、开发资金来源

2012 年，全市商品房开发资金来源合计为 1577.11 亿元，同比增加 30.8%，其中：上年结余 386.15 亿元，同比增加 22.6%，占年度总资金来源的 24.5%；在新增资金中，国内贷款 302.88 亿元，同比增加 37.7%，占新增资金的 25.4%；本年度无利用外资；其他资金来源 414.84 亿元，同比减少 27.2%；自筹资金 473.24 亿元，同比增加 38.1%。

表 5-3　深圳市历年房地产开发资金来源构成

单位：亿元

开发资金 / 年份	合计	上年末结余资金	本年资金来源小计	国内贷款	银行贷款	非银行机构贷款	利用外资	国家预算内资金	自筹资金	自有资金	其他资金来源	集资（2005年以前）/ 个人按揭贷款（2005年以后）	定金及预收款
1991			39.11	6.43					12.42	12.42	20.26		11.33
1992			97.16	25.37					28.99	28.99	42.80		22.54
1993			175.06	39.05					49.14	49.14	86.87		66.01
1994			189.90	40.01					63.56	63.56	86.33		40.43
1995			194.13	31.43					34.94	34.94	127.76		33.77
1996			187.92	29.46					45.49	45.49	112.97		39.43
1997			207.66	30.91					61.19	61.19	115.56		47.28
1998	309.21	59.43	249.78	60.20			12.50		103.69	59.00	73.39	0.77	62.00
1999	391.66	62.22	329.44	85.56			13.91		95.94	56.59	134.03	4.90	107.45
2000	472.68	85.16	387.52	84.09			15.40		125.91	66.74	162.12	4.75	119.33
2001	638.43	127.16	511.27	129.04			9.99		177.42	94.40	194.82	3.33	153.79
2002	737.97	141.87	596.10	152.99			8.62	6.96	165.23	90.71	262.30	6.72	208.01
2003	715.15	125.45	589.70	163.32			5.23	5.92	163.90	100.32	251.32	9.85	210.79
2004*	842.35	179.00	663.35	149.33			7.03	—	197.98	120.34	309.00	2.06	254.21
2005	867.74	173.73	694.01	159.87	152.98	6.88	2.38	—	216.49	132.76	315.27	72.96	184.10
2006	1008.19	170.34	837.85	229.39	220.61	8.78	8.94	—	174.78	128.64	424.74	158.3	213.91
2007	1043.45	195.53	847.92	169.83	163.91	5.92	11.78	—	241.43	176.60	424.88	154.54	223.97
2008	1016.59	262.22	754.37	289.14	269.55	19.6	1.49	—	203.35	149.52	260.39	97.37	134.64
2009	1054.08	172.32	881.76	258.83	236.39	22.44	1.39	—	171.95	115.09	449.59	223.16	205.02
2010	1044.72	271.63	773.09	199.89	177.72	22.16	10.33	—	203.97	157.18	358.90	184.44	154.67
2011	1205.73	314.88	890.85	220.02	189.62	30.40	2.06	—	342.60	281.23	326.17	105.32	203.69
2012	1577.11	386.15	1190.97	302.88	283.07	19.82	—	—	473.24	242.45	414.84	169.20	227.26

注：按 2005 年新的统计口径，删除原“债券”项；原“国内贷款”项包含“银行贷款”和“非银行机构贷款”项，“其他”项包含“定金及预收款”和“集资”项，其中“集资”项改为“个人按揭贷款”项。

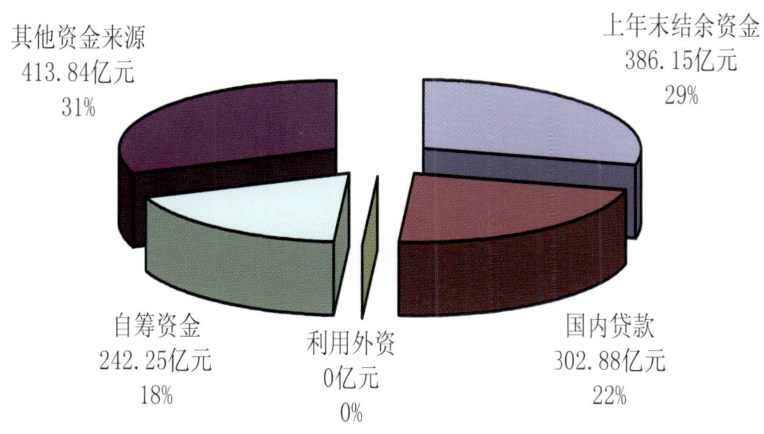

图 5-2 深圳市 2012 年房地产开发资金来源构成示意图（亿元）

第二节 商品房开发

一、施工情况

2012 年，全市商品房施工面积 3216.69 万平方米，同比增加 4.4%。按用途分，住宅 2107.59 万平方米，同比增加 0.9%；其中 90 平方米以下住宅 1223.29 万平方米，同比增加 3.4%；办公楼 156.93 万平方米，同比减少 19.3%；商业用房 339.25 万平方米，同比增加 4.3%；其他用房 612.92 万平方米，同比增加 29.6%。从区域分布看，罗湖区199.69 万平方米，同比减少 18.2%；福田区261.24 万平方米，同比减少 5.2%；南山区 369.77 万平方米，同比减少 8.7%；盐田区 151.13 万平方米，同比增加 3.3%；宝安区 948.14 万平方米，同比增加 1.5%；龙岗区 1286.72 万平方米，同比增加 19.4%。

2012 年，全市商品房新开工面积 905.24 万平方米，增长 44%。按用途分，住宅 561.89 万平方米，增加 34.6%，其中 90 平方米以下住宅 337.77 万平方米，增加 52.3%；办公楼 50.69 万平方米，增长 95.8%；商业用房 103.47 万平方米，增长 60.5%；其他用房 189.18 万平方米，增长 56.8%。

表 5-4　深圳市历年商品房施工及新开工面积（按用途分）

单位：万平方米

面积 年份	施工面积	新开工	其中							
			住宅	新开工	办公楼	新开工	商业用房	新开工	其他	新开工
1985 前	1091.95		711.19		121.38		148.51		110.87	
1986	503.65		327.37		51.37		58.49		66.42	
1987	331.12		201.23		33.77		45.03		51.09	
1988	345.93		193.17		45.28		57.05		50.41	
1989	392.33		201.29		55.00		63.35		72.69	
1990	304.62		192.15		31.07		41.43		39.97	
1991	467.82		279.00		47.72		73.62		67.48	
1992	950.06		601.10		101.91		139.21		107.84	
1993	1396.44		909.51		152.43		199.92		134.58	
1994	1298.82		868.86		132.75		176.36		120.85	
1995	1371.06		844.20		214.51		187.71		124.64	
1996	1495.27	337.43	940.61	233.99	238.93		193.68		122.05	
1997	1454.17	386.35	966.18	300.60	181.76		185.17		121.05	
1998	1646.38	490.17	1218.86	393.52	130.58	17.86	180.07	39.46	116.87	39.33
1999	2142.88	745.15	1629.11	620.05	140.44	13.44	245.46	56.49	127.87	55.17
2000	2182.66	737.56	1661.57	577.62	111.56	26.05	230.30	68.83	179.23	65.06
2001	2462.75	884.86	1916.02	712.40	97.26	22.88	240.43	69.52	209.04	80.06
2002	2672.46	944.54	2100.82	730.94	100.54	44.13	251.47	104.85	219.63	64.62
2003	2737.48	957.62	2053.24	715.42	136.82	25.96	291.97	102.43	255.46	113.80
2004*	3120.25	1025.55	2257.68	766.91	147.78	25.32	379.15	123.24	335.64	110.09
2005	3058.90	1054.19	2152.58	753.90	155.67	39.90	370.34	127.15	380.31	133.25
2006	3122.09	798.12	2157.39	609.46	171.88	19.91	385.71	69.98	407.11	98.77
2007	3160.94	876.40	2185.53	621.91	189.65	40.06	337.42	72.94	448.34	141.49
2008	3276.30	752.60	2210.36	471.80	201.55	46.61	346.45	84.90	517.94	149.28
2009	3112.36	489.18	2087.47	328.04	189.09	29.82	328.27	60.70	507.53	70.63
2010	2939.94	470.96	2025.14	355.17	182.36	15.26	298.62	38.69	433.82	61.85
2011	3082.46	628.47	2089.87	417.49	194.57	25.89	325.14	64.46	472.88	120.63
2012	3216.69	905.24	2107.59	561.89	156.93	50.69	339.25	103.47	612.92	189.18

二、竣工情况

2012 年，全市商品房竣工面积 425.75 万平方米，同比增加 24%。

按用途分，住宅 289.40 万平方米，同比增加 17%，其中 90 平米以下 200.40 万平方米，同比增加 36.6%；办公楼 12.30 万平方米，同比减少 41.4%；商业用房 39.75 万平方米，同比增加 9.3%；其他用房 84.31 万平方米，同比增加 117.8%。

从区域分布看，罗湖区 8.28 万平方米，同比减少 88.1%；福田区 50.32 万平方米，同比增加 97.5%；南山区 73.97 万平方米，同比增加 221.7%；盐田区 6.41 万平方米，同比减少 62.1%；宝安区 151.25 万平方米，同比增加 149.6%；龙岗区 135.52 万平方米，同比减少 8.5%。

表 5-9　深圳市历年商品房竣工面积（按用途分）

单位：万平方米

年 份	竣工面积	其中			
		住 宅	办公楼	商业用房	其 他
1985 前	434.91	238.71	54.38	54.82	87.00
1986	181.27	97.37	24.19	12.57	47.14
1987	134.37	84.80	10.96	4.28	34.33
1988	103.90	62.33	5.19	7.27	29.11
1989	180.29	109.11	9.01	12.62	49.55
1990	133.41	84.40	8.67	12.34	28.00
1991	150.44	91.22	7.93	11.21	40.08
1992	198.40	130.90	9.20	14.70	43.60
1993	281.46	196.75	11.51	21.32	51.88
1994	311.10	206.50	10.01	39.90	54.69
1995	311.55	216.38	34.24	36.98	23.95
1996	394.32	250.51	42.50	48.58	52.73
1997	327.04	243.19	34.22	29.57	20.06
1998	441.97	353.29	24.86	39.79	24.03
1999	571.46	467.36	20.03	59.16	24.91
2000	652.26	551.59	13.54	49.01	38.12
2001	770.58	621.91	24.06	68.65	55.96
2002	915.30	763.64	13.16	65.70	72.80
2003	994.52	778.34	46.08	88.66	81.44
2004*	1012.39	772.20	35.66	105.54	99.00
2005	945.78	704.44	18.70	96.67	125.97
2006	848.89	581.87	36.83	126.63	103.56
2007	630.46	434.70	32.38	73.74	89.64
2008	629.73	443.77	27.55	59.79	98.62
2009	402.01	269.54	25.05	32.20	75.22
2010	344.43	251.11	32.05	25.27	36.00
2011	343.36	247.29	20.97	36.39	38.71
2012	425.75	289.40	12.30	39.75	84.31

表 5-10　深圳市历年商品房竣工面积（按区域分）

单位：万平方米

年　份	竣工面积	其　　中					
		罗湖区	福田区	南山区	盐田区	宝安区	龙岗区
1996	394.32	118.29	130.13	82.81	—	31.54	31.55
1997	327.04	81.31	109.89	68.72	—	30.75	36.37
1998	441.97	96.18	114.30	83.48	6.89	62.93	78.19
1999	571.46	108.78	158.01	107.54	12.57	75.17	109.39
2000	652.26	117.03	209.42	112.43	6.45	94.59	112.34
2001	770.58	113.04	270.78	171.80	4.15	82.00	128.81
2002	915.30	179.76	199.15	261.14	20.64	125.41	129.20
2003	994.52	130.51	275.03	264.51	14.16	161.53	148.77
2004*	1012.39	105.71	263.55	341.72	21.06	172.83	107.52
2005	945.78	149.96	203.91	157.39	37.16	213.11	184.24
2006	848.89	91.89	176.36	159.17	27.36	228.39	165.71
2007	630.46	15.02	109.78	125.57	25.78	243.53	110.78
2008	629.73	58.10	32.20	214.30	8.10	179.03	138.00
2009	402.01	0.57	58.69	93.58	26.98	100.63	121.56
2010	344.43	0.24	20.12	70.61	9.85	120.97	122.64
2011	343.36	69.34	25.48	22.99	16.90	60.60	148.05
2012	425.75	8.28	50.32	73.97	6.41	151.25	135.52

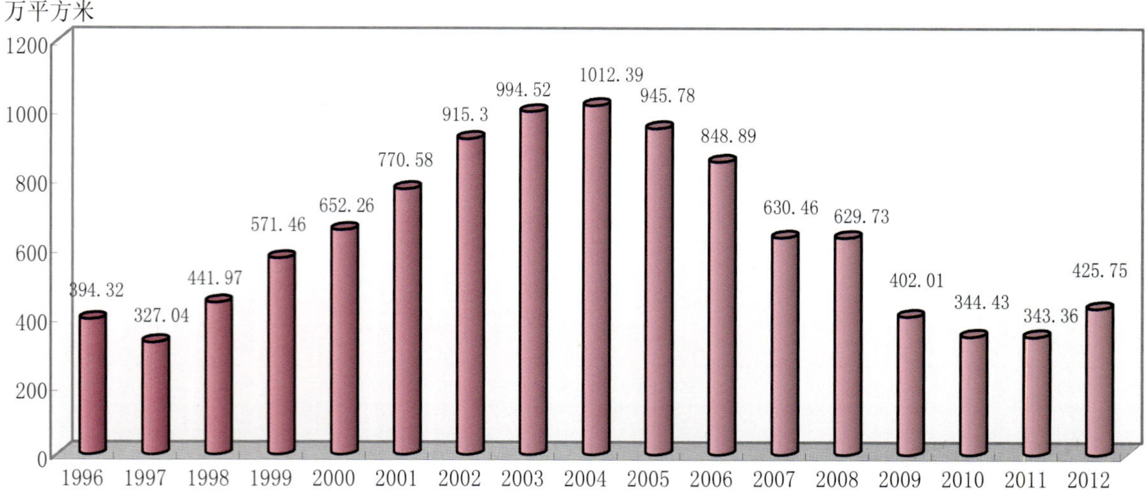

图 5-7　深圳市历年商品房竣工面积示意图

表 5-11 深圳市历年商品住宅竣工面积（按区域分）

单位：万平方米

年 份	竣工面积	其 中					
		罗湖区	福田区	南山区	盐田区	宝安区	龙岗区
1996	250.51	70.18	70.54	59.80	—	26.44	23.55
1997	243.19	51.59	83.56	55.52	—	23.33	29.19
1998	353.29	61.74	96.47	69.53	3.25	53.92	68.38
1999	467.36	83.17	120.98	95.03	5.85	66.52	95.81
2000	551.59	102.27	175.02	90.83	5.55	82.66	95.26
2001	621.91	90.65	208.59	137.61	3.39	70.56	111.11
2002	763.64	156.59	170.49	202.54	18.97	101.34	113.71
2003	778.34	91.36	212.78	219.75	12.11	125.88	116.45
2004*	772.20	92.29	174.00	276.80	16.82	124.06	88.22
2005	704.44	91.43	156.66	124.72	31.95	159.97	139.70
2006	581.87	52.86	93.92	106.94	18.52	170.58	139.04
2007	434.70	10.90	53.34	87.83	14.20	180.82	87.60
2008	443.77	41.30	17.00	126.30	7.13	150.03	102.01
2009	269.54	0.00	26.41	58.75	9.91	87.17	87.30
2010	251.11	0.24	4.05	47.05	9.35	98.34	92.07
2011	247.29	55.84	2.52	15.10	10.56	49.21	114.06
2012	289.40	4.44	14.07	50.16	5.96	118.33	96.44

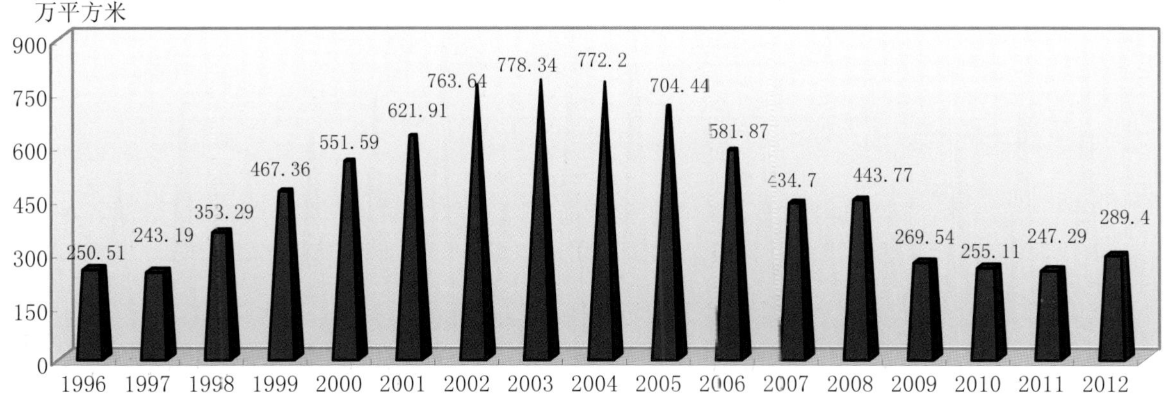

图 5-8 深圳市历年商品住宅竣工面积示意图

表 5-12　深圳市历年办公楼竣工面积（按区域分）

单位：万平方米

年　份	竣工面积	其　　中					
		罗湖区	福田区	南山区	盐田区	宝安区	龙岗区
1996	42.50	19.88	12.28	9.99	—	0.25	—
1997	34.22	18.00	12.51	2.77	—	0.45	0.49
1998	24.86	11.44	5.15	7.54	0.15	—	0.58
1999	20.03	5.79	11.67	0.67	0.86	0.59	0.45
2000	13.54	0.53	6.90	2.79	0.29	0.38	2.65
2001	24.06	5.52	8.18	10.00	—	0.31	0.05
2002	13.16	1.21	5.14	6.01	—	0.80	—
2003	46.08	16.42	23.15	4.62	—	1.89	—
2004*	35.66	0.15	30.18	4.57	—	0.24	0.52
2005	18.71	10.83	4.09	3.49	0.07	—	0.23
2006	36.83	7.85	24.73	3.60	0.37	0.29	—
2007	32.38	0.75	16.26	12.13	—	3.23	—
2008	27.55	—	7.76	16.13	—	0.94	2.72
2009	25.05	—	15.37	6.18	2.60	0.90	—
2010	32.05	—	9.90	8.17	—	3.97	10.01
2011	20.97	—	16.35	4.62	—	—	—
2012	12.30	—	7.90	1.42	0.29	2.69	—

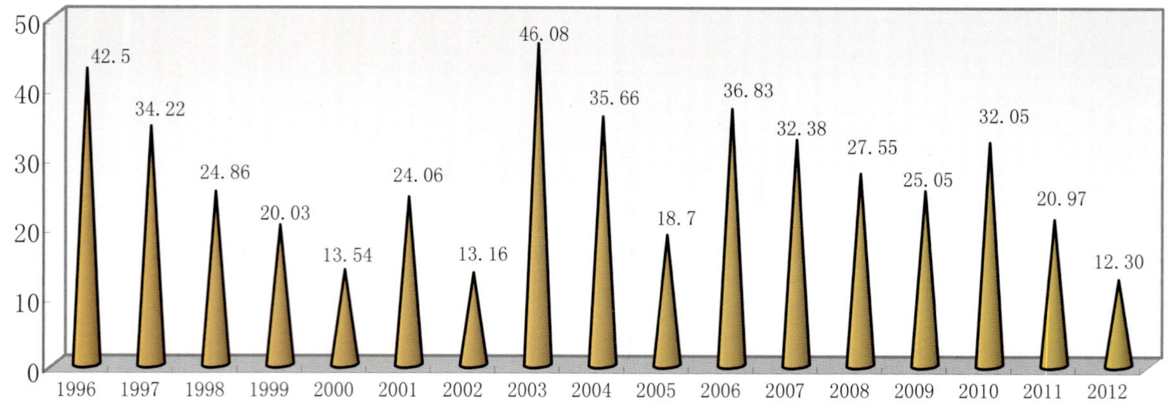

图 5-9　深圳市历年办公楼竣工面积示意图

表 5-13 深圳市历年商业用房竣工面积（按区域分）

单位：万平方米

年 份	竣工面积	其 中					
		罗湖区	福田区	南山区	盐田区	宝安区	龙岗区
1996	48.58	14.74	21.06	4.31	—	4.06	4.41
1997	29.57	7.66	8.18	6.68	—	4.30	2.75
1998	39.79	13.70	6.51	2.87	—	8.89	7.82
1999	59.16	12.27	15.79	7.32	5.72	6.48	11.57
2000	49.01	8.68	12.86	9.90	0.26	8.08	9.23
2001	68.65	11.90	21.45	14.13	0.49	8.12	12.56
2002	65.70	11.87	10.85	20.16	1.22	11.88	9.72
2003	88.66	13.53	13.98	12.96	1.52	24.22	22.44
2004*	105.54	7.25	21.35	32.05	1.95	31.58	11.36
2005	96.67	27.33	17.37	13.26	1.69	11.26	25.76
2006	126.63	21.74	32.00	25.15	5.65	27.82	14.27
2007	73.74	1.20	15.25	19.56	8.88	16.66	12.18
2008	59.79	2.79	1.30	35.49	0.57	10.47	9.17
2009	32.2	0.57	1.05	8.45	9.38	5.21	7.56
2010	25.27	—	0.38	9.50	0.51	7.41	7.47
2011	36.39	7.92	1.17	0.21	4.01	3.33	19.75
2012	39.75	2.80	7.08	4.30	0.15	11.71	13.71

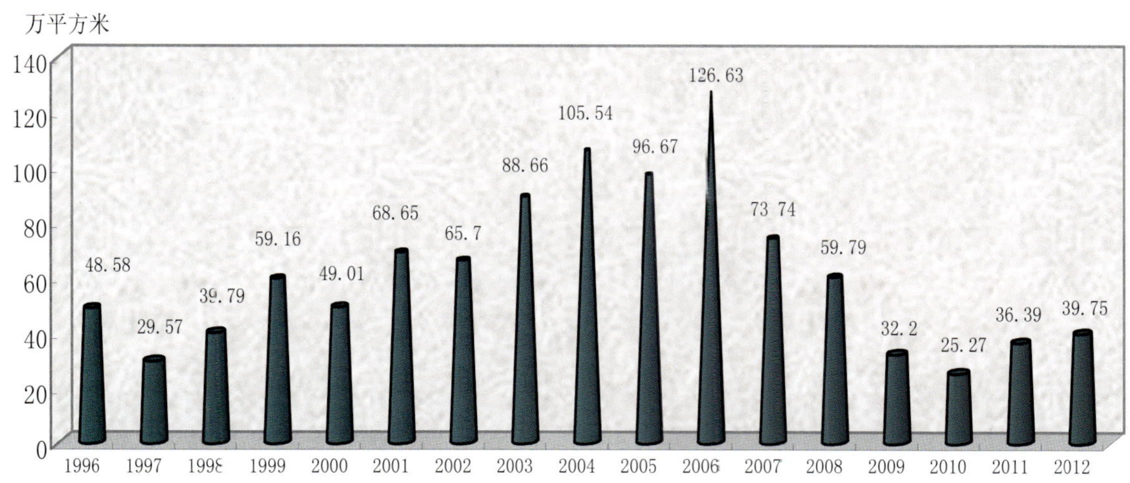

图 5-10 深圳市历年商业用房竣工面积示意图

第三节　保障性住房建设与管理

2012 年，深圳市已基本形成“分层次、多渠道、广覆盖”的具有深圳特色的住房保障新体系。具体情况如下：

一、创新住房保障政策体系。深圳市保障性住房分配与管理，坚持制度先行。经过几年努力，保障性住房政策法规逐步健全，建立了以《深圳市保障性住房条例》为核心，以《深圳市住房保障制度改革创新纲要》《深圳市人才安居暂行办法》以及《深圳市安居型商品房建设和管理暂行办法》等为主要配套文件的政策体系，明确了住房保障顶层设计，对保障性住房的规划、计划、资金、房源、价格、准入、退出和监管等内容加以规范，为住房保障工作提供有力支持。

二、实现户籍低收入家庭应保尽保。近五年来，深圳市先后进行了两次保障性住房分配，采取实物配置和货币补贴的方式，共 18000 多户特困家庭和低收入家庭提供了住房保障，基本解决了 2007 年底以前取得本市户籍的低收入家庭住房困难，实现应保尽保。

2012 年，深圳市通过发放货币补贴、租售保障性住房和棚户区改造等方式，保障中、低收入家庭 1.41 万户 2.41 万人。其中，廉租住房保障 0.17 万户 0.43 万人，公共租赁住房保障 1.07 万户 1.46 万人，经济适用住房保障 0.08 万户 0.22 万人，限价商品房住房保障 0.08 万户 0.25 万人，各类棚户区改造 0.01 万户 0.05 万人。

三、推出首批安居型商品房（双限房）项目。2012 年，深圳市先后推出长城“里程家园”双限房项目、富通“永福苑”和中海“阅景花园”两个安居型商品房项目，共 3905 套。在提倡诚信申报的基础上，分别采取抽签和排序的方式进行，试点了企业销售、企业和政府合作销售两种配售模式，引入了诚信申报和充分公示机制，售房过程透明，确保了保障房分配的公开、公平、公正，社会反响良好。

四、创新住房保障管理。第二次保障性住房申请受理审核工作中，召开了 70 场行政处罚听证会，共有 261 名弄虚作假的申请人受到行政处罚。2012 年以来，市住建局又先后开展了保障性住房专项执法检查、76 套经济适用房的“收房”行动、依法纠正和查处桃源村“麻将房”事件、立案调查李志华和张量发涉嫌骗购和转让经济适用房案件等工作，在保障性住房租售管理及维护公平、公正方面取得了显著成效。

第四节　开发成本

深圳市建设工程造价管理站自 2006 年 6 月起，以该月各类建设工程单位工程造价为基期（基期指数定为 100）按月发布新的造价指数。同时，以 1993 年 12 月为基期的造价指数终止发布。

表 5-14 深圳市建设工程 2006 年 6 月基期造价

类别	项目	基期指数	平均成本（元/平方米）	样本成本区间（元/平方米）
建安工程	多层住宅	100	1282	860～1620
	高层住宅	100	1961	1568～2553
	多层写字楼	100	1900	1210～2280
	高层写字楼	100	2488	1990～3100
	工业建筑	100	1175	940～1411
	公共建筑	100	1451	866～1914
市政工程	给水管道工程	100	1861	1428～2190
	排水管道工程	100	1737	1319～2024
	道路工程（沥青混凝土路面）	100	6030	5567～6796
	道路工程（混凝土路面）	100	6233	5789～7076
	高架桥工程	100	60330	54290～66380

表 5-15 深圳市 2012 年建筑工程造价指数

类别	建安工程						市政工程				
项目	多层住宅	高层住宅	多层写字楼	高层写字楼	工业建筑	公共建筑	给水管道工程	排水管道工程	道路工程（沥青混凝土路面）	道路工程（混凝土路面）	高架桥工程
月份＼基数	2006 年 6 月为 100										
1	140.63	138.07	132.54	130.40	135.94	136.62	123.47	145.73	154.95	139.38	134.52
2	140.06	137.24	132.02	129.88	135.16	136.06	123.45	145.62	154.80	139.34	133.29
3	139.91	136.92	131.74	129.62	134.84	135.74	123.46	145.72	154.81	139.33	132.95
4	140.25	137.27	132.09	129.84	133.26	135.66	123.47	146.00	154.96	139.44	133.49
5	139.24	136.09	131.24	129.06	132.31	134.74	123.05	146.00	154.22	138.93	132.06
6	144.45	140.63	135.33	132.94	136.63	139.25	125.15	152.37	160.99	145.61	133.04
7	144.06	140.21	135.01	132.74	137.99	139.23	123.94	152.37	160.71	145.42	134.64
8	143.36	139.29	134.22	132.07	137.12	138.42	121.82	152.39	160.25	145.16	133.61
9	143.04	138.74	133.81	131.68	136.54	138.01	120.77	152.38	160.20	145.13	132.71
10	144.46	140.33	134.93	132.74	137.90	139.28	122.27	152.58	160.32	145.37	134.03
11	143.63	139.32	134.31	132.14	137.12	138.45	122.98	152.64	160.17	145.34	133.33
12	143.12	138.44	133.66	131.55	136.33	137.80	122.62	152.59	160.09	145.32	132.14

表 5-16 深圳市 2012 年建安和市政工程材料费指数

类别	建安工程	市政工程
月份 \ 基数	2006 年 6 月为 100	
1	116.42	118.35
2	115.49	117.22
3	115.07	116.96
4	115.18	117.55
5	113.80	116.02
6	113.29	113.45
7	113.11	114.52
8	111.94	113.08
9	111.27	112.08
10	113.16	113.63
11	112.04	113.16
12	111.00	112.02

表 5-17　深圳市 2012 年建设成本费用占总投资比率

单位：%

序号	费用项目	内　容　说　明	多层住宅	高层住宅
一	施工前期费	如果是有偿使用政府已开发好的土地，可在计入地价的同时扣除下列 1、2 项费用。	**14.31**	**13.30**
1	征地及拆迁补偿费	征地费和红线内需要拆迁的原有各种建筑物、构筑物、青苗、树木、鱼塘、养殖场等的补偿和拆迁。	7.28	5.97
2	土地平整及临时设施费	按设计需要挖、填的土石方工程费、场地平整费(如有挡土墙的应算在内)，临时道路、临时供水、供电设施(含临时发电机发电、打井抽水等)以及建设单位发生的设施费用。	2.21	1.96
3	勘查设计费	进行工程水文、地质勘查和红线坐标测量、定点、埋设桩界等发生的各项费用；土地开发工程、建设安装工程及区内配套工程的设计、审图费用。	3.15	3.82
4	其他规费	包括安检、监理、咨询等费用。	1.67	1.55
二	建筑安装费	指单位项目的土建、安装工程费用。	**70.51**	**67.89**
1	桩基础工程费	包括沉管灌注桩、冲孔桩、钻孔桩、挖孔桩、钢板、管桩等（如是天然基础则并入主体工程费，此项不存在）。	5.83	5.81
2	土建工程费	包括结构工程和室内外装修工程，如天然基础、混凝土及钢筋混凝土工程、砖石工程、楼地面工程、屋面工程、装饰工程、钢结构工程、门窗工程及其他零星工程等，外加脚手架搭设费用。 关于二次设计 、二次装修的工程费用，若由开发企业负责，费用计算在内；若由业主自行装修，费用不能算入。	55.32	50.48
3	安装工程费	主要指水、电、煤气、空调、消防、电梯等设备购置及其安装的工程费用，通讯部分目前只包括电话线的埋管，其余由深大电话公司负责；水电安装应包括洁具、厨具和公用天线的费用，室外线管计至建筑物 2 米以内；水包括供水、排水、污水；消防包括烟感、温感、喷淋等。	9.36	11.60
三	区内配套工程费	指小区内的配套工程。	**7.88**	**9.89**
1	区内道路工程	指区内小道（非市政道路），多数为混凝土路面，宽度在 10 米以内，包括路灯等设施。	1.67	1.84
2	区内给排水工程	指建筑物 2 米以外的区内供水管道、阀门及井、消防栓，如有水泵房、储水池亦应包括在内，建筑物 2 米以外的区内污水、排水管道、污水井、雨水井、化粪池、排水沟、渠（明渠、暗渠）等。	1.33	1.51
3	区内供电工程	包括变、配电所的设备、材料及安装费用、土建工程、辅助工程费用，供电部分的电线、电缆、变压器、开关、电缆沟等。	1.34	1.53
4	区内园林绿化费	包括区内绿化场地的花草、树木各项费用。	1.61	1.76
5	区内公共设施费	区内设置公共娱乐设施所支付的费用，如环廊、街心公园、凉亭、游泳池、篮球场、网球场、羽毛球场、停车场。	1.93	3.25
四	管理费、利息	—	**7.29**	**8.91**
1	管理费	开发、建设过程中的管理费用。	2.56	2.54
2	利息	未收预售款的按施工前期费、建筑安装工程费、区内配套工程费之和计息。工期包括施工前期的时间。	4.73	6.37

表 5-18　深圳市近年各类建筑工程成本费用增加值

项目		增加值				
		2008 年	2009 年	2010 年	2011 年	2012 年
1．桩基础	多层建筑	55～65	55～66	55～66	55～66	55～66
	高层建筑	90～120	90～120	90～120	90～120	90～120
2．基础土方（运距 5 公里内）		12～18	12～18	12～18	12～18	12～18
3．一般水电安装	住宅	106～128	106～128	106～128	106～128	106～128
	厂房	70～80	70～80	70～80	70～80	70～80
	高层建筑	220～265	220～265	220～265	220～265	220～265
4．电梯	商品住宅	150～180	150～180	150～180	150～180	150～180
	手扶梯	200	200	200	200	200
5．空调（元/冷吨）		9500～12000	8000～11000	8000～11000	8000～11000	8000～11000
6．消防		60～80	60～80	60～80	60～80	60～80
7．通讯		10～20	10～20	10～20	10～20	10～20
8．室外配套		110～150	110～150	110～150	110～150	110～150
9．煤气管道		10～20	10～20	10～20	10～20	10～20
10．玻璃幕墙（明框）		450～800	450～800	450～800	450～800	450～800
11．玻璃幕墙（隐框）		1000～1300	900～1300	900～1300	900～1300	900～1300
12．对讲机系统		15～25	15～25	15～25	15～25	15～25
13．电视天线		4～8	4～8	4～8	4～8	4～8
14．勘察、设计费用		50～80	50～80	50～80	50～80	50～80

第六章 房地产二级市场

第一节 市场管理

一、市场监管

2012 年，深圳市继续完善房地产二级市场管理。积极开展房地产市场“三打两建”工作，加强市场巡查和整治的力度，进一步规范房地产市场秩序。

一是继续坚持完善房地产限购、限贷政策。2012 年，全市严密监控限购政策在执行过程中的漏洞，如提供虚假社保缴纳证明、纳税证明、婚姻状况证明、身份证明、户籍证明等骗取购房资格。继续开展针对部分中介机构及其工作人员涉嫌伪造申请材料的市场巡查和秩序整顿；继续开展房地产权登记一线工作人员的严格执行限购政策的教育工作；全市社保部门建立了个人参保信息核验平台，为房产登记部门开通了个人社保缴纳情况查询平台，并统一了全市社保证明格式；积极协调公安、民政、税务等部门，就户籍证明、婚姻状况和纳税凭证等材料的查验问题进行协调。

二是依托“三打两建”开展常规巡查和整顿，加强房地产市场秩序管理。为全面贯彻落实国家关于房地产市场调控有关政策，推进房地产市场“三打两建”工作，根据深规土[2012]232 号文，市规划和国土资源委员会印发了《关于开展房地产市场‘三打两建”专项行动工作实施方案》（深规土[2012]360 号），对全市市房地产开发企业、经纪机构、估价机构及其从业人员开展“三打两建”专项行动，重点包括：开发企业非法预售、发布虚假广告、合同欺诈等；经纪机构未取得《备案证书》的从事经纪业务，未取得《房地产经纪人资格证》的人员从事经纪业务等行为；

估价行业在审计、评估、清算过程存在的弄虚作假、欺诈等违法违规行为等。

此次市场巡查采取企业自查和各管理机构重点巡查和抽查，共检查经纪机构及其分支机构320间，检查在售、在建项目及开发企业63个（次），对存在违法违规行为的房地产开发企业、经纪机构、估价机构发放责令整改通知49份，针对在售项目赠送面积等问题，约谈了7家开发企业，调处群众信访案件3宗。还重点对6月份发现问题的已送达《责令整改通知书》的经纪机构及分支机构、在售项目及开发企业进行跟踪复查。

三是继续定期召开房地产市场监测和调控例会。为及时掌握市场运行态势和做好政策储备，2012年，全市继续召开每周一次的房地产市场监测和调控工作例会，加强房地产市场监测的频率与密度。2012年，对于3月份市场回暖和中介关铺、二季度价格上涨、下半年调整预售审批进度和控制高价盘入市等重点问题进行了专项讨论和工作部署。

四是积极调整楼盘预售审批的节奏，确保房价水平稳定。为了合理引导市场预期，全市在9月份以后加强新盘预售申请的审批管理，控制预售申请的节奏，调整预售申请的结构，控制高价楼盘入市对于全市房价的拉动和对房价上涨预期的影响。在预售管理政策的作用下，2012年9~11月，全市房价连续三个月下降，全年房价同比回落。

深圳市贯彻执行国家房地产宏观调控政策的各项措施取得显著成效，2012年8月国务院督查组监察我市房地产调控政策落实情况后，给予高度肯定。此后，住建部在全国房地产市场监测分析工作座谈会上在此对全市房地产市场调控、控制房价过快上涨和限购政策执行方面的工作成绩。

二、商品房预售管理

2012年，全市商品房批准预售面积648.79万平方米，同比增加47.4%。其中，住宅502.81万平方米，同比增加32.2%；办公楼21.64万平方米，同比增加49.4%；商业用房94.39万平方米，同比增加108.13%。

从全市商品房批准预售的区域分布来看，罗湖区8.98万平方米，同比减少38.0%；福田区63.45万平方米，同比增加60.1%；南山区53.25万平方米，同比增加17.59倍；盐田区15.17万平方米，同比减少77.7%；宝安区237.57万平方米，同比增加53.4%；龙岗区270.3万平方米，同比增加68.5%。

（续表）

序号	预售许可证号	项目名称	开发企业	项目位置	批准预售面积	其中			
						住宅	办公楼	商业	其他
46	深房许字（2012）福田 008 号	东海国际中心（二期 B 区）	深圳市天麒房地产发展有限公司	福田区深南大道北侧（车公庙段）	191165.49	—	—	191165.50	—
47	深房许字（2012）福田 009 号	荣超大厦	亨德来实业发展（深圳）有限公司	福田区红荔路与金田路交汇处	40257.51	—	36308.31	3949.20	—
48	深房许字（2012）福田 010 号	英龙商务大厦	深圳市英龙置业有限公司	新洲路	44176.62	—	—	44176.62	—
49	深房许字（2012）福田 012 号	一冶广场	深圳一冶南方实业有限公司	福田区侨香路与广深高速公路交汇处	24637.96	—	22401.06	2236.90	—
50	深房许字（2012）龙岗 002 号	瑞泽佳园	深圳市粤宝实业发展有限公司	龙岗区横岗街道六约社区	43989.68	28788.74	—	15200.94	—
51	深房许字（2012）龙岗 003 号	卓弘高尔夫雅苑	深圳市卓弘房地产开发有限公司	龙岗区龙岗街道	75027.69	72236.36	—	2791.33	—
52	深房许字（2012）龙岗 004 号	海轩广场	深圳市海轩投资发展有限公司	龙岗区布吉街道	61946.82	56391.82	—	5555.00	—
53	深房许字（2012）龙岗 005 号	港信达横岗大厦	深圳市港信达投资发展有限公司	龙岗区横岗街道办	20643.28	—	—	20643.28	—
54	深房许字（2012）龙岗 006 号	熙和园	深圳市君成投资发展有限公司	龙岗区龙城街道	16875.11	15555.60	—	1319.51	—
55	深房许字（2012）龙岗 007 号	御峰园	深圳和记黄埔龙岗地产有限公司	龙岗区平湖街道	32949.02	32949.02	—	—	—
56	深房许字（2012）龙岗 008 号	振业城	深圳市振业（集团）股份有限公司	横岗街道六约村	86550.11	86030.72	—	519.39	—
57	深房许字（2012）龙岗 009 号	第五园（七期）	深圳市万科南城房地产有限公司	龙岗区坂田街道雅园路旁	24216.82	22077.72	—	2139.10	—
58	深房许字（2012）龙岗 010 号	龙岗天安数码创业园	深圳市龙岗天安数码新城有限公司	龙岗中心城	37465.37	—	—	—	37465.37
59	深房许字（2012）龙岗 011 号	首创八意府	深圳市尚模发展有限公司	龙岗区龙城街道	31566.94	31566.94	—	—	—
60	深房许字（2012）龙岗 012 号	天颂雅苑	深圳中海地产有限公司	龙岗区横岗街道	5588.11	—	—	5588.11	—
61	深房许字（2012）龙岗 013 号	百合山水别苑	深圳市五联百合房地产开发有限公司	龙岗区龙城街道五联社区	19031.22	19031.22	—	—	—

（续表）

序号	预售许可证号	项目名称	开发企业	项目位置	批准预售面积	其中			
						住宅	办公楼	商业	其他
62	深房许字（2012）龙岗 014 号	百合山水别苑	深圳市五联百合房地产开发有限公司	龙岗区龙城街道五联社区	48584.77	47760.28	—	824.49	—
63	深房许字（2012）龙岗 015 号	阳基新天地家园	深圳市阳基房地产开发有限公司 深圳市吉厦股份合作公司	龙岗区布吉街道	31855.35	29384.07	—	2471.28	—
64	深房许字（2012）龙岗 016 号	龙岗天安数码创业园	深圳市龙岗天安数码新城有限公司	龙岗中心城	37798.03	—	—	—	37798.03
65	深房许字（2012）龙岗 017 号	阅景花园	深圳中海地产有限公司	龙岗区南湾街道	191277.06	189786.70	—	1490.35	—
66	深房许字（2012）龙岗 018 号	旭源瑞景轩	深圳市世纪旭源投资发展有限公司	龙岗区龙岗街道	26297.03	26297.03	—	—	—
67	深房许字（2012）龙岗 019 号	广业成学府道花园	深圳市广业成投资发展有限公司	中心城 11 小区	25135.99	25135.99	—	—	—
68	深房许字（2012）龙岗 020 号	天颂雅苑	深圳中海地产有限公司	龙岗区横岗街道	5151.03	—	—	5151.03	—
69	深房许字（2012）龙岗 021 号	第五园（七期）	深圳市万科南城房地产有限公司	龙岗区坂田街道雅园路旁	43473.26	43473.26	—	—	—
70	深房许字（2012）龙岗 022 号	金地名峰	深圳市金地宝城房地产开发有限公司	龙岗区龙岗镇	37609.29	35702.10	—	1907.19	—
71	深房许字（2012）龙岗 023 号	文峰华庭	深圳市南岭华业投资有限公司	龙岗区南湾街道	38703.72	38703.72	—	—	—
72	深房许字（2012）龙岗 024 号	荣超英隆大厦	深圳市荣超英隆房地产开发有限公司	龙岗区龙城街道	39216.17	—	25354.35	13861.82	—
73	深房许字（2012）龙岗 025 号	横岗花半里雅筑	深圳市赐福贸易有限公司	龙岗区横岗街道	14624.72	13566.91	—	1057.81	—
74	深房许字（2012）龙岗 026 号	国香尚居	深圳市五联上寮房地产开发有限公司	龙岗区龙岗街道	36205.01	36205.01	—	—	—
75	深房许字（2012）龙岗 027 号	御峰园	深圳和记黄埔龙岗地产有限公司	龙岗区平湖街道	63355.56	63355.56	—	—	—
76	深房许字（2012）龙岗 028 号	锦冠华庭	深圳市深冠华投资发展有限公司	龙岗区平湖街道	4480.67	4480.67	—	—	—
77	深房许字（2012）龙岗 029 号	非凡空间阁	深圳市泰业投资有限公司	龙岗区中心城	16033.77	14492.16	—	1541.61	—

（续表）

序号	预售许可证号	项目名称	开发企业	项目位置	批准预售面积	其中			
						住宅	办公楼	商业	其他
78	深房许字（2012）龙岗 030 号	满京华喜悦里华庭	深圳市满京华投资集团有限公司	龙岗区龙岗街道	57391.09	57391.09	—	—	—
79	深房许字（2012）龙岗 031 号	阅景花园	深圳中海地产有限公司	龙岗区南湾街道	7142.69	—	—	7142.69	—
80	深房许字（2012）龙岗 032 号	融湖世纪花园	深圳市鼎宏投资发展有限公司	龙岗区平湖街道	201637.71	201637.70	—	—	—
81	深房许字（2012）龙岗 033 号	全盛御景湾花园	深圳市维百盛房地产开发有限公司	龙岗区龙城街道	63321.86	50691.11	—	12630.75	—
82	深房许字（2012）龙岗 034 号	佳兆业新都汇家园	深圳市正昌泰投资咨询有限公司	龙岗区布吉街道	85574.44	75886.77	—	9687.67	—
83	深房许字（2012）龙岗 035 号	荷康花园	深圳市荷康城房地产开发有限公司	龙岗区横岗街道	82211.63	82211.63	—	—	—
84	深房许字（2012）龙岗 036 号	公园里花园二期	深圳市聚龙湾投资发展有限公司	龙岗区南湾街道樟树布社区	91924.15	86757.42	—	5166.73	—
85	深房许字（2012）龙岗 037 号	御峰园	深圳和记黄埔龙岗地产有限公司	龙岗区平湖街道	35550.48	35550.48	—	—	—
86	深房许字（2012）龙岗 038 号	卓弘高尔夫雅苑	深圳市卓弘房地产开发有限公司	龙岗区龙岗街道	48069.40	44120.79	—	3948.61	—
87	深房许字（2012）龙岗 039 号	远洋新干线荣域花园	天基房地产开发（深圳）有限公司	龙岗区龙岗街道	82256.37	74354.98	—	7901.39	—
88	深房许字（2012）龙岗 040 号	文峰华庭	深圳市南岭华业投资有限公司	龙岗区南湾街道	47230.10	47230.10	—	—	—
89	深房许字（2012）龙岗 041 号	华南国际印刷纸品包装物流区(二期)	华南国际工业原料城（深圳）有限公司	龙岗区平湖街道	70688.32	—	—	—	70688.32
90	深房许字（2012）龙岗 042 号	和成世纪名园	深圳市金安业房地产开发有限公司	龙岗区坂田街道布龙路	62849.73	42648.67	17262.73	2938.33	—
91	深房许字（2012）龙岗 043 号	万科红立方大厦	深圳市万悦房地产开发有限公司	龙岗区布吉街道	53363.50	—	—	53363.50	—
92	深房许字（2012）龙岗 044 号	佳兆业中央广场一期	宝吉工艺品(深圳)有限公司	龙岗区坂田街道办	233107.44	227984.70	—	5122.77	—

（续表）

序号	预售许可证号	项目名称	开发企业	项目位置	批准预售面积	其中			
						住宅	办公楼	商业	其他
93	深房许字（2012）坪山 001 号	东晟时代花园	深业南方地产（集团）有限公司	坪山新区中山大道与锦龙大道交汇处	104668.72	86808.19	—	17860.53	—
94	深房许字（2012）坪山 002 号	万科金域缇香花园一期	深圳市万科城市风景房地产开发有限公司	坪山新区坪山办事处丹梓大道南	29264.20	29264.20	—	—	—
95	深房许字（2012）坪山 003 号	嘉宏湾花园二期	深圳市彭成地产有限公司	坪山新区丹梓大道南侧	21877.02	21671.76	—	205.26	—
96	深房许字（2012）坪山 004 号	嘉宏湾花园二期	深圳市彭成地产有限公司	坪山新区丹梓大道南侧	22365.95	22365.95	—	—	—
97	深房许字（2012）坪山 005 号	嘉宏湾花园二期	深圳市彭成地产有限公司	坪山新区丹梓大道南侧	3918.31	—	—	3918.31	—
98	深房许字（2012）坪山 006 号	万科金域缇香花园二期	深圳市万科城市风景房地产开发有限公司	坪山新区行政五路与丹梓西路交汇处	27930.54	25721.23	—	2209.31	—
99	深房许字（2012）坪山 007 号	万科金域缇香花园二期	深圳市万科城市风景房地产开发有限公司	坪山新区行政五路与丹梓西路交汇处	9921.33	9921.33	—	—	—
100	深房许字（2012）坪山 008 号	中粮一品澜山花园	中粮地产集团深圳房地产开发有限公司	坪山新区深汕高速出口与丹梓大道交汇处	101571.99	99264.18	—	2307.81	—
101	深房许字（2012）坪山 009 号	嘉宏湾花园二期	深圳市彭成地产有限公司	坪山新区丹梓大道南侧	26088.30	26088.30	—	—	—
102	深房许字（2012）坪山 010 号	万科金域缇香花园二期	深圳市万科城市风景房地产开发有限公司	坪山新区行政五路与丹梓西路交汇处	35015.13	33803.64	—	1211.49	—
103	深房许字（2012）坪山 011 号	中粮一品澜山花园	中粮地产集团深圳房地产开发有限公司	坪山新区深汕高速出口与丹梓大道交汇处	4691.75	—	—	4691.75	—
104	深房许字（2012）罗湖 001 号	合正荣悦府	深圳市教新实业有限公司	文锦中路东北侧	89813.55	89813.55	—	—	—
105	深房许字（2012）南山 001 号	海境界家园一期	深圳市蛇口湾厦实业股份有限公司	蛇口后海大道东侧	63757.48	63757.48	—	—	—
106	深房许字（2012）南山 002 号	雍景湾花园	深圳招商房地产有限公司	南山区爱榕路	39922.80	39922.80	—	—	—
107	深房许字（2012）南山 003 号	澳城花园	澳达实业发展（深圳）有限公司、深圳市蛇口海湾实业股份有限公司	后海大道以东	68897.55	62508.97	—	6388.58	—

表 6-8　深圳市历年商品房销售面积（按区域分）

单位：万平方米

年 份	销售面积	其 中					
		罗湖区	福田区	南山区	盐田区	宝安区	龙岗区
1996	324.92	99.68	98.36	55.32	—	25.99	45.47
1997	405.44	95.18	126.57	70.27	—	54.48	58.94
1998	432.22	90.89	135.99	75.68	7.69	54.63	67.34
1999	541.84	118.53	162.69	94.89	12.10	71.62	82.01
2000	611.37	86.13	200.59	125.39	7.57	78.65	113.04
2001	643.47	110.75	165.28	140.62	9.01	95.21	122.60
2002	791.70	129.45	206.81	182.60	9.67	127.22	135.95
2003	877.85	120.49	206.30	236.85	25.45	149.76	139.01
2004	908.62	83.90	164.74	285.04	17.32	186.40	171.22
2005	993.20	103.11	210.36	171.05	22.85	283.84	210.99
2006	797.65	54.19	124.47	131.46	18.64	258.76	210.12
2007	555.16	35.27	69.30	72.47	17.96	189.16	171.00
2008*	466.97	19.00	28.54	81.75	15.59	169.12	152.98
2009	874.18	45.46	69.72	190.53	20.20	263.34	284.93
2010	472.60	15.86	37.56	95.67	13.52	127.10	182.88
2011	408.11	8.86	27.23	56.05	14.71	120.49	180.77
2012	531.45	16.87	33.90	71.84	15.25	215.45	178.13

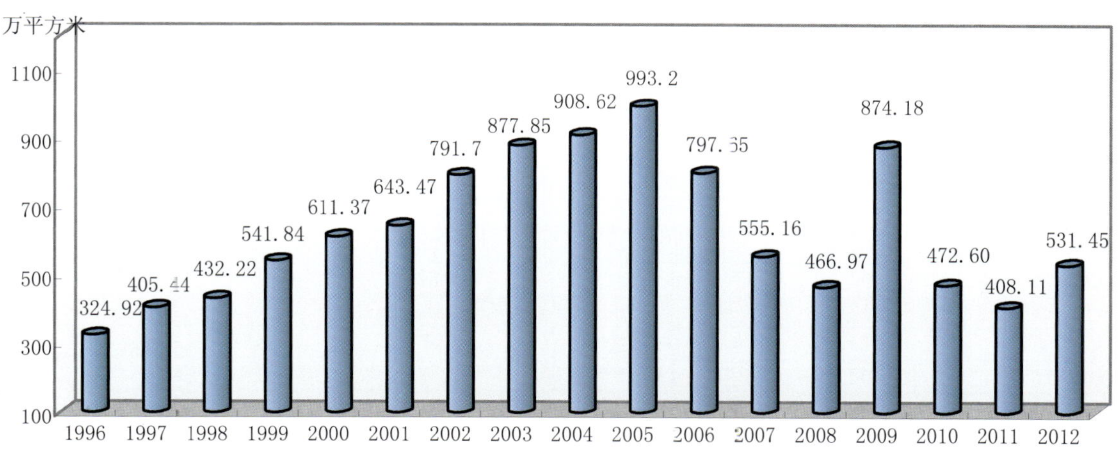

图 6-5　深圳市历年商品房销售面积示意图

表 6-9　深圳市历年商品房现楼销售面积（按用途分）

单位：万平方米

年　份	销售面积	其中			
		住　宅	办公楼	商业用房	其　他
1993 年及以前	1256.53	856.47	71.86	80.92	247.28
1994	150.29	108.21	3.93	10.21	27.94
1995	167.32	130.42	3.23	10.41	23.26
1996	186.46	150.65	21.90	9.53	4.38
1997	243.68	199.41	19.17	15.41	9.69
1998	265.34	228.30	11.31	11.25	14.48
1999	213.18	190.37	5.77	14.44	2.60
2000	236.66	205.57	5.18	17.31	8.60
2001	259.87	241.16	3.13	10.02	5.56
2002	308.10	276.74	9.24	20.64	1.48
2003	335.62	299.61	8.85	21.44	5.72
2004	359.52	312.39	12.95	26.94	7.24
2005	140.61	125.80	1.13	11.16	2.53
2006	195.82	182.12	0.31	12.88	0.51
2007	86.74	60.85	10.05	14.59	1.25
2008*	49.30	24.43	0.71	15.73	8.43
2009	161.62	133.20	2.75	19.36	6.30
2010	109.94	70.95	3.33	25.64	10.03
2011	102.35	61.82	4.03	24.54	11.96
2012	132.66	102.27	6.73	17.69	5.97

表 6-10　深圳市历年商品房楼花销售面积（按用途分）

单位：万平方米

年　份	销售面积	其中			
		住　宅	办公楼	商业用房	其　他
1994	96.64	75.07	9.36	6.93	5.28
1995	107.27	78.65	14.14	6.48	8.00
1996	138.46	110.48	10.43	11.70	5.85
1997	161.76	137.29	9.71	11.99	2.77
1998	166.88	144.08	10.75	8.60	3.45
1999	328.66	302.14	9.25	11.76	5.51
2000	374.71	351.25	7.01	9.01	7.44
2001	383.60	352.56	7.88	17.38	5.78
2002	483.60	447.67	8.70	25.72	1.51
2003	542.23	512.29	10.69	17.93	1.32
2004	549.10	500.58	13.18	26.72	8.62
2005	852.59	775.33	27.36	42.32	7.57
2006	601.83	523.78	37.96	33.08	7.01
2007	468.42	439.55	10.82	16.05	2.00
2008	417.67	389.26	4.88	17.90	5.63
2009	712.56	660.25	22.2	14.33	15.77
2010	362.66	313.15	18.34	15.34	15.84
2011	305.76	270.82	6.56	20.60	7.78
2012	398.79	360.53	5.59	24.02	8.66

表 6-14 深圳市历年商品住宅现楼销售面积（按区域分）

单位：万平方米

年份	销售面积	其中					
		罗湖区	福田区	南山区	盐田区	宝安区	龙岗区
1996	150.65	38.04	42.85	32.09	—	12.08	25.59
1997	199.41	46.59	60.74	41.39	—	25.77	24.92
1998	228.30	33.39	65.48	50.50	0.95	36.82	41.16
1999	190.37	31.98	55.66	39.39	1.26	36.77	25.31
2000	205.57	36.01	54.04	43.20	3.47	36.98	31.87
2001	241.16	33.51	69.15	63.12	1.58	41.41	32.39
2002	276.74	64.07	71.04	40.58	2.59	53.86	44.60
2003	299.61	44.95	67.40	76.40	10.12	40.46	60.29
2004	312.39	36.32	102.26	84.18	7.52	53.37	28.74
2005	125.8	22.10	49.78	18.47	6.31	5.72	23.41
2006	182.12	10.66	22.09	36.08	5.18	60.80	47.31
2007	60.85	9.45	6.56	21.30	1.13	8.78	13.64
2008*	24.43	6.04	3.67	7.14	0.78	3.99	2.81
2009	133.19	10.36	10.48	36.78	3.59	33.62	38.36
2010	70.95	2.42	6.17	19.28	5.70	18.49	18.88
2011	61.82	2.58	4.78	11.57	2.58	14.23	26.08
2012	102.27	7.57	4.63	21.63	6.71	23.46	38.27

表 6-15 深圳市历年商品住宅楼花销售面积（按区域分）

单位：万平方米

年份	销售面积	其中					
		罗湖区	福田区	南山区	盐田区	宝安区	龙岗区
1996	110.48	33.83	39.50	11.10	—	9.18	16.87
1997	137.29	24.64	46.01	20.24	—	17.54	28.86
1998	144.08	41.90	45.58	20.11	2.86	13.25	20.38
1999	302.14	77.59	91.88	49.20	5.09	27.48	50.90
2000	351.25	41.16	127.90	71.75	3.33	32.72	74.39
2001	352.56	64.34	86.29	72.08	6.39	45.34	78.12
2002	447.67	55.73	115.25	132.60	6.79	57.45	79.85
2003	512.29	66.13	119.19	146.20	14.17	102.07	64.53
2004	549.10	68.68	92.44	186.22	13.06	115.09	73.61
2005	775.33	85.26	144.65	136.29	18.47	233.85	156.81
2006	523.70	42.64	56.79	84.19	12.10	182.4	145.59
2007	439.55	21.92	42.67	42.53	16.42	167.62	148.38
2008	389.26	16.49	21.11	57.46	13.05	146.68	134.47
2009	660.25	33.90	32.23	140.26	19.62	210.47	223.77
2010	313.15	6.00	12.45	56.27	7.53	92.83	138.06
2011	270.82	3.08	8.83	32.95	10.32	90.29	125.36
2012	360.53	5.02	11.51	37.34	1.82	180.45	124.39

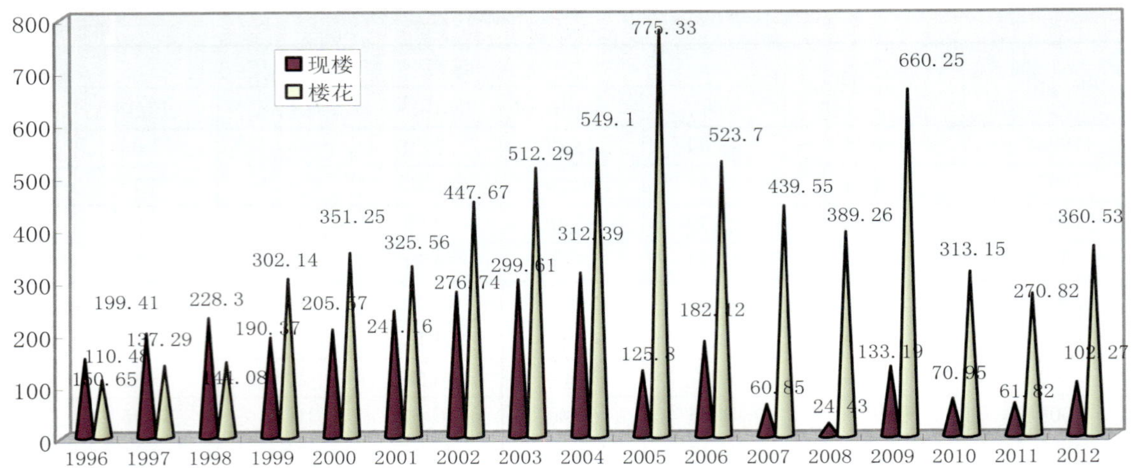

图 6-10 深圳市历年商品住宅现楼、楼花销售面积示意图

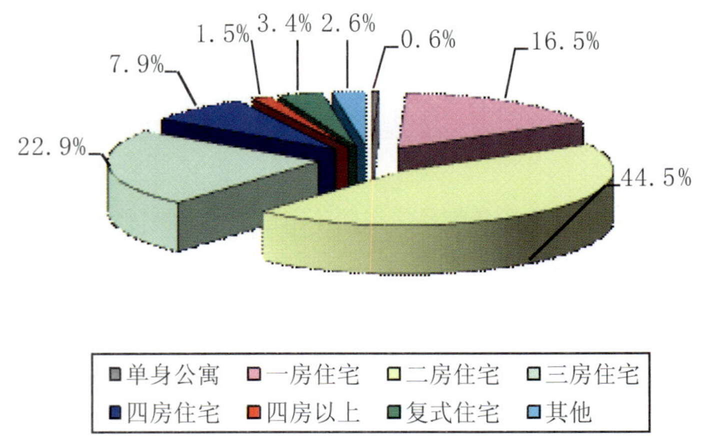

图 6-11 深圳市 2012 年已售楼花商品住宅户型构成示意图（按建筑面积）

表 6-16　深圳市历年商品住宅外销面积（按区域分）

单位：万平方米

年　份	销售面积	其　中					
		罗湖区	福田区	南山区	盐田区	宝安区	龙岗区
1996	16.76	8.56	5.63	1.71	—	0.21	0.65
1997	23.06	11.46	9.57	0.65	—	0.01	1.37
1998	28.95	8.99	4.49	2.11	0.96	6.08	6.32
1999	48.33	23.85	9.37	2.15	1.56	2.95	8.45
2000	58.48	11.45	24.57	5.51	1.33	4.47	11.15
2001	52.01	18.32	17.35	1.86	2.04	4.48	7.96
2002	52.90	21.12	19.59	4.02	1.11	0.97	6.09
2003	54.63	13.68	23.81	3.85	8.88	1.25	3.17
2004	41.07	7.13	14.59	7.61	3.54	4.29	3.91
2005	56.76	14.54	6.71	12.25	2.70	12.07	8.49
2006	44.50	6.12	7.52	8.17	0.53	11.97	10.19
2007	32.27	2.97	6.35	3.64	0.75	10.77	7.79
2008*	16.73	4.80	1.96	4.03	1.77	3.11	1.05
2009	39.36	6.18	3.27	9.81	2.06	8.72	9.32
2010	19.68	0.81	2.05	5.26	0.85	5.40	5.30
2011	14.76	0.68	1.33	2.23	1.06	3.51	5.95
2012	17.72	1.19	2.08	3.25	0.60	5.48	5.11

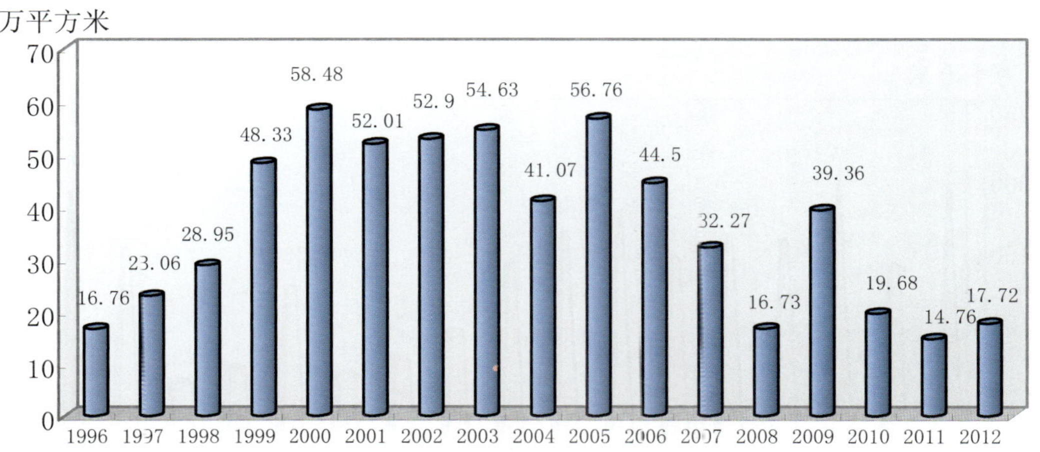

图 6-12　深圳市历年商品住宅外销面积示意图

表 6-17　深圳市历年商品住宅空置面积（按区域分）

单位：万平方米

年　份	空置面积	其中					
		罗湖区	福田区	南山区	盐田区	宝安区	龙岗区
1996	191.94	50.38	55.04	36.60	—	33.67	16.25
1997	137.34	31.22	22.39	43.28	—	25.27	15.18
1998	205.42	32.16	50.64	50.29	2.40	47.26	22.67
1999	154.77	29.17	27.88	38.86	2.17	28.02	28.67
2000	158.29	29.77	46.36	27.92	2.62	25.73	25.89
2001	143.41	38.50	30.56	20.61	2.83	29.58	21.33
2002	169.18	38.62	34.84	30.68	6.91	32.07	26.06
2003	161.02	29.30	54.17	29.89	6.35	28.74	12.57
2004	138.15	27.21	34.63	27.36	8.85	16.31	23.79
2005	90.24	20.20	17.95	9.71	6.77	24.97	10.64
2006	69.63	22.80	12.26	11.59	1.85	6.80	14.33
2007	59.22	11.41	7.26	14.17	0.48	7.00	18.90
2008	121.16	9.66	9.40	35.80	3.90	32.30	30.10
2009	63.60	9.08	16.23	14.87	0.58	13.05	9.79
2010	53.15	5.59	11.45	7.15	5.72	17.96	5.25
2011	148.54	7.7	16.57	6.24	9.62	66.84	41.57
2012	188.94	4.79	19.68	10.59	12.91	59.53	81.44

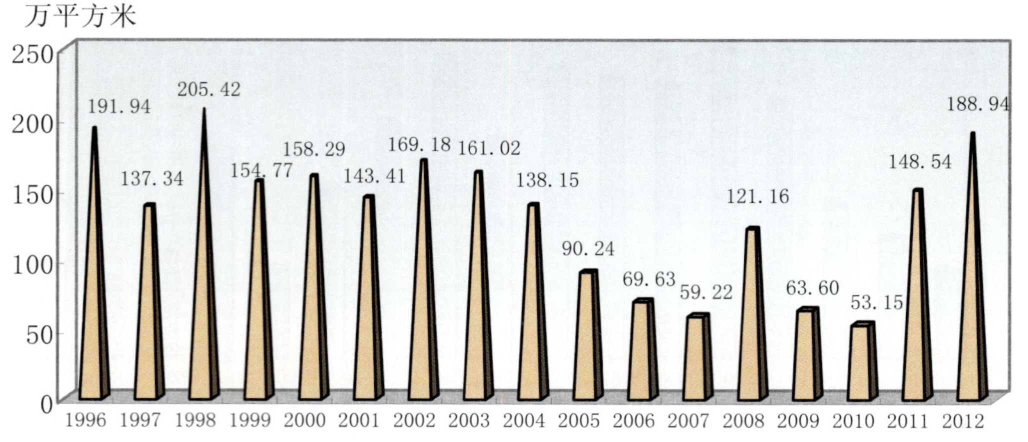

图 6-13　深圳市历年商品住宅空置面积示意图

三、办公楼

2012 年，全市办公楼销售面积 12.31 万平方米。其中，罗湖区 0.47 万平方米，福田区 6.34 万平方米，南山区 4.77 万平方米，盐田区 0.37 万平方米，宝安区 0.08 万平方米，龙岗区 0.29 万平方米。

2012 年，深圳办公楼空置 16.89 万平方米，比上年末增加 9.94 万平方米。从空置的区域分布看，罗湖区 3.21 万平方米，与去年持平；福田区 7.88 万平方米，增加 7.70 万平方米；南山区 0.43 万平方米，减少 1.37 万平方米；宝安区 1.11 万平方米，减少 0.50 万平方米；龙岗区 4.26 万平方米，增加 4.11 万平方米。

表 6-18　深圳市历年办公楼销售面积（按区域分）

单位：万平方米

年　份	销售面积	其		中			
		罗湖区	福田区	南山区	盐田区	宝安区	龙岗区
1996	32.33	14.35	8.80	9.18	—	—	—
1997	28.88	13.06	9.34	3.59	—	1.39	1.50
1998	22.06	7.60	12.11	0.94	0.31	0.00	1.10
1999	15.02	3.70	9.30	0.63	1.33	0.06	—
2000	12.19	3.95	6.15	1.50	0.05	0.13	0.41
2001	11.01	5.77	2.91	0.66	0.14	0.01	1.52
2002	17.94	3.39	12.63	1.37	0.29	0.02	0.24
2003	19.54	2.16	13.72	1.69	—	1.45	0.53
2004	26.90	—	23.11	3.56	—	0.0099	0.12
2005	28.49	0.0013	22.19	5.04	—	0.54	0.72
2006	38.27	0.06	32.32	5.64	—	—	0.25
2007	20.87	0.61	15.51	3.80	—	0.87	0.08
2008*	5.60	0.07	1.89	1.96	—	1.68	—
2009	25.01	0.02	17.20	3.21	—	4.17	0.41
2010	21.67	5.16	7.86	4.43	—	2.04	2.18
2011	10.59	0.65	5.79	2.76	—	1.03	0.36
2012	12.31	0.47	6.34	4.77	0.37	0.08	0.29

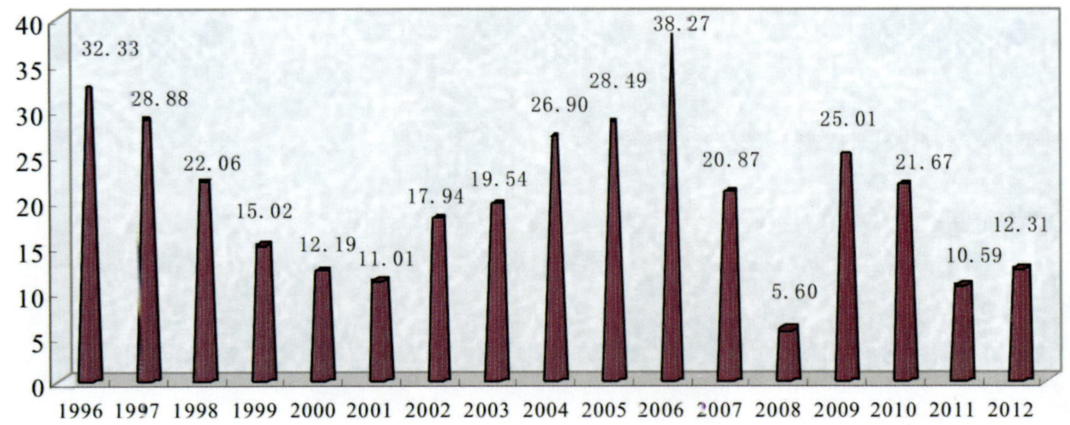

图 6-14　深圳市历年办公楼销售面积示意图

表 6-19　深圳市历年办公楼现楼销售面积（按区域分）

单位：万平方米

年　份	销售面积	其		中			
		罗湖区	福田区	南山区	盐田区	宝安区	龙岗区
1996	21.90	5.78	6.94	9.18	—	—	—
1997	19.17	4.57	9.04	2.67	—	1.39	1.50
1998	11.31	2.64	6.79	0.94	0.31	0.00	0.63
1999	5.77	1.11	2.64	0.63	1.33	0.06	0.00
2000	5.18	1.24	2.43	1.00	—	0.10	0.41
2001	3.13	0.67	1.57	0.19	0.14	0.01	0.55
2002	9.24	2.69	5.84	0.28	0.29	—	0.14
2003	8.85	2.16	5.36	0.30	—	1.03	—
2004	13.72	—	13.06	0.54	—	—	0.12
2005	1.13	—	0.95	—	—	—	0.18
2006	0.31	0.01	0.22	0.08	—	—	—
2007	10.05	0.15	9.51	0.39	—	—	—
2008*	0.71	0.07	0.33	0.31	—	—	—
2009	2.76	0.02	1.26	0.81	—	0.67	—
2010	3.33	1.02	0.88	1.01	—	0.42	—
2011	6.56	0.51	3.75	2.13	—	—	0.17
2012	6.73	0.47	4.66	1.23	—	0.08	0.29

表 6-20　深圳市历年办公楼楼花销售面积（按区域分）

单位：万平方米

年　份	销售面积	其　中					
		罗湖区	福田区	南山区	盐田区	宝安区	龙岗区
1996	10.43	8.57	1.86	—	—	—	—
1997	9.71	8.49	0.30	0.92	—	—	—
1998	10.75	4.96	5.32	—	—	—	0.47
1999	9.25	2.59	6.66	—	—	—	—
2000	7.01	2.71	3.72	0.50	0.05	0.03	—
2001	7.88	5.10	1.34	0.47	—	—	0.97
2002	8.70	0.70	6.79	1.09	—	0.02	0.10
2003	10.69	—	8.36	1.39	—	0.42	0.53
2004	13.18	—	10.05	3.12	—	0.01	—
2005	27.36	0.0013	21.24	5.04	—	0.54	0.54
2006	37.96	0.05	32.10	5.56	—	—	0.25
2007	10.82	0.46	6.00	3.41	—	0.87	0.08
2008	4.88	—	1.56	1.65	—	1.68	—
2009	22.25	—	15.94	2.4	—	3.5	0.41
2010	18.34	4.14	6.98	3.42	—	1.62	2.18
2011	4.03	0.14	2.04	0.63	—	1.03	0.19
2012	5.59	—	1.68	3.54	0.37	—	—

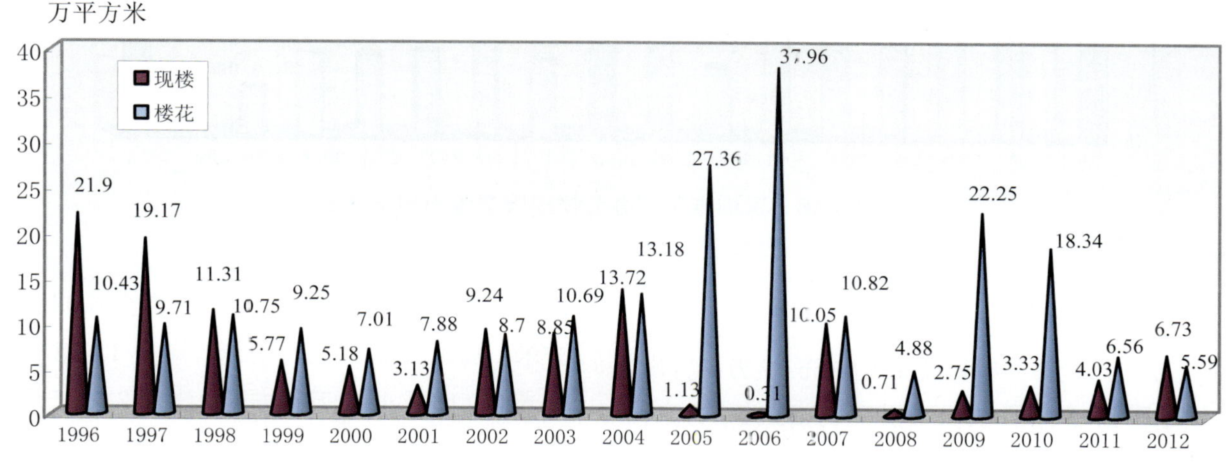

图 6-15　深圳市历年办公楼现楼、楼花销售面积示意图

表 6-21　深圳市历年办公楼现楼空置面积（按区域分）

单位：万平方米

年　份	空置面积	其　中					
		罗湖区	福田区	南山区	盐田区	宝安区	龙岗区
1996	40.31	28.49	3.96	6.09	—	1.77	—
1997	48.69	29.01	11.92	4.76	—	1.25	1.75
1998	49.26	26.86	12.15	9.65	0.49	0.06	0.05
1999	50.21	25.95	12.93	5.25	4.80	0.90	0.38
2000	33.69	18.48	10.01	1.83	0.35	0.33	2.69
2001	18.77	3.48	8.62	2.87	0.38	0.29	3.13
2002	12.72	5.57	4.25	2.49	0.37	—	0.04
2003	21.60	9.98	8.12	1.41	—	0.89	1.19
2004	21.62	9.63	9.00	1.25	—	0.24	1.51
2005	14.38	5.17	6.83	0.79	0.07	0.91	0.62
2006	23.98	7.39	15.50	0.52	—	—	0.58
2007	15.81	3.76	11.23	0.06	—	—	0.76
2008	15.02	7.40	6.76	0.19	—	—	0.67
2009	15.41	3.75	3.73	7.66	—	0.12	0.15
2010	9.00	3.20	0.88	4.14	—	0.63	0.15
2011	6.95	3.21	0.18	1.80	—	1.61	0.15
2012	16.89	3.21	7.88	0.43	—	1.11	4.26

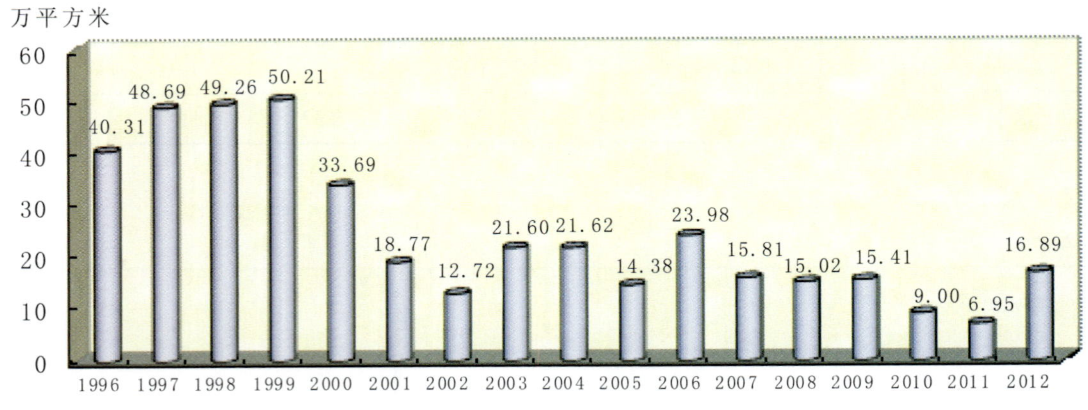

图 6-16　深圳市历年办公楼现楼空置面积示意图

四、商业用房

2012，全市共销售商业用房 65.72 万平方米，罗湖区 2.45 万平方米，福田区 7.99 万平方米，南山区 10.19 万平方米，盐田区 10.05 万平方米，宝安区 16.51 万平方米，龙岗区 18.52 万平方米。

2012 年末，全市商业用房空置面积 17.69 万平方米，比上年末减少 68.24 万平方米。其中，罗湖区 1.37 万平方米，比上年末减少 6.03 万平方米；福田区 0.81 万平方米，减少 11.53 万平方米；南山区 4.70 万平方米，增加 2.12 万平方米；盐田区 1.94 万平方米，减少 1.01 万平方米；宝安区 5.39 万平方米，减少 30.37 万平方米；龙岗区 3.48 万平方米，减少 21.42 万平方米。

表 6-22 深圳市历年商业用房销售面积（按区域分）

单位：万平方米

年 份	销售面积	其 中					
		罗湖区	福田区	南山区	盐田区	宝安区	龙岗区
1996	21.23	11.49	2.66	1.32	—	4.38	1.38
1997	27.40	8.75	4.48	2.48	—	9.54	2.15
1998	19.85	5.34	3.70	2.00	0.08	4.04	4.69
1999	26.20	5.26	2.15	2.91	4.43	5.85	5.60
2000	26.32	3.21	3.88	4.64	0.72	7.57	6.30
2001	27.40	4.92	3.42	2.59	0.28	8.23	7.96
2002	46.36	6.15	6.52	6.53	—	15.89	11.27
2003	39.37	6.61	4.82	7.62	1.16	5.51	13.66
2004	58.09	0.94	8.16	9.66	0.15	17.79	21.39
2005	53.48	2.93	9.20	8.55	1.17	16.77	14.86
2006	45.96	0.72	7.88	6.92	1.16	15.02	14.26
2007	30.64	3.28	1.64	4.85	0.41	11.89	8.57
2008*	33.63	0.83	2.49	10.26	0.60	7.30	12.15
2009	33.69	0.74	3.65	3.85	0.82	14.90	9.73
2010	40.98	1.71	2.95	8.17	0.29	12.84	15.02
2011	45.14	1.66	7.82	8.81	1.37	12.78	13.39
2012	65.72	2.45	7.99	10.19	10.05	16.51	18.52

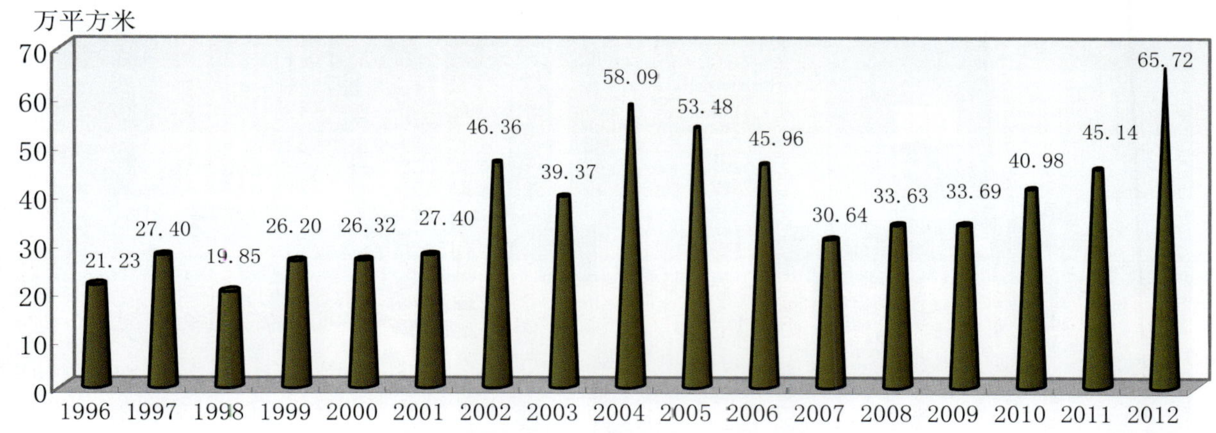

图 6-17 深圳市历年商业用房销售面积示意图

表 6-23　深圳市历年商业用房现楼销售面积（按区域分）

单位：万平方米

年　份	销售面积	其中					
		罗湖区	福田区	南山区	盐田区	宝安区	龙岗区
1996	9.53	3.48	2.22	0.79	—	2.47	0.57
1997	15.41	3.56	4.17	1.46	—	4.82	1.40
1998	11.25	2.69	1.64	1.71	0.05	2.90	2.26
1999	14.44	2.01	0.82	1.24	4.23	3.64	2.50
2000	17.31	2.41	2.36	2.79	0.25	5.17	4.33
2001	10.02	1.26	2.52	1.25	0.09	4.35	0.55
2002	20.64	3.31	4.68	3.98	—	5.69	2.98
2003	21.44	5.02	3.38	4.88	1.16	2.10	4.91
2004	26.94	0.94	5.83	4.93	0.15	10.19	4.9
2005	11.16	1.82	3.17	0.4	0.16	2.02	3.58
2006	12.88	—	2.31	3.89	0.02	3.49	3.17
2007	14.59	2.86	0.54	2.18	0.24	3.70	5.07
2008*	15.73	0.60	1.06	8.07	0.09	2.45	3.46
2009	19.36	0.57	1.91	3.09	0.67	7.75	5.37
2010	25.64	0.85	1.23	6.94	0.23	7.07	9.33
2011	24.54	0.74	2.30	5.13	1.00	7.37	7.98
2012	41.71	1.91	4.40	7.44	6.00	10.95	11.00

表 6-24　深圳市历年商业用房楼花销售面积（按区域分）

单位：万平方米

年份	销售面积	其中					
		罗湖区	福田区	南山区	盐田区	宝安区	龙岗区
1996	11.70	7.99	0.44	0.55	—	1.91	0.81
1997	11.99	5.19	0.31	1.02	—	4.72	0.75
1998	8.60	2.65	2.06	0.29	0.03	1.14	2.43
1999	11.76	3.25	1.32	1.67	0.20	2.21	3.11
2000	9.01	0.80	1.52	1.85	0.47	2.40	1.97
2001	17.38	3.66	0.90	1.34	0.19	3.88	7.41
2002	25.72	2.84	1.84	2.55	—	10.20	8.29
2003	17.93	1.59	1.44	2.74	—	3.41	8.75
2004	31.15	—	2.33	4.73	—	7.6	16.49
2005	42.32	1.11	6.03	8.15	1.01	14.75	11.28
2006	33.08	0.72	5.57	3.03	1.14	11.53	11.09
2007	16.05	0.42	1.10	2.67	0.17	8.19	3.50
2008	17.90	0.23	1.43	2.19	0.51	4.85	8.69
2009	14.33	0.17	1.74	0.76	0.15	7.15	4.36
2010	15.34	0.86	1.72	1.23	0.07	5.77	5.70
2011	20.60	0.92	5.52	2.98	0.37	5.40	5.41
2012	24.02	0.54	3.59	2.75	4.06	5.56	7.52

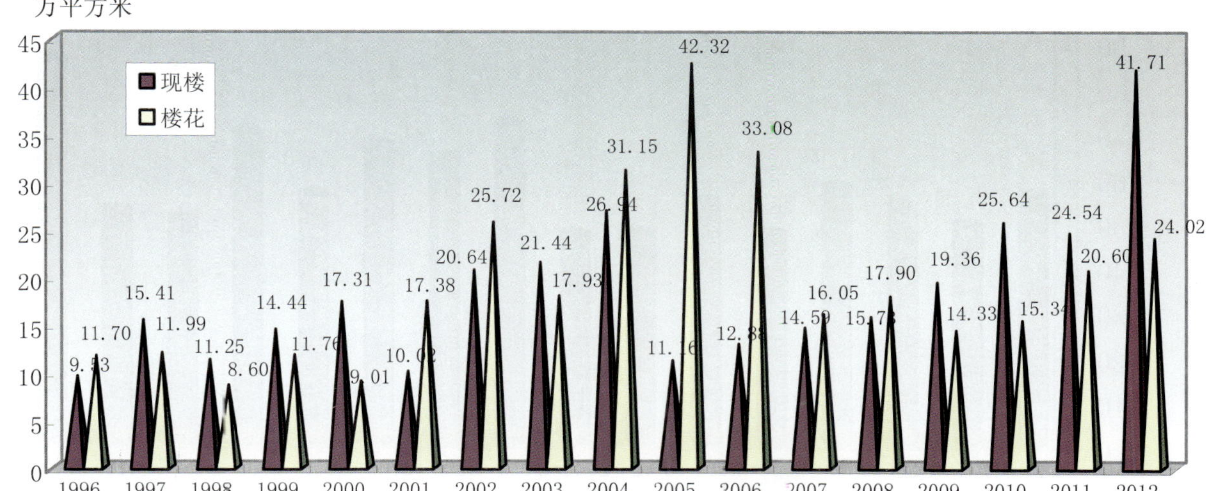

图 6-18　深圳市历年商业用房现楼、楼花销售面积示意图

表 6-25　深圳市历年商业用房现楼空置面积（按区域分）

单位：万平方米

年　份	空置面积	其　中					
		罗湖区	福田区	南山区	盐田区	宝安区	龙岗区
1996	55.20	14.40	22.76	4.87	—	8.27	4.90
1997	48.66	13.62	14.47	8.69	—	7.00	4.88
1998	52.99	10.84	13.50	12.55	0.59	10.69	4.82
1999	57.02	20.73	13.46	7.56	1.40	7.99	5.88
2000	46.65	14.78	13.16	9.25	0.46	5.24	3.76
2001	53.77	17.05	10.63	10.06	0.34	9.10	6.59
2002	46.81	13.95	13.48	8.41	0.12	5.50	5.35
2003	46.49	13.20	14.41	4.12	0.40	8.19	6.18
2004	71.25	19.57	23.77	11.94	2.18	5.72	8.09
2005	63.44	18.41	19.53	6.99	3.13	4.21	11.16
2006	66.41	13.27	18.02	8.01	4.27	5.75	17.10
2007	55.30	12.62	17.08	4.96	1.73	3.93	14.98
2008	69.22	12.12	14.08	5.15	1.68	7.23	28.96
2009	49.56	10.86	10.95	5.05	1.70	6.05	14.95
2010	51.83	8.71	12.68	3.59	1.70	11.27	13.87
2011	85.93	7.40	12.34	2.58	2.95	35.76	24.90
2012	17.69	1.37	0.81	4.70	1.94	5.39	3.48

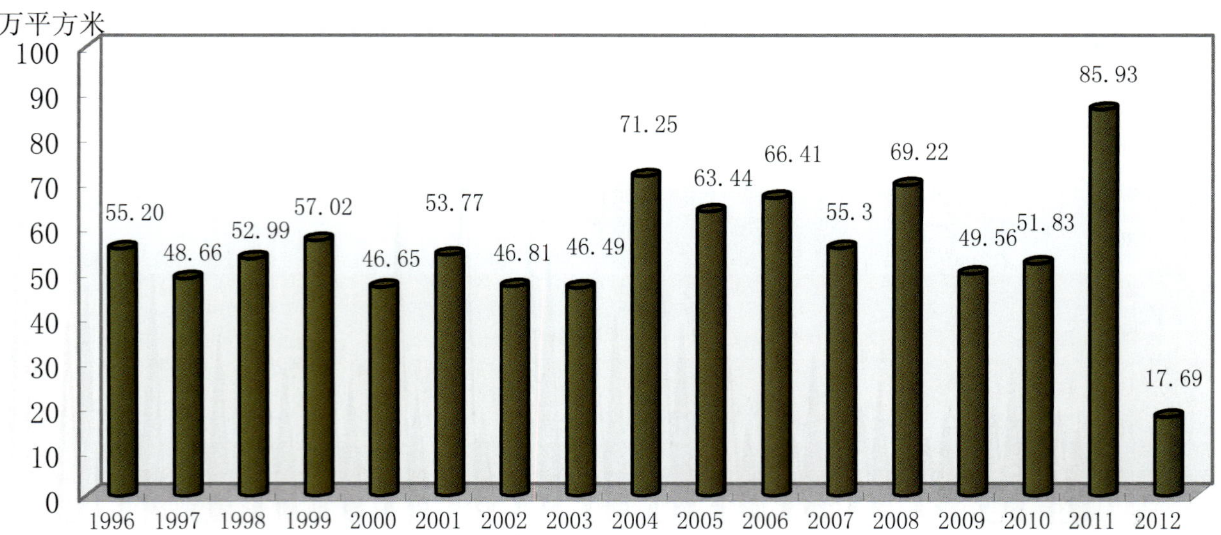

图 6-19　深圳市历年商业用房现楼空置面积示意图

第三节　商品房价格

一、楼花均价

2012 年，在全市楼花交易中，住宅均价（按建筑面积，下同）18725.21 元/平方米，比上年下降 1.7%；办公楼 37895.68 元/平方米，下降 4.0%；商业用房 30030.92 元/平方米，下降 5.1%；其他商品房 31477.74 元/平方米，上涨 10.1%。

在全市楼花住宅交易价格结构方面。从户型看，单身公寓 23224.13 元/平方米，一房住宅 18197.54 元/平方米，二房住宅 16795.19 元/平方米，三房住宅 18462.19 元/平方米，四房住宅 22835.47 元/平方米，四房以上住宅 345859.96 元/平方米，复式住宅 22723.03 元/平方米，其他户型 22780.87 元/平方米。从价位结构看，4000～6000 元/平方米的套均面积为 72.08 平方米，占 0.002%；6000～8000 元/平方米的套均面积为 80.95 平方米，占 1.2%；8000～10000 元/平方米的套均面积为 87.74 平方米，占 6.1%；10000～15000 元/平方米的套均面积为 90.93 平方米，占 35.5%；15000 元/平方米以上的套均面积为 91.92 平方米，占 58.2%。区域结构看，罗湖区均价 30519.97 元/平方米，同比上年上涨 23.8%；福田区 30015.14 元/平方米，上涨 0.5%；南山区 34216.11 元/平方米，下降 3.3%；盐田区 22954.53 元/平方米，上涨 18.4%，宝安区 17742.34 元/平方米，下降 0.4%；龙岗区 13918.01 元/平方米，下降 5.4%。

表 6-26　深圳市 2012 年商品住宅楼花价位结构

单位：%

价位（元/平方米）	全　市	罗湖区	福田区	南山区	盐田区	宝安区	龙岗区
4000 以下	—	—	—	—	—	—	—
4000～6000	—	—	—	—	—	—	0.01
6000～8000	1.15	—	—	—	—	—	3.34
8000～10000	6.09	—	—	—	—	1.03	16.17
10000～15000	34.54	—	0.35	0.06	17.58	33.96	50.58
15000 以上	58.21	100.00	99.65	99.94	82.42	65.01	29.91
合　计	100.00	100.00	100.00	100.00	100.00	100.00	100.00

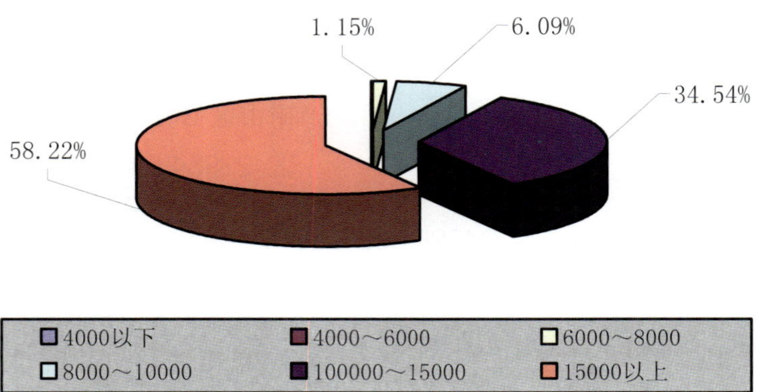

图 6-20　深圳市 2012 年商品住宅楼花价位结构示意图

表 6-27　深圳市 2012 年各区商品住宅楼花交易均价

单位：元/平方米

月份	罗湖区	福田区	南山区	盐田区	宝安区	龙岗区
1	26724.01	27087.84	25461.58	22715.85	13743.67	15272.68
2	27530.86	27410.25	26088.66	22865.05	13642.19	14128.97
3	25636.45	28248.32	27065.64	22510.41	13874.93	13903.40
4	26334.81	29057.06	27838.40	21609.91	13999.68	14116.78
5	26310.15	29445.86	28861.32	21759.60	14431.44	13863.78
6	23541.74	30033.37	29306.13	21528.35	15564.10	13771.73
7	23714.58	28779.65	29507.59	21340.93	16191.30	13881.21
8	23838.17	29329.42	32419.42	21147.91	16584.94	13928.88
9	23900.40	29608.24	33178.92	20951.95	17234.61	13920.97
10	24125.17	29561.98	33636.83	20951.95	17360.35	13944.09
11	30194.81	29844.55	34018.73	22540.36	17615.59	13790.13
12	30519.97	30015.14	34216.11	22954.53	17742.34	13918.01

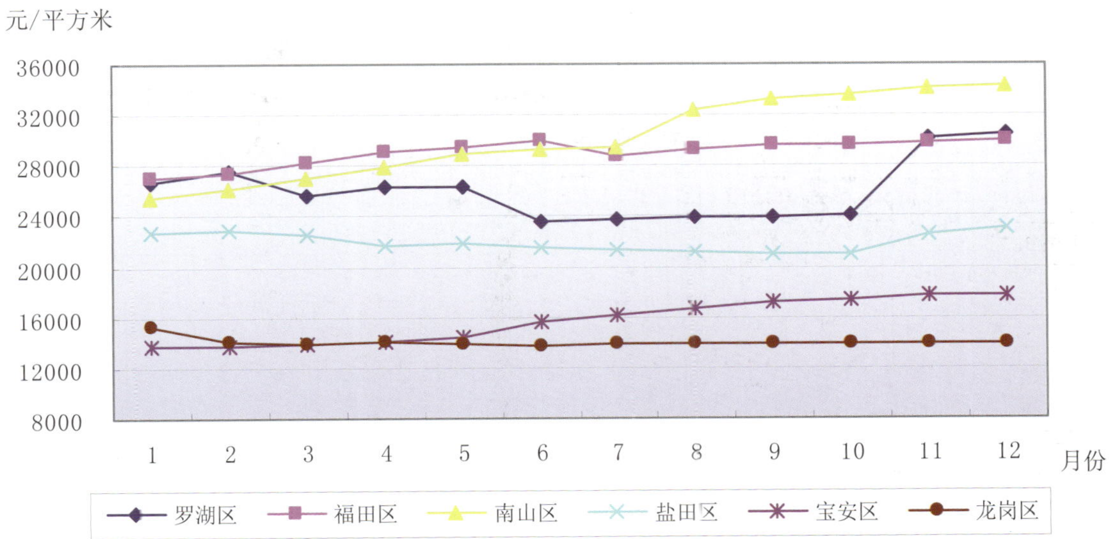

图 6-21 深圳市 2012 年各区商品住宅交易均价走势示意图

表 6-28 深圳市历年各区商品住宅楼花交易均价

单位：元/平方米

年份 \ 区域	全 市	罗湖区	福田区	南山区	盐田区	宝安区	龙岗区
2005	7040.10	8310.06	9091.75	8699.96	7806.48	5386.20	5287.98
2006	9230.35	10000.89	13844.69	12122.02	9454.05	8318.74	6456.87
2007	13369.62	16945.31	18442.15	18012.20	14183.50	12214.13	10477.11
2008	12794.20	18745.32	18691.89	17500.49	25786.33	11651.80	9112.44
2009	14857.68	22607.77	23216.16	19636.50	25366.62	13726.51	9626.79
2010	20296.97	23469.94	29248.26	30848.57	40860.07	19943.70	14166.39
2011	19038.45	24655.57	29866.35	35369.67	19392.36	17804.66	14705.27
2012	18725.21	30519.97	30015.14	34216.11	22954.53	17742.34	13918.01

表 6-29　深圳市历年商品住宅二级市场楼花交易均价

单位：元/平方米

年份＼月份	1	2	3	4	5	6	7	8	9	10	11	12
2004	6076.95	5939.06	5780.40	5827.59	5788.30	5843.72	5841.06	5867.65	5918.63	5915.99	5946.10	5997.52
2005	6184.40	6354.15	6415.99	6443.18	6527.51	6547.90	6558.48	6585.33	6639.64	6716.84	6958.43	7040.10
2006	7949.54	8032.86	8126.14	8075.54	8421.07	8638.46	8744.26	8911.35	8952.97	8992.94	9081.24	9230.35
2007	10871.73	11039.67	11377.87	11339.73	11905.88	12293.15	12564.15	12803.17	13069.93	13211.62	13281.03	13369.62
2008	15080.25	15321.35	14699.39	13628.66	12815.94	12789.26	13276.58	13428.99	13289.13	13216.88	13254.92	12794.20
2009	11458.58	11175.43	11085.63	11458.65	11723.15	12184.68	12571.14	13069.02	13388.79	13977.99	14426.46	14857.68
2010	23117.28	23496.97	22675.94	21911.58	21582.77	21194.68	20901.37	20574.71	20578.42	20416.42	20451.90	20296.97
2011	19366.29	19569.38	19692.32	19502.71	19204.28	18704.62	18706.88	19170.67	19165.75	19142.77	19214.78	19038.45
2012	16319.24	16257.23	16395.77	16661.49	16921.38	17299.21	17559.59	18259.68	18618.91	18735.78	18840.54	18725.21

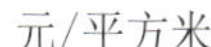

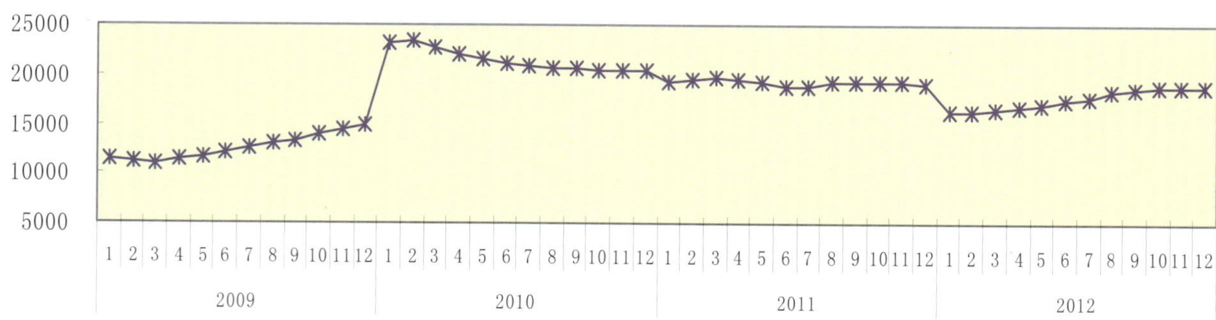

图 6-22　深圳市历年商品住宅二级市场交易均价走势示意图

表 6-35　深圳市历年商品住宅二级市场现楼交易均价

单位：元/平方米

年份＼月份	1	2	3	4	5	6	7	8	9	10	11	12
2004	6076.95	5939.06	5780.40	5827.59	5788.30	5843.72	5841.06	5867.65	5918.63	5915.99	5946.10	5997.52
2005	6184.40	6354.15	6415.99	6443.18	6527.51	6547.90	6558.48	6585.33	6639.64	6716.84	6958.43	7040.10
2006	7949.54	8032.86	8126.14	8075.54	8421.07	8638.46	8744.26	8911.35	8952.97	8992.94	9081.24	9230.35
2007	10871.73	11039.67	11377.87	11339.73	11905.88	12293.15	12564.15	12803.17	13069.93	13211.62	13281.03	13369.62
2008	15080.25	15321.35	14699.39	13628.66	12815.94	12789.26	13276.58	13428.99	13289.13	13216.88	13254.92	12794.20
2009	12301.37	13346.81	13121.84	13069.25	12826.54	13155.57	13337.52	13792.32	13983.16	13977.83	14007.14	14284.25
2010	13054.52	14018.55	15543.11	15730.43	15905.65	16398.65	16381.53	16920.46	17750.62	17908.99	18083.10	19243.08
2011	20885.72	21193.10	21993.78	22731.60	22503.67	22503.67	22457.19	22939.75	23367.91	23267.90	23502.59	23918.53
2012	35117.86	32769.24	27187.24	26480.34	25816.7	25974.9	25372.52	25105.62	25114.6	24949.25	25070.84	25498.98

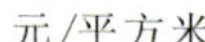

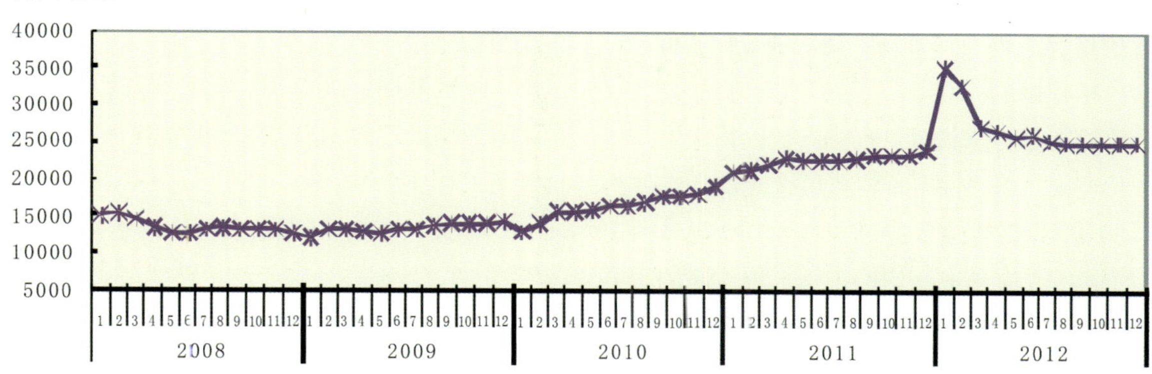

图 6-27　深圳市历年商品住宅二级市场现楼交易均价走势示意图

表 6-36　深圳市历年各区办公楼现楼交易均价

单位：元/平方米

年份＼区域	全　市	罗湖区	福田区	南山区	盐田区	宝安区	龙岗区
2009	21256.21	905.50	23576.51	20267.91	—	18563.54	—
2010	15112.29	3107.97	23627.77	17699.03	—	19983.26	—
2011	24810.93	12267.73	30993.51	31062.29	—	12195.87	15340.55
2012	37895.68	—	38610.98	38687.27	27095.10	—	—

表 6-37　深圳市历年各区商业用房现楼交易均价

单位：元/平方米

年份＼区域	全　市	罗湖区	福田区	南山区	盐田区	宝安区	龙岗区
2009	12413.04	14495.20	24791.43	13991.30	20834.05	9571.36	9927.42
2010	12010.54	28168.67	30365.89	13454.24	23139.00	9677.91	8548.85
2011	16410.70	10278.48	9158.24	36206.17	11051.37	11647.64	11418.90
2012	27096.08	20067.85	50223.96	34237.42	26144.19	30354.22	10339.49

三、价格指数

系统升级说明：深房地指数系统经过几年的运行，起到了一定的反映房地产市场形势、辅助宏观调控的效果。从 2007 年 1 月起，深房地指数与深圳房地产综合指数系统的价格指数部分一致，每季度或每年结束后 15 天内发布。由于数据库的不断完善，现进行全面的系统升级，自 2009 年开始，对 2001 年至今的全部数据进行了梳理，优化了计算方法。除了二手住宅价格指数外，此次指数均为重新计算所得。其中，新建住宅价格指数、商业及办公价格指数均根据特征根价格法进行价格修正后计算，但不同物业类型，其价格影响因素均有所不同；考虑到不同类型的物业价格存在较大差异及不同质现象，不再进行综合价格指数的计算。

价格指数计算说明：价格指数计算采用了特征根价格法，新建住宅价格指数选用的标准住房为：罗湖区 10 楼（多层为 4 楼）100 平米的三房，即将所有交易数据均修正到标准住房的水平再进行计算和比较，以期获得剔除了地段、面积、楼层和户型等影响的价格，获得单纯由市场变化而引起的价格波动。商业价格指数选用的标准物业为：位于四类商圈一层的裙楼商铺；办公价格指数选用的标准物业为：位于三类办公区域临近地铁 15 楼的办公楼，另外，由于办公楼交易主要集中于福田和南山，区域办公楼价格指数计算只计算该两区。

编制对象：深圳市新建住宅、二手住宅、新建办公楼和新建商业用房。

样点来源：新建住宅价格指数、新建办公价格指数、新建商业价格指数数据来源为备案登记系统；二手住宅价格指数来源为房地产权登记系统。

样点信息：每个样本点共采集物业类型、建筑时间、成交时间、楼层总数、样点所在楼层、建筑面积、户型、所在位置、X 坐标和 Y 坐标等 10 个指标信息。

指数基期：以 2001 年第一季度为基期，基期指数均设定为 100 点，基期新建住宅标准价格为 6250 元/平方米，基期二手住宅标准价格为 3871 元/平方米，基期商业标准价格为 12540 元/平方米，基期办公楼标准价格为 8922 元/平方米。

发布内容：深圳市各行政区及全市的新建住宅价格指数、二手住宅价格指数、新建商业价格指数及新建办公楼价格指数。

表 6-38 深圳市历年二级市场房价指数

年度	季度	住 宅	办 公	商 业
2001	Q1	100.0	100.0	100.0
	Q2	100.3	98.4	100.0
	Q3	100.1	96.8	110.8
	Q4	100.6	95.1	115.3
2002	Q1	101.2	93.5	126.9
	Q2	104.2	91.9	136.9
	Q3	103.6	90.3	133.3
	Q4	101.5	89.1	128.3
2003	Q1	109.0	85.4	125.0
	Q2	111.7	90.7	128.0
	Q3	112.4	96.1	130.5
	Q4	116.1	101.1	133.9
2004	Q1	116.4	103.8	138.1
	Q2	119.1	107.2	139.4
	Q3	120.4	105.9	137.1
	Q4	123.7	103.0	136.7
2005	Q1	120.6	97.4	149.7
	Q2	123.8	94.3	158.1
	Q3	131.5	91.1	174.3
	Q4	137.7	94.7	184.7
2006	Q1	132.0	101.6	196.6
	Q2	149.7	113.7	206.4
	Q3	159.6	117.7	215.7
	Q4	170.1	121.7	221.5
2007	Q1	188.3	127.6	224.4
	Q2	216.9	144.5	234.8
	Q3	256.6	175.9	259.6
	Q4	267.2	202.6	256.0
2008	Q1	278.4	236.6	233.7
	Q2	268.7	244.0	213.4
	Q3	258.9	251.7	225.1
	Q4	236.2	228.8	229.3
2009	Q1	239.9	227.4	214.7
	Q2	246.7	226.0	200.2
	Q3	260.8	239.4	217.2
	Q4	288.1	269.4	234.6
2010	Q1	317.3	285.6	242.8
	Q2	300.3	309.8	256.1
	Q3	329.1	294.0	234.9
	Q4	342.7	298.4	253.4
2011	Q1	349.2	316.5	277.7
	Q2	317.6	324.4	246.1
	Q3	331.9	325.0	248.6
	Q4	312.4	319.3	242.2
2012	Q1	300.7	324.8	239.9
	Q2	318.6	352.4	251.1
	Q3	334.3	369.9	228.4
	Q4	352.5	346.9	204.9

注：由于新建办公楼数据从 2002 年开始，2002 年以前数据为指数平滑处理所得。

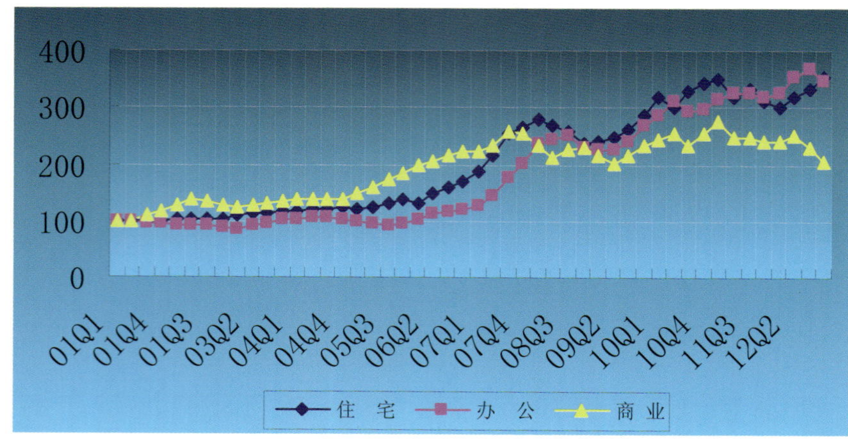

图 6-28　深圳市二级市场房价指数示意图

表 6-39　深圳市历年住宅二级市场价格指数

年度	季度	罗湖区	福田区	南山区	盐田区	宝安区	龙岗区
2001	Q1	91.8	99.6	101.0	60.3	53.8	69.7
	Q2	91.8	99.6	101.0	60.3	53.8	63.1
	Q3	93.8	99.6	91.7	60.3	54.7	62.6
	Q4	98.0	114.2	93.7	75.7	55.5	61.2
2002	Q1	103.0	114.8	81.4	94.1	58.7	60.1
	Q2	105.0	112.3	85.9	89.1	66.0	62.5
	Q3	106.8	110.1	86.3	81.4	61.6	64.0
	Q4	107.1	109.0	83.9	83.9	60.9	62.4
2003	Q1	108.3	104.6	80.9	79.5	60.8	63.3
	Q2	110.9	112.2	83.2	91.6	60.0	63.3
	Q3	114.2	111.9	83.6	87.3	58.9	61.7
	Q4	121.6	113.2	84.3	95.1	62.0	64.2
2004	Q1	120.2	109.5	82.5	108.3	61.3	65.3
	Q2	122.0	121.3	84.7	118.9	62.1	63.9
	Q3	121.0	115.9	86.7	130.5	63.8	66.4
	Q4	121.4	108.7	94.2	140.3	68.5	71.5
2005	Q1	133.0	117.4	95.8	138.4	74.9	74.3
	Q2	127.1	121.9	104.4	110.3	76.6	75.3
	Q3	124.7	119.8	146.9	97.4	82.2	79.2
	Q4	129.9	154.2	131.1	94.2	81.9	86.2
2006	Q_1	136.9	164.7	129.1	90.3	89.1	82.8
	Q_2	136.3	183.3	169	95.3	98.2	92.8
	Q_3	150.8	190	158.3	139.4	110.8	100.6
	Q_4	161.8	222.5	151.2	179.6	123.6	105.4
2007	Q_1	160.7	212.1	149.6	145.9	117.9	106.3
	Q_2	224.8	239.4	191.9	155.5	148.2	130.0
	Q_3	253.7	287.1	271.6	244	170.2	159.9
	Q_4	285.6	330.3	364.5	262.3	215.4	144.2
2008	Q_1	295.4	333.5	257.1	233.5	169.2	145.8
	Q_2	277.0	289.5	232.9	194.9	149.0	137.0
	Q_3	287.1	287.9	239.5	206.1	136.2	125.2
	Q_4	220.2	235.9	213.1	172.0	123.2	113.5

(续表)

年度	季度	罗湖区	福田区	南山区	盐田区	宝安区	龙岗区
2009	Q_1	223.7	257.2	211.9	180.9	130.1	107.4
	Q_2	213.3	272.9	224.0	188.5	139.6	119.4
	Q_3	242.1	329.4	254.6	206.7	161.2	121.8
	Q_4	257.4	333.1	286.3	214.1	180.6	145.0
2010	Q_1	298.5	340.5	325.4	234.2	200.1	150.0
	Q_2	293.4	359.2	284.9	249.0	196.5	155.6
	Q_3	313.0	356.6	331.9	257.7	194.9	176.8
	Q_4	345.3	402.8	357.5	261.6	175.0	197.2
2011	Q_1	357.1	460.8	357.3	257.0	217.9	213.0
	Q_2	318.7	408.6	408.6	257.9	170.0	172.3
	Q_3	320.1	423.3	376.8	237.1	191.9	151.3
	Q_4	293.4	410.2	349.7	265.4	212.5	139.4
2012	Q1	311.6	421.0	319.5	216.8	170.3	130.2
	Q2	307.3	456.8	359.7	208.8	193.9	134.1
	Q3	361.8	404.0	385.1	134.3	220.0	125.1
	Q4	409.2	474.0	400.6	237.6	215.0	133.7

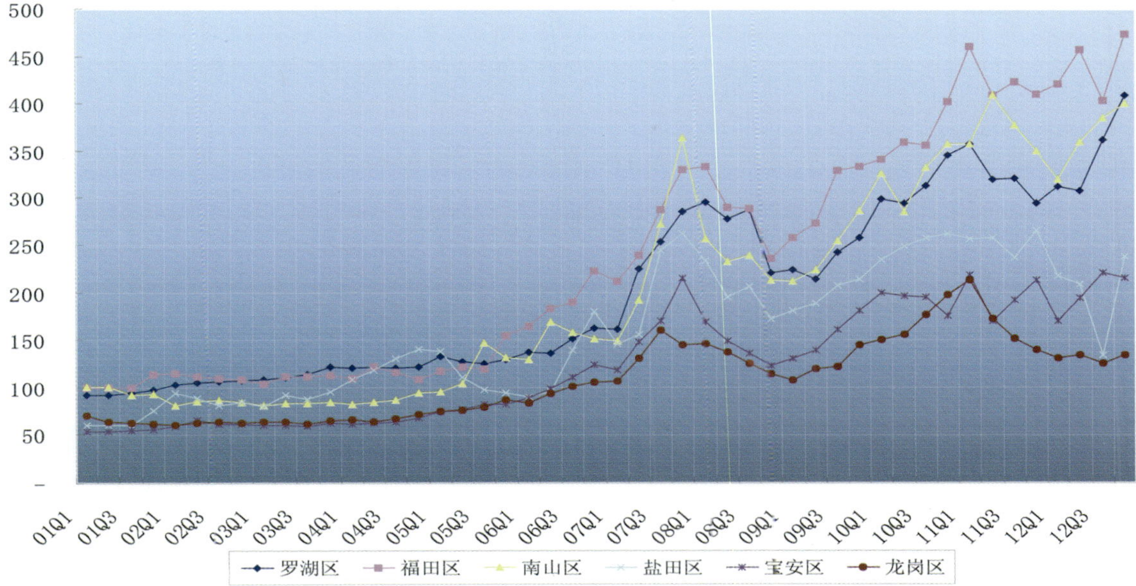

图 6-29 深圳市历年住宅二级市场价格指数示意图

四、交易价格抽样

表 6-40　深圳市 2012 年新推住宅楼盘一览

类型	区域	项目名称
多层住宅	宝安	领航里程花园(一期)、仁山智水花园(二期)、懿花园、曦谷花园
	龙岗	百合山水别苑、第五园（七期）、嘉宏湾花园二期、旭源瑞景轩、御峰园、振业城、中粮一品澜山花园
小高层住宅	宝安	仁山智水花园(二期)、懿花园
	龙岗	瑞泽佳园
高层住宅	宝安	碧海富通城、福东龙华府、公馆一八六六花园(北区)、公馆一八六六花园(南区)、海雅广场、宏发君域花园、宏发上域花园、汇龙湾花园、金城大第花园、金亨利首府、莱蒙春天花园（A818-0445）、领航里程花园(一期)、绿景香颂美庐园、勤诚达和园、尚御商住楼、深房传麒山、天御豪庭、湾美花园、万科翡丽郡花园、西城雅筑花苑、香格丽湾园、星河盛世花园(二期)、星河盛世花园（一期）、永福苑、御景水岸花园（三期）、中航天逸花园、中粮锦云花园、中洲华府、芷峪澜湾花园
	福田	嘉洲富苑、锦龙花园、兰江山第花园一期
	龙岗	百合山水别苑、第五园（七期）、东晟时代花园、非凡空间阁、公园里花园二期、广业成学府道花园、国香尚居、海轩广场、荷康花园、和成世纪名园、横岗花半里雅筑、嘉宏湾花园二期、佳兆业新都汇家园、佳兆业中央广场一期、金地名峰、锦冠华庭、满京华喜悦里华庭、全盛御景湾花园、融湖世纪花园、首创八意府、万科金域缇香花园二期、万科金域缇香花园一期、文峰华庭、熙和园、旭源瑞景轩、阳基新天地家园、御峰园、远洋新干线荣域花园、阅景花园、振业城、中粮一品澜山花园、卓弘高尔夫雅苑
	罗湖	合正荣悦府
	南山	澳城花园、宝能华府、纯水岸(十五期)、纯水岸（十四期）、海境界家园一期、栖游家园、伍兹公寓、阳光里雅居、雍景湾花园
	盐田	嘉信蓝海华府
别墅	宝安	金地塞拉维花园、仁山智水花园(二期)、懿花园、曦谷花园
	龙岗	第五园（七期）、旭源瑞景轩、御峰园、振业城

表 6-41 深圳市 2012 年公开发售商品住宅项目一览（含新推介楼盘）

类别	区域	项目名称（含新推介的楼盘）
多层住宅	宝安区	黄金大厦、金地塞拉维花园、仁山智水花园(二期)、曦谷花园
	龙岗区	百合山水别苑、第五园（七期）、嘉宏湾花园、嘉宏湾花园二期、凯旋湾花园(一期)、凯旋湾花园（二期）、融富花园二期、十二橡树庄园（二期）、星河时代花园、旭源瑞景轩、御峰园
小高层住宅	宝安区	金地塞拉维花园、仁山智水花园(二期)、御筑轩、招商观园、懿花园
	龙岗区	瑞泽佳园、深业紫麟山花园、十二橡树庄园（二期）
高层住宅	罗湖区	港丰大厦、合正荣悦府
	福田区	嘉洲富苑、锦龙花园、君临天下名苑、兰江山第花园一期、廊桥花园、龙轩豪庭、深物业彩天怡色家园、水畔紫云阁、四季山水花园二期、天健时尚名苑、桐林公寓、万泽云顶尚品花园
	南山区	澳城花园、半山语林公寓、宝能华府、纯水岸(九期)、纯水岸(十五期)、纯水岸（十四期）、泛海拉菲花园（二期）、海境界家园一期、汉京湾雅居、绿海湾花园、首地容御花园、湾厦泰福苑、伍兹公寓、香山里花园(二期)、阳光海滨花园、阳光里雅居、雍景湾花园、中泰艺术名庭
	盐田区	东港印象家园(A 区)、东港印象家园(B 区)、海川阁、和亨城市广场、嘉信蓝海华府、山海阳光园（二期）、上东湾雅居
	宝安区	宝安山庄（一期）、碧海富通城、藏珑苑、凤凰花苑、福东龙华府、公馆一八六六花园(北区)、公馆一八六六花园(南区)、海雅广场、宏发君域花园、宏发上域花园、花半里清湖花园、华盛新沙荟名庭(一期)、汇龙湾花园、佳华名苑、锦绣御园（二期）、锦绣御园（一期）、莱蒙春天花园（A818-0445）、领航里程花园(一期)、绿景香颂花园、绿景香颂美庐园、勤诚达和园、深房传麒山、水榭春天花园、桃源峰景园、腾阁、天御豪庭、湾美花园、万科金色领域花园（二期）、万科金色领域花园（三期）、万科翡丽郡花园、西城雅筑花苑、香格丽湾园、星河盛世花园(二期)、星河盛世花园（一期）、幸福海岸、御景水岸花园（三期）、御筑轩、展远御珑苑、招商观园、招商果岭花园、中航天逸花园、中粮鸿云花园、中粮锦云花园、中洲华府、芷峪澜湾花园、魅力时代花园
	龙岗区	爱地花园、百合山水别苑、保利上城花园、朝阳里雅苑、大都汇大厦、第五园（七期）、东方沁园、东鸿雅居、东晟时代花园、非凡空间阁、凤冠华庭、公园里花园二期、公园里花园一期、广业成学府道花园、国香尚居、海轩广场、豪方菁园、荷康花园、横岗花半里雅筑、嘉宏湾花园、嘉宏湾花园二期、佳兆业新都汇家园、佳兆业中央广场一期、家和盛世花园、金地名峰、金阳成大厦、锦冠华庭、景和园、满京华喜悦里华庭、慢城、千林山居、全盛御景湾花园、融湖世纪花园、深业御园、深业紫麟山花园、十二橡树庄园（二期）、首创八意府、万科金色半山花园、万科金域缇香花园二期、万科金域缇香花园一期、万科天誉花园一期、文峰华庭、熙和园、星河时代花园、旭源瑞景轩、阳基新天地家园、颐景峰苑、御峰园、御府名筑花园、远洋新干线荣域花园、阅山华府、振业城、中海康城花园、中海康城花园（二期）、中粮一品澜山花园、中森双子座公馆、卓弘高尔夫雅苑、缤纷世纪公寓、睿智华庭
别墅	宝安区	金地塞拉维花园、仁山智水花园(二期)、曦谷花园
	龙岗区	第五园（七期）、嘉宏湾花园、凯旋湾花园（二期）、旭源瑞景轩、御峰园

表 6-42　深圳市 2012 年住宅二级市场销售价格抽样

单位：元/平方米

房屋类型	物业名称	位置	挂牌月份	最高价	最低价	平均价
罗湖区						
高层住宅	港丰大厦	湖贝路	1	32658	20000	24777
	合正荣悦府	文锦中路东北侧	10	50327	26380	32653
福田区						
高层住宅	嘉洲富苑	新洲北路	5	34929	22500	28009
	锦龙花园	爱华南路	8	37651	25716	32520
	君临天下名苑	新沙路与新沙街交汇处	1	47024	20218	32809
	兰江山第花园一期	香蜜湖北莲塘尾片区	8	58500	25811	36432
	廊桥花园	皇岗口岸	3	34540	24710	28192
	龙轩豪庭	福强路皇岗公园一街	1	33012	21888	26629
	深物业彩天怡色家园	冬瓜岭	1	34504	20412	23986
	水畔紫云阁	滨河大道南侧	1	36233	19800	29091
	四季山水花园二期	龙尾路东	1	45802	26527	37620
	天健时尚名苑	保税区桂花路	1	37671	14709	29859
	桐林公寓	福田路东	1	28872	13500	18389
	万泽云顶尚品花园	塘朗山路	3	42400	29000	37185
南山区						
高层住宅	澳城花园	后海大道以东	4	42572	30054	35526
	半山语林公寓	西丽珠光村	4	18948	17814	18381
	宝能华府	留仙大道北	11	30373	25011	27839
	纯水岸(九期)	华侨城香山西街	1	66359	61904	64132
	纯水岸(十五期)	香山中街	7	89383	48646	67778
	纯水岸（十四期）	沙河街道香山中街南侧	7	88729	40144	53717
	泛海拉菲花园（二期）	前海路东侧	2	27841	20962	24163
	海境界家园一期	蛇口后海大道东侧	2	35893	21121	29737
	汉京湾雅居	南山区月亮湾大道东侧	1	24761	15182	17939
	绿海湾花园	南山区后海滨路与招商东路交汇处东南侧	2	43924	24143	35691
	首地容御花园	南山区华侨城北缘路北	1	36895	30843	33794
	湾厦泰福苑	南山区湾厦路与渔村路交汇处	1	26908	15000	23379
	伍兹公寓	海滨路	9	69691	45696	56067
	香山里花园(二期)	侨香路南侧	1	41207	26273	32892
	阳光海滨花园	后海海滨与蓝天路交汇	2	49604	13522	34514
	阳光里雅居	南光路	6	36754	22885	28365
	雍景湾花园	爱榕路	2	39557	24047	30531
	中泰艺术名庭	东滨路	1	31841	19800	24689
盐田区						
高层住宅	东港印象家园(A 区)	东海道	4	16730	15278	16385
	东港印象家园(B 区)	东海道	3	15558	15558	15558
	海川阁	深盐路与北山道交汇处西南侧	1	14220	13200	13701
	和亨城市广场	海山街道办盐田路与海山路交汇处东北侧	1	25489	21574	23348
	嘉信蓝海华府	深沙路东面海涛路北面	11	29540	23268	26257
	山海阳光园（二期）	沙头角园林路北侧	1	16201	15134	15619
	上东湾雅居	沙头角沙盐路 2 号	1	36340	17738	24481

(续表)

房屋类型	物业名称	位置	挂牌月份	最高价	最低价	平均价
宝安区						
多层住宅	黄金大厦	新安街道办宝民路东侧	1	18292	14941	17287
	金地塞拉维花园	观澜街道梅观高速与环观南路交汇处	1	56018	27817	34842
	仁山智水花园(二期)	观澜横坑	10	36638	19075	26571
	曦谷花园	西乡街道广深高速公路东侧	5	48710	37934	41084
小高层住宅	宝安山庄（一期）	松岗街道沙江路南侧	2	10161	8463	9456
	金地塞拉维花园	观澜街道梅观高速与环观南路交汇处	1	27727	13800	20804
	仁山智水花园(二期)	观澜横坑	10	18402	12729	15394
	御筑轩	龙华街道龙观路南侧	3	14338	11400	13178
	招商观园	观澜街道环观南路	3	13680	10747	11461
	懿花园	龙华新区观澜办事处横坑水库南侧	11	20066	14252	15707
高层住宅	宝安山庄（一期）	松岗街道沙江路南侧	1	10425	8839	9734
	碧海富通城	西乡镇西乡大道西侧	7	22931	14740	17871
	藏珑苑	龙华街道人民南路	1	28255	17768	21501
	凤凰花苑	福永街道白石厦	5	9750	9750	9750
	福东龙华府	大浪街道龙华和平路北面福龙大道东面	11	28187	16972	20177
	公馆一八六六花园(北区)	民治街道梅龙路西侧	8	30217	17426	22096
	公馆一八六六花园(南区)	民治街道梅龙路西侧	12	24164	17776	21078
	海雅广场	新安街道宝民路东北侧	8	26398	14023	21839
	宏发君域花园	松岗街道	11	14274	9125	11684
	宏发上域花园	光明新区公明街道办事处民生路南面兴发路西面	1	18558	9404	13467
	花半里清湖花园	龙华街道清华东路与大和路交汇处	1	17110	10786	13345
	华盛新沙荟名庭(一期)	沙井街道新沙路南侧	1	14314	7864	10590
	汇龙湾花园	民治街道民宝路与民塘路交汇处	12	23463	20792	22078
	佳华名苑	宝安中心区 N1 区	1	25602	13372	22193
	锦绣御园（二期）	龙华街道创业路与和平东路交汇处	1	19557	10345	15284
	锦绣御园（一期）	龙华街道创业路与和平东路交汇处	1	21312	16410	19127
	莱蒙春天花园（A818-0445）	民治街道办梅龙路西侧	6	27700	14888	19844
	领航里程花园(一期)	西乡街道航城大道北侧	9	17662	11993	14294
	绿景香颂花园	民治街道民治大道西侧	1	19301	9328	15621
	绿景香颂美庐园	民治街道民治大道西侧	5	16059	11984	15160
	勤诚达和园	新安街道	9	31110	16282	21854
	深房传麒山	光明新区高新园区牛山公园南侧	11	23140	13783	15862

(续表)

房屋类型	物业名称	位置	挂牌月份	最高价	最低价	平均价
高层住宅	水榭春天花园	民治街道人民南路	2	24140	18346	20213
	桃源峰景园	西乡街道前进二路东侧	1	16848	12117	14594
	腾阁	新安街道宝民路	3	18002	16651	16966
	天御豪庭	宝安中心区 N5 区	7	49289	27308	33618
	湾美花园	西乡街道海城路	2	30657	14475	19589
	万科金色领域花园（二期）	福永街道宝安大道东北侧	1	15048	11633	13104
	万科金色领域花园（三期）	福永街道	1	14696	11855	12871
	万科翡丽郡花园	沙井街道环镇路东面新沙路北面	1	14596	8926	12532
	西城雅筑花苑	新安街道新湖路西侧	8	30857	18481	26286
	香格丽湾园	宝安区西乡街道航城大道南侧	9	23030	14503	16371
	星河盛世花园(二期)	民治街道	5	28239	13722	23342
	星河盛世花园（一期）	民治街道	5	26829	16812	20666
	幸福海岸	宝安中心区 N15 区	10	32626	24364	28267
	御景水岸花园（三期）	福永街道广深公路西侧	11	22610	13425	16377
	御筑轩	龙华街道龙观路南侧	3	14386	12532	13381
	展远御珑苑	龙华街道人民南路	3	28158	20576	24215
	招商观园	观澜街道环观南路	1	13449	9858	11518
	招商果岭花园	西乡街道宝安大道与宾隆路交汇处西南侧	1	20974	13054	15489
	中航天逸花园	民治街道人民南路	12	24291	18174	20887
	中粮鸿云花园	西乡街道西乡大道与宝安大道交汇处	2	25192	13717	15395
	中粮锦云花园	西乡街道	8	23617	15249	18999
	中洲华府	新安街道裕安二路与公园路交汇处	5	27119	15429	20453
	芷峪澜湾花园	观澜街道观澜大道东侧	6	16996	10408	12987
	魅力时代花园	西乡街道西乡大道与新湖路交汇处	4	27566	14454	18417
别墅	金地塞拉维花园	观澜街道梅观高速与环观南路交汇处	11	56018	54320	55169
	仁山智水花园(二期)	观澜横坑	10	36638	19075	26722
	曦谷花园	西乡街道广深高速公路东侧	5	48710	37934	41084
龙岗区						
多层住宅	百合山水别苑	龙城街道五联社区	7	25420	14641	18401
	第五园（七期）	坂田街道雅园路旁	11	81054	59291	67115
	嘉宏湾花园	坪山办事处六和社区	3	11869	11869	11869
	嘉宏湾花园二期	坪山新区丹梓大道南侧	11	17308	14808	15906
	凯旋湾花园(一期)	南澳盘仔径	5	122334	122255	122288
	凯旋湾花园（二期）	南澳盘仔径	1	85781	34211	59958
	融富花园二期	坪地街道	2	6500	6500	6500
	十二橡树庄园（二期）	坂田街道	1	27374	19276	23126

(续表)

房屋类型	物业名称	位置	挂牌月份	最高价	最低价	平均价
多层住宅	星河时代花园	龙城街道	2	38320	24195	28110
	旭源瑞景轩	龙岗街道	12	27634	27471	27553
	御峰园	平湖街道	4	19982	12606	15674
	东鸿雅居	龙岗街道龙东社区	1	8667	6425	7565
小高层住宅	金色盛晖华庭	横岗街道办事处	1	9478	7673	8063
	瑞泽佳园	横岗街道六约社区	2	10045	7880	8837
	深业紫麟山花园	龙城街道	2	14925	14384	14655
	十二橡树庄园（二期）	坂田街道	1	25709	20003	22711
	御峰园	平湖街道	4	11296	8524	9608
高层住宅	爱地花园	龙城街道	1	17941	9227	10500
	百合山水别苑	龙城街道五联社区	7	15385	10699	12772
	保利上城花园	龙城街道爱联社区	1	17013	10708	14136
	朝阳里雅苑	龙城街道	7	15307	15307	15307
	大都汇大厦	布吉街道	1	14381	9857	12356
	第五园（七期）	坂田街道雅园路旁	1	26688	18652	23160
	东方沁园	中心城	7	12700	12700	12700
	东鸿雅居	龙岗街道龙东社区	1	9587	6918	8195
	东晟时代花园	坪山新区中山大道与锦龙大道交汇处	2	12380	7296	9200
	非凡空间阁	中心城	11	15228	11534	12674
	凤冠华庭	平湖街道凤凰大道	4	13041	11078	11806
	公园里花园二期	南湾街道樟树布社区	12	20540	16450	18318
	公园里花园一期	南湾街道樟树布	1	21693	15424	17469
	广业成学府道花园	中心城 11 小区	2	17093	10000	14179
	国香尚居	龙岗街道	10	13290	11410	12456
	海轩广场	布吉街道	3	20853	16011	18720
	豪方菁园	坪山新区坪山办事处南布社区	1	11098	8268	9637
	荷康花园	横岗街道	12	16079	10561	12762
	横岗花半里雅筑	横岗街道	10	11841	10194	11088
	嘉宏湾花园	坪山办事处六和社区	3	12999	8080	10339
	嘉宏湾花园二期	坪山新区丹梓大道南侧	5	13497	7779	10527
	佳兆业新都汇家园	布吉街道	12	22954	15198	19479
	佳兆业中央广场一期	坂田街道办	12	19334	19334	19334
	家和盛世花园	龙城街道	1	17393	11844	15698
	金地名峰	龙岗镇	10	16710	13508	14871
	金阳戉大厦	龙岗镇龙岗村	3	9572	6878	8125
	锦冠华庭	平湖街道	10	14801	12719	13637
	景和园	布吉街道	1	24147	18280	19874
	满京华喜悦里华庭	龙岗街道	11	13568	12987	13383
	慢城	布吉街道	1	23690	16238	18761
	千林山居	龙城街道	1	14300	11312	12717
	全盛御景湾花园	龙城街道	11	22719	11329	14392
	融湖世纪花园	平湖街道	11	14053	10826	12517
	深业御园	坪山新区坑梓街道锦绣东路与金辉路交汇处	1	7881	5975	6761
	深业紫麟山花园	龙城街道	2	13328	9000	11418

(续表)

房屋类型	物业名称	位置	挂牌月份	最高价	最低价	平均价
高层住宅	十二橡树庄园（二期）	坂田街道	1	22192	10392	19324
	首创八意府	龙城街道	1	18035	8568	13752
	万科金色半山花园	坂田街道	3	16608	16608	16608
	万科金域缇香花园二期	坪山新区行政五路与丹梓西路交汇处	9	14571	10046	12225
	万科金域缇香花园一期	坪山新区坪山办事处丹梓大道南	1	13830	8128	10431
	万科天誉花园一期	龙城街道	1	20825	15833	17540
	文峰华庭	南湾街道	10	17387	12732	15332
	熙和园	龙城街道	1	21004	11614	14825
	星河时代花园	龙城街道	2	25919	9537	18812
	旭源瑞景轩	龙岗街道	9	10812	9048	9861
	阳基新天地家园	布吉街道	8	27196	13296	16418
	颐景峰苑	龙岗街道	7	6368	6368	6368
	御峰园	平湖街道	11	14573	9182	10690
	御府名筑花园	龙城街道	2	16975	12592	14465
	远洋新干线荣域花园	龙岗街道	12	13585	13585	13585
	阅山华府	龙岗中心称	2	15762	10824	12817
	振业城	横岗街道六约村	8	14864	10150	12306
	中海康城花园	中心城黄阁坑北通道和如意路交汇处	1	13785	8972	11214
	中海康城花园（二期）	中心城黄阁坑北通道和如意路交汇处	1	16757	10728	13164
	中粮一品澜山花园	坪山新区深汕高速出口与丹梓大道交汇处	11	11941	10000	11007
	中森双子座公馆	龙城街道爱联陂头背村	4	15119	10288	12846
	卓弘高尔夫雅苑	龙岗街道	3	15859	10403	12797
	缤纷世纪公寓	龙城街道	1	19577	15090	16518
	睿智华庭	龙城街道	1	17023	10363	12559
别墅	嘉宏湾花园	坪山办事处六和社区	3	11869	11869	11869
	凯旋湾花园（二期）	南澳盘仔径	3	65312	34211	53358
	旭源瑞景轩	龙岗街道	12	27634	27471	27553
	御峰园	平湖街道	4	19982	16071	17270

表 6-43 深圳市 2012 年公开发售办公楼项目一览(含新推介楼盘)

区域	项目名称（含新推介的楼盘）
福田区	农科商务办公楼
南山区	田厦金牛广场、星海名城七期
盐田区	壹海城一区
福田区	农科商务办公楼

表 6-44 深圳市 2012 年二级市场办公楼销售价格抽样

单位：元/平方米

区域	项目名称	位置	挂牌月份	最高价	最低价	均价
福田区	农科商务办公楼	福田区红荔路	9	40320	36960	38611
南山区	田厦金牛广场	南山区桃园路与南光路交汇处西北侧	3	43003.26	34112.86	39086
南山区	星海名城七期	前海路与深南大道交汇处	3	39704.32	24596.01	31732
盐田区	壹海城一区	盐田区深盐路南面海山路北面	11	29477.84	24051.94	27145
福田区	农科商务办公楼	福田区红荔路	9	40320	36960	38611

表 6-45 深圳市 2012 年公开发售商业用房项目一览（含新推介楼盘）

区域	项目名称
罗湖区	港丰大厦
福田区	嘉葆润金座家园、锦龙花园、君临天下名苑、世纪汇广场、天健时尚名苑、御锦公馆、中航北苑大厦
南山区	泛海拉菲花园（二期）、公园道大厦、田厦金牛广场、雍景湾花园
盐田区	和亨城市广场、壹海城一区、昊海君悦大厦
宝安区	藏珑苑、凤凰花苑、佳华名苑、桃源峰景园、腾阁、万科金色领域花园（一期）、万科翡丽郡花园、星河盛世花园（一期）、永福苑、展远御珑苑、中粮鸿云花园、中洲华府、芷峪澜湾花园、魅力时代花园
龙岗区	爱地花园、保利上城花园、碧湖大酒店、东晟时代花园、港信达横岗大厦、海轩广场、嘉宏湾花园、嘉宏湾花园二期、家和盛世花园、金地名峰、龙兴商业广场、瑞泽佳园、深业紫麟山花园、天颂雅苑、万科金域缇香花园二期、万科金域缇香花园一期、万科天誉花园一期、星河时代花园、御府名筑花园、中海康城花园、中海康城花园（二期）

表 6-46 深圳市 2012 年二级市场商业用房销售价格抽样

单位：元/平方米

区域	项目名称	位置	挂牌月份	最高价	最低价	均价
罗湖区	港丰大厦	湖贝路	2	30701	20000	26453
福田区	嘉葆润金座家园	新洲村新洲九街南	1	48000	33614	41636
	锦龙花园	爱华南路	8	45000	31000	38352
	君临天下名苑	新沙路与新沙街交汇处	1	44819	29342	38999
	世纪汇广场	深南中路北中航路西	1	51874	39253	43675
	天健时尚名苑	福田保税区桂花路	5	73810	43651	48207
	御锦公馆	梅林路和中康路交汇处	9	34735	22986	29510
	中航北苑大厦	振华路以北、中航路以东	4	479547	29544	77489

（续表）

区域	项目名称	位置	挂牌月份	最高价	最低价	均价
南山区	泛海拉菲花园（二期）	前海路东侧	1	58000	6600	30542
	公园道大厦	南海大道和登良路交汇处	12	37504	26035	34718
	田厦金牛广场	桃园路与南光路交汇处西北侧	1	42987	32966	37873
	雍景湾花园	爱榕路	5	83544	62402	69209
盐田区	和亨城市广场	海山街道办盐田路与海山路交汇处东北侧	1	40000	40000	40000
	壹海城一区	深盐路南面海山路北面	11	126698	15737	34176
	昊海君悦大厦	深盐路北侧	10	25468	15223	18942
宝安区	藏珑苑	龙华街道人民南路	3	30000	20000	29336
	凤凰花苑	福永街道白石厦	3	11000	8000	10397
	佳华名苑	宝安中心区 N1 区	5	37566	37566	37566
	桃源峰景园	西乡街道前进二路东侧	3	21154	21154	21154
	腾阁	新安街道宝民路	3	54782	28948	38749
	万科金色领域花园（一期）	福永街道	1	40000	40000	40000
	万科翡丽郡花园	沙井街道环镇路东面新沙路北面	1	91742	10671	28445
	星河盛世花园（一期）	民治街道	12	25503	25503	25503
	永福苑	福永街道	10	55102	43877	48534
	展远御珑苑	龙华街道人民南路	5	30000	30000	30000
	中粮鸿云花园	西乡街道西乡大道与宝安大道交汇处	2	58656	40015	48017
	中洲华府	新安街道裕安二路与公园路交汇处	12	78000	38000	58131
	芷峪澜湾花园	观澜街道观澜大道东侧	6	75252	10876	17615
	魅力时代花园	西乡街道西乡大道与新湖路交汇处	3	22091	18475	19837
龙岗区	爱地花园	龙城街道	2	36561	27495	30575
	保利上城花园	龙城街道爱联社区	1	48761	14000	18209
	碧湖大酒店	中心城	12	20000	20000	20000
	东晟时代花园	坪山新区中山大道与锦龙大道交汇处	9	100406	11066	25487
	港信达横岗大厦	横岗街道办	5	27494	9323	17889
	海轩广场	布吉街道	4	29521	15028	20551
	嘉宏湾花园	坪山办事处六和社区	3	28189	23387	24290
	嘉宏湾花园二期	坪山新区丹梓大道南侧	7	45466	12200	24528
	家和盛世花园	龙城街道	3	28000	28000	28000
	金地名峰	龙岗镇	12	25406	25406	25406
	龙兴商业广场	中心城	3	18000	9000	14743
	瑞泽佳园	横岗街道六约社区	12	12903	11788	12225
	深业紫麟山花园	龙城街道	3	14000	14000	14000
	天颂雅苑	横岗街道	7	67566	17414	30662
	万科金域缇香花园二期	坪山新区行政五路与丹梓西路交汇处	11	48205	19602	23817
	万科金域缇香花园一期	坪山新区坪山办事处丹梓大道南	1	23856	14330	20320
	万科天誉花园一期	龙城街道	1	110200	19028	35120
	星河时代花园	龙城街道	3	58521	28307	40313
	御府名筑花园	龙城街道	4	32400	12026	17133
	中海康城花园	中心城黄阁坑北通道和如意路交汇处	1	37543	36735	37139
	中海康城花园（二期）	中心城黄阁坑北通道和如意路交汇处	2	59584	15644	36866

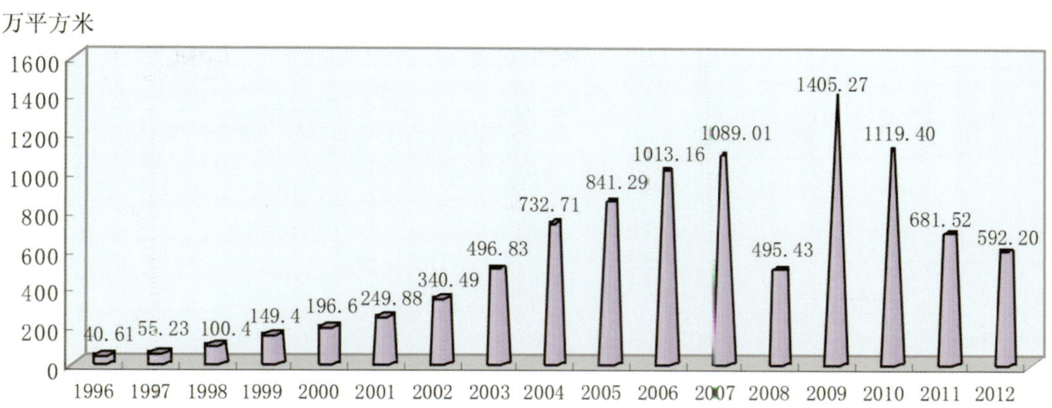

图 7-3 深圳市历年房地产三级市场交易面积示意图

二、三级市场住宅交易情况

2012 年，全市三级市场住宅交易55841 宗、面积 468.40 万平方米，同比分别减少 7.0%和 8.4%。从区域结构看，罗湖区 10065 宗、面积 72.48 万平方米，同比分别减少 6.2%、7.1%；福田区 10961 宗、面积 90.93 万平方米，同比分别减少 10.2%、13.5%；南山区 8983 宗、面积 79.76 万平方米，同比分别减少 7.6%、9.8%；盐田区 1262 宗、面积10.34 万平方米，同比分别减少 26.5%、23.7%；宝安区11172 宗、面积 100.29 万平方米，同比分别减少 8.1%、7.8%；龙岗区 13398 宗、面积 114.60 万平方米，同比分别减少 0.7%、2.3%。

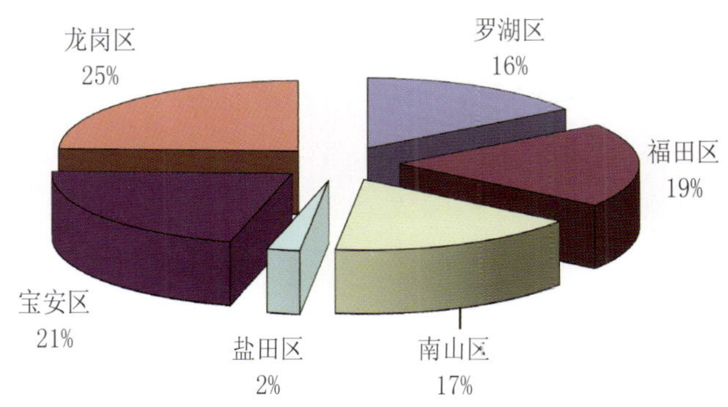

图 7-4 深圳市 2012 年三级市场住宅交易面积区域分布示意图

表 7-2　深圳市历年三级市场住宅交易情况（按区域分）

单位：宗、万平方米

年份	合计		罗湖区		福田区		南山区		盐田区		宝安区		龙岗区	
	宗数	面积	宗数	面积	宗数	面积	宗数	面积	宗数	面积	宗数	面积	宗数	面积
2004	53259	474.53	13103	107.78	14612	130.62	10757	99.81	1212	9.55	4993	47.48	8582	79.29
2005	65541	595.67	13601	109.48	18483	170.33	13986	129.97	1251	10.19	7555	72.81	10665	102.89
2006	84976	737.63	18670	141.59	22268	198.54	17377	160.13	1858	15.11	11062	101.25	13741	121.01
2007*	108270	884.61	23957	164.66	25960	213.68	20000	178.26	2925	21.99	18037	157.82	17391	148.20
2008*	41307	350.93	9475	69.18	9730	86.25	7139	65.93	1114	8.30	6793	60.77	7056	60.50
2009	145863	1226.58	32214	225.40	33139	280.06	23758	219.02	3350	26.52	25646	237.26	27756	238.32
2010	111121	923.40	21338	151.45	22690	186.07	19000	166.92	2860	21.70	21839	195.06	23394	202.20
2011	60013	511.09	10734	78.04	12205	105.07	9719	88.43	1717	13.55	12152	108.75	13486	117.25
2012	55841	468.40	10065	72.48	10961	90.93	8983	79.76	1262	10.34	11172	100.29	13398	114.60

第二节　三级市场交易价格

2012 年，全市三级市场交易均价 11191.02 元/平方米（按建筑面积，下同），同比上涨 48.0%。其中，住宅 11818.60 元/平方米，上涨 64.1%；办公楼 10599.79 元/平方米，下降 0.74%；商业用房 13554.62 元/平方米，上涨 18.9%。

从区域结构看，罗湖区 11347.99 元/平方米，福田区 14721.56 元/平方米，南山区 15052.69 元/平方米，盐田区 9459.89 元/平方米，宝安区 8877.21 元/平方米，龙岗区 7352.13 元/平方米。

表 7-3 深圳市 2012 年房地产三级市场交易均价（按区域分）

单位：元/平方米

	全市	罗湖区	福田区	南山区	盐田区	宝安区	龙岗区
全市均价	11191.02	11347.99	14721.56	15052.69	9459.89	8877.21	7352.13
住　宅	11818.60	11823.12	15534.15	15557.17	10621.86	10182.67	7805.32
办公楼	10599.79	8822.27	16172.55	9461.54	3648.94	5484.98	6190.48
商业用房	13554.62	12578.36	16295.26	23037.34	11226.42	7501.15	6886.50
其　他	3884.57	5926.24	4884.69	5509.87	3609.38	1715.48	2821.80

表 7-4 深圳市历年房地产三级市场交易均价（按区域分）

单位：元/平方米

区域 年份	全市	罗湖区	福田区	南山区	盐田区	宝安区	龙岗区
2000	3144.97	3699.96	4541.55	2789.46	2492.46	1706.90	1121.99
2001	3022.28	4220.35	4021.27	2826.65	2489.55	1250.62	1107.58
2002	3038.43	3812.62	4239.49	3013.03	1696.71	1303.90	1317.78
2003	3157.20	3937.37	4562.50	3406.51	1872.98	1521.34	1526.44
2004	3527.27	4075.46	4929.10	4007.70	1991.06	1804.08	2198.62
2005	4052.59	4671.36	5417.90	4459.49	3527.09	2331.80	2274.80
2006	4507.34	5331.01	6111.64	4819.21	5035.03	2716.95	2471.42
2007*	5385.14	6214.27	7051.68	5763.52	5387.17	3597.34	3629.06
2008*	5263.65	5557.52	6623.92	6367.83	4953.33	3470.12	3985.13
2009	5902.88	6300.56	7123.67	6537.40	5687.68	5212.62	4143.46
2010	6055.04	6446.24	7354.10	6763.94	6378.92	5342.21	4481.73
2011	7564.28	7815.57	9366.21	8884.37	6643.07	6692.97	5441.33
2012	11191.02	11347.99	14721.56	15052.69	9459.89	8877.21	7352.13

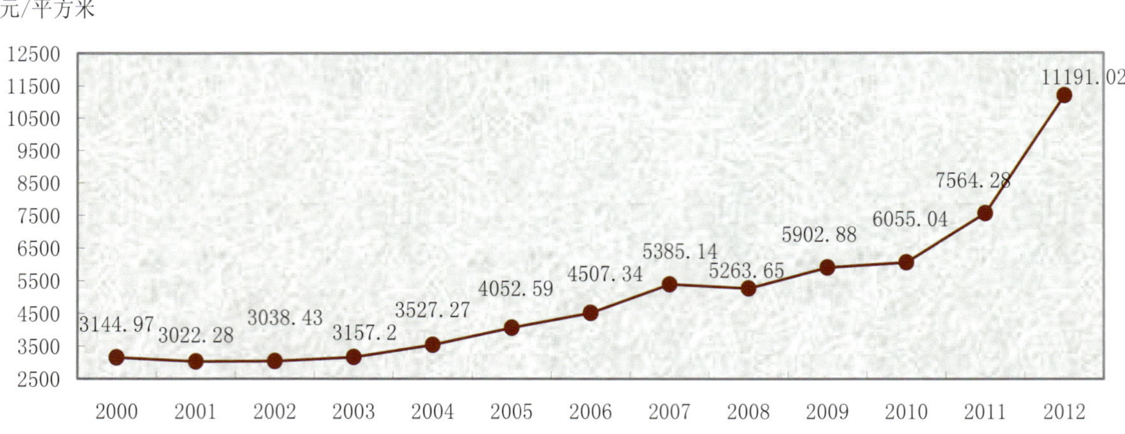

图 7-5 深圳市历年房地产三级市场交易均价走势示意图

表 7-5 深圳市历年三级市场住宅交易均价

单位：元/平方米

年度\月份	1	2	3	4	5	6	7	8	9	10	11	12
2004	3585.33	3612.09	3713.55	3722.33	3763.00	3792.94	3817.49	3839.75	3834.70	3852.88	3861.68	3890.80
2005	4096.30	4111.35	4123.85	4177.97	4254.87	4312.14	4302.17	4307.50	4281.01	4288.64	4301.50	4283.92
2006	4447.64	4437.87	4441.44	4503.55	4593.31	4639.78	4658.58	4665.77	4679.03	4711.06	4730.08	4757.79
2007*	4994.33	5117.97	5191.14	5194.74	5230.22	5311.56	5388.82	5390.95	5394.63	5395.71	5407.29	5402.00
2008*	5571.40	5638.48	5794.97	5898.32	5951.03	5943.05	5863.68	5836.53	5826.00	5792.96	5761.64	5682.30
2009	5584.20	5584.20	5657.67	5678.22	5694.70	5738.78	5759.72	5811.46	5787.40	5784.71	5772.90	5777.54
2010	5867.83	5805.64	5762.86	5728.45	5782.53	5789.15	5773.91	5761.47	5793.11	5807.20	5834.21	5835.82
2011	6203.17	6147.78	6215.22	6262.59	6258.93	6295.14	6404.85	6531.06	6716.84	6873.42	7049.32	7204.35
2012	10857.02	11260.68	11452.66	11603.83	11621.50	11700.05	11679.32	11699.58	11682.57	11699.25	11769.42	11818.60

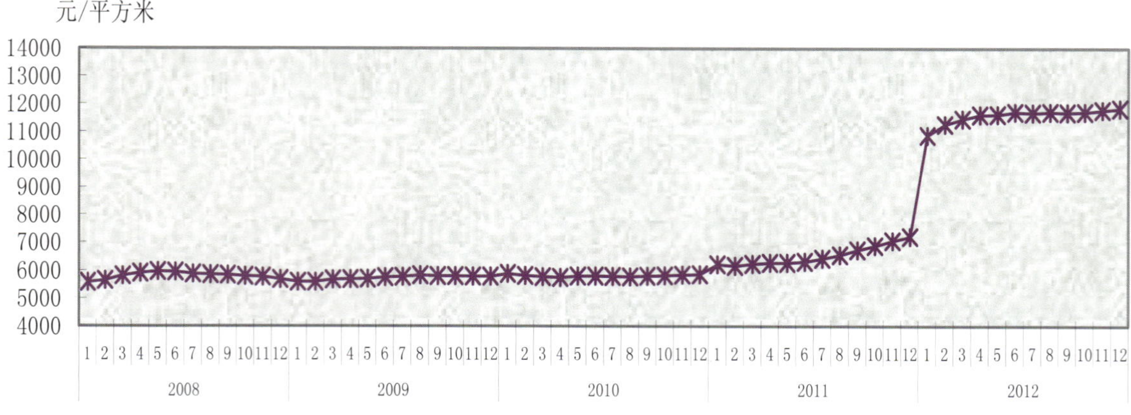

图 7-6 深圳市历年三级市场住宅交易均价走势示意图

表 7-6 深圳市 2012 年三级市场住宅销售价格抽样

单位：平方米 元/平方米

区域	项目名称	位置	房屋类型	面积	挂牌月份	挂牌价
罗湖区	仙湖枫景家园	莲塘坳下村路	小高层	38.00	5	16573
	东方广场	中心城	高层	85.35	8	12700
	名骏豪庭	莲塘罗沙路南	高层	64.05	2	15823
	好运来大厦	沿河路	小高层	27.37	8	15365
	文星阁	春风路文星小区	多层	26.77	9	14567
	仙桐御景家园	国威路北侧	小高层	72.07	1	18500
	东方尊峪花园	莲塘罗沙路	高层	89.39	1	23862
	金迪名苑	东昌	小高层	57.70	1	14606
	云景豪园	春风路东，向西路南	高层	66.16	1	18125
	翠盈嘉园	笋岗路北侧	高层	126.31	2	18684
	鹏城合正星园	贝丽路西	高层	103.57	2	22757
	东方凤雅台	罗沙路北侧	小高层	42.00	2	17331
	仙湖枫景家园	莲塘坳下村路	高层	73.62	2	15573
	翡翠园山湖居二期	布吉镇	小高层	81.14	2	16859
	金众经典家园	宝安路,红桂路口	高层	95.09	2	22120
	星桂园	桂园路	小高层	60.90	6	21004
	世界金融中心	和平路宝平街	高层	51.40	1	24845
	宝湖名园	东湖路	高层	88.62	1	20560
	双御雅轩	罗湖区	高层	63.00	1	23781
	罗湖金岸	沿河南路	高层	67.00	2	18058
	天俊大厦	东门南	高层	66.71	6	15893
	湖臻大厦	湖贝路	高层	60.40	7	17566
	新银座	人民南	高层	115.41	1	19796
	路桥大厦	罗湖区泥岗路	高层	77.60	1	15786
	青橙时代公寓	罗湖区布心东晓路	多层	127.47	4	15240
	金祥悦园	罗湖区红岗北路	小高层	84.47	8	14450
福田区	名科馨阁	滨河路与彩田路交汇处西南侧	高层	115.49	5	19958
	裕康时尚名居	福强路北	高层	61.45	2	18627
	时代星居	福民路南金三角地区	小高层	67.42	3	31314
	金中环商务大厦	中心区金田路与福华路交汇处	高层	113.53	6	26367
	星河世纪大厦	深南大道与彩田路交界西南	高层	128.08	5	25497
	浩铭财富广场	深南大道北侧	高层	36.87	7	28497
	时代星居	福民路南金三角地区	多层	67.34	9	30862
	盛唐商务大厦	车公庙泰然九路	小高层	116.47	9	36861
	名津广场	落马洲大桥与深圳河交汇处	高层	62.17	8	25196

（续表）

区域	项目名称	位置	房屋类型	面积	挂牌月份	挂牌价
南山区	南山豪庭	一甲片区、红花路北	小高层	106.15	1	16292
	南海玫瑰花园（二期）	望海路以南、蛇口渔港以西	小高层	97.39	1	29293
	育德佳园	后海路东、登良路北	小高层	93.60	5	23792
	海月花园（二期）	后海路东、东滨路南	多层	129.00	8	25793
	南光城市花园	南山大道以东、海德二道以南、创业路以北	高层	86.90	1	22055
	海月花园（二期）	后海路东、东滨路南	多层	128.28	1	2480
	雷圳碧榕湾海景花园	沿湖路与月亮湾大道东南	高层	123.53	1	21063
	时代骄子大厦	学府路北、南山大道东	高层	86.00	1	17173
	南油南海大厦	南山大道东、龙岗路以南	高层	41.61	2	19131
	科苑学里揽翠居	铜鼓路西、科苑中学北	小高层	114.20	8	26349
	科苑学里揽翠居	铜鼓路西、科苑中学北	小高层	100.98	1	24752
	好来居	南山大道东、龙岗路南	高层	42.60	1	20181
	滨海之窗花园	环东路西环北路北	高层	104.59	1	26095
	南油福临苑	南山大道与学府路交汇处	高层	95.91	1	17317
	米兰公寓	招商路和工业七路交汇处	小高层	72.65	2	19255
	南贸综合市场	南新路与桃园路交汇处东北角	多层	83.19	7	13518
	纯海岸雅居	滨海大道与沙河西路交汇处	高层	118.77	1	33256
	海月花园（二期）	后海路东、东滨路南	小高层	90.88	1	25711
	麒麟花园	玉泉路南侧	多层	78.77	1	21662
	向南海德大厦	南新路	小高层	128.64	4	21910
	学林雅院	南山区商业文化中心片区	多层	69.03	3	19042
	俊峰丽舍花园	龙珠大道北	小高层	77.37	1	19544
	诺德假日花园	月亮湾大道与西部通道交汇东北角	小高层	85.05	1	21680
	现代城华庭	创业路与南光路交汇处	高层	78.59	2	16796
	深圳湾畔花园	深南大道北、沙河东路东	高层	102.75	1	23209
	中爱花园	龙珠七路与龙苑路交汇处	小高层	102.11	1	20214
	宝珠花园	珠光村南，龙珠大道北	高层	101.82	1	16814
	米兰第二季公寓	花果路与招商东路交汇处	高层	70.38	1	18475
	蓝漪花园	蛇口望海路北	高层	99.87	2	22743
	南油南海大厦	南山大道东、龙岗路以南	高层	113.19	4	20001

（续表）

区域	项目名称	位置	房屋类型	面积	挂牌月份	挂牌价
盐田区	和亨雅园	宏安	多层	89.77	3	8836
	八佰麓居	盐田区	小高层	67.20	3	10947
	碧桐海苑	盐田区	高层	70.13	1	16733
	蓝田壹站华苑	深盐	小高层	18.70	1	15992
	倚天阁	大梅沙内环	多层	94.33	1	19145
	星港名苑	北山大道	小高层	127.23	1	9655
	万科东海岸社区（一期）	大梅沙	多层	55.75	2	14727
	云顶天海花园	迎宾路与内环路交界西北	多层	105.82	3	15197
	海滨假日雅居	盐田区	高层	98.69	1	17528
	万科东海岸社区（一期）	大梅沙	小高层	110.50	2	14580
	山海阳光园	沙头角	小高层	78.61	5	15990
	心海玥雅居	盐葵	多层	108.02	6	11162
	倚山时代雅居	盐田区	高层	48.67	1	17260
	裕宏园	东海大道	多层	76.59	4	10936
	海语东园	大梅沙内环路西侧	小高层	109.00	7	14514
宝安区	万骏汇商务公寓	西乡街道广深高速公路西侧	小高层	121.13	4	13229
	广福大厦	福永镇福深大道	小高层	97.73	3	4961
	翠景居	西乡街道宝民二路东侧	多层	124.72	4	10677
	辉华大厦	龙华镇民清路东侧	多层	102.04	4	10876
	福安大厦	福永镇龙翔北路西侧	小高层	72.53	8	5867
	如意豪庭	石岩街道如意路	小高层	127.11	3	12993
	鸿昌花园	新安街道广深路西侧	高层	96.38	9	13559
	香缇雅苑	龙华街道东环一路	小高层	90.37	7	13573
	赛龙豪轩	龙华镇东环一路西侧	多层	122.36	7	10021
	书香门第名苑	龙华镇梅观高速公路西侧	多层	97.50	5	20033
	桃源居三区	西乡镇广深公路	小高层	112.13	3	13682
龙岗区	阳光翠园	布吉镇	多层	81.34	1	9094
	新亚洲花园	龙岗中心城	小高层	110.05	1	10425
	大山地花园	横岗街道	高层	82.43	2	12108
	桂芳园（八期）	布吉镇	高层	120.42	1	15098
	碧湖玫瑰园	中心城	多层	108.05	1	10162
	美利达新村	龙岗区中心城	多层	96.38	5	6390
	横岗城市中心花园	横岗镇	小高层	108.20	6	11146
	南油花园	平湖镇	多层	97.57	1	6536
	美利达新村	龙岗区中心城	多层	62.91	2	6074

（续表）

区域	项目名称	位置	房屋类型	面积	挂牌月份	挂牌价
龙岗区	顺景花园	龙岗区中心城	多层	81.74	3	8473
	超群大厦	布吉镇	小高层	21.54	6	6176
	榭丽花园	龙岗街道南联社区	多层	61.49	1	8333
	天健·现代城花园	龙岗区中心城	小高层	129.02	2	10145
	平湖满庭芳	龙岗区平湖镇凤凰大道侧	小高层	88.45	2	8140
	中城康桥花园	布吉镇	高层	114.28	2	9589
	深华业大厦	平湖镇	小高层	109.64	2	8558
	水岸新都	龙岗街道	小高层	99.18	2	9854
	锦城星苑	龙岗镇新生村	多层	53.18	2	7036
	华兴苑	龙岗镇	小高层	96.60	5	8648
	公园大地花园	龙岗区中心城 29 区	多层	125.05	6	15695
	鑫园广场	龙岗区葵涌街道	小高层	89.88	7	6239
	志健时代广场	横岗镇	高层	71.98	1	9399
	灏景明苑（二期）	布吉镇	高层	94.38	2	13349
	尚景华园	中心城 10 区	多层	95.29	1	9314
	第五园八期	坂田街道	高层	89.58	2	19456

表 7-7　深圳市 2012 年三级市场办公楼交易价格抽样

单位：平方米、元/平方米

区域	项目名称	位置	房屋类型	面积	挂牌月份	挂牌价
福田区	金中环商务大厦	金田路与福华路交汇处	高层	439.00	9	48118
	诺德金融中心	福中三路	高层	192.00	11	167
	天安数码时代大厦	车公庙	高层	966.00	7	136
	海松大厦	泰然九路	高层	647.00	7	16107
	赛格广场	华强北路	高层	148.00	7	137
	中国凤凰大厦	中心区 26-3	高层	124.00	6	41215
	泰然泰康轩	泰然四路	高层	60.00	9	23333
	杭钢富春商务大厦	深南路车公庙段	高层	105.00	7	14889
	金中环商务大厦	福田中心区金田路与福华路交汇处	高层	533.00	11	122
	杭钢富春商务大厦	深南路车公庙段	高层	230.00	11	126
	盛唐商务大厦	泰然九路	高层	56.00	11	282
	卓越世纪中心	福田区福华三路与金田路交汇处	高层	613.45	11	210
	盛唐商务大厦	泰然九路	高层	88.00	6	35298
	卓越大厦	深圳中心区新洲路与深南路交汇处的东南侧	高层	135.00	8	38667
	都市阳光名苑	深南路与香蜜湖路交界西南	高层	103.00	7	22816
南山区	海岸大厦	南山商业文化中心区	高层	132.00	11	152
	海岸大厦	南山商业文化中心区	高层	605.00	7	42119

表 7-8　深圳市 2012 年三级市场商业用房销售价格抽样

单位：平方米、元/平方米

区域	物业名称	位置	房屋类型	面积	挂牌月份	挂牌价
罗湖区	名骏豪庭	莲塘罗沙路南	高层	51.51	11	31062
福田区	一品东门雅园	深圳市罗湖区中兴路北侧	高层	36.00	5	56111
	八达商城	东门永新街	高层	7.00	7	107143
	赛格广场	华强北路	高层	29.00	6	118966
南山区	趣园	福华路与滨河路交汇处	高层	53.00	11	22830
	嘉麟豪庭	深南大道与彩田路交界西南	高层	187.00	11	70
	海岸大厦	南山商业文化中心区	高层	79.00	11	400

（续表）

区域	物业名称	位置	房屋类型	面积	挂牌月份	挂牌价
宝安区	白金时代公寓	宝安区新安街道办宝民一路	高层	89.00	5	20225
	天悦龙庭	新安街道新湖路东侧	高层	50.00	7	180
	东源阁A区	龙华镇东环二路	高层	96.00	12	41667
	东源阁	龙华镇东环二路	高层	188.00	6	17021
	庆宜华苑	宝城37区	高层	100.00	8	11800
	桃源居12区	西乡镇广深公路东侧	高层	48.00	8	55833
	中海西岸华府	松岗街道沙江路	高层	10.00	8	21500
	福中福花园	西乡镇新安大道与宝源路交汇处	高层	32.00	9	35938
	煜丰泽花园广场	龙华镇龙观	高层	8.00	10	11250
	碧湾雅园	西乡街道新安路西侧	高层	292.00	5	44947
	宝利豪庭	松岗镇中心区	高层	351.00	5	63703
	易达大厦	新安街道创业路南侧	高层	12.00	9	14417
	宝利豪庭	松岗镇中心区	高层	88.91	10	40659
	棕榈堡花园	沙井街道万丰路东侧	高层	48.00	8	49167
	煜丰泽花园广场	龙华镇龙观	高层	13.00	5	12308
	汇龙苑	龙华镇梅龙南路西侧	高层	82.00	5	33171
	宝田雅苑	西乡街道铁仔路	高层	426.00	6	34464
	苹果园	龙华镇人民	高层	53.00	6	69434
龙岗区	盛龙花园	龙城街道	高层	33.00	10	21
	大世纪花园	布吉镇	高层	200.00	11	50
	君悦龙庭	龙岗区中心城	高层	215.00	5	29979
	九州家园	龙岗镇	高层	91.00	12	19011
	金运家园	布吉镇	高层	37.00	7	19189
	德兴城	布吉镇水径	高层	12.07	10	19056
	茗萃园一期	平湖街道良安田社区	高层	49.00	5	15306
	榭丽花园	龙岗街道南联社区	高层	32.00	8	28125
	中航鼎尚华庭	坪地街道	高层	3233.03	10	18717
	布吉中心花园	布吉镇	高层	140.77	11	20530
	龙威花园	布吉镇	高层	35.00	5	42909
	中航鼎尚华庭	坪地街道	高层	224.00	9	23036
	桂芳园	大芬村	高层	18.00	9	22500
	龙岭山庄	布吉镇	高层	68.00	6	16912
	和兴花园	中心城	高层	36.00	6	22222

表 7-9 深圳市 2012 年人民法院委托拍卖住宅价格抽样

区域	物业名称	位置	楼层	面积（平方米）	拍卖底价（万元）	拍卖成交价（万元）	成交单价（元/平方米）
罗湖区	碧岭华庭 5 号楼	太白路以北	34	135.89	2174240	2770000	20384
	东方尊峪花园	梧桐山半山风景区	26	182.40	3458304	4170000	22862
	新港鸿花园东湖阁	翠竹路	24	238.06	2579047	3180000	13358
	宝泉庄 4 栋 505	红桂路	9	124.65	2084148	2480000	19896
	鸿翔花园 7 座 25B16	松园北街西侧、笋岗路南侧	28	40.90	621680	740000	18093
	京基一百大厦 C 座 2-6H	蔡屋围	20	44.33	898643.2	1260000	28423
	云景豪园丽景阁 11A	春风路	31	121.06	1646416	2200000	18173
	逸翠园逸夏轩 904	翠竹路八号	25	130.13	1834672	2110000	16215
	双御雅轩御轩阁 901	翠竹路与太白路交叉口	25	62.34	1373560	1530000	24543
	都心名苑 1012 号	翠园街与中兴路交界东南	23	62.88	885350.4	1080000	17176
	城市花园 32 栋复式 702	中心城	8	166.23	1196856	1196856	7200
	城市东座公寓 1309 号	莲塘罗沙路以南、港莲路以东	26	27.46	383484	490000	17844
	翠苑大厦 A 栋 11D	太宁路 15 号大院	25	92.41	1099687	1120000	12120
	海珑华苑海天阁 1021 号	凤凰路 3 号	34	151.49	1728400	2120000	13994
	南塘商业广场 C 区 1405	东门永新街	28	52.20	800226	870000	16667
福田区	安柏丽晶园 2 栋	深南大道景田片区	5	201.61	4064457.6	4710000	23362
	中银花园中行阁 26A	彩田路西、红荔路南	32	99.47	1546586	1950000	19604
	发展兴苑 1 号楼（杜鹃阁）7A	滨河路与新洲路交汇处	20	229.70	7221277	7221277	31438
	星河国际花园 A3 座 6B 号	福华三路与民田路交界处	30	239.28	8179245	10380000	43380
	景蜜村 6 栋 103	景田路	8	86.55	1583865	2040000	23570
	皇御苑 C 区 B 地块 20 栋 5 层 05A5 号	皇岗路与滨河路交界东南	34	59.94	1059739.2	1380000	23023
	帝港海湾豪园-城市 3 米 6 公寓 522 号	福田保税区桂花路	25	73.60	813486.4	813486.4	11053
	加福广场 A 座 21A1 号房产	福田保税区桂花路	28	145.77	1217194	1670000	11456
	荔林苑 LX-26G 号	红荔西路	30	109.66	2044909.2	2560000	23345
	名津广场 1 栋 1-6I	渔农村	32	91.84	2433760	2433760	26500
	博伦花园 1 栋 303 号	福民路	9	96.73	1058613.12	1670000	17265
	金域蓝湾 8 号楼 1702 号	福荣路与滨河大道交界东南	18	78.50	1638616	2150000	27389
南山区	诺德假日花园	月亮湾大道	33	49.86	917424	1100000	22062
	天鹅堡 C 栋 19C	华侨城	19	219.45	6706392	7350000	33493
	观海台花园 C 栋 C-2-1803	商业文化中心区内	16	148.52	4204748.8	4350000	29289
	文德福花园 6 栋 1906	后海路与东滨路交汇	18	238.37	3966476.8	5760000	24164

(续表)

区域	物业名称	位置	楼层	面积（平方米）	拍卖底价（万元）	拍卖成交价（万元）	成交单价（元/平方米）
南山区	华联城市山林花园二期12栋16-20A	南山大道与内环路交汇处	28	130.31	2619961	3440000	26399
	南粤明珠B-29C	后海路与创业路交汇处	26	84.67	1609915	1930000	22794
	创世纪滨海花园5座6E	南油大道东、滨海大道北	26	77.12	1388160	1570000	20358
	荔园大厦乙栋13H	桂庙路	30	84.36	622626.56	910000	10787
	皇庭港湾花园D座16A	蛇口招商东路	19	177.16	4053421	5130000	28957
	新德家园D栋B-17E	前海路与学府路交汇处	26	67.87	1372331	1372331	20220
	汇宾广场汇明阁11B	内环路以南	18	114.09	1488300	1488300	13045
	汇景花园海逸阁24C	深南大道	5	58.40	770880	860000	14726
	南海明珠住宅1栋601C	南光路西	9	41.90	703920	830000	19809
盐田区	万科东海岸社区赏湖居107号楼202	大梅沙高速公路北侧	9	85.60	979566.08	1300000	15187
	蓝郡广场1座1-18A号	沙头角海景二路	28	189.06	3787520	5430000	28721
	云深处别墅区花园洋房F3a栋0301	沙头角15号路北面	1	178.85	3407043	4070000	22756
	中海半山溪谷花园12栋1-5B	同福裕路	8	75.28	795062.4	850000	11291
	优品艺墅雅居A栋217	大梅沙内环路西北侧	8	91.79	1047982.4	1047982.4	11417
	商住楼D座A702号	沙头角深盐路	7	80.58	604350	610000	7570
	大益广场1栋2座9D号	西乡街道西乡大道西侧	9	68.29	766528	790000	11568
宝安区	城市明珠花园12栋4E	龙华街道东环二路东侧	18	113.00	1168000	1520000	13451
	翠湖花园四栋207房	西乡镇广深公路东侧西部开发区	7	74.10	474240	630000	8502
	冠城世家3栋祥龙轩310号	新安街道前进路南侧	32	132.53	1925199	2760000	20825
	三十三区商住楼03B栋202号	宝城裕安路西北侧	8	73.00	495360	495360	6786
	如意豪庭1栋御华阁03D号	石岩街道如意路	18	105.91	878918	1060000	10008
	春华四季园37栋三单元7A号	龙华街道梅观高速公路东侧	9	50.08	1667740.8	2400000	47923
	私宅1栋	松岗街道东边社区	6	511.66	1285670	1285670	2513
	鸣乐中心1号楼祥和楼乙303	西乡镇鸣乐中心	7	81.90	491400	610000	7448
	星河丹堤花园E区1栋2单元2501号	龙华街道梅观高速公路东北侧	29	96.27	3317352	3650000	37914
	观澜豪园*假日*赛维纳D栋H座0706房	观澜镇高尔夫大道	9	63.47	461021.76	590000	9296
	松涛花园C栋308房产	松岗镇东方村	7	108.66	469411.2	520000	4786
	西城丰和家园1栋B座27C号	西乡街道西乡大道西侧	33	98.23	1021592	1320000	13438
	熙龙湾花园（N10区）6栋B座2602	中心区N10区	7	172.96	5630012	5930000	34285

（续表）

区域	物业名称	位置	楼层	面积（平方米）	拍卖底价（万元）	拍卖成交价（万元）	成交单价（元/平方米）
宝安区	碧涛苑一栋B座901	新安办宝民路西南侧	7	116.10	1048111	1080000	9302
	金域豪庭1-2栋海亮阁8C	福永街道新城大道东侧	13	76.38	708806.4	850000	11129
	福中福商业城一栋B区B型三座二单元602	西乡镇新安路	7	89.98	719840	890000	9891
	鸿景园4栋B单元1902号	新安街道宝城34区宝民路	19	151.96	2552928	2710000	17834
龙岗区	德华花园6栋	葵涌镇万兴中路	6	105.57	337824	450000	4263
	德华花园7栋	葵涌镇万兴中路	6	80.91	258912	350000	4326
	龙园意境华府1号住宅	布吉镇大芬村	33	185.64	4343976	5150000	27742
	摩尔城1-3栋	深惠路与鹏达路交界处	31	115.30	982339.2	1120000	9714
	吉信大厦B座复式28D	布吉镇振兴大道15号	28	157.79	1110842	1190000	7542
	锦龙名苑4号楼1单元9A	龙岗镇南联龙溪村	9	83.78	811828	940000	11220
	西湖苑金豪阁502	坪地镇	9	96.30	500760	500760	5200
	新城花园B4栋501	新生村	6	122.97	570581	570581	4640
	信义锦绣花园10号楼905、906号	横岗康乐路和红棉一路交汇处	26	148.75	1184050	1520000	10218
	兴龙楼A栋A605号	坑梓街道光祖路	7	114.53	302359	380000	3318
	梓龙楼A栋A304号	坑梓镇龙田路口	7	112.82	372306	440000	3900
	水岸新都1号楼复式B302	龙岗镇新生村	25	127.97	1020382	1120000	8752
	平湖满庭芳5栋3单元105	平湖镇平湖村	6	66.75	461067.2	510000	7640
	第五园（五期）4-6号楼4号楼1003、1004号	布吉坂雪岗工业区	16	111.15	1562324	1740000	15655
	爱地花园二期1栋A座A602	龙城街道龙平西路南侧	7	78.13	625040	710000	9087
	阳光广场B栋B2单元复式207号	中心城	9	73.01	403071.2	500000	6848
	龙联达商住楼A栋308	龙岗镇同乐村	17	108.58	390888	500000	4605
	国展苑华庭居7G	船步路以南	32	55.17	610668	790000	14319
	汇福花园汇光阁11H	布吉镇大芬村	26	73.95	619580	680000	9195
	蓝钻风景花园4栋公寓314	宝龙工业城	12	50.73	264404.8	300000	5914
	水岸新都18号楼1302	龙岗镇新生村	25	124.55	827012	890000	7146
	福园小区14栋复式704	中心城	7	140.19	913218	913218	6514
	沁园D栋701	龙岗镇龙东村	7	164.48	838848	910000	5533
	可乐园A栋04层4单元401	石观路东侧	6	49.74	416173	460000	9248
	绿色满庭芳A-1507	龙岗镇南约村	6	63.06	407116	530000	8405
	中城康桥花园3栋103号	布吉镇丹竹头村	8	134.16	1039740	1039740	7750
	雅庭名苑D栋D2单元复式106号	中心城	7	209.30	1272544	1750000	8361

表 7-10　深圳市 2012 年人民法院委托拍卖办公楼价格抽样

区域	物业名称	位置	楼层	面积（平方米）	拍卖底价（万元）	拍卖成交价（万元）	成交单价（元/平方米）
罗湖区	宝安广场 B 栋 22-K 室	笋岗东路	30	480.90	4555085	6070000	12622
福田区	瑰丽福景大厦 3#楼 15 层	彩田路	15	773.74	11000000	11000000	14217
	华融大厦 2313	深南路 4009 号	33	31.51	475928	550000	17455
	国企大厦永辉楼 27D	上步南路	29	83.55	935760	960000	11490

表 7-11　深圳市 2012 年人民法院委托拍卖商业用房价格抽样

区域	物业名称	位置	楼层	面积（平方米）	拍卖底价（万元）	拍卖成交价（万元）	成交单价（元/平方米）
罗湖区	钻石购物中心	南湖路西	5	9.81	78480	134000	13660
	合作金融大厦 1-3 层	深南东路	3	6376.75	120000000	120000000	18827
	鸿基东港大厦东港中心座四层 365	东门中路	32	10.16	63600	63600	6260
	立新花园 B 栋裙楼 1 层 42 号房产	东门立新路	2	14.92	296490	296490	19872
	世濠大厦 1-19、1-20 号	人民北路	7	48.50	3137350.5	3690000	76082
	一品东门雅园北楼裙楼 2238	中兴路北侧	28	3.66	44835	60000	16393
福田区	世界贸易广场裙楼 232 号	福虹路	40	37.38	518834	600000	16051
	金运世纪大厦 9F	深南中路与广深高速交界	28	179.24	5215884	6010000	33530
	电子科技大厦 B 座 1094 号	深南路与华发北路交汇处	70	4.40	629200	629200	143000
南山区	世界贸易广场裙楼 232 号	福虹路	40	37.38	518834	600000	16051
	金运世纪大厦 9F	深南中路与广深高速交界	28	179.24	5215884	6010000	33530
宝安区	泰安花园一栋（1-4 号楼）	新安街道上川路宝城 48 区	7	74.14	1193700	2350000	31697
	富通*丽沙花都 A 栋商铺 60 号	沙井街道中心区	8	39.25	981250	1220000	31083
龙岗区	平湖天虹广场 166 号	平湖镇昌平街	2	33.83	244253	320000	9459
	阳光花园 A1-B1-B2 栋商铺 122 号	布吉镇一村	7	60.94	557235	557235	9144
	坂田商业大楼 01 层商场 1252 号	布吉坂田	5	14.99	351422	360000	24016
	丽湖花园 6 栋湖美阁商铺 10 号	布吉镇上水径村	8	39.50	468075	490000	12405
	集银皮革综合广场 C 栋 124	龙岗镇新生村	3	49.13	211357	270000	5496

第三节 房地产转让税费

地产转让税费分为二级市场转让税费、三级市场转让税费和政策性住房换证登记税费。房地产二级市场转让税费，是指房地产建设方作为转让人对所建房地产的第一次转让过程中所发生的税费；房地产三级市场转让税费，是指在房地产二级市场转让后再转让过程中发生的税费；政策性住房换证登记税费，是指符合规定条件的政策性住房转商品房登记过程中发生的税费。

表 7-12 深圳市 2012 年房地产二级市场转让税费

<table>
<tr><th>序号</th><th>税（费）名称</th><th>税（费）率</th><th>计算基数</th><th>收取对象</th><th>征收部门</th></tr>
<tr><td>1</td><td>销售营业税</td><td>5%</td><td>合同销售价</td><td>转让方</td><td>税务机关</td></tr>
<tr><td>2</td><td>城市建设维护税</td><td>7%</td><td>营业税</td><td>转让方</td><td>税务机关</td></tr>
<tr><td>3</td><td>印花税</td><td>免征或 0.5‰</td><td>合同销售价</td><td>双方</td><td>登记部门代征</td></tr>
<tr><td>4</td><td>房地产证贴花</td><td>5 元</td><td></td><td>受让方</td><td>登记部门</td></tr>
<tr><td>5</td><td>企业所得税</td><td>15%</td><td>所得额</td><td>转让方</td><td>税务机关</td></tr>
<tr><td>6</td><td>契税</td><td>1%、1.5%或 3%</td><td>合同销售价</td><td>受让方</td><td>登记部门代征</td></tr>
<tr><td>7</td><td>登记费</td><td colspan="2">个人 50 元/证
单位 80 元/证</td><td>受让方</td><td>登记部门</td></tr>
<tr><td rowspan="2">8</td><td rowspan="2">交易手续费</td><td colspan="2">商品房住宅：3 元/平方米</td><td>转让方</td><td rowspan="2">登记部门</td></tr>
<tr><td colspan="2">住宅以外的房地产：6 元/平方米</td><td>双方各 50%</td></tr>
<tr><td>9</td><td>教育费附加</td><td>3%</td><td>营业税</td><td>转让方</td><td>税务机关</td></tr>
<tr><td>4</td><td>地方教育费附加</td><td>营业税</td><td>转让方</td><td>2%</td><td>税务机关</td></tr>
<tr><td>10</td><td>土地增值税</td><td>别墅、度假村、酒店式公寓 1%；其他房地产 0.5%</td><td>销售收入</td><td>转让方</td><td>税务机关</td></tr>
</table>

注：

1. 契税：个人购买 90 平方米以下（含 90 平方米）普通住房，且该住房属于家庭（成员范围包括购房人、配偶以及未成年子女）唯一住房的适用税率为 1%；个人购买 90 平方米以上 144 平方米以下（含 144 平方米）普通住房，且该住房属于家庭（成员范围包括购房人、配偶以及未成年子女）唯一住房的，适用税率为 1.5%；其他情况适用税率为 3%。

2. 印花税：A.个人销售或购买住房暂免征收印花税；B.其他情形按登记价值 0.5‰计征。

3. 登记费：申请人为单位的每证 80 元，申请人为个人的每证 50 元。

4. 房地产交易手续费：新建成商品住房的房地产交易手续费按 3 元/平方米收取，经济适用房的房地产交易服务费减半计收，由转让方承担；住房以外的房地产交易服务费按 6 元/平方米收取，由交易双方各承担 50%。

*普通住房须同时满足以下条件：同时满足以下条件的为“普通住房”，即住宅小区建筑容积率在 1.0 以上、单套住房套内建筑面积 120 平方米以下或单套建筑面积 144 平方米以下、实际成交价格低于同级别土地住房平均交易价格 1.44 倍以下。

5. 城市维护建设税及教育费附加

（1）根据《深圳市地方税务局关于城市维护建设税和教育费附加政策调整的函》（深地税函〔2010〕344 号），对深圳市城市维护建设税和教育费附加的征收政策作以下变动：

①自 2010 年 12 月 1 日起，对深圳的外资企业和外籍个人征收城市维护建设税和教育费附加。

②根据《中华人民共和国城市维护建设税暂行条例》的有关规定，自 2010 年 12 月 1 日起，深圳市城市维护建设税税率由 1%调整为 7%。

（2）根据《深圳市地方税务局关于代征地方教育附加的通告》（深地税告〔2011〕6 号），从 2011 年 1 月 1 日起，深圳市行政区域内缴纳增值税、营业税、消费税的单位和个人（包括外商投资企业、外国企业及外籍个人），按实际缴纳增值税、营业税、消费税税额的 2%缴纳地方教育附加。

表 7-13　深圳市 2012 年政策性住房换证登记税费

序号	税（费）名称	税（费）率	计算基数	征收部门
1	国有土地收益金	1%	房改购买价	登记部门代征
2	印花税	0.05%	登记价	登记部门代征
3	登记费	50 元	件	登记部门

表 7-14　深圳市 2012 年房地产三级市场转让税费

<table>
<tr><th>序号</th><th>税（费）种</th><th>计 算 基 数</th><th>收取对象</th><th>税（费）率</th><th>征 收 部 门</th></tr>
<tr><td>1</td><td>销售营业税</td><td>按计税价格全额征收或者差额征收</td><td>转让方</td><td>5%</td><td>登记部门代征</td></tr>
<tr><td>2</td><td>城市建设维护税</td><td>营业税</td><td>转让方</td><td>7%</td><td>登记部门代征</td></tr>
<tr><td>3</td><td>教育费附加</td><td>营业税</td><td>转让方</td><td>3%</td><td>登记部门代征</td></tr>
<tr><td>4</td><td>地方教育费附加</td><td>营业税</td><td>转让方</td><td>2%</td><td>登记部门代征</td></tr>
<tr><td rowspan="2">5</td><td rowspan="2">印花税</td><td rowspan="2">计税价格</td><td>转让方</td><td>0.05%</td><td rowspan="2">登记部门代征</td></tr>
<tr><td>受让方</td><td>0.05%</td></tr>
<tr><td rowspan="3">6</td><td rowspan="3">个人（单位）所得税</td><td rowspan="2">核实：计税价格-房产原值-转让过程缴纳的税金、合理费用</td><td rowspan="3">转让方</td><td>个人 20%</td><td>登记部门代征</td></tr>
<tr><td>单位 15%</td><td>税务部门征收</td></tr>
<tr><td>核定：计税价格</td><td>1%、1.5%或 3%</td><td>登记中心代征</td></tr>
<tr><td>7</td><td>契　税</td><td>计税价格</td><td>受让方</td><td>1%、1.5%或 3%</td><td>登记部门代征</td></tr>
<tr><td rowspan="2">8</td><td rowspan="2">土地增值税</td><td>核实：计税价格减除该房地产原价以及转让环节发生的各项税费后的余额</td><td rowspan="2">转让方</td><td>30%～60%</td><td>税务机关</td></tr>
<tr><td>核定：计税价格</td><td>5%或 10%</td><td>登记部门代征</td></tr>
<tr><td>9</td><td>登记费</td><td>件</td><td>受让方</td><td>个人 50 元
单位 80 元</td><td>登记部门收取</td></tr>
<tr><td rowspan="2">10</td><td rowspan="2">房地产交易手续费</td><td rowspan="2">建筑面积</td><td>转让方</td><td>每平方米 3 元</td><td rowspan="2">登记部门收取</td></tr>
<tr><td>受让方</td><td>每平方米 3 元</td></tr>
<tr><td>11</td><td>《房地产证》贴花</td><td>本</td><td>受让方</td><td>5 元</td><td>登记部门代收</td></tr>
</table>

注：

一、计税价格确定方式

1.我市实行计税参考价格的征收方式。计税参考价格由市国土房产评估发展中心根据我市房地产市场交易情况定期更新，经主管税务部门确认后执行。

2.纳税人申报的存量房买卖成交价格高于或等于计税参考价格的，以纳税人申报的成交价格作为计税价格征税；纳税人申报的存量房买卖成交价格低于计税参考价格的，以计税参考价格作为计税价格征税。

3.同一套房买卖双方均采用同一计税价格。

4.因人民法院裁定、判决或仲裁委员会裁决取得房屋权属的，以司法裁定价格作为计税价格征税。

5.通过公开拍卖取得房屋权属的，以拍卖的实际成交价格作为计税价格征税。

二、销售营业税

1.自 2011 年 1 月 28 日起，个人将购买不足 5 年的住房对外销售的，全额征收营业税。

2.个人将购买超过 5 年（含 5 年）的非普通住房对外销售的，按照其销售收入减去购买房屋的价款后的差额征收营业税。

3.个人将购买超过 5 年（含 5 年）的普通住房对外销售的，免征营业税。

4.个人将购买的非住宅类房产对外销售的，按照其销售收入减去购买房屋的价款后的差额征收营业税。

5.法人团体、企事业单位转让房产的，按照其销售收入减去购买房屋的价款后的差额征收营业税。

三、城市维护建设税及教育费附加

1.根据《深圳市地方税务局关于城市维护建设税和教育费附加政策调整的函》(深地税函〔2010〕344号),对深圳市城市维护建设税和教育费附加的征收政策作以下变动:

①自2010年12月1日起,对深圳的外资企业和外籍个人征收城市维护建设税和教育费附加。

②根据《中华人民共和国城市维护建设税暂行条例》的有关规定,自2010年12月1日起,深圳市城市维护建设税税率由1%调整为7%。

2.根据《深圳市地方税务局关于代征地方教育附加的通告》(深地税告〔2011〕5号),从2011年1月1日起,深圳市行政区域内缴纳增值税、营业税、消费税的单位和个人(包括外商投资企业、外国企业及外籍个人),按实际缴纳增值税、营业税、消费税税额的2%缴纳地方教育附加。

四、印花税

对个人销售或购买住房暂免征印花税。

五、个人所得税:(个人所得税采用核实征收方式的,有房产原值凭证,又有费用凭证的,由纳税人先到房产所在地主管税务机关办理核实手续。其它均由登记中心直接代征。)

1.核定征收方式:应纳个人所得税=计税价格×1%(或1.5%、3%)

*我市个人住房转让个人所得税核定征收率标准为:普通住房为1%,非普通住房或非住宅类房产为1.5%,拍卖房为3%。

2.核实征收方式:应纳个人所得税=(计税价格-房地产原值-转让过程缴纳的税金-合理费用)×20%。

3.根据财税字〔1999〕278号文,对于个人转让自用5年以上、并且是家庭唯一生活用房取得的所得,继续免征个人所得税。

六、契税税率

1.个人购买90平方米以下(含90平方米)普通住房,且该住房属于家庭(成员范围包括购房人、配偶以及未成年子女)唯一住房的适用税率为1%。

2.个人购买90平方米以上144平方米以下(含144平方米)普通住房,且该住房属于家庭(成员范围包括购房人、配偶以及未成年子女)唯一住房的,适用税率为1.5%。

3.其他情况适用税率为3%。

七、土地增值税:(只有个人转让非住宅类房产的"核定征收方式"由登记中心部门,其它均由纳税人自行到房地产所在地主管税务机关缴纳或办理核实手续后由登记部门代征。)

1.对个人销售住房暂免征收土地增值税。

2.核定征收方式:应纳土地增值税额 =计税价格×核定征收率

*我市土地增值税核定征收率标准:商铺、写字楼、酒店为10%,其他非住宅类房产为5%。

3.核实征收方式:房地产转让收入以计税价格为准。扣除项目包括房地产原价、转让环节税费。房地产原价:包括原房地产权属登记价格,以及转让方原购入该房地产时缴纳的印花税、契税和支付的登记费、中介费。转让环节税费:转让方在本转让环节缴纳的营业税、印花税、城建税、教育费附加,以及转让房产支付的交易服务费、中介费。有关税费以合法有效税票、发票和财政收据上注明的数额为准。征收税率:

(1)土地增值税实行4级超率累进税率:

A.增值额未超过扣除项目金额50%的部分,税率为30%。

B.增值额超过扣除项目金额50%、未超过扣除项目金额100%的部分税率为40%。

C.增值额超过扣除项目金额100%、未超过扣除项目金额200%的部分税率为50%。

D.增值额超过扣除项目金额200%的部分税率为60%。

上述每级"增值额未超过扣除项目金额"的比例,均包括本比例数。

(2)土地增值税税额的计算:可按增值额乘以适用的税率减去扣除项目金额乘以速算扣除系数的简便方法计算,具体公式如下:

A.增值额未超过扣除项目金额50% ,土地增值税税额:增值额×30%

B.增值额超过扣除项目金额50%,未超过100%的,土地增值税税额:增值额×40%-扣除项目金额×5%

C.增值额超过扣除项目金额100%,未超过200%的,土地增值税税额:增值额×50%-扣除项目金额×15%

D.增值额超过扣除项目200%的,土地增值税税额:增值额×60%-扣除项目金额×35%

公式中的5%、15%、35%为速算扣除系数。

八、其他说明

1.上述"普通住房"的执行标准具体为:同时满足以下条件的为"普通住房",即住宅小区建筑容积率在1.0以上、单套住房套内建筑面积120平方米以下或单套建筑面积144平方米以下、实际成交价格低于同级别土地住房平均交易价格1.44倍以下。

2.各项税费均按现行规定计算,如有最新规定,按新规定执行。

第八章　房屋租赁

第一节　租赁管理

一、概述

2012 年，深圳市流动人口和出租屋综管系统在市委政法委和市综治办的正确领导下，在各有关部门的大力支持下，以科学发展观为指导，认真贯彻落实市委五届六次全会和市政法工作会议精神，紧紧围绕维稳综治工作的中心任务，不断加强基层基础建设，积极推进社会建设织网工程，认真开展各种专项行动，依法加大市场管理和税费征收力度，切实抓好三项重点工作，努力为党的十八大胜利召开营造和谐稳定的社会环境。经过全市上下共同努力，圆满完成了年初确定的各项工作任务。

一是流动人口动态管理不断加强。一年来，市租赁办把流动人口信息采集和动态管理当作业务工作的突出重点来抓。为及时掌握流动人口的变化情况，落实对重点人员的管控措施，春节过后，会同公安部门认真开展了为期两个月的流动人口信息采集和出租屋综合整治专项行动。全市共清查出租屋 363 万套（间），核查流动人口 629 万人，采集人口信息 258 万条，其中劳务市场求职人员信息 96.8 万条，注销 236 万条，确保了“四率”按时达标。专项行动结束后，及时把工作重心转入常态管理。一方面，按照网格管理的要求，认真对出租屋综管员进行分工，划片

包干，落实责任，主动上门采集人口信息；另一方面，加强与出租屋楼长的互动联系，完善机制，落实奖惩，指导督促当事人自觉申报人口信息。同时，充分发挥市、区督查队伍的作用，认真做好流动人口信息专项督查工作。对人口登记管理不到位、信息采集率明显偏低的，及时发出督查通报，限期进行整改。一年来，市督查组共实地督查 47 个街道、47 个社区，有效地促进了管理工作。经过积极努力，全年共新采集人口信息 1315 万条，注销 1172 万条，整体变更率达 90% 以上。经年终抽查考核，全市流动人口信息采集率平均达 97.6%，及时注销率达 4.2%。

二是出租屋综合管理成效显著。根据市领导对综管工作提出的要求，重新对出租屋隐患排查处置工作进行梳理研究，进一步完善了相关措施。总结推广罗湖区的经验，将出租屋隐患信息全部纳入计算机信息系统，实行全过程网络化运转督办。借助机制创新带来的契机，认真做好出租屋隐患的排查处置工作，特别对城中村、老旧住宅区等容易滋生治安、消防和其它隐患问题的重点地区，时刻保持高度警惕，定期清查，及时通报，务求把各种隐患问题消灭在萌芽状态，防患于未然。为配合搞好“三打两建”、维护好市场秩序，各区全力以赴投入以制假售假和无证经营为重点的出租屋清理清查专项行动，先后出动综管员 64.5 万余人次，排查出租屋 1596 万套（间）次，采集通报制假售假、无证经营等相关信息 30874 宗，协助清理一大批制假售假窝点和无证经营店铺，处罚不法业主 1934 名，有效地净化了市场经营环境。宝安区综管部门本着对人民生命财产高度负责的态度，顶着巨大社会压力，积极开展出租屋直排式热水器专项整治行动，通过挨家挨户上门劝说、协调商家开展优惠置换活动，一举清拆直排热水器 16.6 万台，从源头上遏制了一氧化碳中毒事故的发生，受到了社会的广泛好评。一年来，全市累计采集通报各类隐患信息 174.6 万宗，整改反馈率达 96.2 %，协助清除治安隐患 30426 宗，消防隐患 54878 宗，协破刑事案件 629 宗，协查治安案件 1349 宗，抓获犯罪嫌疑人 1627 名，有效地发挥了自身职能作用。

三是社会化管理工作有序推进。为进一步深化社会化管理工作，市综治委决定在全市范围内全面推行出租屋楼栋长制和视频门禁管理两项长效措施。为此，市租赁办首先组织人员对试点经验进行总结，研究起草了全面推行楼栋长制和视频门禁管理的具体方案，并以市综治委名义筹备召开了全市流动人口和出租屋服务管理工作经验交流会，对相关工作进行了认真部署。会议之后，各区结合辖区实际，及时建立了领导机构，细化了工作措施，落实了经费保障，在综治部门的统一协调下，积极主动地开展了实施工作。宝安区在前期物建四万多名楼管员的基础上，进一步研究制定了出租屋楼长管理规定，对全区楼长统一建档、统一印制表格、统一红马甲标识，确保楼长制规范运作。龙岗区按照直接划转、委任指派、公开选举相结合的办法，扎实推进楼长制管理工作，同时出台了视频门禁系统运营管理办法，两项工作协调并进，顺利实现了进度要求。南山区按照“五统一”标准，积极推进楼长制管理工作，并创造性地开展了“宜居出租屋”创建活动，为下一步“风景林工程”建设提供了新的经验。市督查组深入社区一线开展督促检查，及时总结先进经验，发现存在问题，督促指导基层部门认真做好工作。经过全市上下共同努力，楼栋长制和视频门禁管理工作取得了明显成效。截止目前，全市共配备自建房楼长 16.51 万名，配备住宅小区商品房楼栋长 16647 名，基本实现了城中村符合条件出租屋楼长全覆盖；安装出租屋视频门禁设施 74193 套，占计划任务的 54.3%。

四是信息化建设迈出新的步伐。根据市社工委、综治委的统一部署，市租赁办积极参与社会建设“织网工程”综合信息平台建设，在现有地理网格基础上，研究制定了社区网格划分标准，明确了网格划分原则，并会同市社工委选取 8 种不同类型社区进行网格化管理试点工作。根据市

电子政务资源中心统一建设三大公共基础信息资源库的规划要求，全面梳理实有人口、企业法人、建筑物等基础信息采集项，制定了社区综合信息采集表，提供给市社工委使用。按照市政务信息资源交换平台技术规范，完成数据交换接口开发及人口、法人、房屋等相关信息的目录编制工作，将出租屋管理信息系统中的人口和房屋存量数据一次性批量导入市政务信息资源交换平台。对现有出租屋管理信息系统进行充实完善，开发建设了出租屋编码卡管理系统、出租屋地理信息系统、流动人口和出租屋服务热线呼叫中心平台、自动化办公 OA 系统、流动人口和出租屋综合信息服务网；联合市公安局、市统计局分别开发了“广东省人口自助申报系统（深圳版）”和“深圳市房屋租赁业统计调查平台”，进一步完善了信息管理手段；及时对房屋编码和人口信息进行更新维护，认真修订房屋电子地图，全年共新增房屋编码 1.4 万栋、43.3 万套（间），累计设定房屋编码 64.45 万栋、1028.5 万套（间）。

五是行政执法工作逐步深入。一年来，市租赁办紧紧围绕中心工作，不断加大行政执法力度，努力为流动人口和出租屋管理工作顺利开展营造良好的法制环境。在实施执法过程中，坚持法律效果与社会效果相统一，不盲目追求办案数量，鼓励基层积极查办大案、要案，多办有利于促进管理工作的典型案件。特别对不遵守租赁管理法规、不认真履行出租屋管理责任、不依法报送人口信息的当事人，发现一起，坚决查处一起，必要时实行集中执法。为了扩大案件来源，及时对违法租赁举报奖励办法进行修订完善，鼓励群众积极举报违法租赁行为。同时，通过与公安部门“强强”联合，主动开展“以案查屋”，认真搞好出租屋案件的倒查工作。下半年，会同公安部门专门开展了为期三个月的涉案出租屋业主责任倒查专项行动，对 1403 名违规业主进行了处理。全年全市共受理投诉举报案件 1097 宗，奖励举报人 801 人；累计查办违法租赁案件 3351 宗，罚款 2092 万元，其中案值 5000 元以上大案 871 宗。龙岗区全年办理执法案件 853 宗，累计罚款 1200 万元，实现了执法工作的新突破；民治租赁所在地税部门支持下，对一违法业主罚款 149 万元，创全市违法租赁处罚额最高纪录。

六是房屋租赁管理日趋规范。为及时掌握全市房屋租赁市场发展情况，切实搞好市场服务工作，市租赁办把市场调查当作一项常态工作来抓。在不断完善市场调查体系的基础上，市办直接掌握一部分有代表性的样本点，建立房屋租金检测系统；按照住宅、厂房、写字楼、商铺等不同类型，每季度进行一次抽样调查，形成分析报告，通过新闻媒体向社会公布，以此作为当事人的租房依据，并借以起到调节市场租金的作用。同时，根据相关法规和统计部门的安排，及时测算公布了全市 2012 年度房屋指导租金，进行了 2012 年度房屋租赁业统计调查；一些区还根据本区实际，认真组织开展了辖区空置物业和主要商圈物业使用情况专题调查，为区政府出台相关政策提供了可靠依据。

与此同时，市租赁办借助强势严管出租屋形成的社会氛围，认真做好房屋租赁的登记备案工作，及时将各类租赁物业依法纳入规范管理。一方面，对受理的房屋租赁合同严格审查，认真把关，着力维护好市场秩序；另一方面，积极简化办事程序，缩短办事时限，尽力满足当事人的需求。针对部分企业和个人存在的偷漏税费行为，通过加大执法力度、完善追缴程序，切实做好房屋租赁税费的征收工作；对个别税费拖欠严重的，依法采取相应措施。全年共办理合同登记备案46.2万份，面积24016万平方米；累计征收房屋租赁税费16.7亿元，比上年增长19.3%。其中，管理费8.7亿元，增长23.2%；私房税8亿元，增长15.4%。

七是自身队伍建设和宣传工作进一步加强。按照网格化管理的要求，会同有关部门对全市各类协管员队伍情况进行调研，在准确掌握队伍类别、职责分工、数量构成和经费来源的基础上，初步拟定了社区网格管理员管理办法，提出了强化队伍建设的具体意见。根据市综治委文件要求，主动协调各区增配管理人员，落实工作保障。龙岗区对综管队伍重新实行三级管理架构，新增管理员1000名，区办增配执法雇员5名，并按上年度返还管理费15%的比例作为区办的工作经费。福田区对协管员队伍问题进行专题调研，增配协管员215名，并建立了协管员工资逐年增长制度。宝安区在不断加强队伍建设的基础上，及时对做出突出贡献的管理员给予物质和其它奖励，上半年共落实奖励718人次，为134名管理员办理了入户深圳。与此同时，市、区各级还通过各种形式，分期分批对在岗工作人员进行了系统培训，进一步提高了队伍的整体素质和业务能力。其中，市办举办所、站长和业务骨干培训班8期，培训人员3304人。

二、租赁管理情况

2012年，全市共办理房屋租赁合同登记、备案33.29万份，纳入管理的房屋出租总面积24402.86万平方米，较上年增长23.01%。按区域分，原特区内4852.63万平方米、占19.88%，原特区外19550.23万平方米、占80.12%；按房屋所有权性质分，私人出租9713.76万平方米、占39.81%，单位（含行政事业、各类企业、经济组织、社会团体等）出租14689.1万平方米、占60.19%；按房屋用途分，住宅5758.82万平方米，办公用房1821.62万平方米，商业用房4218.56万平方米，厂房11045.17万平方米，仓库165.45万平方米，其他1393.24万平方米。

2012年，全市房屋租金交易总额515亿元。管理部门代征私人房屋租赁税8.88亿元，较上年增长13.99%；征收房屋租赁管理费9.76亿元，较上年增长22.61%。

2012年，全市共办结行政处罚案4063件宗，罚款2687.81万元，追缴租赁税费314.47万元；调解租赁纠纷301宗，涉及金额801.63万元。

截至2012年12月底，全市共登记住宅出租屋519.02万套（间），采集录入暂住人口信息1369.58万人。

表 8-1　深圳市 2012 年房屋租赁管理情况

单位：万平方米

分　　类			面　积
市场出租房屋	全　市		24402.86
	其　中	原特区内	4852.63
		原特区外	19550.23

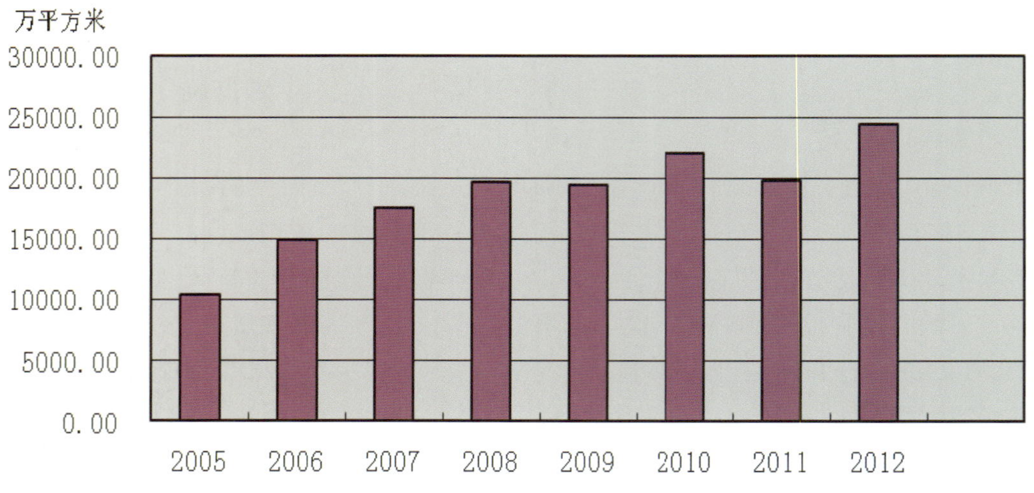

图 8-1 深圳市历年房屋租赁管理面积示意图

人口规模支撑以及较高的居民消费水平、政策对产业发展的支持，尽管商业销售额增速趋缓，商业租金仍然保持平稳并略有上涨。2012 年末，全市商铺租金均价为 234 元 / 平方米，同比上涨 2.2%。其中，宝安、福田二区涨幅稍大；而龙岗在大运会后租金有所下跌，目前基本上回复到去年同期水平。就租金数值而言，罗湖依然遥遥领先，凸显其深圳商业的核心地位，东门、蔡屋围、人民南等成熟商圈租金高企，商业氛围浓郁，稳定性较好。南山文化中心片区作为后起之秀，租金的上涨空间还有不少，且空置率也处于较低水平。

值得一提的是，华强北这个被誉为“中国电子第一街”的深圳绝对核心商圈，目前正在经历阵痛，从之前的打击山寨手机造成一些空置，到如今地铁 7 号线封路 3 年施工，加上电商新业态的强力冲击，华强北正在遭遇前所未有的危机，商家直言胜过 2008 年的金融海啸。曾经的一铺难求，变成了一些商家提前撤离、空铺渐多；往日高昂的进场费、转租费换成了随处可见的“租金打折”、“免中介佣金”、“免入场费”、“免物管费”等字样。赛格、华强电子世界、远望等商场还相对坚挺，而曼哈数码广场自从苏宁电器撤出后，从百货转型到电子市场的业态调整并不成功，空置严重，尽管招商力度空前却还是不尽人意。如在 3、4 层推出签约 2 年，租金首交 1 年送 6 个月，享 7 折优惠再送装修期，算下来租金差不多在原价基础上打了 5 折。当然曼哈只是个例，但弥漫在华强北的危机感却是有目共睹的，甚至有不少业内人士担忧，华强北的“封路”会不会重蹈当年罗湖人民南和福田振华路的覆辙。总的来说，华强北的整体租金大约下降了 15~20%，严重的达到了 25%以上，空置率在 10%~15%附近，有的还会更高。但如今华强北商会也一直在加强与有关部门的沟通，积极自救，专家也坚信，工程完工后的华强北前景将会更加美好。

（三）办公楼

2012 年，全市纳入管理的办公楼面积为 1821.62 万平方米，同比增长 5.5%，各区所占比重分别为福田 28.88%、罗湖 16.59%、南山 14.28%、盐田 0.83%、宝安 15.35%、龙岗 10.17%、光明新区 1.13%、坪山新区 3.67%、龙华新区 8.62%、大鹏新区 0.48%。

2012 年，全市写字楼租赁均价为 119 元 / 平方米，同比上涨 3.5%。但甲级写字楼在市场需求放缓的背景下，部分租金压力较大而有所下调；乙级以及工业园办公物业之类的写字楼反而在年末“换租潮”中有所回升，加上新入市的高品质写字楼的高租金也对整体租金起到了一定的抬拉作用。因此，整体租金依然有所上涨。就区域而言，罗湖区保持稳定，福田区也只有微幅上涨，而南山区涨幅相对较大，达 4.2%，海岸城和天利中央的租金都有上涨，其中海岸城西座的涨幅较为明显。但是，一些甲级写字楼如罗湖的嘉里中心，福田的国际商会中心、荣超经贸中心以及赛格广场的租金都有所下滑。

受外围环境及整体经济放缓的影响，大多数企业现在都采取保守的经营策略，扩充较为谨慎，致使整体甲级写字楼的吸纳量有所下降。对比深圳各主要行业，金融和科技类企业需求表现最为活跃，如德州仪器在康佳研发大厦租赁了 7000 平方米，金山电子租赁了大中华国际金融中心约 3000 平方米。其实，部分外资租户也在紧缩财务开支，在考虑搬迁成本以及现有业主提供优惠之后，一般多选择在原有物业续租。但未来新增入市的供应将为业主带来招租压力，租户将会有更多的选择机会及议价空间。总体而言，现阶段全市的甲级写字楼供需结构相对平衡，市场发展态势良好，后期推出的租赁项目多以总部物业为主，其品质和档次已达国际高端水平，如中心区的投行大厦、太平金融大厦等，预计租金将会高位运行。此外，新入市的甲级及超甲级写字楼对承租能力较强的实力型企业的吸引力明显要强劲一些。如京基 100 大厦新近就吸引来了“德铁信可”和“阿斯利康”二家世界 500 强企业，而索尼凯美高电子则在嘉里建设广场二期设立了约 600 ㎡的新办公室。

华强北因地铁 7 号线施工将面临 3 年的“封闭期”，部分商家提前撤离，写字楼空置率明显增大，如赛格广场 20 楼以下及 60 楼以上单位空置较多，国际电子、新亚洲等华强北几座主要的商务大厦，空置率都在上升，租金也明显下调，待春节正式封路后也许情况还会进一步恶化。

写字楼租赁市场因“换租潮”而致成交量增大，但租金上涨已明显钝化，随着经济增速的回落以及写字楼供应高峰的逐步来临，预计此前租金一路上升的格局将出现变化，未来整体租金将会以平稳为主，空置率或将逐步上升。在经济尚未走出低谷之前，企业有限的承租能力将导致需求可能继续流向租金低廉的大厦，从而进一步削弱甲级写字楼的需求，中心区以及中心西区的一些中等档次但租金较高的甲级写字楼将面临更大的调整压力。

（四）厂房仓库

2012 年，全市纳入管理的厂房面积为 11045.17 万平方米，同比增长 7.24%，各区所占比重分别为福田 1.67%、罗湖 0.86%、南山 5.79%、盐田 0.76%、宝安 38.96%、龙岗 18.47%、光明新区 10.72%、坪山新区 5.69%、龙华新区 16.2%、大鹏新区 0.87%；全市纳入管理的仓库面积为 165.45 万平方米，同比增长 13.62%，各区所占比重分别为福田 0.23%、罗湖 17.43%、南山 5.77%、盐田 5.32%、宝安 22.64%、龙岗 27.72%、光明新区 1.18%、坪山新区 4.85%、龙华新区 13.86%、大鹏新区 1.01%。

深圳的工业厂房主要集中在宝安（含龙华、光明新区）和龙岗（含坪山、大鹏新区），原关内厂房已变得越来越少，许多旧厂房都在改造升级，被赋予了新的功能。如南山的蛇口网谷改造项目，曾经是从事出口加工业的旧厂房区，如今聚集了电子商务、移动互联网、物联网等高端产业，形成了一条网络科技产业带和滨海文化产业带。从市场调查中发现，年末有区域租金报价下滑，如坪地又出现了二年前 5 元/㎡的厂房租金。全市厂房租金区域差异性较大，八卦岭一楼厂房有的月租高达 85 元/㎡，二楼以上也达到 50 元/㎡，宝安西乡工业园区的一楼厂房月租也超过了 20 元/㎡，楼上超过了 15 元/㎡，而许多偏远地带月租至今还徘徊在 10 元/㎡以下。年末厂房空置率略有上升，但还算基本保持平稳，租金略有下调，但总体变化不大。

深圳的仓储业随着电子商务的快速增长，物流配套设施升级，商业存储和配送业务日益增多，为物流仓库带来更大的需求。而深圳在这方面的建设略显不足，现代物流仓库设施的供应缺乏，大部分均属中端或低端的物流物业，部分由工厂改建而成，存在着层高不够、缺乏装卸设施和运货车辆往来不便等缺点。这也是中国的普遍现状，有资料显示，全中国现代物流仓库设施目前只占仓库面积总数的 2%。因此，这部分物业租金上涨较快。盐田区在产业升级换代过程中，把港口物流业与滨海旅游业加以综合考量，进一步完善服务功能及配套设施。预计深圳仓储物流业在未来的需求将会继续上升，仓库租金也将继续保持上涨势头。

表 8-13 深圳市 2012 年工业厂房租赁价格抽样

单位：元/平方米·月

位置	物业名称	楼层	租金	位置	物业名称	楼层	租金
罗湖区							
东晓街道	布心工业厂房	1	25	桂园街道			
东湖街道	梧桐山横排岭	1	8	翠竹街道	水贝工业区	5	49
笋岗街道	物资贸易中心工业大厦	2	23	清水河街道	北腾邦大厦	5	22
黄贝街道	新秀村秀南街	3	36	南湖街道	和平路渔民村工业大厦	7	18
莲塘街道	莲塘工业大厦	6	20	东门街道	中兴路	4	34
福田区							
园岭街道	八卦岭	6	60	沙头街道	创新科技园	1	35
梅林街道	嘉梅 1 号厂房	6	40	福田街道	车检大楼	1	50
南园街道	深华工业大厦	1	25	华富街道	彩田路 1 号厂房	1	44
华强北街道	康乐大厦	4	110	莲花街道	华泰综合楼	1	40
福保街道				香蜜湖街道	竹子林建业工业区	1	20.5
南山区							
粤海街道	后海工业区	3	19	南山街道	南油第三工业区	5	46
招商街道	赤湾四路	1	18	桃源街道	长源村工业	3	12
南头街道	安乐工业区	1	30	沙河街道	香年广场	12	60
西丽街道	西丽牛成第二工业区	1	10	蛇口街道	海湾路 2 号大院	2	21.19
盐田区							
沙头角街道	中昌工业大楼	6	17	盐田街道	北山工业区	1	15
海山街道	黄金珠宝大厦	2	40	梅沙街道	小梅沙村 59 号	1	11
宝安区							
福永街道	兴围第一工业区	1	20	松岗街道	大田洋工业区	1	10
西乡街道	文乐工业区	1	11	沙井街道	第一工业区	1	10
新安街道	宝安外贸工业区	1	16	石岩街道	石环路	1	12
龙岗区							
龙城街道	嶂背工业区园	6	8	平湖街道	宝盛工业区	5	10
南湾街道	和通工业厂房	5	13	坂田街道	江灏（坂田）工业厂区	2	10
布吉街道	宝丽路 108 号 51 号厂房	2	15	横岗街道	三角龙工业区	1	7
坪地街道	鹤坑工业区	4	5	龙岗街道	银龙工业城	1	8
光明新区							
公明办事处	长兴科技工业园	1	8	光明办事处	勒堡工业园	1	7
坪山新区							
坪山办事处	西坑工业区	1	6	坑梓办事处	东联工业区	1	5
龙华新区							
龙华办事处	工业西路第一工业区	2	12	民治办事处	上塘工业区	1	12
观澜办事处	同富裕工业区	1	8	大浪办事处	宝坤工业园	2	11
大鹏新区							
南澳办事处	企沙上路	1	7	大鹏办事处	同富工业区	1	6
葵涌办事处	大石牯路	2	5				

第三节 指导租金

《深圳经济特区房屋租赁条例》第十一条规定："市主管机关应根据房屋租赁市场价格水平定期颁布房屋租赁指导租金。当事人可参照指导租金，约定租金数额"。第十五条规定："税务部门和区主管机关征收有关税金或收取房屋租赁管理费时，以指导租金作为计算基数；租赁合同约定的租金高于指导租金时，以合同约定的租金为计算基数……"。根据以上规定，市房屋租赁管理办公室组织调查、测算、制定了《深圳市2012年房屋租赁指导租金》，其适用于深圳市2012年的分地段、分用途的指导租金水平。

（续表）

街道行政区域	路段号	指导租金 / 用途 / 区域位置	住宅				办公		商业					厂房			仓库
			带电梯	不带电梯	平房	别墅	高层	多层	高层		多层		简易	一楼	二楼以上	简易	
									一楼	二楼以上	一楼	二楼以上					
沙头街道行政区域	15	天安高尔夫花园，天安公寓	50	40			60		100	65	90						
	16	泰然一路以东，深南大道以南，新洲路以西，滨河路以北（新沙社区）	32	25			50		100		90						
福保街道行政区域	1	益田路以西，新洲路以东，滨河路以南，福民路以北	32	25			55	35	85	55	75	45					
	2	福民路以南，益田路以西，福强路以北，新洲路以东	30	25			55	35	85	55	70	45					
	3	新洲路以东，福强路以南，福荣路以北，益田路以西	32	28					83	50	68	40					
	4	福强路以南，国花路以西，绒花路以北，益田路以东	30	28			45	35	80	50	65	40					
	5	福荣路以南，益田路以西，绒花路以北，新洲路以东	30	28			45	35	80	50	65	40					
	6	南方国际广场，明月花园，丽阳天下	35				50		80								
	7	建鑫苑，裕康时尚名居，中港城	31						81								
	8	益田村，益强居	33	28													
	9	宝田苑，益田花园	35	28					79								
	10	深福保大厦，长宝大厦，帝港海湾，城市三米六	37				55		70	50	60	40					
梅林街道行政区域	1	梅华路段	29	25			38	35	79	72	72	58		40	30	20	20
	2	梅林路段	29	25			38	35	77	72	72	58		40	30	20	20
	3	梅丽路段、梅山路段	30	26			38	35	78	72	72	58		40	30	20	20
	4	中康路段	28	25			38	35	83	63	55	45		30	25	20	20
	5	林园路段		25			35	30	60	45	40	40		23	20	20	20
	6	凯丰路段	27	23			38	35	70	60	60	50		40	30	20	20
	7	彩田路段	27	22			38	35	60	50	55	45		32	25	20	20

（续表）

街道行政区域	路段号	区域位置（指导租金 / 用途）	住宅				办公		商业					厂房			仓库
			带电梯	不带电梯	平房	别墅	高层	多层	高层一楼	高层二楼以上	多层一楼	多层二楼以上	简易	一楼	二楼以上	简易	
莲花街道行政区域	1	新洲路以东，彩田路以西，红荔路以南，深南大道以北（除中银花园，新世界商务中心）	45				120		200	100	130	85					
	2	新洲路以东，彩田路以西，红荔路以北，北环大道以南	32	28			50		85	40	90						
	3	香梅路以东，新洲路以西，北环路以南，深南大道以北（除特区报业大厦）	32	28			55		100	45	100	45		35	25		
	4	中银花园	28				70		100	40							
	5	特区报业大厦					96										
	6	新世界商务中心					135		290	130							
	7	哈尔滨大厦，中电信息大厦	40						190	80							
香蜜湖街道行政区域	1	香梅路以西，深南路以北，香蜜湖路以东，红荔路以南	39	30	20		80	60	200	100	100	60	50				
	2	香梅路以西，香蜜湖路以东，红荔路以北，侨香路以南	50	34	30		100	80	150	100	150	100	50				
	3	香梅路以西，香蜜湖路以东，侨香路以北，北环路以南	36	30	20		80	60	100	60	100	60	50				
	4	深南路以北，红荔路以南，香蜜湖路以西，农林路以东（招商银行大厦，东海商务中心，东海花园，东海坊，东海城市广场除外）	43	32	20		100	80	200	100	200	100	50				
	5	红荔路以北，侨香路以南，香蜜湖路以西，农林路以东（港中旅花园、香榭里花园、香域中央除外）	50	33	20		80	60	150	80	150	80	40	30	20	20	20
	6	深南路以北，侨香路以南，农林路以西，广深高速以东（深国投广场除外）	36	30	20		80	60	120	80	100	60	60	50	30	20	20
	7	深南路以北，侨香路以南，广深高速以西，侨城东以东	40	30	20		90	60	150	80	80	60	40	40	30	20	

（续表）

街道行政区域	路段号	区域位置＼指导租金＼用途	住宅				办公		商业					厂房			仓库
			带电梯	不带电梯	平房	别墅	高层	多层	高层		多层		简易	一楼	二楼以上	简易	
									一楼	二楼以上	一楼	二楼以上					
西丽街道	4	新围村、官龙村、九祥岭村、丽新花园、留仙洞村、留仙洞关外	19	18			35	30	45	35	45	30		20	17		12
	5	366大街、旺棠工业区沿街	25	20			50	45	200	120	200	100		25	22		13
	6	茶光村、文光村、珠光苑、文光丽景大厦、珠光公寓、珠光大楼	20	18			35	25	60	40	60	40		28	20		18
	7	西丽路沿街、新光路沿街、丽苑一、二、三村、华昌大厦、众望公寓、壮丽大厦、石鼓花园、永标大厦	20	20			40	35	60	40	60	40		28	20		18
	8	西丽湖路两边、西丽沁园路两边		15	12		23				30	25		25	18	11	15
	9	大勘商业街两边、一村、二村、大勘工业一、二、三路工业区、杨门工业区		18	15		22				25	20		20	15	13	15
	10	大勘王京坑村、王京坑工业区、王京坑路两边		15	12		18				20	18		17	13	11	10
	11	麻磡村、牛成村、麻磡工业区		18	15			25			30	22		20	16	12	13
	12	白芒村、阳光工业区（百旺信、翻身、丽河、新健兴）	18	18	16		45	30			35	25		25	18	12	15
沙河街道	1	纯水岸、天鹅堡、益田假日广场、欢乐谷、东方花园别墅区、锦绣花园二期、锦绣花园三期、汉唐大厦、沙河世纪假日广场、首地容御、侨香诺园	70			110	100	80	350	250	200	100					
	2	深圳湾畔花园、桂花苑、国际市长交流中心、侨城豪苑、世纪村、美庐锦园、名商高尔夫、御景东方花园裙楼、锦绣花园一期、东方花园、香年广场、智慧广场、京基百纳	45	35		110	92	55	200	150	200	100					
	3	湖滨花园裙楼、海景花园、中旅广场、中旅广场裙楼（购物中心）、侨城东部菜市场、侨城西部菜市场、锦绣中华、民俗村、世界之窗、海景酒店、华侨城步行街、沃尔玛、新侨大厦、美加广场、生态广场、假日湾华庭、世界花园、一辉花园、文昌街、（荔海楼）汇文楼、香山里	45	35			50	40	250	150	214	100					

（续表）

街道行政区域	路段号	区域位置 \ 指导租金 \ 用途	住宅				办公		商业					厂房			仓库
			带电梯	不带电梯	平房	别墅	高层	多层	高层		多层		简易	一楼	二楼以上	简易	
									一楼	二楼以上	一楼	二楼以上					
沙河街道	4	光华街、光桥街、中新街、香山村、松山村、佛山街、侨城东街、芳华苑、荔枝苑、锦绣公寓、荔园新村	45	30				40			65	40					
	5	东园综合楼、金三角大厦、绿景公寓、侨洲花园、沙河菜市场综合楼、联发大厦、新堂花园、鹤塘小区、海华居	45	30			45	30	100	70	80	50	50	42	30	18	20
	6	建工村、高发东方科技园、美景工业苑、恒通水泥厂、金众工业区小区、天虹物流仓库、中航工业区北区	30	25				33			60	40	30	45	32	25	35
	7	华侨城东部工业区、中航工业区、华侨城仓库	45	30				40			65	40	30	45	32	25	35
	8	塘头村、白石洲村、新塘村、上（下）白石村、沙河工业区	30	25				30			60	30	60	25	23	18	20
	9	沙河街与新中路交界以南沙河街两旁	40	35				46			120	50	60	42	30	18	20
	10	沙河街与新中路交界以北沙河街两旁	36	30				36			90	40	60	42	30	18	20
	11	白石路以南深湾五路以西 （中信红树湾花园、百仕达红树西岸、瑞河耶纳汀兰鹭榭花园）、石洲中路两旁	60			110	90	80	250	150	200	100					
	12	白石路以南深湾五路以东（华侨城欢乐海岸）	65			120	95	85	250	150	250	150					
粤海街道	1	鹏龙大厦、南山书城、茂业大厦、华彩天成、金钟大厦、青春家园、保利城、海岸城、西海湾花园、海岸城东、西座、天利中央商务广场一、二期、漾日湾畔	34				85		250	140							
	2	保利文化广场、观海台、天海大厦	35						208	120	208	120					

（续表）

街道行政区域	路段号	区域位置 \ 指导租金 \ 用途	住宅				办公		商业					厂房			仓库
			带电梯	不带电梯	平房	别墅	高层	多层	高层		多层		简易	一楼	二楼以上	简易	
									一楼	二楼以上	一楼	二楼以上					
粤海街道	3	美墅蓝山、城市印象、海印长城、海岸明珠、佳嘉豪苑、滨海之窗、浪琴屿、蔚蓝海岸 1-4 期、海洋之心、瑞铧苑、育德佳园、招商名仕、文德福、南海花园、海逸苑、名苑居、金海岸、华英大厦、深蓝公寓、梦想家园、粤海大厦、雅仕荔景苑、南油大厦、海晖大厦、信和自由广场、新一代国际公寓、东滨华苑、南油商业街、南油文化广场、万商大厦、海珠城、天悦园、云海天城	32			60	75	65	150	100	120	80					
	4	南油 A、B 区、龙城花园、炬建大厦、粤海综合市场、后海花园、京光大厦、后海统建楼、怡海花园、学林雅苑、海文花园、创世纪滨海花园、锦隆花园、海映山庄、粤海小区、厚德品园	31	26				60	92	50	92	50	50				
	5	后海村、桂庙村、粤海门村	25	20				45			50	30		25	20		15
	6	高新技术产业园南区创维大厦、TCL 大厦、飞亚达大厦、联想大厦、方大大厦、中兴通讯大厦、恒立听海花园、滨福世纪广场、纯海岸、锦缎之滨	56				40	40	130	74				40	40		
	7	科技园区、维用大厦、长城科技大厦、桑达科技大厦、深南花园、汇景花园	42	27				48			62	54		52	48		
	8	麻雀岭工业区、中钢集团、上汽大厦、凯丽花园、豪方花园、晶品居	43	32			40	39	49					48	32		
	9	朗景园、莱英花园、城市山谷、英伦名苑	42	26		116			89	57	27						

表 8-17　盐田区 2012 年房屋租赁指导租金汇总表

单位：元/平方米·月

街道行政区域	路段号	区域位置 \ 指导租金 \ 用途	住宅				办公		商业					厂房			仓库
			带电梯	不带电梯	平房	别墅	高层	多层	高层 一楼	高层 二楼以上	多层 一楼	多层 二楼以上	简易	一楼	二楼以上	简易	
沙头角街道	桥东	瀚海翠庭、海涛路	35	20			35	25	120	45	95	35	50				20
	桥东	公园路、金融路、桥东丽苑、桥东中区、桥东东西区、桥东街、海滨花园	25	19	17		27	25	78	30	75	25	30				20
	桥东	天富花园、山海华庭、联富路、深沙路（沙深路、桥东辖区双号门牌）、田荣路	23	19	17		25	25	65	30	65	25					20
	桥东	金融路一巷、金融路二巷、滨源二巷、沙居楼、田心市场、沙深路沙盐路交汇处	36	18	17		40	25	65	60	60	25	30				20
	桥东	盛世名门（金融路一巷）、田心市场中巷	36	18			40	25	170	60	90	30	30				20
	桥东	盛世名门（沙深路、深沙路）	36				40		100	60							
	桥东	盛世名门（沙盐路）、沙盐路桥东辖区单号门牌	36	19			40	30	190	60	80	30	30				20
	田心	沙盐路　（田心辖区双号门牌、住宅 3038 号）、东埔福苑（住宅 2 房以上）	36	22	17		38	25	100	50	75	25	30	20	18	13	16
	田心	上东湾（沙盐路商业）	38				38		150	50							
	田心	碧桐湾（住宅 2 房以上）、恩上路、官上路、恩上村、恩上一街/二街	36	20	17		38	25	55	36	65	25	30	20	18	13	16
	田心	碧桐湾单身公寓、东埔福苑单身公寓、建工大厦单身公寓	38				38										
	田心	田心东路、建工大厦、深沙路（沙深路）东北侧（田心辖区双号门牌）、二十小区	35	20			40	25	100	50	65	25	30	20	18	13	16
	田心	工业东南街、稳盛大厦、兴田街、粤和街、和田街、田心一街/二街		19	17			25			55	25	30	20	18	12	16
	田心	深盐路（单号门牌）、恩上路综合楼、恩上路 115 号		19				25			40	25					13

（续表）

街道行政区域	路段号	区域位置 \ 指导租金 \ 用途	住宅				办公		商业					厂房			仓库
			带电梯	不带电梯	平房	别墅	高层	多层	高层		多层		简易	一楼	二楼以上	简易	
									一楼	二楼以上	一楼	二楼以上	二楼以上				
沙头角街道	沙头角	天丰公寓、沙富小区、深沙路西南侧（田心辖区单号门牌）		19	17			25			45	25	25	20	15	11	13
		梧桐路东至看守所、36 小区、29 小区、山泉小区	20	18	20			25			40	25	20	16	15	11	18
		深盐路（双号门牌）、蓝田一站、元墩东、西街	38	18	20		38	25	50	38	40	25	20	16	15	11	18
		梧桐路西至看守所、园林路、24 小区、向园路、25 小区、宝桐居、桐海雅庭	23	18	20		25	25	45	25	40	25	20	16	15	11	18
		梧桐苑、梧桐山花园、山海阳光、桐辉居、隧道公司宿舍、巡警楼	23	18	20		25	25	45	25	40	25	20	13	13	11	18
		云深处	70			70											
		梧桐山隧道口、罗沙路、径口村、元墩头村民自建房		16	15			18			35	20	20	13	13	10	18
	东和	东和路、诗宁大厦、诗宁里、诗宁别墅、金融路、文和园	25	19		19	35	25	85	30	80	25	20				20
		官吓路、沙中宿舍、瀚海东岸（官吓路商业办公）、梅花楼、公园路	35	19			35	25	130	35	100	50	20				20
		官路吓村村民自建房、官路吓村委集资楼住宅办公及三座五座商业	25	19	15		30	25			55	25	20				20
		沙盐路 3001 号-3017 号（园林公司、保险公司、田心、利民综合楼）、沙中后巷		19				25			80	25	20				20
		瀚海东岸（沙盐路）、沙盐路 3083 号、3085 号（官路吓村综合楼）	35	19			35	20	170	40	100	25	20				20
	中英街	横头街、大王巷、创意大厦、沙栏吓村、碧海苑、碧海园花园、海港别墅、环城路、步步街、桥头街、南天花园、海天园、海韵园、大兴巷	20	14			20	18	70	20	50	20		14	14		13
		中英街、海傍街、阳和街、沙头街	20	14			20	18	70	20	60	20		14	14		13
盐田街道	盐田港区	沙盐路、海港大厦、国际侯工楼	18	15	13		55	50	70	50	60	30	40	15	13	12	15
		沿港路、盐田港区内、同运集运楼、检疫楼	18	15	13		50	40	60	40	50	25	40	15	13	12	15
		盐田国际新行政办公楼					55	40	70	40							
		旧水产研究所			13		40	35	50	25	45	25	35	15	12	11	13

（续表）

街道行政区域	路段号	区域位置 \ 指导租金 \ 用途	住宅				办公		商业					厂房			仓库
			带电梯	不带电梯	平房	别墅	高层	多层	高层		多层		简易	一楼	二楼以上	简易	
									一楼	二楼以上	一楼	二楼以上					
盐田街道	盐田社区	海鲜街一期									90	80	40				15
		海鲜街二期、联裕综合楼		15	13		30	30			40	20	35				15
		盐田老街、旧墟镇内、渔民新村、山边村、沙头村、四合院		15	10		35	30			50	30	30				15
		金海雅居、海港城、法院大楼、盐田市场、蔚蓝海湾苑、蔚蓝假日雅居	20	18	15		40	35	55	30	50	30	35				15
	沿港社区	沿港路、海滨假日、边检大楼、西山吓	20	17	10		40	35	55	30	50	30	35				15
		沿港新村		15	13		40	35	55	30	50	30	35				15
		沙岗圩、杨梅新村、黄必围		15	10		35	30	55	30	50	30	35				13
		北山道、星港名苑、宏业大厦、裕民大厦、裕民宿舍楼、和亨雅园	20	16	15		40	35	55	35	50	30	35				13
		北山工业区、旧地税楼、旧国税楼		16	13		35	30	55	35	50	30	35	17	15	10	13
		洪安围、吉麻湖		16	10		35	35	50	35	50	30	35	17	15	10	13
		华侨新村一、二期	18	16	13		40	35			55	30	35				13
	东海社区	东海道、中铁物流、五号仓、中铁大厦、依山时代	20	16	15		40	35	55	30	50	30	35				15
		南方明珠一期、九号小区、东海龙腾	18	16	13		40	35	60	30	55	30	35				15
		南方明珠二期、、南方明珠市场	18	15	13		40	35	50	30	50	30	35				15
		天利明园、东海丽景一、二期	20	18	15		40	35	80	35	55	30	35				15
		东海道社排门店、洪安二街、社排村上围、下围、小布村内		15	10		40	30	65	25	45	25	30				13
	明珠社区	北山道、轮训队、石头围老围		15	13			35	50	30	50	30	35	15	13	12	15
		东海道、裕宏花园、裕鹏阁、朝阳围市场、金斗岭	18	16	13		40	30	55	35	55	30	35	15	13	12	15
		和亨家家园、和亨中心广场、花样年花港，幸福海、半山溪谷、金山碧海	25	20	15		40	30	80	35	60	35	35				15

（续表）

街道行政区域	路段号	指导租金 用途 / 区域位置	住宅				办公		商业					厂房			仓库
			带电梯	不带电梯	平房	别墅	高层	多层	高层		多层		简易	一楼	二楼以上	简易	
									一楼	二楼以上	一楼	二楼以上	二楼以上				
盐田街道	明珠社区	盐田路、麓港国际、裕达华庭、金水湾	20	17	13		40	35	60	35	50	35	35				15
		金港盛世华庭	25				45	35	85	40	80	35					
		明珠路、裕泰办公楼					40	30	55	30	50	25	35				15
		永安路		15	13		35	30	60	30	45	25	35				14
		三村老围、新围、上围、下围、江屋、龙眼园、朝阳围、石头围		15	10		35	30	50	30	40	25	30				13
	永安社区	东海道、物流园区、恒盛辉、鸿基、勤辉、怡和仓	18	16	13		40	35	50	40	50	30	35	16	15	12	18
		鑫群大厦、新港大厦	18	16	13		35	30	60	30	50	30	35				15
		西禾树、坜背、四村新老围、伯公树、老圹		13	10		35	30			45	30	30				15
		永安路 16 号小区		13	13		35	30			45	30	35	15	13	12	15
海山街道	海涛	海涛路、进出口公司宿舍、太平洋住宅区、鹏湾二村、海涛花园	25	20			30	30	120	40	65	35					
		翠堤雅居、棕榈湾花园、海景花园、蓝裙	40	30			35	32	120	40	65	35					
		海天明月居、东和大厦	32	25			35	32	120	40	65	35					
	鹏湾	深盐路、东和路、鹏湾一村	32	25			35	32	120	50	120	50					
		碧海蓝天、海天一色	32	25			35	32	120	50	120	50					
		黄金珠宝大厦					30	30						30	30		
	田东	海山路、深盐路、海山居、海荣居、海月居、东部阳光、华逸园、倚山花园、海都大厦、碧桐海苑、东部山海家园	28	23	18		35	30	120	50	120	50	40	22	17		16
		翠景花园、供电大楼、海鹏苑、45 小区	25	21	16		28	28	90	40	80	40	30				
		梧桐路、瑞林苑、50 号小区、翠海轩	20	18	16		28	28	70	40	65	35	30				
		保税区第四生活区		16							35	30					

（续表）

街道行政区域	路段号	区域位置 \ 指导租金 \ 用途	住宅				办公		商业					厂房			仓库
			带电梯	不带电梯	平房	别墅	高层	多层	高层一楼	高层二楼以上	多层一楼	多层二楼以上	简易二楼以上	一楼	二楼以上	简易	
海山街道	梧桐	深盐路东段、海山路、七村集资楼、劳动局综合楼、叶屋村集资楼、沙鑫大厦	28	23	20		30	30	140	60	140	50	40				
		香径东路、香径南路、井头东街、井头南街、劳动生活一、二所	28	23	20		30	30	100	45	100	45	30				
		深盐路西段、梧桐路、海山一巷、海鹏工业区、暗径正巷	28	23	20		30	30	70	30	70	40	30	20	17		16
		井头西街、沙井头村	28	23	20		30	30	60	30	45	35	30				
		叶屋东街、叶屋村	28	23	20		30	30	60	30	40	30	30				
		保税区第一、二生活区		16							50	35					
梅沙街道	1	盐葵路（大梅沙段）	25	18	10	30	25	25	80	40	70	40	60	10	10	10	10
	2	盐葵路（滨海、小梅沙段）	25	18	10	30	20	20	50	25	50	25	35	10	10	10	10
	3	环梅路区域（含湖心岛）	25	18	10	30	35	35	70	40	70	40	60	10	10	10	10
	4	万科东海岸	25	20	10	30	25	25	60	40	60	40	50	10	10	10	10
		东海岸体育馆区					20				35	20					
	5	东部华侨城	30	20	20	35	30	30	80	50	80	50	60	10	10	10	10
	6	大梅沙村、金沙街	25	15	10	30	20	20	45	25	45	25	45	10	10	10	10
	7	上坪、成坑村	25	15	10	30	20	20	40	20	40	20	40	10	10	10	10
	8	小梅沙村	25	12	10	30	18	18	30	20	30	20	30	11	10	10	10
沙头角保税区	1	厂区					20							22	17		18
	2	保发大厦					35		40	40							
	3	海关楼					25										
	4	保税区配餐中心											9				
盐田港保税区	1	盐田港保税区综合办公楼						55			30						
	2	保税物流园区 22 米大道以南（南片区）						35									28
	3	保税物流园区 22 米大道以北（北片区）						35									28

表 8-18　宝安区 2012 年房屋租赁指导租金汇总表

单位：元/平方米·月

街道行政区域	路段号或社区	区域位置 ＼ 指导租金 ＼ 用途	住宅				办公		商业					厂房			仓库
			带电梯	不带电梯	平房	别墅	高层	多层	高层 一楼	高层 二楼以上	多层 一楼	多层 二楼以上	简易	一楼	二楼以上	简易	
新安街道行政区域	1区	主街道	22	14			25	15	50	30	40	20					
		小区内	22	14			25	15	46	20	30	20					
	4区	主街道、前进二路、兴华路	22	14			25	20	40	30	40	25					
		主街道、建安路	22	14			25	20	40	30	40	25					
		小区内	22	13			25	15	35	20	30	20					
	7区	主街道、建安路	17	14			25	20	90	40	90	40	25	17	12		10
		主街道、兴华路	17	14			25	20	50	30	50	30	20	15	12		10
		主街道、新圳路	17	14			25	20	80	30	80	30	20	16	12		10
		主街道、宝民路	17	14			25	20	50	30	50	30	20	15	12		10
		小区内	18	13			25	20	46	20	25	20	20	15	12		10
	8区	主街道、兴华路	22	14			25	20	80	30	80	30					
		主街道、建安路	22	14			25	20	90	40	90	40					
		主街道、新圳路	20	12			25	20	50	30	80	30					
		主街道、前进路	20	12			25	20	40	30	40	30					
		小区内	20	12			25	20	30	25	30	20					
	9区	建安路、宝民路、兴华路、主街道	20	15			30	20	90	40	90	40					
		宝民路白金酒店公寓、广场大厦	22				40		55	35	55	35					
		小区内	18	15			20	20	40	25	40	25					
	10区	兴华路、建安一路主街道	20	18			20	20	90	40	90	40					
		前进路主街道	20	18			20	20	50	30	50	30					

（续表）

街道行政区域	路段号或社区	区域位置 \ 指导租金 \ 用途	住宅				办公		商业					厂房			仓库
			带电梯	不带电梯	平房	别墅	高层	多层	高层 一楼	高层 二楼以上	多层 一楼	多层 二楼以上	简易	一楼	二楼以上	简易	
新安街道行政区域	10区	小区内	18	15			20	20	40	30	40	30					
	21区	主街道、公园路	20	12			25	20	40	25	40	25					
		主街道、前进路	20	12			25		40	40	40	30					
		小区内		12			25	20	30	20	30	20					
	N10	熙龙湾二期	23				30		55	30							
	N23	熙龙湾一期	23				90		50	30							20
		天健时尚空间	22				30		50	35							
		龙光大厦					100		60	40							20
	25区	裕安路	18	15			20	20	50	25	50	25					
		前进路.创业路	20	17			20	20	60	30	60	30					
		小区内	20	15			20	20	30	30	30	25					
	29区	建安路	20	15			25	18	60	35	60	30					
		宝民路一侧	20	15			25	18	60	35	60	30					
		上川路一侧	18	15			25	18	50	35	50	30					
		小区内	15	13			25	18	45	25	45	25					
	30区	建安一路	20	15			25	18	60	35	60	30					
		前进一路	20	15			25	20	70	40	70	40					
		冠利达大厦	20	15			35	35	80	40	80	40					
		上川路	18	15	13		25	20	70	70	40	30					
	31区	上合路	20	10			25	15	60	30	60	30		16	12		
		上川路	20	10			20	15	50	25	50	20					
		怡园路	20	10			25	15	40	25	40	20		16	12		

（续表）

街道行政区域	路段号或社区	用途 / 指导租金 / 区域位置	住宅				办公		商业					厂房			仓库
			带电梯	不带电梯	平房	别墅	高层	多层	高层 一楼	高层 二楼以上	多层 一楼	多层 二楼以上	简易	一楼	二楼以上	简易	
新安街道行政区域	31区	前进路	20	10			25	20	70	30	70	30					
		裕安路	20	10			20	10			40	20					
		小区内	20	10			20	10	20	15	20	15		16	14		
	34区	前进路、建安路、宝民路	20	18			25	20	70	35	70	30		18	15	10	10
		流塘路段	18	15	13		20	18	55	25	45	20		16	13	10	10
		上川路	18	15			20	18	55	25	65	20					
	35区	上川路	20	10			25	15	55	30	50	25		16	12		
		上川路6栋、7栋	20	10			25	15			60	30					
		前进路	20	10			25	20	60	30	60	25					
		怡园路	20	10			25	20	50	30	50	25					
		新四安路	20	10			25	20	35	25	35	20					
		小区内	20	10			20	20	25	15	20	15		16	12		
	38区	中南花园	22				20		25	20							15
		新锦安花园	22				20		40	25							20
		翻身路边	21	15				15	55	30	50	30					
		小区内	21	15				15	20	15	25	15					15
		自建房	18	10				15	20	15	20	15		14	12		10
	39区	主要街道及花园外围	20	15			15		40	20							15
		花园小区内	20	15					20	15							15
		自建房	18	10					20	15				14	12		10
	40区	主要街道及花园外围	20	15			20		40	20							15
		中怡名苑C栋					45		40	30							

（续表）

街道行政区域	路段号或社区	区域位置 \ 指导租金 \ 用途	住宅				办公		商业					厂房			仓库
			带电梯	不带电梯	平房	别墅	高层	多层	高层 一楼	高层 二楼以上	多层 一楼	多层 二楼以上	简易	一楼	二楼以上	简易	
新安街道行政区域	40区	自建房	15	10			15	15			20	15		14	12		10
		花园小区内	20	15			20	15	20		20	15					15
	41区	甲岸路边	20	15				15	40		40	20					10
		翻身路边	20	15			20	15			68	20					
		自建房	13	10			15	15			20	15		14	11		10
	42区	花园小区内	20	15			20	15			20	15					
		甲岸路边		10			20	15			40	20					15
		翻身路边		10			20	15			70	30					20
		自建房	13	10			15	15			20	15		14	12		10
	43区	兴华一路边					15		40		40	20					20
		翻身路边							80	30	70	30					20
		花园小区内	20	15			20		20		20	15					
		自建房	13	10			15		20		20	15		14	12		10
	44区	翻身路边							80	30	80	30					
		花园小区内	20	15			20		20		20	15					15
		自建房	13	10			15		20		20	15		13	12		10
	45、47、49区	翻身路	22	15					80	25	70	25		14	12		10
		自由路及其它主要街道	20	15			20	15	50	25	40	20		14	12		15
		小区内	20	15			20	15	30	20	30	15		14	12		10
		自建房	13	10			20	10			25	10		14	12		10

（续表）

街道行政区域	路段号或社区	用途 / 指导租金 / 区域位置	住宅				办公		商业					厂房			仓库
			带电梯	不带电梯	平房	别墅	高层	多层	高层 一楼	高层 二楼以上	多层 一楼	多层 二楼以上	简易	一楼	二楼以上	简易	
新安街道行政区域	46区	翻身路					20	15	80	30	70	30					
		主要街道及花园外围	20	15			20	15	65	25	60			14	12		15
		小区内	20	15			20	15	30	20	25			14	12		10
		自建房	13	10			20	10			25	10					10
	48区	翻身路	20	15			20	10	80	20	70	25					20
		主要街道及花园外围	20	15			20	15	55	20	50	25					15
		小区内	20	15			20	15	35	20	30	25					12
	50区	翻身路	20	15			20	15	80	20	70	25					20
		主要街道及花园外围	20	15			20	15	50	25	40			14	12		10
		小区内	20	15			20	15	30		25			14	12		10
		自建房	13	10			20	10	30		25			14	12		10
	82区	主要街道及花园外围	20	15			20	15	65	25	40	25		14	12		12
		自建房	13	10			20	10	30	20	25	10					
		小区	20	15			20	15	35	20	40	20		14	12		10
	83区	主要街道及花园外围	20	15			25		65	20							20
		小区内	20	15			20	20	35	20							15
	3区	主街道		12			30	20	40	20	40	20					
		小区内	20	12			30	20	30	20	30	20					
	5区	主街道、建安路	20	12				20			70	20					
		主街道、新圳路	20	12				20			30	20					
		小区内	20	12				15			25	15					

（续表）

街道行政区域	路段号或社区	区域位置（指导租金／用途）	住宅				办公		商业					厂房			仓库
			带电梯	不带电梯	平房	别墅	高层	多层	高层一楼	高层二楼以上	多层一楼	多层二楼以上	简易	一楼	二楼以上	简易	
新安街道行政区域	6区	主街道、建安路	20	12			25	20	90	25	70	25					
		小区内	20	12			25	20	40	25	30	20					
	12区	主街道		12			30	20	40	20	40	15					
		小区内		12			30	20			20	15					
	19区	主街道、兴华路		12				20			40	20					
		主街道、公园路、新安二路		12				20			30	20					
		小区内		12				18			25	20					
	13区	广深公路旁、小区内	15	13			20	16	40	25	30	20		15	13	10	10
		宝民路	16	13			30	20	55	35	50	30		15	13	10	10
	24区	建安一路、宝民路主街道	20	15			20	15	60	30	50	30					
		小区内	16	13			20	15	30	20	30	20					
	32区	新安三路	20	10			25	15	50	20	40	20		16	13		12
		上川路	20	10			20	13	50	23	40	20		16	13		12
		裕安路	20	10			25	15	20	15	20	15		16	13		12
		小区内	20	10			25	15	20	15	20	15		16	13		12
	36区	怡园路	20	10			15	15	45	15	35	15		16	13		12
		新安四路	20	10			13	15	20	15	20	13		16	13		12
		上川路	20	10			13	13	30	15	35	15		16	13		12
		小区内	20	10			25	13	25	15	20	15		16	13		12

（续表）

街道行政区域	路段号或社区	区域位置 \ 指导租金 \ 用途	住宅				办公		商业					厂房			仓库
			带电梯	不带电梯	平房	别墅	高层	多层	高层一楼	高层二楼以上	多层一楼	多层二楼以上	简易	一楼	二楼以上	简易	
街道行政区域	71区	创业二路	20	10			25	20	40	15	40	20		16	13		12
		创业一村	20	10	10		25	15	20	15	30	20		16	13		12
		小区内	20	10	10		25	15	20	15	25	20		16	13		12
		留仙三路	20	10	10		25	15	30	15	30	20		16	13		12
	72区	创业路	20	10	10		25	20	20	15	25	15		16	13		12
		留仙三路	20	10	10		25	20	30	15	30	15		15	13		12
		小区内	20	10	10		25	10	20	15	30	25		16	13		12
	73区	佳华新村	25	12			25	20	40	25	40	15					
		流塘路	20	10			25	20	40	25	40	20					
		新安四路	20	10			25	20	40	25	40	20					
		怡园路	20	10			20	20	30	20	30	20					
		小区内	20	10			20	15	20	10	20	10		16	12		
	74区	宝安新村	20	12			25	15	40	20	40	20					
		金海华府	20	12			20	15	40	20							
		流塘路	20	10			25	15	30	20	30	20					
		怡园路	20	10			20	20	30	20	30	20					
		小区内	20	10			20	10	20	15	20	15		16	12		
	84区、N17区、N19区、N25区、N16区	主要街道及花园外围	20				20		65	25							20
		小区内	20				20		60	20							15

（续表）

街道行政区域	路段号或社区	区域位置	住宅 带电梯	住宅 不带电梯	住宅 平房	住宅 别墅	办公 高层	办公 多层	商业 高层 一楼	商业 高层 二楼以上	商业 多层 一楼	商业 多层 二楼以上	商业 简易	厂房 一楼	厂房 二楼以上	厂房 简易	仓库
新安街道行政区域	N5区	西城上筑等主要路段	20				25		60	40							
		小区内	20				25		40	30							20
		宏发领域花园4栋	20				35		60	40							
	N7区	西岸观邸	20				25		30	20							20
	N8区	金泓凯旋城	20				25		45	30							20
	N26区	荣超大厦、万骏大厦					60		70	60							
	2区	主街道		12				20			30	25					
		小区内		12				15			25	25					
	11区、37区	11区小区内		10				15			20			10	10		10
		自建房		10			15	15			20	15		10	10		10
		翻身路									45						
		晶美花园商业街		13				15			40						15
	14区	主街道		12				25			30	20					
		小区内		12				20			25	15					
	16区	主街道	20	12			25	20			35	25					
		小区内	20	12			20	15			25	20					
	18区	主街道		12				20			30	20					
		小区内		12				20			20	15					
	20区	主街道	20	12			30	20	30	20	30	20					
		小区内	20	12			30	20	25	20	25	20					
	22区	主街道		12			20	15			30	25		15	12		10
		小区内		12			20	15			25	20		15	12		10

（续表）

街道行政区域	路段号或社区	区域位置 \ 指导租金 \ 用途	住宅				办公		商业					厂房			仓库
			带电梯	不带电梯	平房	别墅	高层	多层	高层		多层		简易	一楼	二楼以上	简易	
									一楼	二楼以上	一楼	二楼以上					
新安街道行政区域	23区	主街道	15	12			25	20	30	20	30	20		15	12		10
		小区内	15	12			20	20	25	20	25	20		15	12		10
	26区	主街道	20	10			20	15	40	20	30	15		15	12	12	10
		小区内	20	10			20	15	20	20	20	15		15	12		10
	27、28区	主街道	15	12			20	20	30	20	30	20		15	12	12	10
		小区内	15	12			20	20	20	15	20	20		15	12		10
	33区	新安三路	20	10	10		25	13	30	15	20	15		16	12		12
		上川路	20	10	10		25	13	25	15	20	15		16	12		12
		裕安二路	20	10	10		25	13	25	15	25	15		16	12		12
		大宝路	20	10	10		25	13	25	15	25	15		16	12		12
		小区内	20	10	10		25	13	25	15	25	15		16	12		12
	67区	67区						20	25	20	25	20		15	12		10
	68区	68区						20						15	12		10
	69、70区	69区、70区						20			30	20		15	12		10
西乡街道行政区域	一类	河西路、荔园路	16	12	10	13	40	40	70	40	150	50	100	20	15	15	15
		永安商业城			10	13	30	30	70	40	150	50	100	20	15	15	15
		鸿隆广场	20				38	38	70	36	66	36		17	12		14
		桃源居3区	22						98	48							
		桃源居11区	25						150								
		桃源居12区11栋、13区、14区	22	20					60								
		桃源居12区12栋、13栋、4区、5区	25	22					85								

（续表）

街道行政区域	路段号或社区	区域位置 \ 指导租金 \ 用途	住宅				办公		商业					厂房			仓库
			带电梯	不带电梯	平房	别墅	高层	多层	高层 一楼	高层 二楼以上	多层 一楼	多层 二楼以上	简易	一楼	二楼以上	简易	
西乡街道行政区域	一类	桃源居15区	25						78								
		桃源居16区	22						80								
		桃源居6区、17区	22														
		御龙居、中粮澜山	22	20			36	36	50	36	50	36					
		白金公寓、码头北路、缤纷世界、万骏汇、友情基地、财富港、宝乐新村A1栋	26	16			30	30	61	48	61	31					16
		圣源华庭、颐合花园、林荣综合楼、华海澜湾	20	15			30	30	51	21	41	21					16
		天琴阁、名城花园、蟠龙居、绿海名居、新源花园	21	16			21	21	50	21	41	21					16
		F518创意园、衡芳苑、蜀风路、利华楼、宝源居	12	11	9		21	16	41	21	41	21					15
		宝源商业城	12	11			21		79								
		安顺路、劳动路、宝安大道、西乡大道	12	11			16	16	51	21	51	21					16
		金海路、新湖路（盐田路段）、泰华阳光海花园（东侧、南侧）圣陶沙骏园（南侧）、槟城西岸（北侧）	28	19			35	35	95	48	95	48					23
		盐田街	16	13			20	20	83	39	83	39					13
		宝源路（盐田路段）、悦和路、兴业路(富通城五期路段）、海湾明珠（南侧）、圣陶沙骏园（北侧）	28	19			30	30	76	39	76	39					23

（续表）

街道行政区域	路段号或社区	区域位置 \ 指导租金 \ 用途	住宅				办公		商业					厂房			仓库
			带电梯	不带电梯	平房	别墅	高层	多层	高层 一楼	高层 二楼以上	多层 一楼	多层 二楼以上	简易	一楼	二楼以上	简易	
西乡街道行政区域	一类	大益广场（东侧、南侧）、鸿云花园（西侧、南侧）、金港华庭（东侧）	28	19			30	30	70	36	70	36					23
		宝安大道（盐田路段）、西乡大道（盐田路段）	25	16			30	30	62	31	62	31					23
		锦明花园（西侧、北侧）	28	19			30	30	55	28	55	28					23
		圣陶沙骏园、富通城二、三、四、五期、海湾明珠（西侧、北侧）、泰华阳光海花园（西侧、北侧）、槟城西岸（东侧、南侧）、中信湾花园、汇一城、碧海湾小区、锦欣花园、锦明花园、双锦街、香缇湾（西侧）、金港华庭（北侧、西侧）	28	19			30	30	50	27	50	27					23
		下围园新村地铁口段、新屋园地铁口段	15	13			40	35	85	60	85	60		22	18		15
		宝安大道（固戍一路往机场方向）	13	12			40	35	85	55	85	55		22	18		15
		宝安大道（固戍一路往西乡路段）	14	13			40	35	85	45	85	45		22	18		15
		固戍一路（宝安大道至107国道段）	13	12			40	35	70	45	70	45		20	18		15
		固戍一路（宝安大道至宝源路段）	13	12			35	35	65	40	65	40		20	18		15
		南昌路（南昌二队路段）	13	12				25			70	35		18	16		10
		航城大道	14	12			35	30	70	45	70	35		20	15		15
		宝源路（沙边海滨工业区至南昌路段）、宝港中心	13	12			35	30	45	40	65	35		20	15		12
		固戍二路、石街新村三巷、四巷	13	12				20	60	40	65	35		20	15		15
		南昌二队（东区、西区）	13	9				20			65	35		18	16		10
		新安第二工业区	13	12			25	20	45	35	65	35		18	16		10

（续表）

街道行政区域	路段号或社区	用途 指导租金 区域位置	住宅				办公		商业					厂房			仓库
			带电梯	不带电梯	平房	别墅	高层	多层	高层		多层		简易	一楼	二楼以上	简易	
									一楼	二楼以上	一楼	二楼	以上				
西乡街道行政区域	二类	河东路、码头北路、龙吟二路 真理街、常盛街、鸣乐街、巡抚街、广深路、文乐工业区	13	12	10	13	30	30	60	40	60	40	40	20	15	15	15
		鸣东街、兴发楼、柳竹园、 西乡市场、海滨新村、宝凌路、亨林大厦、兰香园、乐园街、兴业路、新安五路、新安六路、宝安大道、海城路、新湾路	13	12	10	13	30	30	60	40	60	40	40	20	15	15	15
		福中福、码头路、雅涛花园、安泰花园、饭堂门	13	12	10	13	30	30	50	30	50	30	30	20	15	15	15
		天骄世家、泰华明珠、泰华豪园、丽景城、青春庭园、富盈门、建安二路、翠景居、东方雅苑、农批市场、富瑰园、宝民二路（商业街）、宝雅苑、新安四路、丰恒苑、前进二路、前进路综合楼	18	16	15		30	30	55	38	55	38					15
		宝民二路、榕树路（金达花园）、宝民花园、富东花园、广深公路西乡段（双号）、亨梓楼、怡翠花园、流塘路（嘉华花园）、西乡地税路段（含锦花路）、航城工业区、麻布社区 62 区、流塘大厦、贤基大厦、幸福花园、凤凰雅居、荣恒新苑、骏丰苑、流塘食街、流塘新村、荔景新村、75 区商住楼、流塘新村东区	17	15	15		25	25	48	38	48	38	30	15	12	11	14

（续表）

街道行政区域	路段号或社区	区域位置 \ 指导租金 \ 用途	住宅				办公		商业					厂房			仓库
			带电梯	不带电梯	平房	别墅	高层	多层	高层 一楼	高层 二楼以上	多层 一楼	多层 二楼以上	简易	一楼	二楼以上	简易	
西乡街道行政区域	二类	宝田一路铁岗段、铁岗西路、铁岗东路、宝田一路凤凰岗段、前进二路	16	12	12		20	20	37	28	37	28					
		桃源居 1 区、桃源居 2 区	22						50	33							
		桃源居 7 区、9 区、10 区	22						60	33							
		宝运达物流工业园	18	15			36	36	50	36	50	36		18	14		14
		乐群二路、翠景花园	12	11	10		16	16	36	16	30	16					11
		新安市场、景福新村、鸣东街、明珠花园	12	11			16	16	36	16	30	16					11
		双龙花园	12	11	10	16	16	31	16	31	16						11
		共乐路	12	10			16	16	31	16	31	16					13
		兴华花园、碧海名园、宝田雅苑、共乐华庭、玉湖湾、恒生医院小区、碧海新苑	25	16			28	28	49	27	49	27					21
		共和路、银田路、银田支一路、新三村上五排段	16	13			20	20	42	21	42	21					13
		香缇湾（东侧、南侧、北侧）、鸿云花园（东侧、北侧）、绿海名苑（北侧）、大益广场（西侧、北侧）	28	19			30	30	39	19	39	19					23
		聚豪天下、海灏庭	18	18			20	20	39	19	39	19					16
		铁仔路、银田工业区、乐群工业区、共乐工业区、共和工业区	18	18			18	18	39	16	39	16		18	15		15
		南昌一队、南昌队	12	10				20			40	24		18	16		10

（续表）

街道行政区域	路段号或社区	区域位置 \ 指导租金 \ 用途	住宅				办公		商业					厂房			仓库
			带电梯	不带电梯	平房	别墅	高层	多层	高层		多层		简易	一楼	二楼以上	简易	
									一楼	二楼以上	一楼	二楼以上					
西乡街道行政区域	二类	南昌旧村、间头村	12	10				20			45	26		18	16		10
		勤辉路、安骏路、迪福路、恒南路、腾联路	10	9				25	40	30	40	30		20	18		12
		福荣路	13	11				40	60	50	55	35		20	18		12
		上围园新村、下围园新村、红湾新村(一、二、三区)、石街新村、新屋园	13	11			25	25	50	40	50	40		20	18		12
		文昌路、延康路、南昌路、公园路、沙边新村、井湾、沙湾村、公园新村、海边新村、兴发花园、茶西旧村、茶树旧村、石街旧村、塘西（一、二、三）区、沙边东西区、其他	10	8				18	30	25	30	25		20	18		10
		茶树新村、塘西新村、海滨新村、东山旧村、塘东东、塘东西	13	11				23	35	20	35	20		20	18		12
		海滨新村（一区、二区）	13	11				25			32	20		22	18		12
		海滨新村（三区、四区、五区）	13	11				23			30	18		20	18		12
		田心工业区、沙边工业区、红湾工业区、洪盛工业区、上高田工业区、润丰工业区、华洋工业区	12	10				30	40	35	40	35		20	18		12
		福森工业区、敦发工业区、红镇岗工业区、西荣工业区、新雄工业区、裕兴工业区、汇潮工业区	12	10				30	55	35	55	35		20	18		15

（续表）

街道行政区域	路段号或社区	区域位置 \ 指导租金 \ 用途	住宅				办公		商业					厂房			仓库
			带电梯	不带电梯	平房	别墅	高层	多层	高层		多层		简易	一楼	二楼以上	简易	
									一楼	二楼以上	一楼	二楼	以上				
西乡街道行政区域	二类	南昌第　工业区、南昌第二工业区、华丰工业区						30			45	30		22	20		15
		安乐工业区、华创达工业区、庄边工业区、上合工业区、银丰工业区、安乐工业园、航城工业区						30			40	25		22	20		12
		塘西工业区、东财工业区、西井工业区、永利工业区、西井工业区	12	10				30			45	30		22	18		12
	三类	渔业村、轻铁东、轻铁西、径贝新村、河东花园、桂花园、河东新村 自由七队、径贝华侨新村、同富楼、蚝业巷、乐园小区、龙珠山顶、龙珠花园、龙珠市场、新湖花园、半岛明苑、麻布旧村、径贝旧村、翻身一队、河西一至四坊	13	12	10	13	30	30	40	30	40	30	30	20	15	15	15
		庄边金庄园、河西社区（金雅园、金雅新村、河西工业区、金碧花园）宝田一路臣田段、凤田中心区、安源居、西城丰和、臣田（恒明珠、展丰食街、林果所、园艺园、瓜子田、综合楼）臣田（小区、中区、东区、南区）、流塘工业路、荔园一路、流塘路西区、宝兴花园	15	13	13		20	20	38	30	38	30	25	16	12	11	14
		新城广场、庄边新村、新庄园、臣田西区、麻布旧村、流塘旧村（东区、南区、西区、北区、中区）、流塘市场	15	13	13		18	18	35	28	33	28	20	15	13	11	12

（续表）

街道行政区域	路段号或社区	用途 / 指导租金 / 区域位置	住宅				办公		商业					厂房			仓库
			带电梯	不带电梯	平房	别墅	高层	多层	高层 一楼	高层 二楼以上	多层 一楼	多层 二楼以上	简易	一楼	二楼以上	简易	
西乡街道行政区域	三类	铁岗村、铁岗工业区	15	12	12		18	18	30	20	30	20	21	15	12	11	14
		凤凰岗村、凤凰岗工业区	16	12	12		18	18	36	27	36	27	21	15	12	11	14
		铁岗旧村、凤凰岗旧村	12	10	10		14	14	22	20	22	20					
		新乐村、乐园新村、鸣园小苑、鸣园村、马鞍山小区、宝莲新村、宝乐新村、永丰一队A、B、C区、劳动二队、劳动二队水沟边、宝源二区、南沙新村	11	12	10		16	16	31	16	31	16		20	12		11
		上塘、下塘、海城新村A、B、C区、海城名苑、黄屋村、艇巷村、白石村、徐屋村、流仙洞	11	10	10		16	16	31	16	31	16					11
		高树围一巷段	13	13			16	16	34	18	34	18					13
		高树围小区	13	13			16	16	24	15	24	14					13
		盐田新一村、盐田一村、盐田南区、盐田新二村、盐田新三村、牛湾新村、牛湾旧村、银田新村、海乐花园	13	13	10		16	16	21	14	21	14					13
		西成工业区、崩山工业区、伟信达工业区、愉盛工业区、安华小区、宝源第二工业区	18	18			18	18	51	31	51	31		18	15		15
		三围中路、南路、工业路	8	7			21	21	29	20	29	20	16	16	12	11	15
		三围（东、南、西、北）区、西路、北路	8	7			21	21	26	20	26	20	16	16	12	11	15
		怡宝、汇庭居、阳光新区、机场开发区、兴达华府、航空路	16	11			21	21	31	24	31	24	16	16	13	11	15

（续表）

街道行政区域	路段号或社区	用途 / 指导租金 / 区域位置	住宅				办公		商业					厂房			仓库
			带电梯	不带电梯	平房	别墅	高层	多层	高层		多层		简易	一楼	二楼以上	简易	
									一楼	二楼以上	一楼	二楼	以上				
西乡街道行政区域	三类	钟屋一路、荔园居、人门口	8	7			21	21	31	19	31	19	16	16	12	11	15
		钟屋二路、三路、钟屋工业区、围门口	8	7			21	21	30	19	30	19	16	16	12	11	15
		新屋新村、沙边	8	7			21	21	24	18	24	18	16	16	12	11	15
		霸王工业区、雅乐居	14	11			21	21	24	18	24	18	16	16	13	11	15
		金达花园、达利花园	20	15			21	21	29	20	29	20	16	16	13	11	15
		锦绣花园、翠湖花园、俊景园、农贸市场、荔园	12	11			21	21	20	14	19	14	16	16	13	11	15
		黄田路、大夫天路、兰花路、大辛铺、金胜路	8	7			21	21	31	20	31	20	16	15	12	11	15
		后瑞爱民路、兴宇路、兴业一路	8	7			21	21	30	20	30	20	16	15	12	11	15
		后瑞新村、村南、村北、瑞康路、草围一路、第二工业区、草围村、兰花路东、桃园路、甲田岗、岗贝、金荔、林屋村、后瑞新瑞北区、新一、二、三区	8	7			21	21	25	18	24	18	16	15	12	11	15
		草围二路、三路、龟山路	8	7			21	21	23	18	22	18	16	14	11	11	15
		杨贝工业区一、二、三期	12	10			21	21			25	18	16	18	14	11	15
		鹤洲(宝罗、金佛、东区、阳光、西区)工业区	10	9			15	13			28	16	23	15	12	12	12
		鹤洲恒丰工业城	18	16			16	14			41	22		21	15		16
		鹤洲东区、西区、旧村(路边)、商住楼	11	9				12			32	15	28	15	13	13	13

（续表）

街道行政区域	路段号或社区	区域位置 ＼ 指导租金 ＼ 用途	住宅				办公		商业					厂房			仓库
			带电梯	不带电梯	平房	别墅	高层	多层	高层一楼	高层二楼以上	多层一楼	多层二楼	简易以上	一楼	二楼以上	简易	
西乡街道行政区域	三类	鹤洲东区、西区、旧村（非路边）	11	9				12			18	14		15	13	13	13
		鹤洲路、洲石路	11	9			13	12	32	16	30	16	17	15	13	12	12
		九围新村、九围路	10	9	6	15		12	28	15	25	15	17	14	12	12	12
		九围旧村	10	8	6			12			22	15	15	13	11	11	12
		九围村委楼后面片区	10	8	6			12	24	14	22	14	21	15	12	12	12
		黄麻布黄金洞、西区	8	8	6		11	10	20	15	21	15	16	14	12	12	12
		黄麻布第二、三工业区、新村、东区、南区、工业街、学业路、黄麻布路、泰安路、市场周边、金岗山工业区	10	9	8		12	11			28	16	16	14	12	11	12
		勒竹角同富街、天富安工业路、同富裕工业区	10	9			12	11	32	17	32	16	20	14	12	11	12
		勒竹角天富安（前门段）	10	9			12	11	37	17	23	17		14	12		12
		勒竹角新一村东、西（路边商业街）	10	9			10	9			42	17					
		勒竹角新一村东、西（非路边）、第一工业区、勒竹路、洲石路、石场路、东面新村、旧村	10	9	8		12	11	27	17	22	17	17	14	12	12	12
		勒竹角同富路（395 总站路段）	10	9			12	11	30	17	28	17	15	15	13	12	12

备注：厂房三楼及以上比二楼的租金低 2~3 元/平方米。

（续表）

街道行政区域	路段号或社区	区域位置 \ 指导租金 \ 用途	住宅				办公		商业					厂房			仓库
			带电梯	不带电梯	平房	别墅	高层	多层	高层 一楼	高层 二楼以上	多层 一楼	多层 二楼	简易 以上	一楼	二楼以上	简易	
福永街道行政区域	一类	白石厦大道、福永大道（农商行至怀德南路）	18	13	9		33	26	65	38	61	38	33				16
		福永大道（宝利来至福永街道办）、福永大道（福永桥底至农商行）两侧、政丰南路（福永供电所至白石厦大道）两侧、凤凰富源街（107国道至小学球场两侧）、凤凰森林公园商业	18	13	9		28	22	53	31	53	31	33				11
		金域豪庭、天欣花园一至三期、万福人家、万科金色领域、凤凰美食街	18	13	8		26	21	50	30	50	30	33				11
		福海大道商业街、福海科技工业园、兴华路 兴围物流中心、白石厦广场（兴达商业街）、龙洲百货石厦路（白石厦大道至福永大道）两侧、龙翔山庄内及两侧、白石厦路两侧、龙翔路（迪欧咖啡至上岛咖啡）、车站后面、福海大道两侧、德丰街（中心小学至福永市场）、腾丰大道	14	11	8	16	26	19	41	26	41	26	33	13	11	9	11

（续表）

街道行政区域	路段号或社区	区域位置 \ 指导租金 \ 用途	住宅				办公		商业					厂房			仓库
			带电梯	不带电梯	平房	别墅	高层	多层	高层一楼	二楼以上	多层一楼	二楼	简易以上	一楼	二楼以上	简易	
福永街道行政区域	一类	福海大道（天福路口至新兴工业区二区）、听涛雅苑、新和二区主街、天福路两侧（新和段）、新和富和路、欧联路、新和综合市场、民联商场附近、思源工业 1 区周边铺、和平美盛工业园商铺、德金财富广场、和平怡佳商场周边、华东服装城、和平市场内、和平综合市场周边、政丰北路（波士顿至白石厦大道）路段两侧、东区永丰一、二路、淇誉路、永丰商业街、新塘工业区（主要干道边）、北环路（波士顿至 107 国道段）、时代景苑（主要干道边）、金石雅苑（主要干道边）、福永花苑（主要干道边）、白石厦裕华园（东、西主要干道边）、白石厦东区文明路、美华路、龙翔路（龙翔山庄至上岛咖啡）、永平二路、凤凰花园、德金商住楼 A、B、C、D 座、福永第二工业村（美联商场）	12	11	8		25	19	36	24	36	24	29	13	11	9	11

（续表）

街道行政区域	路段号或社区	区域位置 \ 指导租金 \ 用途	住宅				办公		商业					厂房			仓库
			带电梯	不带电梯	平房	别墅	高层	多层	高层 一楼	高层 二楼以上	多层 一楼	多层 二楼	简易 以上	一楼	二楼以上	简易	
福永街道行政区域	二类	天福路两侧（福永段）、惠明盛工业园、永和路北（桥和路与重庆路）、重庆路（同富裕与福园二路）、桥头综合市场周边、桥头市场内、福永水厂周边、蚝业路两侧、桥荣路两侧、永和路（荔园路与桥和路）、信息大厦（立新北路）、正中工业园、桥兴路、福安路（桥头段）、桥塘路、宝安大道（桥头段）、福山工业区、福盈工业区、福永立新路、金菊卜路、福一路、福围东街、福围西街、福海停车楼、福围市场商住街、凤塘大道107至村委两侧（新田段）、江氏大厦、凤塘大道（和平段）、永福路、桥和路、荔园路、永和路（和平市场对面至银通宾馆路段）、桥和路（工业大道与福园一路）、	12	10	8		22	18	35	24	35	24	27	12	11	9	11

（续表）

街道行政区域	路段号或社区	用途／指导租金／区域位置	住宅				办公		商业					厂房			仓库
			带电梯	不带电梯	平房	别墅	高层	多层	高层		多层		简易	一楼	二楼以上	简易	
									一楼	二楼以上	一楼	二楼	以上				
福永街道行政区域	二类	重庆路、荔园路（永和路北和福园一路）、福园一路、万利达工业园、晖信工业园、和平综合市场东侧（一至二巷）、骏丰工业园商铺、凤凰综合市场周边、兴业一路（凤凰汽车站）、兴围农贸市场、金弘盛百货商铺、兴围路、兴业一路（兴围段）、宝安大道（兴围段）、永安坊东、永安坊西、立新湖小区、龙翔北路、景芳路、荔园西路、怀德北路、怀德南路（其余段）、政丰南路（美联商场至福永供电所）、立新南路、洋田路（怀德饮食广场）、怀德翠岗工业园七区、怀德商贸城、咸田众乐百货、怀德新村宝德楼、怀德路干头建材市场、福永立新路、和沙路、建安路、迎春路	12	10	8		22	18	35	24	35	24	27	12	11	9	11

（续表）

街道行政区域	路段号或社区	用途 / 指导租金 / 区域位置	住宅				办公		商业					厂房			仓库
									高层		多层		简易				
			带电梯	不带电梯	平房	别墅	高层	多层	一楼	二楼以上	一楼	二楼	以上	一楼	二楼以上	简易	
福永街道行政区域	二类	同富路（桥和路至重庆路）、桥南新区、桥南育才路、榕树路、天佑工业园、福安商贸城、新塘大道、新和悦康路、桥新商业街、新和商业北街、天福路两侧（新和一区至二区）、新和(一、二区一巷)、新和（第一、二、三、四、八工业区内）、富桥三区、悦昌路、桥新路、桥和路两侧、永和路（同益新村东、西两侧）、和秀西路（锐明工业区、蓝天科技园）、白石厦裕华园（东、西小区内）、龙腾阁小区、白石厦横巷、石龙头新村旧村、白石厦东区龙王庙A栋-E栋、白石厦东区新塘工业区（内）、白石厦东区文圣明果场主要干道、东区永泰西路、白石厦东区新开发区、香江家具城、宝桥旧货市场、龙王庙路、龙腾阁新村、政丰北路（内）、白石厦旧村、怀德新村、咸田、芳华（一至三区内）、怀德翠岗工业园三至五区（内）、永和路（厂房）、凤凰商西区、凤凰小学球场周边	12	10	8		20	15	32	21	32	21	26	12	11	9	11

（续表）

街道行政区域	路段号或社区	用途/指导租金/区域位置	住宅				办公		商业					厂房			仓库
			带电梯	不带电梯	平房	别墅	高层	多层	高层 一楼	二楼以上	多层 一楼	二楼	简易 以上	一楼	二楼以上	简易	
福永街道行政区域	三类	桥头七号路、灶下路、新村路、桥头三号路、桥西路、桥头新村、一队新村、福新街、西环路、马山村、福二路、福三路、裕华路、永和路（福永段）、裕华东、裕华西、福围路商业街、福海二路、福中路、福中工业园、广厦路、福围中路、福尔园建 1-2 期 大洋路、福安二期宿舍、福瑞路、凤城花园、中信工业城商铺、征程二路、美盛新村外围、新田大道 279 号至水库路口、金丰工业区、德金工业园、福园二路、和平路东、和景工业区、瑞轩阁、兴鸿基物流园科技大厦 兴围第一、二工业区、福安路（厂房）、翠湖工业园、聚福园、天福路（厂房）、兴业一路（凤凰段）	11	9	8		20	15	30	19	30	19	26	11.5	10	9	10

（续表）

街道行政区域	路段号或社区	用途 / 指导租金 / 区域位置	住宅				办公		商业					厂房			仓库
			带电梯	不带电梯	平房	别墅	高层	多层	高层		多层		简易	一楼	二楼以上	简易	
									一楼	二楼以上	一楼	二楼	以上				
福永街道行政区域	三类	荔丰路、荔丰路西、黄屋二区、同富裕市场范围及周边、杨侯庙、福永新江路、福新、翠竹街、竹园、新田大道（水库路口至征程一路两侧）、景山花园、德兆花园内围、旭飞花园、杰鹏商业广场、新田商业广场、海宾公寓、新和（一、二区住宅区）、新和华达新村、新和商业街旧街、蚝业路、佳仕泰工业园、天瑞工业区、骏星工业园、新田工业区、桥头富桥第一、二、三、四、五、六工业区、稔田工业区、塘尾工业大道与建安路（厂房）、福山工业区（厂房）、福盈盛工业区（厂房）、重庆路（厂房）、桥头工业大道、凤凰岑下路、凤凰（第一、二、三、四）工业区、凤凰育才路、岭下路	11	9	7		19	15	27	17	27	17	23	11.5	10	9	11

（续表）

街道行政区域	路段号或社区	用途 / 指导租金 / 区域位置	住宅				办公		商业					厂房			仓库
			带电梯	不带电梯	平房	别墅	高层	多层	高层 一楼	高层 二楼以上	多层 一楼	多层 二楼以上	简易	一楼	二楼以上	简易	
福永街道行政区域	四类	福永新旧围、福围（下沙南、下沙、广生）、翠岗（一、二小区）、碧湖新村 、大洋花园、福安广场、新田大道 287 号至平成阁、美盛新村内、新田大道（原新田旧区）、碧湖路、新和居委周边、新和东区西环路、新和旧市场、玻璃围新村、同益新村、和顺新村、海滨小区、和安小区、和泰小区、恒光耀工业园、桥荣一区、桥荣二区、灶下村、桥达路、凤凰东区、凤凰南区(环村路)、凤凰西区（凤凰大道)、凤凰北区、田螺山小区、友利路、茶亭路、塘尾西路、塘兴中路、塘尾东路、前进路、兴业东路（塘尾段)、兴业北路（塘尾段)、天福路（塘尾段)、塘尾（富华、富源、聚源、翠海、惠龙科技园、富民、美诚、富源、金星、正丰、华丰、新源、鸿兴、富城、鹏洲）工业区、南玻集团、和沙路（厂房)、建安路（厂房)、塘尾影剧院、接福路、塘尾（二十五区、二十四区、八区、十一区、十三区、十五区)、凤塘大道（塘尾段)、稔田商业街、稔田北路两侧、稔田统建楼、稔田旧路、稔田路、工业北路、稔田新区	10	9	7		18	14	25	17	25	17	24	11	10	8	10

（接下表）

（续表）

街道行政区域	路段号	用途 / 指导租金 / 区域位置	住宅				办公		商业					厂房			仓库
									高层		多层						
			带电梯	不带电梯	平房	别墅	高层	多层	一楼	二楼以上	一楼	二楼以上	简易	一楼	二楼以上	简易	
平湖街道行政区域	15	北门街、富民街、统建街、新风南街（48-86、53-119号）、裕和南街、平湖大街（165-271、224-358号）、荔园街91-135号、平湖大街(双号)		7				8			20	13		8	7		8
平湖街道行政区域	16	宝新街（1-23，2-36号）、新风南街（1-51号）、谊昌路、建设路、景新北街、新乐街、新立街、裕和北街	11	7				8			15	9		8	7		8
平湖街道行政区域	17	平园路、荔香街、顺昌街、宝新街（38-62，25-51号）、凤凰大道（单号）、新园路、春怡南街、新民北街、南园一路、二路		7				8			13	8		8	7		8
平湖街道行政区域	18	丽华巷、爱民巷、民康街、新园巷、宝新街、鸿昌巷、长盛街、安然巷、鸿盛街、建设巷1-14巷、天河路、天景巷1-6号、景林巷1-6巷、景林巷1-6巷、岭下路1-18号、文山巷1-18号、宏泰街1-62号、裕新巷1-17号、裕新二巷1-13号、全富苑1-13号、新村1-6巷、东乐东路1-68号、友城西路1-19号、仙城路2-24号、同乐路2-17号、东乐路1-17号、华美街、新村路、新乐巷1-6、源屋巷、新风巷1-6、华泰街、横岭路		7				8			10	8		8	7		7
平湖街道行政区域	19	源屋围老屋、北门坳老屋、新村老屋、伍屋围老屋			3						6			5	5		4
平湖街道行政区域	20	凤凰大道（姿整路段）、翠峰丽景、满庭芳	12	9			15	11	18	15	18	15		8	7		7
平湖街道行政区域	21	湖新街、湖新巷、大皇公新村、竹高塘路、竹高塘新村、西门吓路、麻布村、共和路、大围、松柏围路、万福路、河包围、芳坑路、富民工业区、隔圳东、西路、横岭一、二街、新祠堂路、联发街、麻石路、高原路、石井头、石巷路、祠堂巷、新祠堂老村		8				9			16	10		9	8	7	7

（续表）

街道行政区域	路段号	区域位置（指导租金／用途）	住宅				办公		商业					厂房			仓库
			带电梯	不带电梯	平房	别墅	高层	多层	高层一楼	高层二楼以上	多层一楼	多层二楼以上	简易	一楼	二楼以上	简易	
平湖街道行政区域	22	岭根吓旧区、彩姿南北路、上木古一、二巷、工坑工业区、新河路、新河住宅、新木路、平新南北路、上木古（老围、园径）、宝来工业区、步行街、市场		8	6			10			10	8		8	7	8	8
	23	新围仔、江屋、老围、益民村、益民新村、水围一、二路、乐新路、书香路、书香东（西）巷、富新路、祥和路		7	6				10	8	10	8	6	8	7	6	8
	24	老村新区、文新路、新木路、占米岭工业区、新村、平新南路、新康路、新园工业园、老村路、文新路、老村新区、老村二区、老村工业园一路、文昌路、木古老村	12	7	6		10	9	10	9	10	9	6	8	7	6	8
	25	平新北路、晶业路、佳业路、联港路、辅岐路、平湖大街、富安街、平安大道、简头街简平巷、昌平街益民路、昌盛街、平荔街、金利街		8	6			10			10	8		8	6	6	7
	26	华南城电子一期、皮革二期、纺织二期、环球物流中心、发展中心									10						
	27	华南城纺织一期									12						
	28	任屋新村片区、同富路、任屋路 1-18 巷（老村）、福星街、振业路东与北、水门村、砖厂、新和路、教长布街、永昌街、平益巷、述昌街、大和路、建新路、水门路、停车场片区、大新东、西、黎公井老屋、新联路、新老屋、建新路、长福路、福明路、平湖老街、新南路、井仔巷、上下大街、新林街、恒安（新）街、荔枝岭老村、大同巷、荣华街	10	8	6		10	9			10	8	7	9	7	7	7
	29	华南城皮革一期									18						
	30	华南城五化一期、印刷一期、纺织临时小铺									13						
	31	商务中心、世纪商会、皮革临时小铺、五化临时小铺、休闲广场、成品街、服务区、商业街、华南西苑生活配套中心									20						

（续表）

街道行政区域	路段号	区域位置（指导租金／用途）	住宅				办公		商业					厂房			仓库
									高层		多层						
			带电梯	不带电梯	平房	别墅	高层	多层	一楼	二楼以上	一楼	二楼以上	简易	一楼	二楼以上	简易	
南湾街道行政区域	55	园墩路高新科技园		14	10			14	16					14	14		12
	56	沙平北路 442-526 号		14				13			45			13	12		12
	57	丹平东小区	16	14				14			32			13	12		12
	58	金鹏物流 AB 区		14	10			14			45	40	35	14	12	10	12
	59	闽鹏程		14	10			50			45	40	35	14	12	10	12
	60	金泰家私		14	12						90		75				13
	61	康桥一期二期、紫郡花园	17	15			18	15	60	30	55	50		15	13	10	13
	62	怡乐花园	17	15			18	15	50	30	50	30		15	13	10	13
	63	左庭右院	17	15			18	15	85	50	85	50		15	13	10	13
	64	日塑、中海信工业园 、 庄氏	15	14			15	14	85	30	85	30		15	13	10	13
	65	宝鼎威物流	15	14			15	15	85	30	85	30		15	13	10	13
	66	官塘		14					20								
	67	厦园路	15	14					20					8			
	68	沙湾河花园		15													
	69	沙岭小区二巷至七巷	15	14					22								
	70	沙湾路		15					52	46							
	71	东坊北	15	14							18						
	72	桂花路		15							18						
	73	厦村市场一巷至 6 巷	15	14							14						
	74	厦村市场水果街									20	16	16				

（续表）

街道行政区域	路段号	区域位置 \ 指导租金 \ 用途	住宅				办公		商业					厂房			仓库
									高层		多层						
			带电梯	不带电梯	平房	别墅	高层	多层	一楼	二楼以上	一楼	二楼以上	简易	一楼	二楼以上	简易	
南湾街道行政区域	75	冰糖山工业区厂房												13	12		12
	76	沙平北路		15					38	25				12	10		
	77	中坊五巷-六巷		14					23	20							
	78	中坊一巷-十巷		14					18								
	79	兰花北巷		14					23								
	80	桂新	17	14					16								
	81	东坊南		14					16								
	82	桂花路商铺							30								
	83	老街	20	14					18	16					14		
	84	兰花路		12													
	85	西坊老屋			6												
	86	花园街		14							17						
	87	麦田街		10					15					14	12		
	88	墙背街		10					15					14	12		
	89	墙背街（巷）、大块麻、东门头路	13	11	10				25	20	25	18	12	18	16	13	15
	90	吉厦统建楼	18	15					30								
	91	裕昌路									50	45					
	92	吉龙南	15	14	14				40	35	30	25	15				
	93	吉龙北	15	14	10				30	25	35	25	10				
	94	下龙街	15	10					30	30	35						

表 8-20 光明新区 2012 年房屋租赁指导租金汇总表

单位：元/平方米·月

街道行政区域	路段号	指导租金 区域位置 \ 用途	住宅				办公		商业					厂房			仓库
			带电梯	不带电梯	平房	别墅	高层	多层	高层		多层		简易	一楼	二楼以上	简易	
									一楼	二楼以上	一楼	二楼以上					
光明办事处	一类	新市场、汇食街、高正豪景、新农贸商场、市场大街		11	7			20			30	22	13	12	8	8	7
	二类	光明大街、中心区（东区、西区、北区）、碧眼（包括碧眼新村）、白琥坜、竹园、糖厂、科技楼、清怡、荔园、柑山、美景、新围、笔架山、侨新花园、滨河苑、旧市场、圳美同富裕工业园		9	6			18			27	18	13	10	8	7	7
	三类	东周、木墩、迳口、圳美、白花、恒泰裕工业园及周围		8	5			13			22	13	10	8	7	7	7
	四类	黄泥坑、石介头、羌下、新坡头、上其、茶林、凤凰、红坳		7.5	5			13			15	10	9	8	7	7	6
	其它			6	5			10			10		9	7	5	5	5
公明办事处	上村、下村社区、圩镇、马山头社区、根竹园社区、薯田埔社区、李松蓢社区、西田社区、合水口社区	建设西路南星大厦，明安街，公园路，合水口三和百货及附近	16	12		28	23	15			33	25					
		综合市场及周边范围,雍景城，富豪花园（B 区），康乐路，广雅花园	14	11		28	22	14			32	20					
		红花路 25 小区，长春中路，公平街，迎宾街，迎春街，建设东路	13	10		25	22	14			29	20					
		建设西路，合水口（福庄路），薯田埔（福华路）	13	10			22	14			28	20					
		宝安路，兴发路环发商业街，民生路，富豪花园其他区	10	10			15	12			26	20					
		长春花园（住宅，外围商铺），龙盘花园	10	10			15	12			25	18					
		合水口（新村，福东路），薯田埔（福华南一巷，福前路，福康路，西环路）	10	9			15	12			23	18					

（续表）

街道行政区域	路段号	区域位置（指导租金／用途）	住宅				办公		商业					厂房			仓库
			带电梯	不带电梯	平房	别墅	高层	多层	高层		多层		简易	一楼	二楼以上	简易	
									一楼	二楼以上	一楼	二楼以上					
公明办事处	上村、下村社区、圩镇、马山头社区、根竹园社区、薯田埔社区、李松蓢社区、西田社区、合水口社区	松白公路，人民路，康乐路南四巷，南环路，西田（西田东路，新村，第三工业区）；合水口（马田北路，上屯，下屯，柏溪路）；圩镇工业区，上村（永康路），马山头（永春街，富利路）；石观工业园，松柏工业园	10	8	7		13	10			21	15	15	10	8	8	9
		马山头（振兴街，第二工业区）；红花路居委会第二工业区；根竹园（三角塘、大江、大秀坑、横坑、东江仔工业区）；上村（上辇工业区，上辇第二、三工业区，五联队工业区，上南、下南、永南工业区）；民生路段厂房	10	8	7		13	10			20	15	12	10	8	8	9
		薯田埔（福庄路，南环路，福华路，福南路，福康路）；马山头（马山头路，人民南路）；根竹园（马园路，南环路）；上村（长春北路），下村社区，合水口（旧工业区，泥围工业区，上屯银郎工业区）；李松蓢东区	10	7	6		13	9			18	15	12	9	8	8	9
		共和街，解放街，长春花园（内部商铺），元山路，上村（下辇旧村，永北新村）	9	6	5			8			12~15	10		8	7	7	7
		上村（民生路，下辇路，下辇新村，莲塘工业城，第一、二、三工业区，元山工业区）；根竹园（马园路）；李松蓢（蓢新路，河堤路，炮台路，公园住宅，屋园路，金蓢路，城德轩科技园）；马山头工业区（第二工业区除外）；下村（下村路，力丰、第一、二、三、五、六工业区及商业楼，水贝路及下村路商业楼）；怡景工业区，建设西路南一巷，西田金三角，薯田埔（工业区，福庄花园，新兴路，市场商铺）	10	6	5	20		8			20	15		9	8	8	8

（续表）

街道行政区域	路段号	指导租金 区域位置 \ 用途	住宅				办公		商业					厂房			仓库
			带电梯	不带电梯	平房	别墅	高层	多层	高层		多层		简易	一楼	二楼以上	简易	
									一楼	二楼以上	一楼	二楼以上					
公明办事处	上村、下村社区、圩镇、马山头社区、根竹园社区、薯田埔社区、李松蓢社区、西田社区、合水口社区	上村（下南路，永南路）；西田（工业区及工业区内商住楼，西田东路商住楼，西田旧村）；马山头（长乐街）；李松蓢（工业区，新村，西区，围后住宅区）	8	6	4			8			10	8		8	7	7	7
		上村（永北旧村，上南旧村）；各社区其他地段	7	4	3			10			7	5		7	6	6	6
	楼村社区	南边坑新村，绘猫路，新村，公常路，楼新一路	9	5	5			15			20	15	16	12	10	11	10
		第一工业区（明卓科技工业园，浩轩工业园，陈文礼工业园，滨海明珠工业园，狮山工业园），鲤鱼河工业园	9	5	5			15			18	14	15	12	10	11	10
		第二工业区（耙塘、同富裕、晨光工业园），凤新路	6	5	5			13			14	10	11	8	7	8	7
		旧村南片，第一工业区（一、二、三、四、五、六路，木墩路，工业路）	5	5	5			7			10	6	7	8	7	8	7
		楼村社区其他地段	5	4	5			6			6	5	6	8	7	8	7
	田寮社区、玉律社区、长圳社区、红星社区、甲子塘社区	田寮社区（商业街，各工业区厂房）	9	7	5	20		30			35	30		10	9	10	9
		田寮社区（第五工业区商铺）；长圳社区（第三工业区厂房）	8	6	5	20		25			30	25		10	8	10	9
		田寮社区（市场街，环田路，第三、七工业区商铺）；长圳社区（长圳大道）	8	6	5			20			25	20		9	8	10	8
		玉律社区（玉泉东路，玉律大道，大洋路，玉星路，羊栏山工业区，各区住宅）	8	5	4			15			19	14		9	8	9	8

（续表）

街道行政区域	路段号	指导租金 用途 / 区域位置	住宅				办公		商业					厂房			仓库
			带电梯	不带电梯	平房	别墅	高层	多层	高层 一楼	高层 二楼以上	多层 一楼	多层 二楼以上	简易	一楼	二楼以上	简易	
公明办事处	田寮社区、玉律社区、长圳社区、红星社区、甲子塘社区	田寮社区（警民路，田盛路、田湾路、文明路，长塘路，田明街，田寮大道，第一工业区商铺，塘口工业区商铺）；长圳社区（长新街，长华街，长圳路，沙头巷，长兴科技工业园）；甲子塘社区（新村）	8	6	5			16			20	16		9	8	10	8
		玉律社区（综合市场，第二、五、六工业区商铺，第六工业区厂房）；长圳社区（旧街，长升路，第四工业区）；红星社区（红日路，玉星路）	7.5	5	4			14			17	10		8	8	9	8
		田寮社区（田亭路，松柏路段）；甲子塘社区（旧村，甲子塘路，大园街，第一、二工业区厂房）；玉律社区（玉泉西路，三区）	7	5	4			12			13	10		8	8	9	8
		玉律社区（第四工业区）；长圳社区（长富路，沙头巷工业区）；红星社区（星湖路，红星路，星工一、二路，第一工业区）	7	5	4			12			12	9		8	8	9	8
		各社区其他地段	7	5	4			10			10	8		8	7	7	7
	将石社区、东坑社区、塘尾社区、塘家社区	将石社区（明景园，新围商业街）	9	6	5	20	14	12			22	16		10	8	10	8
		将石社区（沙河，新围，水墩街，南庄旧村、新村，南庄中心街，华发商业街，将围旧村将石路，将家路）；东坑社区（鹏凌路，鹏飞路，东升路，长丰工业园）；塘尾社区（面前岭一排，村前路）	8	5	5	20	14	12			20	14		10	8	10	8

（续表）

街道行政区域	路段号	区域位置 \ 指导租金 \ 用途	住宅				办公		商业					厂房			仓库
									高层		多层						
			带电梯	不带电梯	平房	别墅	高层	多层	一楼	二楼以上	一楼	二楼以上	简易	一楼	二楼以上	简易	
公明办事处	将石社区、东坑社区、塘尾社区、塘家社区	塘尾社区（第一、二、三工业区，兴华、莲塘、宝塘工业区，银海、华一工业园）；塘家社区（汇业科技园）	8	5	4		14	12			16	14		11	8	10	8
		将石社区（大围，塘下围，将围，上石家，下石家，南环工业区，公明医院旁），东坑社区（东隆路，东发路，东旭路）；塘尾社区（新村）	8	5	4		13	11			16	12		10	8	10	8
		将石社区（塘下围东周路）；东坑社区（雅明街，宝亿街）；塘尾社区（面前岭二至五排，高墩，沙田坑，塘前路，宝塘工业区）；石围（油麻岗、坪岗工业区，水库路）	8	5	4		13	11			15	12		10	8	10	6
		塘家大道	8	5	4		13	11			15	10		10	8	10	6
		将石社区（第一工业区，同富工业区）；塘家社区（新村，旧村，张屋）；将围（第一、二工业区）	8	5	4		13	11			15	8		10	8	10	6
		东坑社区（东茂路）；塘家社区（观光路）；将石社区（综合市场）；各社区其他地段	8	5	4		12	11			15	8	8	10	8	10	6

表 8-21　坪山新区 2012 年房屋租赁指导租金汇总表

单位：元/平方米·月

街道行政区域	路段号	用途 / 指导租金 / 区域位置	住宅				办公		商业					厂房			仓库
			带电梯	不带电梯	平房	别墅	高层	多层	高层		多层		简易	一楼	二楼以上	简易	
									一楼	二楼以上	一楼	二楼以上					
坪山办事处	1	金碧路(碧岭段)、石夹路、超群路、东亚路、新榕路、三和街、沙坑路、沙坑二路、沙陂路、新沙路、新沙一至五巷、新沙工业区、乾远路、坑边路、坑边一至五巷	12	10	6		10	10	12	10	12	10		8	7	5	6
	2	振碧路、永丰路、永丰巷、秀明北路(第一工业区)		10	6		10	10	20	11	20	10		8	7	5	6
	3	锦华路、碧岭一路、碧峰一二巷、田村路、秀明南路		10	6		12	12	25	15	25	15		8	7	5	6
	4	东纵路(江岭段)、东纵路(坪环段)、东纵路(坪山段)		8	7	10	10	10	20	15	20	15	15	8	7	6	8
	5	江岭街、江岭东路、竹园、远香、长守、三河、石灰陂、江边、黄沙坑、牛角龙、大万村、老围、曾屋、禾学、禾场头、中兴、坪环工业城、江岭工业园、赤坳工业区、三河、长守工业区、坪环路、马峦路、德昌东街、金峰街、大万路、同富路（江岭段）、三洋湖路、三洋湖工业大道、工业南路、三洋湖公园路、新生路、龙背路、三洋湖工业区		8	7	10	10	10	15	10	15	10	10	8	7	6	8
	6	金碧路(六联段)、向阳路、宝珠路、浪尾路、横岭塘路、阳光路、甲片路、正坑路、宝西路、金宝路、山吓路、园丁路、长安街、新强路		10				10			20	10		8	7	5	7
	7	振业路、建业路、东成路		10				10			15	8		8	7	6	6
	8	国泰路、民安路、向荣街、迎春路		20				20			60	10		10	8	8	10
	9	深汕路（六联段）、东纵路（六联段）、金山路、宝山第二、三、四、五工业区厂房		15				15			30	10		8	7	5	6

（续表）

街道行政区域	路段号	指导租金 区域位置 \ 用途	住宅 带电梯	住宅 不带电梯	住宅 平房	住宅 别墅	办公 高层	办公 多层	商业 高层 一楼	商业 高层 二楼以上	商业 多层 一楼	商业 多层 二楼以上	商业 简易	厂房 一楼	厂房 二楼以上	厂房 简易	仓库
坪山办事处	10	东方威尼斯花园	22					20			40	30					
	11	深业东城上邸	25					25			50	35					
	12	东胜街、深汕路（坪山段）		15	10			20			40	20		9	8	7	7
	13	为民街		10	5			30			80	20	10	9	8	5	6
	14	十字街、彩虹路、景新街、新兰街、新丽路、立新东路、人民街、振兴街、中兴东西区、团结路、立北、马东、马西、瑞丽巷、学湖浪、文化街		10	8			20			30	15	10	8	8	6	7
	15	立新西路、东纵路（坪山段）		9	5			25			45	15	10	8	7	6	8
	16	东门大街、中兴路、和平路		10	8			20			50	20	10	9	8	8	10
	17	建设路		15	8			80			140	50	35	9	8	8	20
	18	泰富中心广场（内铺）						60			80	45	30				20
	19	泰富中心广场（外铺）						65			120	70					20
	20	泰富华庭	30	10				30	120	60	80	60	30				20
	21	同裕路（沙坣段）、坪葵路旁、沙新路、龙新路、民强路、沙坣路、新屋路、同富裕路工业区、东纵路（沙坣段）、同富路（沙坣段）、金龟金地路、坪葵路（沙坣段）		5				15	30	10				8	8	6	7
	22	金田路、坪葵路（石井段）、福民路、横塘路、石井小区、石井工业区、荔景南路、创景南路、老围小区、新曲村、马安岭路、同富裕工业区		9			10		11			8		6		6	
	23	对面喊小区		8			7		7			6		5		5	
	24	汤坑路		6	5		10	10	15	10	15			8	7	6	6

（续表）

街道行政区域	路段号	区域位置 \ 指导租金 \ 用途	住宅				办公		商业					厂房			仓库
									高层		多层						
			带电梯	不带电梯	平房	别墅	高层	多层	一楼	二楼以上	一楼	二楼以上	简易	一楼	二楼以上	简易	
坪山办事处	25	汤坑二路（第二工业区）、汤坑三路（第二工业区）		6	5		15	15	15	15	15			8	7	6	6
	26	新屋路（新屋村、龙湖工业区）、东深路、吓陂路、新龙路（新龙工业区、卢屋工业区）、沙湖路（沙湖新村、谢屋村、卢屋新村）、步行街、同富西路、同富路（第一工业区）、龙勤路、同裕路（汤坑新村、汤亨花园）、同富路（上榨新村、吓榨新村、文新村、复兴新村）、金碧路（汤坑段）	8	6	5		10	10	11	10	11			8	7	6	6
	27	金碧路（松岭工业区、家乐工业园）、黄竹坑路（南湖工业区）		6	5		11	11	13		13			7	6	6	6
	28	锦龙西路		6			20	20	10		10			8	7		6
	29	台商工业园区、恩达街、南巷、宏昌路、新开路、塘背路、金竹路、罗丰路、茜坑、上坝、金碧路（竹坑段）		12					25								
	30	上南路、科技路		16					35								
	31	下南路、第一、二、三工业区厂房、同富路厂房、上南布西坑工业片区厂房	14	12					35	15							
	32	三栋、沙梨元片区、河唇片区		8					8								
	33	各自然村及外驻单位												7	7	5	6
坑梓办事处	34	田脚一区、东巷、西巷、立新路、沙田南路、丹梓大道(沙田段)、深汕路(沙田段)、李中一路、廖和路、李中二路、彩田路、田脚二区、梓田一路、二路、联兴路、昂俄路、东坑、西坑、井水龙、、三角楼、水库路		7	6			8			15	10	10	7	7	6	6
	35	沙田北路、秀沙路、丹梓大道、狮岭路(金沙辖区)、工业区(老坑)、深汕路(老坑段)、松子坑		8	6			10			15	10	10	7	7	6	6

（续表）

街道行政区域	路段号	区域位置 \ 指导租金 \ 用途	住宅				办公		商业					厂房			仓库
			带电梯	不带电梯	平房	别墅	高层	多层	高层		多层		简易	一楼	二楼以上	简易	
									一楼	二楼以上	一楼	二楼以上					
坑梓办事处	36	丹梓大道(金沙段)、深汕路(金沙段)、金沙路、		7	6			11			13	11	10	7	7	6	7
	37	人民东路(金沙段)、长隆一、二、三区、东联路、金康路、荣田新村、薛屋新村、青排新村、龙山住宅区、五岭东、西区、石田路、		8	6			10			12	9	10	7	7	6	7
	38	人民西路 91 号-137 号、文化新村、三角屋、、湖心村、利民新村、裕民村、深汕路(居委段)、梓荣路、宝梓路、育新街		8	8			7			25	11	20	8	8	5	7
	39	人民西路 139 号以上、人民中路、深汕路(宝梓段)、宜卓路、明冠路、梓明路、双秀巷、梓横西路、龙窝路、龙田同富裕小区、龙兴北路、新屋下陂路、龙兴南路、龙湾市场周边、综合大楼、盘龙路段		8	8			7			15	11	15	7	7	5	7
	40	红岭路、梓横西路、宝红路、狮岭路、红岭小区		7	7			6			12	10	10	6	6	6	6
	41	人民西路 32 号-68 号、深汕路 445 号-725 号、人民西路(居委段)、梓兴路、、吉祥路、光祖北路		8	8			10			50	10	20	7	7	6	6
	42	光祖北路、宝梓路、秀新路、新发街、深汕路 403 号-443 号		8	8			10			30	10	15	7	7	6	6
	43	人民西路(金田风华苑)西区 1、2 号楼	18					20			110	20					
	44	人民西路(金田风华苑)西区 3、4 号楼、东区 3、4 号楼、	18					20			40	20					
	45	各自然村厂房		7	6			7			7	7	6	7	7	7	7
园区	46	燕子岭生活区、海昱生活区、启兴生活区		15				20			25	20					
	47	广东深圳出口加工区						22						15	13		15
	48	瑞本宝 、华瀚、兆曜、金荔等金牛西路片区		15			22	20			23			14	12		14
	49	福兴达、深宇、麦博、德菲、松泽、多彩等大工业区东片区		14				20			20			14	12		14
	50	金牛商业大厦、盈富家园、万科金域东郡花园、嘉宏湾、豪方菁园	20	16			30	30	30	27	30	27					
	51	大工业区(含出口加工区)内单层钢架结构厂房												20			

表 8-22　龙华新区 2012 年房屋租赁指导租金汇总表

单位：元/平方米·月

街道行政区域	路段号	区域位置（指导租金 / 用途）	住宅				办公		商业					厂房			仓库
			带电梯	不带电梯	平房	别墅	高层	多层	高层一楼	高层二楼以上	多层一楼	多层二楼以上	简易	一楼	二楼以上	简易	
观澜街道	大兴社区	大兴社区大一村 1 号-160 号、大一村 180 号-185 号、大一村丹乐小区 1 号-33 号、大二村 138 号-175 号、大二村山猪坑 227 号-257 号、大二村东升小区 211 号-226 号	9	7			14	14	20	15	20	15		10	9	10	8
	桔塘社区	桔塘社区荣富路 1 号-36 号(新塘村)、荣富路 37 号-63 号(桔岭新村)、新塘村居民小组 1 号-83 号、新塘村东区 1 号-12 号、新塘村下新塘 1 号-38 号、新塘村福前路 241 号-244 号、荣辉花园新塘村 22 号-33 号、桔岭老村 1 号-209 号、桔岭老村新居 1 号-84 号、观光路 1341 号-1398 号、桔岭新村 1 号-236 号、桔岭新村 237 号-240 号(福前路)、桔岭新村 262 号-277 号、溢佳路 1 号-18 号、桔岭老村置业小区 1 号-38 号、桔岭老村兆利花园 219 号-230 号	9	7	6		13	13	15	12	15	12		10	9	8	8
	大三社区	大三社区大三村 1 栋-195 栋、196 栋-213 栋、214 栋-233 栋、234 栋-426 栋	8	7			15	15	20	15	20	15		10	9	8	8

（续表）

街道行政区域	路段号	指导租金 用途 / 区域位置	住宅				办公		商业					厂房			仓库
									高层		多层						
			带电梯	不带电梯	平房	别墅	高层	多层	一楼	二楼以上	一楼	二楼以上	简易	一楼	二楼以上	简易	
观澜街道	章阁社区	章阁社区富士康北门隆添利广场、志扬广场、星河宿舍、桂月路449号-482号、大富工业区、澳门工业区1栋-20栋、中港星广场A栋-N栋、塘前西区1号-16号(英杰利公寓片区)、章阁新村1号-168号、塘前新村1号-127号	8	7			15	15	30	20	30	20		10	9	8	8
		章阁社区章阁老村东区1号-150号、西区1号-288号、福前路345号-488号、塘前老村1号-55号	8	7	7		15	15	25	15	25	15		10	9	8	8
	新田社区	新田社区商业步行街、新樟路1号-51号(单号)	8	7			10	10	25	15	25	15		9	8	8	8
		新田社区新安居花园段、观平路13号-75号(单号)、新樟路2号-36号(双号)、环观南路67-79号(单号)、新樟路70号-108号(双号)、景田路、新樟路53号-101号(单号)、新丰大道右边	8	7			10	10	20	15	20	15		9	8	8	8
		新田社区君新工业区、吉坑村、元岗村、新樟路38号-68号(双号)、新樟路103号-111号(单号)	8	6			10	10	15	10	15	10		9	8	8	8
		新田社区元一村、元二村、元三村、元水老村、环观南路81号-85号(单号)	8	6			10	10	12	10	12	10		9	8	8	8
	老村社区	老村社区观平路119号-159号(单号)、腾龙工业区前段、麒麟大厦、观平路161号-177号(单号)、第二市场、景田路、创新路、麒麟工业区、沙博小区前段、腾龙工业区中段	8	6			10	10	20	15	20	15		9	8	8	8
		老村社区老一村、老二村、田心村、老三村第四排后、沙博小区后段、老村、腾龙工业区后段等偏僻处	8	6			10	10	12	10	12	10		9	8	8	8

（续表）

街道行政区域	路段号	区域位置 \ 指导租金 \ 用途	住宅				办公		商业					厂房			仓库
			带电梯	不带电梯	平房	别墅	高层	多层	高层		多层		简易	一楼	二楼以上	简易	
									一楼	二楼以上	一楼	二楼以上					
观澜街道	金龙湖社区	金龙湖社区新田市场	8	6				10	30	20	30	20		10	8	8	8
观澜街道	金龙湖社区	金龙湖社区观平路44号-110号(双号)、观平路牛轭岭段	8	6				8	25	15	25	15		10	8	8	8
观澜街道	金龙湖社区	金龙湖社区牛轭岭A区、新丰新村1号-7号、新丰大道前段左边、公坑廊工业区前段、牛轭岭B区、新丰大道后段左边、新湖北街前段、新丰工业区、新牛路	8	6				8	20	15	20	15		10	8	8	8
观澜街道	金龙湖社区	金龙湖社区公坑廊工业区后段、新丰新村、谷湖龙二村、谷湖龙新村、牛轭岭村、中瑞工业园、新丰新村等偏僻处	8	6				8	15	10	15	10		9	8	8	8
观澜街道	下湖社区	下湖社区樟坑径市场安澜大220-238号(双号)、五和大道333号1-13	8	6				8	25	15	25	15		10	8	8	8
观澜街道	下湖社区	下湖社区下围工业区一路2号(安澜广场)、下围工业区一路6号、下围工业区一路3号、4号、安澜大道227-247号(单号)、下围工业区、五和大道323号、329号、327号、安澜大道218号、下围工业区一路1号、安澜大道240-256号(双号)、下围工业区一路8号、12号、7号、新樟路128号-136号、安澜大道249号-299号(单号)、白鸽湖路	8	6				8	20	15	20	15		10	8	8	8
观澜街道	下湖社区	下湖社区五和大道325号、331号、下围工业一路9号、11号、安澜大道274号-288号(双号)、新樟路96号-127号、下湖社区白鸽湖新村、白龙头小区、下围村、景山花园新村	8	6				8	18	10	18	10		10	8	8	8
观澜街道	下湖社区	下湖社区白鸽湖老围、白鸽湖新村、下围村、景山花园新村等偏僻处	8	6				8	12	10	12	10		9	8	8	8

（续表）

街道行政区域	路段号	指导租金 用途 / 区域位置	住宅				办公		商业					厂房			仓库
									高层		多层						
			带电梯	不带电梯	平房	别墅	高层	多层	一楼	二楼以上	一楼	二楼以上	简易	一楼	二楼以上	简易	
观澜街道	上坑社区	上坑社区福海百货侧边、宝业路 50 号-88 号(双号)	8	6				8	25	15	20	15		10	8	8	8
		上坑社区宝业路 51 号-65 号(单号)、高新技术园区、上坑社区商业步行街、五和大道 318 号、322 号、326 号、牛角龙工业区、澜园路、富业路、侨安工业园、民爱科技园	8	6				8	20	15	20	15		12	10	8	9
		上坑社区上围工业区、上围路 81 号-109 号(单号)、宝业路 5 号-49 号、上围路 42 号-70 号(双号)、上围路 59 号-75 号(单号)、长坑村长兴路	8	6				8	18	10	18	10		10	8	8	8
		上坑社区上围老围村、上围新村、长坑村、上围工业区等偏僻处	8	6				8	12	10	12	10		9	8	8	8
	桂花社区	桂花社区桂新路、富佳百货、兴业服装城、桂新路观澜大道路口——国惠康商场路段	8	6			15	13	40	25	40	25		9	8	8	8
		桂花社区桂花路、豪佳厂(桂花桥公园)、桂花农贸市场、桂花路 10 号-190 号(桂花新村路段)、惠民一路、观光路(污水处理厂对面)、桂花路 1 号-109 号、桂新路、第六工业区、新石桥街南巷(全段)	8	6	6		15	12	25	20	25	20		9	8	8	8
		桂花社区惠民二路	8	6	5		15	9	20	10	20	10		9	8	8	8
		桂花社区贵湖塘住宅区、放马埔住宅区、新石桥老村、南一巷、南二巷、南三巷、赤花岭新村住宅区	8	6	5		12	9	15	9	10	9		9	8	8	8
		桂花社区新石桥住宅区、桂花新村(第二排起)、豪佳厂前(桂花桥公园住宅区第二排起)、赤花岭住宅区、贵湖塘老村、放马埔老村、赤花岭老村、新石桥老村	8	6	5		10	8	12	9	12	9		9	8	8	8

（续表）

街道行政区域	路段号	区域位置 \ 指导租金 \ 用途	住宅				办公		商业					厂房			仓库
									高层		多层						
			带电梯	不带电梯	平房	别墅	高层	多层	一楼	二楼以上	一楼	二楼以上	简易	一楼	二楼以上	简易	
观澜街道	星花社区	星花社区第二市场、观光路桂花路段、庙一市场、桂花路庙一、庙二、蚌岭路段	8	6	6		12	10	25	20	25	20		9	8	8	8
		星花社区庙溪新村(对松堂对面住宅区)	8	6	5		12	10	20	15	20	15		9	8	8	8
		星花社区庙溪工业区、启威厂对面住宅区	8	6	5		12	10	20	10	20	10		9	8	8	8
		星花社区庙一住宅区、庙二住宅区外围	8	6	5		12	10	15	9	15	9		9	8	8	8
		星花社区蚌岭住宅区内、大湖住宅区内、蚌岭老村、大湖老村、庙溪新村(第二排起)	8	6	5		10	10	12	9	12	9		9	8	8	8
	大坪社区	大坪社区章企路由福兴厂——库坑交界、佳怡工业区	8	6	5		14	10	25	20	25	20		9	8	8	8
		大坪社区章企路桂花桥公园对面、章企路企坪路段、沙企路第一排	8	6	5		13	10	20	15	20	15		9	8	8	8
		大坪社区大沙河住宅区、企坪村住宅区	8	6	5		12	9	15	9	15	9		9	8	8	8
		大坪社区大沙河老村、企坪老村	8	6	5		9	7	11	8	11	8		9	8	8	8
	松元厦社区	松元厦社区观澜大道、车站、宝地利、昌兴楼	8	7	6		10	10	30	20	30	20		10	9	9	9
		松元厦社区松元商业街、桂新路(松元段)、向西新村第二排起、中心新村第二排起、大布新村、向西新围	8	7	6		10	10	20	15	20	15		10	9	8	8
		松元厦社区观平路、高尔夫大道、园湖工业区、育新路、中心新村第一排、向西新村第一排、鹅公碑、旭玟新村	8	7	6		10	10	25	20	25	20		10	9	8	8
	福兴围社区	福兴围社区观平路、德胜路(观平路——松元工作站)、观光路	8	7	6		10	10	20	15	20	15		10	9	9	9
		福兴围社区太兴新村第一排、荔城工业园、上围新村第一排、福楼路口	8	6	6		10	10	25	20	25	20		10	9	8	8
		福兴围社区太兴新村二排起、上围新村二排起、福楼村、太兴老村、福楼老　村、上围老村	8	6	6		10	10	15	10	15	10		10	9	8	8

（续表）

街道行政区域	路段号	指导租金 用途 / 区域位置	住宅				办公		商业					厂房			仓库
			带电梯	不带电梯	平房	别墅	高层	多层	高层 一楼	高层 二楼以上	多层 一楼	多层 二楼以上	简易	一楼	二楼以上	简易	
观澜街道	南大富社区	南大富社区新华大厦一区、建材市场、河南新村、美联百货、观平路	8	6	6		10	10	30	20	30	20		10	9	8	8
		南大富社区环观中路、大布路(观平路-铿达厂)、河南新村(观平路-218号沿河)、同富裕工业区、昌玮工业区、越兴工业区、大布头村、虎地排	8	6	6		10	10	20	15	20	15		10	9	8	8
	大布巷社区	大布巷社区布新路1号-185号、2号-226号、大坑龙一路、大坑龙工业区、泗黎路两边两侧	8	7			10	10	25	15	25	15		10	8		8
		大布巷社区白门前三巷1号-13号、四巷1号-6号、银星工业园、鸿信工业园、阳光花园	8	7			10	10	20	15	20	15		10	8		8
		大布巷社区白门前住宅区内、大布巷新围内、解腰区内、老围内、大坑龙工业区住宅区内、银星工业园住宅区内、鸿信工业园住宅区内(全部在住宅区第二排以后)	8	7			10	10	15	10	15	10		10	8		8
	桂澜社区	桂澜社区汇食街1号-89号、2号-38号、兴万达广场、升华二街1号-63号、2号-56号、华园巷内、升华一街2号-34号、观澜老市场、观澜大道421号-491号	8	7			10	10	50	30	50	30		10	8		8
		桂澜社区玫园新村、桂澜大道1号-51号、2号-44号、新安综合市场路边第一排、景平路1号-77号、2号-100号、商业步行街2号-182号、沿河东路、沿河西路	8	7			10	10	40	25	40	25		10	8		8
		桂澜社区大东门街1号-43号、2号-50号、食品路2号-32号、1号-7号、桂花路2号-54号、桂澜中路路边两侧、聚和路2号-26号	8	7			10	10	30	20	30	20		10	8		8

（续表）

街道行政区域	路段号	指导租金 用途 / 区域位置	住宅				办公		商业					厂房			仓库
									高层		多层						
			带电梯	不带电梯	平房	别墅	高层	多层	一楼	二楼以上	一楼	二楼以上	简易	一楼	二楼以上	简易	
观澜街道	桂澜社区	桂澜社区桂澜新村、玫园新村、桂花路、赤花路两侧、新澜雅苑、福基花园、三栋屋、福苑花园、仲光村、教师村、蘑菇场(全部在住宅区第二排以后)	8	7			10	10	20	15	20	15		10	8		8
	翠澜社区	翠澜社区观澜大道汇食街一期、民乐福	8	7				20	50	30	50	30		10	8		8
		翠澜社区升华一街1号-33号、翠澜新村四巷2号-12号、翠澜新村五巷2号-18号、新澜大街1号-99号、2号-70号、众安街53号-75号、16号-64号、观澜大道259号-343号、345号-419号	8	7				15	45	30	45	30		10	8		8
		翠澜社区翠澜新村中间排两侧、民乐福侧边、翠澜新村内巷道、桂花路21号-75号	8	7				15	25	20	25	20		10	8		8
		翠澜社区新东街2号-66号、1号-25号、金霞街1号-33号、2号-24号、众安街2号-14号、桂花路1号-19号、桂花园中间排两侧、沿河路路边第一排	8	6				15	20	15	20	15		10	8		8
		翠澜社区吓呃新村、吓呃围仔、万安堂村、马坜围仔、鲤鱼岭村、翠澜新村、桂花教师村、观澜老街(全部在住宅区第二排以后)	8	6				10	15	10	15	10		10	8		8
	大航社区	大航社区中航格兰郡商业街B501号-B615号、1001号-1045号、中航格兰郡商业街周边、观澜天虹商场周边	17					15	50	30	50	30		10	8		8
		大航社区中航格兰郡南环路-大和路第二期路边两侧、中航格兰郡大和路1601号-1610A号-1501号-1518号-1201号-1213A号-1216号-1233A号段、大和路二期-广场段	17				15	15	40	25	40	25		10	8		8

（续表）

街道行政区域	路段号	指导租金 用途 区域位置	住宅				办公		商业					厂房			仓库
			带电梯	不带电梯	平房	别墅	高层	多层	高层		多层		简易	一楼	二楼以上	简易	
									一楼	二楼以上	一楼	二楼以上					
观澜街道	大航社区	大航社区大和路商务大厦、周边、广场沿河路1号-48号、招商澜园中间排大和路边(两侧、两边)、中航格兰郡商业街二楼、观澜人民路	17				15	15	35	25	35	25		10	8		8
		大航社区中航格兰郡商业街周边、第二排-第四排、中心花园-中心市场周边两侧、荷叶榕市场、周边、大和路、广场-大航五区段	17	7				15	30	20	30	20		10	8		8
		大航社区荷叶榕市场第二排-第四排、锦鲤一村中间排两边、锦鲤二村中间排两边	17	7				15	25	15	25	15		10	8		8
		大航社区锦鲤一村沿河路、锦鲤一村中间排、锦鲤二村中间排、大航五区中间排(全部在住宅区第二排以后)	10	7				12	15	10	15	10		10	8		8
	大和社区	大和社区大和路巴兰塔-环仔新村大和路段、马坜新村大和路、大和路巴兰塔-观澜二中学校大和路段、大和环观南路两边、大和综合楼大和路-富士施乐段、大和工业区、招商观园	10	7				15	25	20	25	20		10	8		8
		大和社区安佳工业园、大和村六路两边、大和综合楼、大和村二队、三队、四队、五队、田寮老村、巴兰塔路边两侧、路边第一排、田寮工业区、金雄达科技园、易事达宝益成科技园、锦鲤工业区、锦秀路两边	10	7				15	20	15	20	15		10	8		8
		大和社区大和村、田寮新村、田寮老村、马坜新村、锦鲤工业区、环仔新村、田寮新村中间排、大和综合楼中间排、大和村二队、三队、四队、五队中间排(全部在住宅区第二排以后)	10	7				15	15	10	15	10		10	8		8
	岗头社区	岗头社区观澜大道岗头陈屋围路边第一排-观澜大道东王围路边第一排段、观澜大道岗头陈屋围路边第一排-观澜大道横坑路口	10	7				12	30	20	30	20		10	8		8

（续表）

街道行政区域	路段号	区域位置 \ 指导租金 \ 用途	住宅				办公		商业					厂房			仓库
			带电梯	不带电梯	平房	别墅	高层	多层	高层一楼	高层二楼以上	多层一楼	多层二楼以上	简易	一楼	二楼以上	简易	
观澜街道	岗头社区	岗头社区东王围商业步行街、东王围路边第一排、宝东路两侧、金茂路两边	10	7				12	25	15	25	15		10	8		8
		岗头社区第三工业区锦秀路路边两侧、金明路路边两侧、陈屋围第三工业区路边两侧、陈屋围中间排两边、山寮住宅区路边第一排、山寮住宅区中间排两侧、观中街两侧、盈丰路两侧、岗头福田新村、路边第一排、岗头福田新村中间排、东王围中间排	8	7				12	20	12	20	12		9	8		8
		岗头社区东王围、福田新村、东王新村、山寮住宅区、第三工业区住宅区、第二工业区住宅区(全部在住宅区第二排以后)	8	7				10	12	8	12	8		9	8		8
	马坜社区	马坜社区观澜大道宝荣商场-观澜大道大和路口段	8	7				10	30	20	30	20		9	8		8
		马坜社区大和路马坜西区、马坜西新区段-观澜二中学校大和路段、宝荣商场周边、环观中路米兰婚纱-水晶山庄段路边两侧	8	7				10	25	15	25	15		9	8		8
		马坜社区马坜东区中间排、马坜西区中间排、马坜西新区中间排、马坜老村中间排、新岭工业区、水晶山庄、观城山庄、新园学校周边、新岭工业区路边第二排	8	6				10	15	10	15	10		10	8		8
		马坜社区马坜西区内、马坜西新区内、马坜老村内、马坜东区内、新岭工业区住宅内、老一、老二小区(全部在住宅区第二排以后)	8	6				10	10	8	10	8		9	8		8
	横坑社区	横坑社区横坑路路边两侧-河西市场周边两侧、河东村路边第一排、福田新村路边第一排	8	7				12	25	15	25	15		9	8		8
		横坑社区横坑环观中路河西段-河东段(路边第一排)、河东工业区路边两侧、石角头工业区路边两侧、横坑宝志工业路路边两侧、豪亚小区路边第一排、新岭工业区路边两侧、深圳伟星工业园	8	7				12	20	10	20	10		9	8		8

（续表）

街道行政区域	路段号	指导租金 用途 / 区域位置	住宅				办公		商业					厂房			仓库
									高层		多层						
			带电梯	不带电梯	平房	别墅	高层	多层	一楼	二楼以上	一楼	二楼以上	简易	一楼	二楼以上	简易	
观澜街道	横坑社区	横坑社区河西新村路边两侧、河东村路两侧、河东一街两边、福田村中间排、河东村中间排、河西村中间排、河西老围路边两侧、大桥同财路边两侧、河西老村路边两侧、河西新村中间排、河东新围路边两侧、河西新村、河西村、河东村、豪亚小区、河西老围、河东老围、福田新村、横坑宝志工业路住宅区、华西苑小区（全部在住宅区第二排以后）	8	7			10	10	15	10	15	10		9	8		8
	富坑社区	富坑社区库坑市场、中心老村、泗黎路口、广澜工业园、同富裕工业区、新围皇帝印工业区	8	7	6		15	10	25	20	25	20		10	8		9
	陂头吓社区	陂头吓社区陂新村超市-捷坤工业园、樟企路、陂新村段、丰万民工业城段	8	7	6		15	10	25	20	25	20		9	8		9
		陂头吓社区陂新居民小组、诚光工业区、樟企路陂老村段	8	7	6		12	10	20	15	20	15		10	8		9
		陂头吓社区陂老居民小组	8	6	5		10	8	15	10	15	10		9	8		9
	凹背社区	凹背社区凹背村	8	6	5		10	8	13	10	13	10		9	8		9

（续表）

街道行政区域	路段号	区域位置 \ 指导租金 \ 用途	住宅				办公		商业					厂房			仓库
									高层		多层						
			带电梯	不带电梯	平房	别墅	高层	多层	一楼	二楼以上	一楼	二楼以上	简易	一楼	二楼以上	简易	
观澜街道	黎光社区	黎光社区黎光市场、黎光新工业区、黎光老工业区、黎光新围	8	7	6		15	10	25	20	25	20		10	8		9
		黎光社区黎光老围路口—收费路段、公园路段、贵园街段	8	7	6		12	10	15	12	15	12		9	8		9
		黎光社区老围老村	8	6	6		10	10	12	10	12	10		9	8		
	石马径社区	石马径社区牛湖综合市场第一排、第二排	8	6			10	8	25	20	25	20					
		石马径社区牛湖综合市场、第三排、第四排、金石路(金电厂对面)、石一村新区、君新路石三工业区、鸿景鹏工业园、胜顺工业园、石新路、牛湖市场后面石一村住宅区第一排	8	6			10	8	20	15	20	15	15	10	8	9	9
		石马径社区石二村围合式小区、石三村围合式小区、石一村新旧住宅区	8	6			10	8	10	8	10	8	10	9	8	8	8
		石马径社区石二村旧住宅区	8	6	6		10		10	8	10	8		9	8	8	8
	启明社区	启明社区和谐购物广场、南岳工业区、牛湖老村裕昌路(1号-3号)、(2号-4号)、牛湖老村门口、永丰恒工业区、丰盛福百货商场		6				8	25	15	25	15	20	10	9	9	9
		启明社区观天路明澜公司工业园、观天路老二新工业区、牛湖老村顺天隆百货、裕昌路(6号-32号、7号-19号)		6				8	20	15	20	15	15	9	8	9	8
		启明社区牛湖老村裕昌路(29号-87号、44号-138号)、老一村旧区、老二村新区		6				8	15	10	15	10	12	9	8	8	8
		启明社区老二村旧区、老一村新区(山顶)		6	5			7	10	8	10	8		9	8	8	8

（续表）

街道行政区域	路段号	指导租金 / 用途 / 区域位置	住宅 带电梯	住宅 不带电梯	住宅 平房	住宅 别墅	办公 高层	办公 多层	商业 高层 一楼	商业 高层 二楼以上	商业 多层 一楼	商业 多层 二楼以上	商业 简易	厂房 一楼	厂房 二楼以上	厂房 简易	仓库
观澜街道	广培社区	广培社区高尔夫大道园湖工业区、牛湖居委统建楼		6				8	25	20	25	20	20	9	8	8	8
		广培社区南兴工业园、深德技校、宝湖工业区、裕新路(1-81 号、2 号-142 号)、吓围、俄地吓段		6				8	20	15	20	15	15	10	8	8	8
		广培社区牛湖新村裕隆路(1 号-141 号、2 号-178 号)		6				8	15	10	15	10	12	9	8	8	8
		广培社区坳顶围合式小区(新住宅区)、木头湖新、旧住宅区、方一、方二新住宅区、坳顶旧住宅区、俄地吓小区、吓围小区		6				9	10	8	10	8	10				
		观澜湖高尔夫球会	100	80		200		100	100		150	150					
	大水田社区	大水田社区大水田工业园 B 区第二排、二排以后、大水田社区大水田工业区 A 区、大水田版画基地(裕新路 171 号-233 号、240 号-280 号)、B 区第一排(B101-112 号)、龙百年家私厂旁商铺		7				9	20	10	20	10	15	10	9	9	9
		大水田社区大水田新住宅区(裕昌路 266 号-272 号、127 号-151 号)		7				8	15	10	15	10					
	丹湖社区	丹湖社区核电路		7	6			10	30	20	30	20	15	9	8	9	8
		丹湖社区福民市场民		7	6			10	25	15	25	15	10	10	8	9	8
		丹湖社区泗黎路		7	6			10	20	10	20	10	10	9	8	9	8
		丹湖社区丹坑新村、丹湖社区丹坑西区、长湖头新村		7	6			10	15	10	15	10	10	8	8	9	8
		丹湖社区丹坑老村、长湖头老村		6	6			10	12	10	12	10	10	8	8	9	8
	新城社区	新城社区龙观大道		7	6			12	25	15	25	15	10	10	8	9	8
		新城社区竹村市场、竹村相模厂路段		7	6			12	20	10	20	10	10	9	8	9	8
		新城社区田背路、田茜路、竹园路		7	6			11	20	10	20	10	10	10	8	9	8

（续表）

街道行政区域	路段号	用途 / 指导租金 / 区域位置	住宅				办公		商业					厂房			仓库
			带电梯	不带电梯	平房	别墅	高层	多层	高层		多层		简易	一楼	二楼以上	简易	
									一楼	二楼以上	一楼	二楼以上					
观澜街道	新城社区	新城社区田背一组、田背二组、竹村西区、竹村东区、新城社区竹村老围		7	6			11	15	10	15	10	10	10	8	9	8
		格兰云天大酒店	25	25			60	25	60	25	60	25					
	茜坑社区	茜坑社区福民路		7	6			12	20	15	25	15	10	10	8	8	8
		茜坑社区茜坑老围市场		7	6			11	20	10	20	10	10	9	8	8	8
		茜坑社区茜坑新村、茜坑老村、老虎凹、茜坑社区茜坑新村老围		6	6			10	15	10	15	10	10	8	8	8	8
	悦兴围社区	悦兴围社区福前路、豪亚花园		7	6			12	20	10	20	10	10	10	8	8	8
		悦兴围社区悦兴路 1 号-36 号、悦兴围社区悦兴路 37 号-56 号		7	5			12	15	10	15	10	10	10	8	8	8
		悦兴围社区悦兴围一组、悦兴围二组		6	5			10	13	10	13	10	10	9	8	9	8
	狮径社区	狮径社区核电路、狮径社区外经发工业区门口		7	6			12	20	15	20	15	10	10	8	9	8
		狮径社区悦兴路(鸿发工业区段)、冼屋村工业一街、二街、狮径社区狮径一组、狮径二组、冼屋村		7	6			12	15	10	15	10	10	10	8	9	8
	四和社区	四和社区人民路(体育中心段)、观澜大道其它路段、人民路(供电所段)、四和社区公园路、银河新村、四和社区观澜大道江围—武馆路段		7	6			12	25	15	25	15	15	10	8	9	8
		四和社区迎侨花园、滨河花园、松元围新村、扶龙广场、四和社区松元围路	15	13	6			12	20	15	20	15	10	10	8	9	8

（续表）

街道行政区域	路段号	用途 / 指导租金 / 区域位置	住宅：带电梯	住宅：不带电梯	住宅：平房	住宅：别墅	办公：高层	办公：多层	商业：高层一楼	商业：高层二楼以上	商业：多层一楼	商业：多层二楼以上	商业：简易	厂房：一楼	厂房：二楼以上	厂房：简易	仓库
观澜街道	四和社区	四和社区富民大厦	15	13	6			15	20	15	20	15	10	10	8	9	8
		四和社区武馆村、江围村、松元围老村、南木蓥		7	6			12	15	10	15	10	10	10	8	9	
	君龙社区	君龙社区德茂街 12-30 号		6	6			10	25	15	25	15	15			9	
		君龙社区德茂街 2-10 号、君新路 55 号-77 号、66-100 号、君新路 79-101 号、102-124 号、龙兴路 26-46 号、凌屋工业区、凌屋工业路		6	6			10	20	15	20	15				9	
		君龙社区凌屋小区第一排、龙兴小区第一排、君新路 1-53 号、紫金围第一排		6	6			10			15	12				9	
		君龙社区张一、张二住宅区、君龙社区凌屋小区二排至里面、龙兴小区二排至里面、龙兴路段		6	6			8	10	8	10	8		10	9	9	9
	君新社区	君新社区德茂街 25-37 号、君新社区铭可达物流中心		6	6			10	25	15	25	15	20	12	9	10	12
		君新社区德茂街 1-23 号		6	6			10	20	10	20	10					
		君新社区君新路 2-64 号、老围小区第一排、环观南路老围路段、老围工业区、田心工业区		6	6			10	15	10	15	10		10	9	9	8
		君新社区田心小区、君新社区老围小区二排至里面		6	5			8	10	8	10	8		9	8	9	8
	备注：部份由工业厂房、宿舍改变为商业用途的房屋,因承租人投资改建，其租金为：15 元/平方米。																
大浪街道	一类	龙观西路（鹊山段）、和平路(龙胜段)、建设西路(龙胜段)、工业西路(龙胜段)、华南批发市场	12	10	10	12	30	30	60	30	60	26		12	10	10	10
		龙胜大厦、龙胜商业大厦、凯豪大厦、大浪商业中心	11	10	9	11	26	26	50	25	50	22		12	10	10	10

（续表）

街道行政区域	路段号	用途 / 指导租金 / 区域位置	住宅				办公		商业					厂房			仓库
									高层		多层						
			带电梯	不带电梯	平房	别墅	高层	多层	一楼	二楼以上	一楼	二楼以上	简易	一楼	二楼以上	简易	
大浪街道	二类	华旺路、大浪南路（浪口段）、华艺市场、大浪综合市场、华悦路（金盈新村段）、桂冠华庭、石龙路、潭罗段综合办公楼、、布龙路、琼珠花园、龙胜西路、龙胜市场	10	10	9	11	25	25	40	25	40	20		12	10	10	9
	三类	华宁路、康发科技园、大浪同富邨工业园、明君商务中心、英泰路、华悦路、华昌路、教育一路、华盛路、华霆路、美宝路、华荣路、华繁路、潭罗路、华达路、浪口路、创艺路、华兴路、爱义路、鹊山路、高峰路、联润路、春华路、早禾路、快速路、云峰路、宝华路（龙胜段）、同胜同富裕工业区、河坑口工业区、下横朗春长工业区、石观工业区、下横朗第二工业区、光浩工业区、澳华工业园（澳华新村）、同富裕工业园、龙泉科技工业园、远业工业园、特发科技园、联恒商业城、龙华村市场后排、上横朗综合楼、潭罗市场、桃苑新村、龙军花园、中兴小区、海城大厦、三合大厦、佳利科技大厦、科泰大厦、钓鱼台工业区、福龙大厦、新华荣市场	10	10	9	10	23	20	30	20	30	16		12	10	10	9
	四类	浪花路、鲤鱼路、天诚路、龙南路、新侨塘工业区一、二路、教育二路、下岭排路、大浪南路（新围段）、工业园路、石凹第二工业区、龙城工业区、潮回楼工业区、佳利工业区、龙胜工业区、赖屋山新村东区、金盈新村、赤岭头新一村小区、龙胜老村、浪口一、二区、浪口八、九区、同胜住宅小区、潭罗 A、B、C 区、元芬新村、赤岭头一、二村、羊龙新村、上早新村、鹊山新一、二村、龙胜新村 1、2、3、4、5 区、泥头咀村、水围村、新围村、三合华侨新村、玉田新村、下早新村、中保富裕新村、上横朗新村、白云山新村、龙禾花园、金龙路、枭龙路、石场路、华辉路、龙胜一队小区、华联工业区、浪荣路、浪宁路、浪琴路、永乐路、新岭路、鸿盛御景、华联工业区 22-23 号（华联丰大厦）、公园路、福轩新村、陶吓新村、上横朗富裕新村、浪口三区、华新锐明工业区	10	9	8	10	20	18	20	16	20	16		12	10	10	8

（续表）

街道行政区域	路段号	指导租金 用途 / 区域位置	住宅				办公		商业					厂房			仓库
									高层		多层						
			带电梯	不带电梯	平房	别墅	高层	多层	一楼	二楼以上	一楼	二楼以上	简易	一楼	二楼以上	简易	
大浪街道	五类	沿河路、水泰路、上岭排工业区、玉壶新村、宝山新村、黄麻埔村、罗屋围村、三合村、上岭排村、下岭排村、宝龙新村、下横朗新村、凯滨新村、石凹村、菠萝斜新村、谭罗别墅区、石妹工业区、大船坑路、元芬老村、羊台山新村、茶角坎新村、三合二新村、赖屋山新村、潭罗新村	9	8	7	8	18	13	15	10	15	10		11	9	9	7
龙华街道	一类	美丽 AAA、天虹商场	25	17	12	16	40	35	100	50	80	40	40	16	14	12	15
龙华街道	一类	华富市场（商业）、金龙华广场、美丽 365 花园前排、富通天骏(和平路段)、花园大街(中行路段)、南方明珠商业城、金銮时代广场、江南华府、清湖万盛百货商业楼、大润发商场	22	15	11	16	40	30	75	35	65	30	30	16	13	12	15
龙华街道	二类	龙观西路(路两边)、龙观东路前排(路两边)、金碧世家、盛地龙泉、和平花园、美丽 365 花园、青年城邦、新城市花园、劲力明珠花园、大信花园、华富市场前排、龙鹏大楼、瓦窑排（商业）、东源阁、佳华商场、香提雅苑、美丽家园、绿茵华庭、丹枫雅苑、南国丽园、东华明珠园	18	15	11	16	30	25	60	30	50	25	26	16	13	12	15
龙华街道	三类	三联路(路两边)、东环一路、东环二路、建设路、清泉路、龙华车站、宾馆花园、康华苑、潮回楼、华侨苑、超汇花园、百联公寓、泽华大厦、梅龙苑、龙泽榕园、民清路、皇嘉商业大厦、油松路两旁、旭日小区、盘陇新村、油松市场、清湖新村西、福景花园、中环花园、金玲花园、景乐市场、伍屋村、瓦窑排（住宅）、东环花园、梅龙大道两旁、东和花园、清湖市场、水斗富豪新村、清湖新村东、东埔龙、龙泉花园、乐景花园、嘉逸花园、金庸阁、盛世江南、梅苑新村（商业）、桦润馨居、优品建筑、新华苑、弘城阁、赛龙豪轩、海荣豪苑、世纪华庭、花半里、锦绣御园、华富市场（住宅）、油富商城、宝华路、天汇大厦、油松科技大厦、油松大厦	11	10	9	15	26	20	55	20	40	20	26	16	13	12	11

（续表）

街道行政区域	路段号	区域位置 \ 指导租金 \ 用途	住宅				办公		商业					厂房			仓库
									高层		多层						
			带电梯	不带电梯	平房	别墅	高层	多层	一楼	二楼以上	一楼	二楼以上	简易	一楼	二楼以上	简易	
龙华街道	四类	大浪南路(路两边)、景乐新村、景华新村、景龙新村水斗老围、玉翠新村、华松花园、集瑞小区、港侨新村、云都别墅、和平路两旁、硅谷动力工业园、清湖工业区、工业西路、工业东路、煜丰泽花园、鸿大工业园、宝卫工业区、福茂新村、油福新村、宇峰苑、第十工业区、宝湖新村、华联大厦、园鸿工业园、梦丽园工业园、圳宝工业园、彩煌工业园、胜立工业园、文化街、东吴工业区、卫东龙工业区、港之龙工业园、第二住宅小区、腾龙花园、龙腾阁、共和新村、华雅科技工业园、良基商业大厦、共和小区、共和花园、东升小区、油园新村、瑞丰小区、金利城科技工业园、新阳丽舍、松和新村、华油工业区、油松第二工业区、骏龙新村、上油松、下油松、水斗新围、新弓村（吊竹坑）、弓村一区、二区、锦绣新村、山咀头、富联新村A、B、C、D区、富泉新村、清湖新碑村、弓村新村、康乐花园、双桥花园、金侨花园、碧波花园、锦绣花园、梅苑新村（住宅）	10	9	8	15	20	20	40	20	30	20	20	15	13	12	11
	其它	河背村、河背工业区、河背市场北区、郭吓村、姜头村、龙园新村、荔园新村、鲤鱼路、狮头岭、墩背、墩背学校、鲤鱼塘、龙马新村、玉石新村、高坳新村、中海科技公司振华工业园、河背工业区、老围工业区、郭吓工业区、三联工业区、墩背工业区、第八工业区、牛地埔村、十工业区、六工业区、第三四工业区、宝华工业区、联华工业区、共和工业区、伍屋村工业区、老围村、龙苑新村、龙翔花园、华侨新村、油松荔苑新村、花园新村 一、二、三、四类区域位置第二排（含第二排）以后的房屋，可下调一个类别计算。	9	7	6	15	17	12	25	15	20	15	13	11	10	9	8

（续表）

街道行政区域	路段号	指导租金 用途 / 区域位置	住宅				办公		商业					厂房			仓库
									高层		多层						
			带电梯	不带电梯	平房	别墅	高层	多层	一楼	二楼以上	一楼	二楼以上	简易	一楼	二楼以上	简易	
民治街道	一类	民治大道万众城、人民北路前排、民治大道鑫茂花园、民丰路鑫茂花园前段、民宝路前段、锦绣江南一期、天虹商场 、深圳北站	19	15		18	35	30	75	35	70	35		17	14	10	11
		民治大道前段、梅陇镇、阳光新境、幸福枫景、民治农贸市场、鑫茂花园、民旺路至沙吓村路段、世纪春城四期民安路段、东边老村民治大道边、绿景香颂	19	15		18	30	30	65	35	65	35		17	14	10	11
	二类	万众城步行街和商业街、牛栏前市场、万众城建材广场、潜龙花园、春华四季园、东二办公楼、七里香榭、鑫茂公寓、世纪春城民兴路段 8 号地块、水尾新村一区民治大道边、锦绣江南三期、苹果园、莱蒙水榭春天、鑫茂花园 C 栋、民治商业广场、民乐华润万家	19	15		18	30	30	60	35	60	30		17	14	10	11
		惠鑫公寓、鑫海公寓、华星大厦、丰润花园、玉华花园、银泉花园、兴万和广场、梅龙路、世纪春城梅龙路边、东泉新村梅龙路边、南源新村梅龙路边、向南一区民宝路边、横岭二区民治大道边、龙胜路、榕苑花园、潜龙苑、世纪春城民田路边 6、7 号地块、鑫茂花园 A1 栋-A2 栋、万科金域华府、民宝路后段、世纪春城一期 7 栋 A 座、民治第三工业商业街、万众家居广场一、二、三期、锦绣江南二期、四期、书香门第、皇嘉梅陇公馆、新华城、樟坑民康路边、梅林检查站、中央原著	19	15		16	30	30	55	35	55	30		17	14	10	11
		东边市场、沿河南路商业街、横岭一、五区民治大道路边、民治大道后段、白石龙市场、滢水山庄一二期、民乐路、民乐一区主干道、民乐新村主干道、民乐花园、万家灯火、民乐翠园、东二市场、东一综合楼、东二综合楼、南景新村、民田路边、梅坂大道潜龙阁、滢水二区、万家灯火、溪山、东一村主干道、东二村主干道、御龙华庭、上塘道、白石龙一区主道、龙岸花园	17	14		16	30	30	45	30	45	25		17	14	10	11

（续表）

街道行政区域	路段号	指导租金 / 用途 / 区域位置	住宅				办公		商业					厂房			仓库
			带电梯	不带电梯	平房	别墅	高层	多层	高层		多层		简易	一楼	二楼以上	简易	
									一楼	二楼以上	一楼	二楼以上					
民治街道	二类	龙胜东路、西头市场前排商铺、民田路、民福路、宝山工业区、澳门新村、民乐老村主道、横岭四区市场、鑫茂花园B栋129号铺141号铺、民康路皓月花园、春华四季园民康路段、世纪春城一期7栋、世纪春城2栋A、B座女人街内铺、民乐工业园、华景乐园、民治第一工业区、沙元埔工业区、中环路、风和日丽、日出印象、创业花园	15	13		16	25	25	40	30	40	25		17	14	10	11
	三类	勤芬路、工业西路、工业东路、布龙公路前排、上塘农贸市场、骏景华庭、华美丽苑、布龙路华侨公寓、民兴路、梅花山庄、馨园一二期、梅花新园、皓月花园、碧水龙庭、白石龙一区、丰泽湖山庄、民乐一区 、民乐新村、樟坑一二三区主干道、塘水围一二三区主干道、潜龙阁、阳光新苑3栋、汇龙苑5-6栋、樟坑工业区、牛栏前新村 、东一村、 东二村、世纪春城一期7栋B、C座、3栋A、B座、2栋B座、嘉龙山庄、龙塘主干道、中华工业园	15	13		16	25	25	35	25	35	20		17	14	10	11
		建设西路、宇丰城、西头新村、榕树苑、隔圳新村、龙塘市场、松仔园、南源新村、东泉新村、沙吓村、水尾村、东边村、向南村、华侨新村、沙元埔主干道、樟坑一二三区、横岭一二三四五区、嘉龙山庄、中航香水郡、万众生活村、白石龙二区、龙屋工业区、逸秀新村主干道、民乐老村、阳光新苑、龙塘村、简上村、安宏基工业园、中华工业园、潜龙景园、华通源物中心工业区、民治南路	15	13	10	15	25	25	35	25	35	20	15	16	13	9	11
	其他	其他范围	12	10	8		15	15	20	15	20	12	12	12	10	8	10

表 8-23　大鹏新区 2012 年房屋租赁指导租金汇总表

单位：元/平方米·月

街道行政区域	路段号	区域位置（指导租金 / 用途）	住宅				办公		商业					厂房			仓库
			带电梯	不带电梯	平房	别墅	高层	多层	高层 一楼	高层 二楼以上	多层 一楼	多层 二楼以上	简易	一楼	二楼以上	简易	
葵涌街道行政区域	1	东门、德华花园		7	5			12			14		5				
	2	双伍村		5	4						17		5				
	3	新岭村、荔园路、屯围路、横头新村、葵新北路、欧角、第三工业区、丰树山东一村、丰树山村、石场村		7	4			16			16	16	6	7	7		
	4	葵坪北路、黄榄坑新村、松树村		7				17			15		5				
	5	葵坪北路(车站)、葵新南路		6				20			28		7				
	6	屯围村、万兴中路		5	5			15			12		7				
	7	葵政西路		6				11			20		12				
	8	葵政东路		7				12			31		14				
	9	横头老村		4	4			12					6				
	10	金葵小区、金葵二区		6							7						
	11	商业东街		8							22						
	12	商南、商业街南路		8	5						15						
	13	白石岗路、澳头村		6	4						8						
	14	虎地排村、兴华路、金业路		5	4			7			7			7	7		
	15	新二路、东新路、新二西、新二东、东新南、东新东		4	3												

（续表）

街道行政区域	路段号	指导租金 用途 / 区域位置	住宅				办公		商业					厂房			仓库
			带电梯	不带电梯	平房	别墅	高层	多层	高层		多层		简易	一楼	二楼以上	简易	
									一楼	二楼以上	一楼	二楼以上					
葵涌街道行政区域	16	商业街		8	7			10			27	20	20				
	17	金兴小区、葵兴小区		9				9			20	15	12				
	18	三溪西路、担水北路、下心径路、葵坪北路、第一工业区、三溪工业路		6	4			8			20	7		6	5	3	3
	19	葵新南路、葵新北路		8	4			8			26	10		5	5	3	3
	20	老街、市场、横街、旭日路、担水南路、葵政路东		7	4			8			20	10					
	21	葵民路、华强路、福新南路		7	6						13						
	22	石碑村、围布路、中新村、延安路		7	6						10						
	23	三溪西路、三溪中路、曾屋、福新北路、福田、福塘南路、福塘北路、金业大道		6	5						8						
	24	新屋仔		5	4						6						
	25	奔康工业区、葵新北路						6			15			8	7.5		
	26	商业步行街		6							15						
	27	同富裕工业区、第一工业区												7			
	28	惠家福商业城及周边、高源路		10	6			15			22	13	8	7	7	5	5
	29	深水田、高圳头、谭屋村		5	3			10			10	8	5	5	5	5	5
	30	土洋东路、海景路、洋西路、猪水岭、土洋第二工业区、洋南二路、土洋新市场		7	4			5			9	6	5		8		
	31	沙渔涌街、土洋后背山		5	3						7						
	32	洋沥北路、土洋中路、吓门、土洋洋环路、土洋西路、洋业路		6	4	15		5			8	4	4	7	7		

（续表）

街道行政区域	路段号	区域位置 \ 指导租金 \ 用途	住宅				办公		商业					厂房			仓库
			带电梯	不带电梯	平房	别墅	高层	多层	高层		多层		简易	一楼	二楼以上	简易	
									一楼	二楼以上	一楼	二楼以上					
葵涌街道行政区域	33	官湖片区		6	4			4			5		4	6	6		
	34	溪涌老村、溪涌新村、盐村(老村)、盐新南、盐新北		5	3			5			4.5			6	5	3.5	
	35	上洞村、深葵路		3.5	2			5			6		4	5			
	36	万科				30											
	37	金海滩				20											
大鹏街道行政区域	1	中山路、上圩门、上新屋、下圩街、下新屋、王屋巷、石禾塘、塘街、鹏新巷		5	3						15						
	2	迎宾北路、迎宾南路	10	5				10			20	15					
	3	王母新村东区、西区、教育路、勤政路、人民路、花树尾		6	3			25			20	18					
	4	鹏新东路、市场街、王母街、岭吓花园、抗美巷、二号路		5	3						25	20					
	5	叠福新村	8	6							25						
	6	大鹏山庄、黄歧塘、旱塘仔、岭吓新村、王母围		5	3												
	7	同乐街、同乐巷、新塘巷		6	3												
	8	鹏新西路		6				11			13	8					
	9	鹏海苑	8					8			8						
	10	岭澳花园		10				18			20	15					
	11	建设路、青年路、向阳路		7				11			12	8					
	12	东部明珠雅苑	11	10				13			17	12					

（续表）

街道行政区域	路段号	指导租金 用途 / 区域位置	住宅				办公		商业					厂房			仓库
									高层		多层						
			带电梯	不带电梯	平房	别墅	高层	多层	一楼	二楼以上	一楼	二楼以上	简易	一楼	二楼以上	简易	
大鹏街道行政区域	13	大坑村、新塘街、新园街、鹏荣街、鹏新街、鹏兴巷、王母巷、新乐巷、振兴路		7	6			9			10						
	14	曹屋围、莲花村		7	5						8						
	15	龙岭花园		4							9						
	16	岭南路		6							15	10					
	17	岭澳新村、西岭		5.5													
	18	乌冲村、四和		5	3												
	19	鹏飞路（榕树坑）		8				15			30						
	20	鹏城花园小区		7													
	21	较场尾		5	3						17						
	22	古城外		6	5						15						
	23	古城内			3						8						
	24	水头村商业楼		8							15						
	25	水头		5	3												
	26	龙岐		3	2						3						
	27	海鲜商业街、海鲜街、石角头街		6							30	20					
	28	水贝、石桥头、新屋园、布锦村、布新市场		7	5						10						
	29	南坑埔		5	2						10						
	30	第一工业区、第二工业区、第四工业区、第六工业区、同富工业区、鹏城工业区、王母工业区		10				10			15	10	10	7	6	6	5

（续表）

街道行政区域	路段号	区域位置＼指导租金＼用途	住宅				办公		商业					厂房			仓库
			带电梯	不带电梯	平房	别墅	高层	多层	高层		多层		简易	一楼	二楼以上	简易	
									一楼	二楼以上	一楼	二楼以上					
南澳街道行政区域	1	俄公小组、半天云小组		4				13			14		10				
	2	马坑小组、南澳老街		6	3			8			9						
	3	南澳街（除咸鱼街）、南渔新村、创业路、新创路、富民路后段		7	4			13			14						
	4	南澳街（咸鱼街）		7	5			10			22						
	5	富民路（前段）、人民路、关厂路、金融街		8	4			10			18						
	6	同富路		10				10			15						
	7	海港路(含双拥码头)、南澳湾花园		10				12			20						
	8	沙坑、大龙		5	3			6			8						
	9	百花园、教育路小区、枫南、关厂小区、斜吓小组		7	3			10			11						
	10	海滨南路、上下企沙、同富工业区、第一工业区		6.5	4			10			12			6	6		
	11	海滨花园		11				11	15		16						
	12	东山社区（除杨梅坑）		4	2			10			7.5						
	13	东山社区杨梅坑		7				8			12.5						
	14	新大社区		3.5	1.5			4			6						
	15	东渔社区		5	3			7			7						
	16	东涌社区、西涌社区（除海边）		5	2			6			9						
	17	东涌社区冲街、海边		5				7			13						
	18	西涌社区海边		5				7			12		12				
	19	水头沙社区水沙路、东沙路、海滨北路、水头沙海鲜街		7				8			12			6	6		
	20	水头沙社区东区、西区、银沙路、文明路		6.5	3.5			8			8			6	6		

第九章　房地产权登记

房地产登记，是指由法定机构将申请人的房地产权利记载于政府特定的簿册上，颁发房地产权利证书的一种法律制度，也是加强房地产管理、保障房地产当事人合法权益的一项基本制度。主要包括房地产初始登记、二级转移登记、三级转移登记、抵押登记、安居房换证登记、预售备案登记等。

2012 年，深圳市房地产权登记中心按照上级统一部署，积极推动房地产登记历史遗留问题处理工作，圆满解决了联合广场、怡景中心城、市软件产业基地、教师住宅楼、黄金大厦等一批房地产项目登记历史遗留问题，切实消除影响社会和谐稳定因素，据统计，2012 年处理房地产历史遗留问题项目 33 宗；坚持业务工作统揽信访工作的原则，积极化解积案难案，解决水晶之城小业主办证等多宗信访积案，据统计，2012 年，共接待来访群众 466 批 1940 人次；采取社保网络平台、电话、公函等查询办法，对相关职能部门出具的证明材料进行核实，严格把关，严厉打击弄虚作假的骗购行为，切实维护深圳市房地产市场的健康发展；加强登记质量顶层设计，启动《登记中心办文质量管理办法》修订工作，开展登记质量标准体系及 ISO 质量认证的课题研究，研究制定《产权登记标准化操作手册(2012 版)》，推进房地产权登记标准化管理，2012 年，共检查办文共 1.2 万份；积极与市地税局协商政策执行事项，准备宣传、告知及操作性等材料，改进产权登记系统，组织存量房交易税款征收工作培训，积极稳妥开展存量非住宅类房产交易计税价格核定工作；在完善窗口服务制度的基础上，开通“老、弱、病、残”绿色通道，积极推行

“上门服务”、“延时服务”、“微笑与阳光服务”等特色服务，受到社会各界好评；委托综合开发院（深圳）研究制定科室职能优化方案，对各科室职能进行全面梳理和规范，编制了内设科室的岗位架构图，积极推进科室职能优化调整；严格有序地开展干部选拔工作，按照公开、公平、择优的原则，公开选拔正科级干部5名、副科级干部9名、业务主管33名；扎实做好人员的培训工作，组织人员参加省厅举办的登记官培训，据统计，取得登记官资质的共有160多人，是全省通过率最高的单位之一；精心部署全年党风廉政建设工作，通过制定《廉政风险防控手册》、召开主管以上党风廉政建设工作会议、签订党风廉政建设责任书等多种形式，构建反腐保廉“防火墙”；用好特区立法权，配合有关部门积极推进《深圳经济特区房地产登记条例》修订工作；全面启动法律顾问工作模式改革，法律顾问积极性和主动性得到进一步发挥，法律服务质量得到明显提升；积极做好行政诉讼、行政复议的应诉工作，今年，受理的129宗案件中，胜诉45宗，正在审理的84宗，无败诉案件发生；先后完成了税费计算、交易手续费计算、受理通知书打印等模块需求的收集、分析和编写，以及相关应用程序的更新、测试与发布工作；优化完善了综合文档案管理子系统和产权文工作量统计子系统部分功能模块；完成非住宅按计税参考价计征税费业务的需求分析、系统测试、程序更新工作；开展新产权系统的需求调研，完成了第一阶段收文、收费和发文业务调研等业务调研；组织完成了全中心600多台个人办公电脑的信息安全与保密检查工作以及正版操作系统和Office办公软件的安装工作。

第一节　初始登记

《深圳经济特区房地产登记条例》规定，凡未经登记机关确认其房地产权利、领取房地产权证书的土地使用人及其地上建筑物、附着物的所有人应当申请房地产权的初始登记；凡同深圳市土地主管部门签订了土地使用权出让合同，并付清了地价款，取得土地使用权的土地使用人，应自付清地价款之日起30日内向登记部门申请土地使用权的初始登记；自取得该宗土地的地上建筑物、附着物竣工验收备案证明之日起60日内向登记部门申请房地产权初始登记。

2012年，全市共办理房地产权初始登记1733宗，面积为1381.13万平方米。其中，罗湖7宗、面积28.26万平方米；福田23宗、面积79.7万平方米；南山45宗、面积148.72万平方米；盐田16宗、面积70.09万平方米；宝安1372宗、面积691.13万平方米；龙岗209宗、面积309.25万平方米。

表 9-1　深圳市历年房地产初始登记情况

单位：宗、万平方米

年份	辖区	宗 数	面 积	用 途 分 类						
				住 宅	工业仓储(2004 年以前) (2004 年以后)		商业金融	公共建筑	市政绿化	其 他
					办公楼	工业仓储				
1993	全 市	846	962.60	618.04	202.88		95.31	9.04	—	37.33
1994	全 市	1551	1921.76	1274.02	376.55		201.47	43.44	2.82	23.46
1995	全 市	5003	7232.31	3818.10	838.82		129.50	153.47	28.54	2263.88
1996	全 市	9028	5844.83	927.85	608.51		61.02	172.16	33.69	4041.60
1997	全 市	13502	4235.97	1040.45	722.77		470.49	55.61	2.65	1944.00
1998	全 市	1403	1838.77	827.63	497.96		90.38	50.99	—	371.81
1999	全 市	5106	1920.80	1365.70	442.40		38.14	9.48	0.52	64.54
2000	全 市	2132	882.19	—	—		—	—	—	—
2001	全 市	1368	3210.95	1144.82	1502.44		163.41	13.10	—	387.18
2002	全 市	3097	5374.75	1209.70	3244.56		195.46	9.00	—	716.03
2003	全 市	1683	1865.93	1064.19	267.46		340.39	27.68	—	166.21
2004	全 市	7067	1871.78	507.6	144.95		53.46	8.30	—	59.13
2005	全 市	4601	1553.13	634.74	70.81	463.17	268.72	1.61	0.64	113.44
2006	全 市	3900	1132.95	390.34	41.55	475.28	50.93	3.19	—	171.66
2007	全 市	4612	1532.41	369.22	38.31	928.31	64.27	1.64	—	130.67
2008	罗湖区	3	14.64	7.69	2.23	—	2.85	—	—	1.87
	福田区	10	40.40	8.12	—	4.52	—	0.26	—	27.49
	南山区	22	43.26	3.93	—	11.78	9.47	—	—	18.08
	盐田区	11	13.03	—	0.58	3.03	5.99	—	—	3.42
	宝安区	393	955.45	268.80	11.85	530.48	9.78	0.15	—	134.39
	龙岗区	1007	255.59	37.26	4.39	198.20	2.23	—	—	13.51
	全 市	1446	1322.37	325.80	19.05	748.01	30.32	0.41	—	198.76
2009	罗湖区	8	14.55	12.33	—	0.96	0.69	—	—	0.57
	福田区	10	38.34	19	0.46	3.16	15.38	—	—	0.35
	南山区	25	73.08	23.16	11.12	23.87	4.92	0.07	—	9.94
	盐田区	5	9.62	0.58	0.85	5.44	0.21	—	—	2.53
	宝安区	400	885.79	232.07	20.71	562.9	5	0.26	—	64.88
	龙岗区	1157	688.56	33.7	8.66	615.6	1.48	0.79	—	28.33
	全 市	1605	1709.94	320.84	41.8	1212	27.68	1.12	—	106.6

（续表）

年份	辖区	宗数	面积	用途分类						
				住宅	工业仓储(2004年以前) (2004年以后)		商业金融	公共建筑	市政绿化	其他
					办公楼	工业仓储				
2010	罗湖区	10	28.5	14.83	0	0.3	2.34	—	—	11.03
	福田区	17	41.62	2.97	7.68	3.31	20.51	—	—	7.16
	南山区	22	73.18	31.99	—	22.02	6.82	—	—	12.35
	盐田区	6	9.24	1.49	—	7.07	0	—	—	0.68
	宝安区	564	904.58	178.07	14.05	633.86	4.77	0.78	—	73.04
	龙岗区	686	393.46	24.91	2.8	348.37	7.16	0.8	—	7.43
	全　市	1305	1450.58	254.26	24.53	1014.93	41.6	1.58	—	111.69
2011	罗湖区	7	18.33	6.02	—	—	—	—	—	12.31
	福田区	11	37.21	9.55	6.1	2.15	5.32	—	—	14.09
	南山区	20	61.74	0.96	0.96	14.54	11.06	—	—	34.21
	盐田区	5	9.92	0.33	—	2.56	0.73	—	—	6.3
	宝安区	1761	872.11	188.4	8.73	562.35	2.67	—	—	109.97
	龙岗区	466	471.08	66.73	1.42	395.45	5.53	—	—	1.96
	全　市	2270	1470.39	271.99	17.21	977.05	25.3	—	—	178.83
2012	罗湖区	7	28.26	0.6	—	2.41	—	—	—	25.25
	福田区	23	79.7	24.29	13.68	2.86	18.32	—	—	20.55
	南山区	45	148.72	71.06	11.45	37.47	0.22	—	—	28.51
	盐田区	16	70.09	33.71	—	15.55	3.29	—	—	17.54
	宝安区	1372	691.13	230.06	2.04	378.17	2.96	0.61	—	77.29
	龙岗区	209	309.25	36.78	0.07	249.44	8.73	—	—	14.23
	全　市	1733	1381.13	400.82	29.37	727.4	33.25	0.61	—	189.42

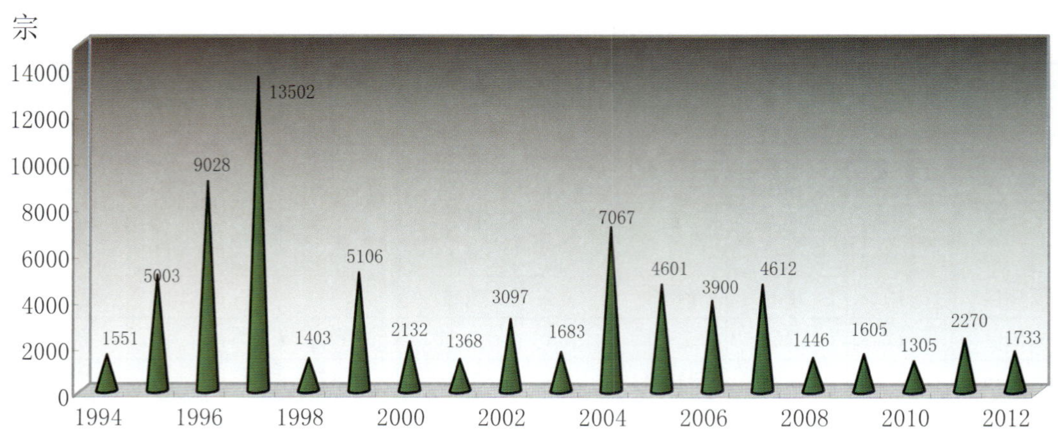

图 9-1　深圳市历年房地产初始登记宗数示意图

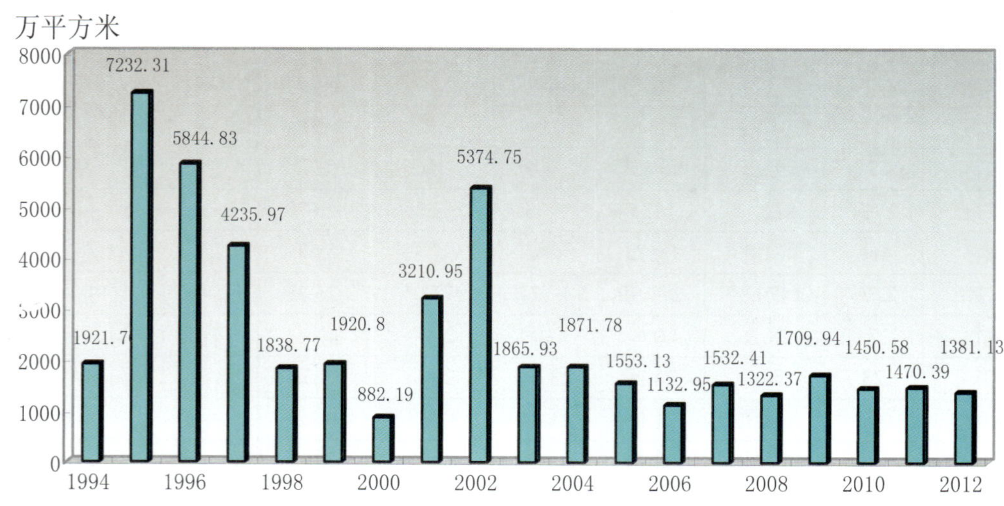

图 9-2　深圳市历年房地产初始登记面积示意图

第二节　转移登记

一、二级市场转移登记

相关法律法规规定，凡已办理初始登记的房地产，包括开发企业销售的市场商品房，企事业单位房改出售的住房，市、区住宅局销售的安居房、集资房、拆迁赔偿房等，均应办理房地产转移登记。一般此类转移登记称之为二级市场转移登记。

2012 年，全市共办理二级市场转移登记 56376 宗、登记建筑面积 574.44 万平方米。其中，罗湖 4466 宗、面积 45.74 万平方米；福田 5590 宗、面积 65.43 万平方米；南山 9411 宗、面积 97.74 万平方米；盐田 3189 宗、面积 30.02 万平方米；宝安 15815 宗、面积 135.84 万平方米；龙岗 17898 宗、面积 199.27 万平方米。

表 9-2　深圳市历年房地产二级市场转移登记情况

年份	辖区	宗数	面积（万平方米）	登记金额（亿元）		
				人民币	港币	美元
1993	全　市	4304	70.56	3.810	4.200	0.003
1994	全　市	13634	97.01	34.350	11.820	0.350
1995	全　市	45731	760.95	119.950	23.400	—
1996	全　市	42579	1097.08	77.560	8.980	—
1997	全　市	43804	514.86	176.480	47.620	—
1998	全　市	70982	775.60	286.480	53.470	0.047
1999	全　市	52005	516.70	169.100	23.900	0.024
2000	全　市	44773	617.30	167.000	13.200	0.040
2001	全　市	88776	856.75	398.730	26.450	—
2002	全　市	122936	947.14	490.020	10.700	—
2003	全　市	129573	1247.82	647.800	16.880	—
2004	全　市	158290	1040.60	467.900	34.900	25.200
2005	全　市	120842	1145.29	664.480	14.007	0.207
2006	全　市	127370	1147.81	771.115	14.265	0.073
2007	全　市	104934	1001.15	939.839	5.060	0.190
2008	罗湖区	6904	58.77	62.368	0.299	—
	福田区	12838	111.99	176.728	0.106	—
2008	南山区	13369	131.06	172.546	0.360	—
	盐田区	1864	17.19	22.732	0.055	—
	宝安区	23791	251.31	247.503	0.757	—
	龙岗区	19543	166.76	153.339	0.059	—
	全　市	78309	737.08	835.216	1.636	—
2009	罗湖区	7612	69.82	83.291	0.142	—
	福田区	8746	85.13	116.176	0.067	—
	南山区	15362	165.83	257.064	0.23	—
	盐田区	2993	25.87	48.127	0.59	—
	宝安区	22551	243.92	291.457	0.266	—
	龙岗区	28416	270	218.748	0.133	—
	全　市	85680	860.57	1014.863	1.428	—

（续表）

年份	辖区	宗数	面积（万平方米）	登记金额（亿元）		
				人民币	港币	美元
2010	罗湖区	7520	73.15	107.935	0.123	—
	福田区	6686	77.16	119.015	0.046	0.002
	南山区	18159	156.8	281.519	0.013	—
	盐田区	1705	16.37	30.422	—	—
	宝安区	21635	216.94	258.2	0.068	—
	龙岗区	27499	266.74	241.814	0.091	—
	全　市	83204	807.16	1038.905	0.341	0.002
2011	罗湖区	4829	49.41	56.364	1.184	—
	福田区	6469	70.55	142.892	0.028	—
	南山区	13304	111.96	287.339	0.009	—
	盐田区	916	13	37.626	0.008	—
	宝安区	15174	143	260.33	0.058	—
	龙岗区	22069	260.61	259.076	0.017	—
	全　市	62761	648.53	1043.628	1.304	—
2012	罗湖区	4466	45.74	65.647	0.329	—
	福田区	5590	65.43	128.706	0.033	0.002
	南山区	9411	97.74	304.23	0.02	—
	盐田区	3189	30.02	64.404	0.002	—
	宝安区	15815	135.84	277.491	0.037	—
	龙岗区	17898	199.27	247.731	0.059	—
	全　市	56376	574.44	1088.454	0.48	0.002

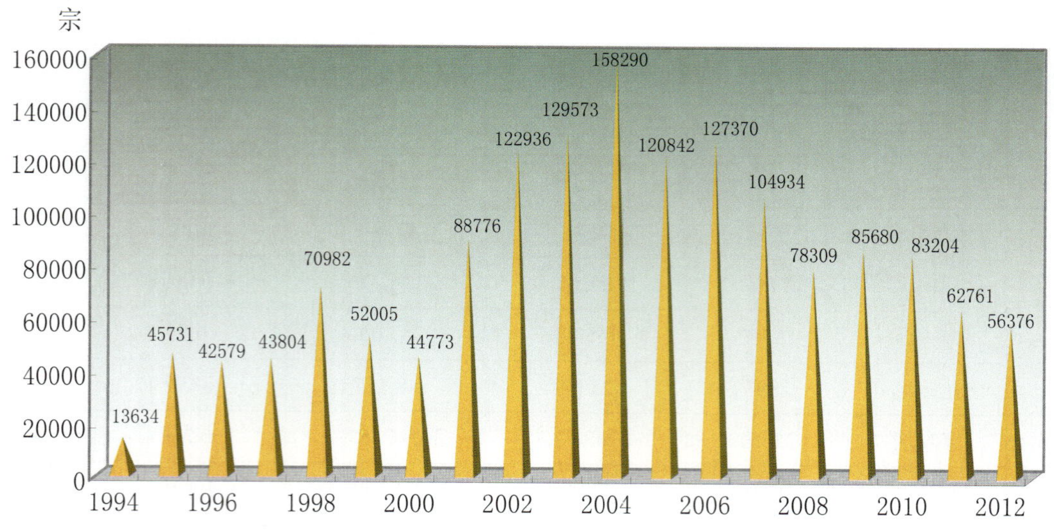

图 9-3　深圳市历年房地产二级市场转移登记宗数示意图

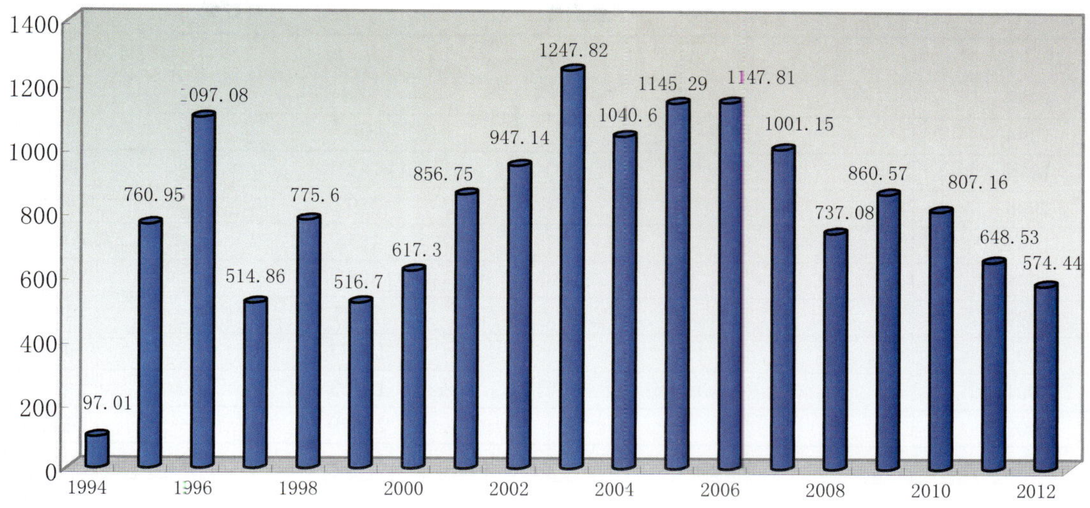

图 9-4 深圳市历年房地产二级市场转移登记面积示意图

二、三级市场转移登记

《深圳经济特区房地产转让条例》规定，凡房地产在已办理二级市场转移登记后又发生转移的，应再次办理转移登记，如房地产买卖、赠与、交换、继承，人民法院判决、裁定的强制性转移和依照法律、法规规定的其他强制性转移登记，以及《深圳经济特区房地产转让条例》中规定的其他视为转让的情况等。一般此类及其以后发生的转移登记称之为三级市场转移登记。

2012 年，全市共办理三级市场转移登记 73204 宗，登记建筑面积 757.57 万平方米。其中，罗湖 13796 宗、面积 117.06 万平方米；福田 14728 宗、面积 142.27 万平方米；南山 13063 宗、面积 129.92 万平方米；盐田 1603 宗、面积 19.92 万平方米；宝安 14224 宗、面积 177.95 万平方米；龙岗 15790 宗、面积 170.45 万平方米。

表 9-3　深圳市历年房地产三级市场转移登记情况

年 份	区 域		宗 数	面积（万平方米）
1993	全 市		364	2.96
1994	全 市		388	4.82
1995	全 市		1421	16.99
1996	全 市		2592	28.23
1997	全 市		4858	55.23
1998	全 市		5987	100.40
1999	全 市		7565	149.40
2000	全 市		11277	196.60
2001	全 市		18853	249.88
2002	全 市		26629	340.49
2003	全 市		40899	496.83
2004	全 市		60047	602.04
2005	全 市		73532	841.29
2006	全 市		95506	1013.16
2007	全 市		126690	1253.08
2008	**全 市**		**50776**	**595.44**
	其中	罗湖区	12381	118.52
		福田区	12204	134.15
		南山区	8743	103.76
		盐田区	1284	17.41
		宝安区	8126	114.20
		龙岗区	8038	107.40
2009	**全 市**		**162876**	**1544.19**
	其中	罗湖区	36713	289.7
		福田区	37697	352.23
		南山区	26556	268.05
		盐田区	3673	32.81
		宝安区	28076	288.95
		龙岗区	30161	312.45
2010	**全 市**		**129271**	**1263.15**
	其中	罗湖区	25503	211.42
		福田区	27659	254.6
		南山区	21770	221.47
		盐田区	3179	35.29
		宝安区	24516	269.38
		龙岗区	26644	270.99
2011	全 市		79620	857.53
	其中	罗湖区	14776	131.97
		福田区	16915	180.34
		南山区	12836	161.48
		盐田区	2073	27.81
		宝安区	16020	180.28
		龙岗区	17000	175.62

（续表）

年 份	区 域		宗 数	面积（万平方米）
2012	全 市		73204	757.57
	其中	罗湖区	13796	117.06
		福田区	14728	142.27
		南山区	13063	129.92
		盐田区	1603	19.92
		宝安区	14224	177.95
		龙岗区	15790	170.45

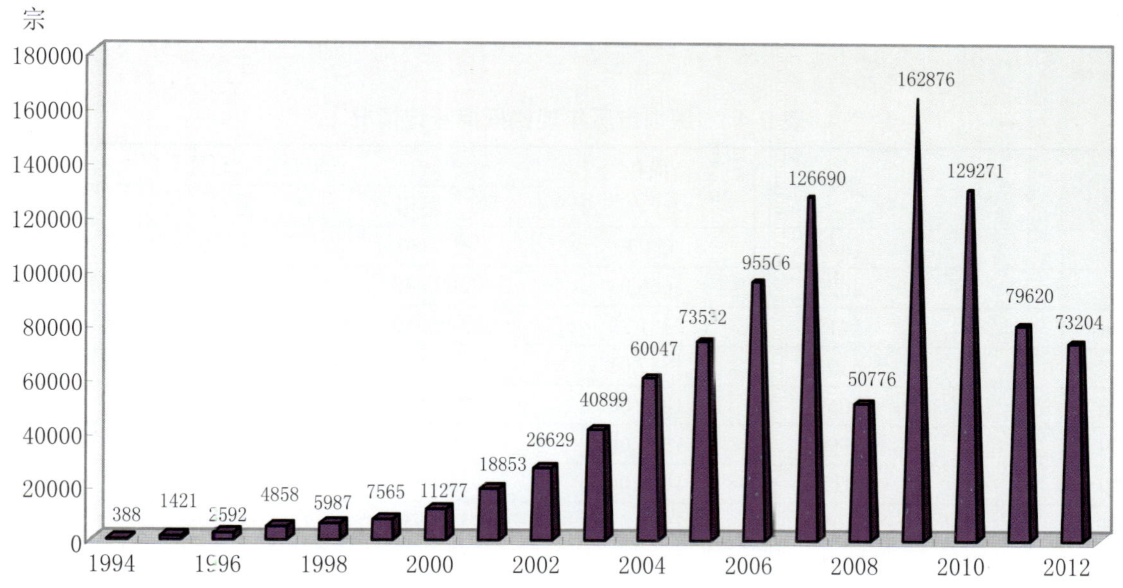

图 9-5 深圳市历年房地产三级市场转移登记宗数示意图

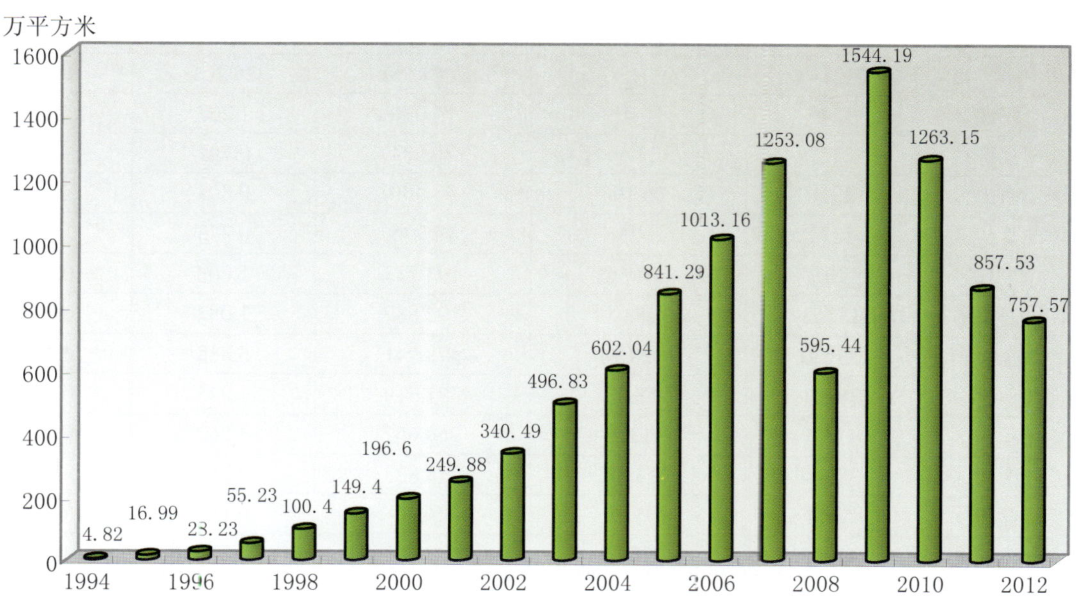

图 9-6 深圳市历年房地产三级市场转移登记面积示意图

第三节　抵押登记

相关法律规定，凡债务人或第三人以其合法拥有的房地产作为担保物向债权人提供债务履行担保的，当事人应于抵押合同生效之日起15日内办理房地产抵押登记。

2012年，全市共办理楼花抵押登记27396宗，面积2.54万平方米，抵押登记金额为人民币278.501亿元、港币7.792亿元、美元0.005亿元；办理现楼抵押登记99638宗，面积4299.58万平方米，抵押登记金额为人民币3489.474亿元、港币9.799亿元、美元1.028亿元。

表9-4　深圳市历年现楼抵押登记情况

年份	辖区	宗数	面积（万平方米）	登记金额（亿元）		
				人民币	港币	美元
1994	全　市	1442	554.33	47.590	13.690	1.110
1995	全　市	4099	2666.03	209.240	74.230	4.180
1996	全　市	5412	2331.29	305.050	39.400	6.430
1997	全　市	6393	1757.01	229.500	40.440	9.790
1998	全　市	9069	1842.00	212.660	35.220	0.920
1999	全　市	8996	1546.00	109.000	22.100	1.800
2000	全　市	10358	1681.00	100.600	9.500	1.200
2001	全　市	26057	1937.37	138.830	24.020	2.030
2002	全　市	37349	1841.12	316.770	24.600	0.720
2003	全　市	50225	1959.64	427.000	43.060	0.900
2004	全　市	88119	696.60	334.600	8.700	43.500
2005	全　市	77702	2405.07	665.980	14.490	0.790
2006	全　市	162815	3180.30	1122.550	9.400	0.574
2007	全　市	212143	4091.67	1884.561	20.205	1.100
2008	罗湖区	1244	11.02	14.080	1.207	—
	福田区	2223	121.56	20.084	0.791	—
	南山区	3918	35.19	43.400	0.803	—
	盐田区	1212	9.75	14.735	0.373	—
	宝安区	12078	842.56	193.753	1.602	0.036
	龙岗区	13255	908.08	192.889	1.082	0.255
	全　市	**33930**	**1928.16**	**478.941**	**5.858**	**0.291**
2009	罗湖区	38171	558.02	491.519	1.945	0.595
	福田区	47309	913.1	960.667	4.762	0.355
	南山区	38044	713.54	778.823	3.153	0.11
	盐田区	5244	105.49	80.369	0.182	0.27
	宝安区	41905	1723.32	539.888	1.372	0.08
	龙岗区	41599	1485.57	634.665	1.031	0.233
	全　市	**212272**	**5499.04**	**3485.931**	**12.445**	**1.643**

（续表）

年份	辖区	宗数	面积（万平方米）	登记金额（亿元）		
				人民币	港币	美元
2010	罗湖区	25360	447.05	423.892	9.499	0.225
	福田区	31586	724.36	850.819	8.15	0.457
	南山区	26489	496.26	566.813	5.901	0.077
	盐田区	3635	62.13	53.505	0.185	0.001
	宝安区	32342	1477.77	527.315	0.997	0.155
	龙岗区	36481	1390.69	435.348	2.326	0.142
	全　市	**155893**	**4598.26**	**2857.692**	**27.058**	**1.057**
2011	罗湖区	14138	331.16	374.178	1.249	0.043
	福田区	18833	591.6	1552.196	7.367	0.644
	南山区	17183	423.49	546.131	3.69	0.126
	盐田区	2127	49.56	62.384	0.741	0.025
	宝安区	22933	1386.28	489.522	2.408	0.13
	龙岗区	24818	1234.99	445.857	0.712	0.095
	全　市	**100030**	**4017.08**	**3440.256**	**16.167**	**1.062**
2012	罗湖区	14163	360.73	483.297	1.51	0.12
	福田区	19798	656.48	1049.336	3.105	0.447
	南山区	17674	491.02	775.4	3.753	0.03
	盐田区	2306	75.19	86.582	0.663	0.026
	宝安区	22562	1287.09	566.17	0.467	0.254
	龙岗区	22931	1331.51	514.656	0.301	0.15
	全　市	**99638**	**4299.58**	**3489.474**	**9.799**	**1.028**

表 9-5　深圳市历年楼花抵押登记情况

年份	辖区	宗数	面　积（万平方米）	登记金额（亿元）		
				人民币	港币	美元
1993	全　市	902	5.42	2.840	1.010	—
1994	全　市	1272	22.15	6.840	3.710	—
1995	全　市	3006	56.03	8.240	5.020	—
1996	全　市	4067	36.25	37.350	13.580	6.340
1997	全　市	11282	213.84	76.070	19.00	1.010
1998	全　市	23747	272.69	152.450	15.640	0.040
1999	全　市	38498	675.00	34.700	2.500	0.250
2000	全　市	54466	1034.67	35.200	2.640	0.140
2001	全　市	63719	959.22	123.220	0.950	0.060
2002	全　市	62452	702.61	111.730	4.880	0.020
2003	全　市	81897	1223.01	161.580	4.010	0.030
2004	全　市	56205	1113.10	543.580	6.110	0.008
2005	全　市	80447	666.09	336.930	8.266	0.028
2006	全　市	62743	570.29	375.070	5.670	0.088
2007	**全　市**	**54291**	**504.83**	**452.821**	**5.959**	**0.058**
2008	罗湖区	12559	299.42	210.002	2.647	0.107
	福田区	17026	493.63	383.404	4.441	0.250
	南山区	11780	355.78	272.794	2.027	0.140
	盐田区	1530	44.04	35.597	0.202	0.165
	宝安区	8908	90.35	70.143	0.461	—
	龙岗区	11595	104.66	67.967	0.191	—
	全　市	**63398**	**1387.88**	**1039.907**	**9.969**	**0.662**
2009	罗湖区	2665	23.72	27.704	4.503	0.028
	福田区	2510	111.83	46.643	0.679	0.006
	南山区	12580	108.01	140.752	2.042	0.012
	盐田区	1708	15.17	23.873	0.11	0
	宝安区	18878	193.49	177.971	0.633	0.028
	龙岗区	20987	200.65	267.904	0.524	0
	全　市	**59328**	**652.87**	**684.847**	**8.491**	**0.074**
2010	罗湖区	1152	10.68	21.594	1.311	0.01
	福田区	2234	22.19	37.32	0.626	0.003
	南山区	5638	60.84	129.13	2.284	0.021
	盐田区	817	8.92	19.953	1.747	0
	宝安区	10284	89.64	129.067	1.781	0.018
	龙岗区	13249	122.94	114.244	1.095	0.007
	全　市	**33374**	**315.21**	**451.308**	**8.844**	**0.059**
2011	罗湖区	502	4.26	6.164	1.064	0.002
	福田区	1256	2.8	14.949	1.113	0.008
	南山区	3963	18.82	79.389	1.933	0.021
	盐田区	996	7.64	12.783	0.735	0.002
	宝安区	9701	29.85	97.061	1.35	0.013
	龙岗区	15811	62.99	132.852	1.765	0.005
	全　市	**32229**	**126.35**	**343.198**	**7.96**	**0.051**

第二节 基础测绘

一、完善测绘基准体系

2012年，做好SZCORS系统的精心维护工作，确保系统的正常运行和提供服务。用户数量稳步增长，目前系统固定用户数量已达180多个。同时对SZCORS的应用进行宣传和推广，实现连续卫星系统在城市规划、国土测绘、地籍管理、城乡建设、环境监测、防灾减灾、车辆导航、交通监控等方面的持续优质服务。利用现代测绘新技术和空间定位技术，进一步完善测绘基准建设，形成高精度、三维、动态、陆海统一的现代测绘基础框架体系，不断提高测绘基准的综合服务水平。

二、地形图测绘及地下管线修补测

2012年，深圳市规划和国土资源委员会积极组织、大力落实地形图和地下管线动态修补测工作。组织完成2011~2013年度深圳市1:1000地形图及地下管线动态修补测《监理实施方案》编写、技术设计书的审查等相关前期工作。地形图动态修补测计划实施150.00平方公里，实际完成178.60平方公里；地下管线动态修补测计划1958.00公里，实际完成2065.90公里。

三、基础航空摄影和卫星影像获取

2012年，组织完成基础航空摄影和卫星影像数据订购等政府采购招投标工作，获取全市（除禁飞区域外）0.2米和0.5米分辨率航空正射影像数据各一套，2期全市0.5米分辨率的卫星影像数据。通过数据融合，利用卫星影像补充航空影像数据禁飞区，实现航空影像数据全市域建库。

四、数字深圳建设

2012年度，全面开展平台技术升级项目的建设工作，已完成运维支撑系统、二维地理信息系统和数据管理系统等主要子系统的开发工作。通过政务网和互联网为全市城市管理、社会经济生活提供空间信息共享交换服务，以各职能部门需求为主导，不断深化和拓展各部门空间信息的开发和应用，取得良好成效。

1. 编制“平台”发展规划。按要求完成“深圳市空间平台‘十二五’发展战略和规划”的编制工作，内容包括《空间平台“十二五”规划》、《空间平台发展趋势研究》、《空间平台相关技术研究》、《空间平台运行机制研究》等。

2. “平台”数据建设。继续扎实做好数字深圳基础地理空间基础数据库的更新工作。完成全市域电子地图、公共设施及基础网络等公共服务数据的更新入库和发布使用，为社会经济建设提供基础地理信息数据支撑和服务；完成龙岗23万栋建筑的三维模型建模，实现三维建筑模型的全市覆盖。

3. 拓展“平台”应用领域。一是做好“天地图”省级节点、标准地图、成果目录分发等服务。二是制定国家“天地图”网站对接方案，启动“天地图–深圳”建设工作。三是积极拓展跨部门应用，上半年新增深圳市发展和改革委员会“全口径人口信息”集成，与市社工委“社会建设织网工程”建设达成应用规划。

五、地图编制

2012年，在2011年资料收集、方案设计等工作的基础上，组织开展对基本资料的图形编辑、检查、修改、编绘等数据加工工作，并对少数疑问地物进行了外业调绘。以每个街道办辖区为制图单位，编制完成了全市深圳市街道影像地图编制，以满足街道办日常管理工作。

第三节　日常地籍

2012 年为有序推进地籍管理工作，围绕地籍管理方面主要进行了以下方面的工作。

一、土地管理制度改革

2012 年 2 月,《深圳市土地管理制度改革总体方案》获得了国土资源部、广东省人民政府的联合批复。5 月 25 日，深圳市土地管理制度改革综合试点启动仪式在五洲宾馆隆重举行，标志着深圳新一轮的土地管理制度改革正式全面启动。国土资源部部长、党组书记、国家土地总督察徐绍史和广东省委副书记、省长朱小丹在启动仪式上发表重要讲话；国土资源部党组成员、副部长王世元宣读了国土资源部和广东省人民政府对《深圳市土地管理制度改革总体方案》的联合批复，广东省副省长许瑞生宣读了省政府授权深圳市政府行使相关土地管理权限的批复；广东省委常委、深圳市委书记王荣主持启动仪式。配合启动仪式，位于规划大厦的深圳市规划国土市情展正式对外展出，徐绍史部长、王荣书记和许勤市长为展览揭幕。

市规划国土委承担了启动仪式前的重要筹备和文件起草工作，协助市委市政府发布了《关于贯彻落实<深圳市土地管理制度改革总体方案>的通知》、《关于成立市土地管理制度改革领导小组的通知》、《关于印发<深圳市土地管理制度改革总体方案>近期实施方案（2012~2015 年）的通知》等一系列文件，在全市层面统一了改革思想，凝聚了改革共识，明确了改革组织架构，为近期改革特别是 2012 年工作重点的实施提供了依据。

为推进落实土地管理制度改革，2012 年，市规划国土委推动在全市层面建立了市土改办工作机制，包括工作会议制度、部门协同机制和监督评估机制，并编制工作简报加强部省市各层级信息共享交流；落实近期实施方案，推动各成员单位按照近期实施方案分工内容，详细制定本部门近期（2012~2015 年）工作方案和 2012 年度工作计划，尤其是重点推进坪山新区和前海 2 个综合试点的工作方案，推动坪山和光明等区召开改革试点动员会，全面铺开试点实施工作；建立了委内改革工作机制，出台委内改革工作方案；开展了为期 4 个月的调研宣讲，共举办宣讲座谈会 10 余场；加强基础研究，开展深圳市土地产权制度改革和土地二次开发利用机制创新研究。2012 年，土地管理制度改革主要在四方面取得了初步成果，包括创新土地二次开发机制，优化存量空间利用，促进产权明晰、收益共享；创新土地市场化配置，完善差别化土地供应和地价管理，盘活工业楼宇存量资源及原农村土地资源，提升利用效益，保障转型发展；创新土地立体化利用，提升集约节约利用水平，提高城市重要节点空间的使用效率、挖掘地下空间潜能，强化三维地籍应用的技术支撑；创新土地调控方式，加强生态用地保护，探索保护补偿机制，推动社区发展、生态保护的协调共赢。

二、基本生态控制线管理

2012 年，市规划国土委本着保护生态、提升质量、实事求是、科学发展的原则，编制了《深

（续表）

序号	企业名称	序号	企业名称
197	深业鹏基（集团）有限公司	235	深圳市港诚豪庭实业发展有限公司
198	深圳市桑泰房地产开发有限公司	236	深圳西丽高尔夫球俱乐部有限公司
199	深圳市龙岗天安数码新城有限公司	237	深圳市佳华房地产开发有限公司
200	深圳市超卓投资发展有限公司	238	深圳市康年科技有限公司
201	深圳市汇港城投资有限公司	239	深圳中核集团有限公司
202	深圳市仁贵投资发展有限公司	240	深圳世纪星源物业发展有限公司
203	深圳市沙头角商业外贸有限公司	241	深圳市深沙保（集团）有限公司
204	深圳市益田集团股份有限公司	242	深圳市华熙房地产有限公司
205	深圳市金海港房地产开发有限公司	243	深圳市华明辉置业有限公司
206	深圳市蛇口湾厦实业股份有限公司	244	深圳市金地新城房地产开发有限公司
207	嘉里置业（深圳）有限公司	245	深圳市福田环庆实业股份有限公司
208	深圳市恒运泰控股集团有限公司	246	深圳信和（集团）有限公司
209	深圳市皇城地产有限公司	247	深业泰富物流集团股份有限公司
210	深圳市田厦房地产开发有限公司	248	深圳市富源房地产开发有限公司
211	深圳市大工业区（深圳出口加工区）开发管理集团有限公司	249	深圳市恒豪实业有限公司
212	深圳市鼎胜投资有限公司	250	深圳市联泰房地产开发有限公司
213	深圳市雅豪园投资有限公司	251	宝城物业管理（深圳）有限公司
214	深圳市金地北城房地产开发有限公司	252	深圳市合王锦湖投资有限公司
215	深圳市南油开发建设有限公司	253	深圳市新世界投资有限公司
216	深圳机场综合开发公司	254	深圳市众冠股份有限公司
217	深圳市深建华实业有限公司	255	深圳市宝发投资有限公司
218	深圳市粤国投资发展有限公司	256	深圳市华来利投资控股（集团）有限公司
219	深圳市友盛置业有限公司	257	深圳市前海股份有限公司
220	深圳市湖贝实业股份有限公司	258	深圳市龙岗区投资管理有限公司
221	深圳卓越房地产开发有限公司	259	深圳市兴沃尔房地产开发有限公司
222	深圳市深冠华投资发展有限公司	260	中国南山开发（集团）股份有限公司
223	深圳兴辽实业有限公司	261	深圳市金地住宅开发有限公司
224	深圳锦峰集团有限公司	262	深圳玮鹏实业有限公司
225	深圳市新洲实业股份有限公司	263	深圳市禾田居房地产开发有限公司
226	深圳融发投资有限公司	264	深圳凯南房地产开发有限公司
227	深圳市津联泰投资有限公司	265	深圳市嘉莱润房地产有限公司
228	深圳市中航华城置业发展有限公司	266	三科控股集团有限公司
229	深圳市潮宏基建筑工程有限公司	267	深圳市鸿景翠峰房地产开发有限公司
230	深圳市金盛丰贸易有限公司	268	深圳市莲塘房地产开发有限公司
231	深圳市巨银诚信投资发展有限公司	269	民生东都深圳房地产开发有限公司
232	深国投商用置业有限公司	270	深圳市金华南巴士股份有限公司
233	深圳市旺海怡康实业发展有限公司	271	深圳市宝安区福永物业发展总公司
234	深圳市大业房地产开发有限公司	272	深圳市光彩红投资控股有限公司

（续表）

序号	企业名称	序号	企业名称
273	深圳市金光华地产开发有限公司	310	深圳市鸿荣源实业有限公司
274	如鸿实业（深圳）有限公司	311	广东恒丰投资集团有限公司
275	深圳桑达房地产开发有限公司	312	深圳新常兴城实业发展有限公司
276	深圳市宏明国际地产开发有限公司	313	深圳市中航城投资有限公司
277	深圳卓越世纪城房地产开发有限公司	314	深圳荣超实业有限公司
278	江胜房地产开发（深圳）有限公司	315	深圳市光明房地产开发公司
279	深圳市君成投资发展有限公司	316	深圳市金亨利实业集团有限公司
280	深圳市裕盛房地产开发有限公司	317	深圳市穗达贸易有限公司
281	和记黄埔地产（深圳）有限公司	318	深圳市福城投资（集团）有限公司
282	深圳市国野股份有限公司	319	深联实业（深圳）有限公司
283	深圳市金鹏兴实业有限公司	320	深圳市安联投资有限公司
284	深圳市玉龙宫实业发展有限公司	321	深圳市广海投资有限公司
285	深圳市建艺实业股份有限公司	322	深圳富霖房地产开发有限公司
286	深圳市林江房地产有限公司	323	深圳市京地投资发展有限公司
287	深圳新安湖实业有限公司	324	深圳市惠明盛房地产投资开发有限公司
288	深圳市鸿翔实业有限公司	325	深圳市观澜物业发展有限公司
289	商凯集团（深圳）有限公司	326	深圳市星亚迪实业有限公司
290	深圳市特发集团有限公司	327	深圳市建设控股龙岗房地产有限公司
291	深圳市众联业贸易有限公司	328	深圳市银浩实业有限公司
292	深圳市广森投资集团有限公司	329	深圳市东华实业（集团）有限公司
293	深圳市鼎宏投资发展有限公司	330	深圳市万轩置业有限公司
294	深圳市城龙房地产开发有限公司	331	深圳中航城发展有限公司
295	深圳置富房地产开发有限公司	332	深圳市龙岗鸿基房地产开发有限公司
296	深圳市粤宝实业发展有限公司	333	深圳市海华实业有限公司
297	深圳市广兴源投资发展有限公司	334	深圳市纺织（集团）股份有限公司
298	深圳市宝嘉新投资有限公司	335	深圳市天地（集团）股份有限公司
299	深圳市嘉鑫辉煌房地产有限公司	336	深圳金荣泰房地产开发有限公司
300	深圳市金地旧城改造开发有限公司	337	深圳市琳珠园林有限公司
301	深圳市天麒房地产发展有限公司	338	深圳市美越房地产顾问有限公司
302	莱蒙房地产（深圳）有限公司	339	深圳凤凰置业有限公司
303	深圳市蓝湾房地产开发有限公司	340	宝实达置业发展（深圳）有限公司
304	深圳市翔奥投资发展有限公司	341	深圳市李朗业兴实业有限公司
305	深圳中海信和地产开发有限公司	342	深圳市时代财富实业集团有限公司
306	深圳市盐田区城建集团有限公司	343	深圳市中洲房地产有限公司
307	深圳市佳家豪投资发展有限公司	344	深圳市兰江房地产开发有限公司
308	深圳市建业房地产开发有限公司	345	深圳市金龙房地产开发有限公司
309	深圳市天集开投资发展有限公司	346	深圳市陶华实业有限公司

（续表）

序号	企业名称	序号	企业名称
347	深圳市富春东方房地产开发有限公司	385	深圳市万科南城房地产有限公司
348	深圳市田心实业股份有限公司	386	深圳市雨霖投资有限公司
349	深圳市绿色满庭芳实业发展有限公司	387	深圳市津房物业发展有限公司
350	深圳市联城地产发展有限公司	388	深圳市永长润实业有限公司
351	广东省水电集团有限公司深圳分公司	389	深圳市华来利房地产开发有限公司
352	深圳市富通房地产开发投资有限公司	390	深圳万科城房地产开发有限公司
353	深圳新浩房地产有限公司	391	深圳市中洲宝城置业有限公司
354	深圳市龙盈泰投资发展有限公司	392	深圳市福田房地产有限公司
355	深圳市民华投资有限公司	393	深圳市广嘉房地产发展有限公司
356	深圳市恒丰浩森房地产有限公司	394	深圳宏达房地产开发有限公司
357	深圳市诚品地产有限公司	395	深圳康发发展公司
358	深圳市雄江投资发展有限公司	396	深圳市荣津房地产开发有限公司
359	深圳合家欢园房地产开发有限公司	397	深圳市阳光海滨投资有限公司
360	深圳海滨房产有限公司	398	深圳市伟群实业有限公司
361	深圳市世之鼎实业有限公司	399	北方工业深圳投资有限公司
362	深圳市城市建设投资发展有限公司	400	深圳市银海实业有限公司
363	深圳市中协商贸有限公司	401	深圳市中添威商贸有限公司
364	深圳万骏房地产开发有限公司	402	深圳市祥云实业有限公司
365	深圳市香江置业有限公司	403	深圳市屹海达投资有限公司
366	深圳市志健实业有限公司	404	振宇物业发展（深圳）有限公司
367	深圳冠懋房地产集团有限公司	405	深圳万泽碧轩房地产开发有限公司
368	深圳华逸园房地产开发有限公司	406	深圳市东部实业股份有限公司
369	深圳市华龙房地产开发有限公司	407	深圳市恒祥基房地产开发建设有限公司
370	泰华房地产（中国）有限公司	408	深圳市中航长泰投资发展有限公司
371	深圳市卓弘房地产开发有限公司	409	深圳市旭飞实业有限公司
372	深圳市金地源房地产开发有限公司	410	深圳一冶南方实业有限公司
373	深圳市荣超投资发展有限公司	411	深圳市利丰房地产开发有限公司
374	深圳市德基房地产开发有限公司	412	深圳市盐田港集团有限公司
375	深圳市志联佳实业有限公司	413	深圳市物业房地产开发有限公司
376	深圳市鹏城房地产开发有限公司	414	正兴隆房地产(深圳)有限公司
377	深圳市美地置业发展有限公司	415	深圳市水围实业股份有限公司
378	深圳市美地佳置业有限公司	416	深圳市万科南苑房地产开发有限公司
379	深圳市博厚实业有限公司	417	深圳市麟恒投资发展有限公司
380	深圳市鹏瑞地产开发有限公司	418	深圳市新西湖股份有限公司
381	深圳市建信锋源实业有限公司	419	深圳市山居假日房地产有限公司
382	深圳市中泰天成集团有限公司	420	深圳信德丰房地产有限公司
383	深圳市南山开发置业有限公司	421	深圳勤诚达地产有限公司
384	深圳市恒宝达房地产开发有限公司	422	鸿硕房地产开发（深圳）有限公司

（续表）

序号	企业名称	序号	企业名称
423	深圳市海岸投资集团有限公司	461	深圳市宝鼎威物流有限公司
424	深圳中信航城房地产有限公司	462	深圳市集泰实业发展有限公司
425	深圳市大冲实业股份有限公司	463	深圳市亿武投资发展有限公司
426	深圳市世纪汇鑫实业集团有限公司	464	深圳万科第五园房地产有限公司
427	振昌实业（深圳）有限公司	465	深圳市景诚园投资有限公司
428	深圳豫盛投资发展有限公司	466	深圳市鹏锦生投资发展有限公司
429	深圳市恒泰益投资有限公司	467	中海月朗苑物业发展（深圳）有限公司
430	深圳妈湾电力有限公司	468	深圳市宝盛华实业发展有限公司
431	深圳市富基投资发展有限公司	469	深圳市心海投资发展有限公司
432	深圳市紫瑞房地产开发有限公司	470	深圳市朗朗投资集团有限公司
433	深圳市粤长辉实业发展有限公司	471	深圳市松茂房地产开发有限公司
434	深圳市港信达投资发展有限公司	472	深圳市百富隆新投资有限公司
435	深圳市龙华海荣实业有限公司	473	深圳市武龙源房地产开发有限公司
436	深圳拓万房地产开发有限公司	474	深圳市塘泰投资发展有限公司
437	深圳市知本投资集团有限公司	475	深圳市金安业房地产开发有限公司
438	深圳市朗钜实业集团有限公司	476	中建蛇口发展有限公司
439	深圳市旭道房地产开发有限公司	477	深圳中海投资管理有限公司
440	深圳市崇诚房地产有限公司	478	深圳市维时科技实业发展有限公司
441	深圳航天地产发展有限公司	479	深圳西帝房地产开发有限公司
442	深圳市瑞恒投资发展有限公司	480	深圳市联路投资管理有限公司
443	深圳市西城雅筑置业有限公司	481	运泰实业（深圳）有限公司
444	深圳市恒江地产开发有限公司	482	深圳深国投房地产开发有限公司
445	深圳祥祺房地产开发有限公司	483	深圳市龙岗德兴房地产开发有限公司
446	深圳市中富田房地产开发有限公司	484	深圳市渔丰实业股份有限公司
447	佳峰房地产开发（深圳）有限公司	485	深圳厦飞龙置业发展有限公司
448	深圳市卓越维港房地产开发有限公司	486	和黄地产（深圳宝安）有限公司
449	深圳市地健工程有限公司	487	深圳湾游艇会有限公司
450	深圳市鹏业房地产有限公司	488	深圳市福东龙投资有限公司
451	深圳市汇泰实业有限公司	489	深圳市鸿泰实业股份有限公司
452	深圳市泰富华投资发展有限公司	490	深圳九矿企业机械地盘工程公司
453	深圳市五联百合房地产开发有限公司	491	深圳市广盛荣投资有限公司
454	中国广东核电集团有限公司	492	深圳市昌盛投资发展有限公司
455	深圳市新生辉投资有限公司	493	深圳市南岭华业投资有限公司
456	深圳市勤诚达集团有限公司	494	深圳市国贸汽车实业有限公司
457	深圳市银台实业集团有限公司	495	深圳市英龙置业有限公司
458	丽廷实业（深圳）有限公司	496	深圳市维百盛房地产开发有限公司
459	深圳市信贤房地产开发有限公司	497	深圳市万年青投资发展有限公司
460	深圳市天勤房地产开发有限公司	498	深圳市中银信置业有限公司

（续表）

序号	机构名称	备案证书号
131	深圳市海诚房地产经纪有限公司	深房经字(2012)131号
132	深圳市成昊房地产经纪有限公司	深房经字(2012)132号
133	深圳市星原房地产经纪有限公司	深房经字(2012)133号
134	深圳市吉泰房地产经纪有限公司	深房经字(2012)134号
135	深圳吉隆房地产经纪有限公司	深房经字(2012)135号
136	深圳国际房地产咨询股份有限公司	深房经字(2012)136号
137	深圳市京联物业顾问有限公司	深房经字(2012)137号
138	华南中港地产顾问(深圳)有限公司	深房经字(2012)138号
139	深圳市慧金房地产经纪有限公司	深房经字(2012)139号
140	深圳市卓越地产顾问有限公司	深房经字(2012)140号
141	深圳市丰盛町物业服务有限公司	深房经字(2012)141号
142	深圳市美庭房地产经纪有限公司	深房经字(2012)142号
143	深圳市海宏房地产经纪有限公司	深房经字(2012)143号
144	深圳市全洲房地产经纪有限公司	深房经字(2012)144号
145	深圳市国业房地产经纪有限公司	深房经字(2012)145号
146	深圳市富鼎达房地产经纪有限公司	深房经字(2012)146号
147	深圳市信德成房地产顾问有限公司	深房经字(2012)147号
148	深圳市广富房地产经纪有限公司	深房经字(2012)148号
149	长康房地产经纪（深圳）有限公司	深房经字(2012)149号
150	深圳市尚邻房地产经纪有限公司	深房经字(2012)150号
151	深圳市安基房地产交易有限公司	深房经字(2012)151号
152	深圳市东顺房地产经纪有限公司	深房经字(2012)152号
153	深圳市大晟置业有限公司	深房经字(2012)153号
154	深圳市时势房地产经纪有限公司	深房经字(2012)154号
155	深圳市天利源地产置业有限公司	深房经字(2012)155号
156	深圳市世纪宏大房地产开发有限公司	深房经字(2012)156号
157	深圳市泰辰置业顾问有限公司	深房经字(2012)157号
158	深圳市元泰房地产经纪有限公司	深房经字(2012)158号
159	深圳市旭辉置业顾问有限公司	深房经字(2012)159号
160	深圳龙腾置富房地产有限公司	深房经字(2012)160号
161	深圳市大通土地房地产评估经纪有限公司	深房经字(2012)161号
162	深圳市海峡实业有限公司	深房经字(2012)162号
163	深圳市福安居房地产经纪有限公司	深房经字(2012)163号
164	深圳市众和鑫房地产经纪有限公司	深房经字(2012)164号
165	深圳市国龙房地产经纪有限公司	深房经字(2012)165号
166	深圳市乐家房地产经纪有限公司	深房经字(2012)166号
167	深圳市星雅舍物业咨询有限公司	深房经字(2012)167号
168	深圳市固诚房地产经纪有限公司	深房经字(2012)168号

（续表）

序号	机构名称	备案证书号
169	深圳市世耀置业顾问有限公司	深房经字(2012)169号
170	深圳市物业通房地产经纪有限公司	深房经字(2012)170号
171	深圳市易菲房地产经纪有限公司	深房经字(2012)171号
172	深圳市景宏房地产经纪有限公司	深房经字(2012)172号
173	深圳市宏阔房地产经纪有限公司	深房经字(2012)173号
174	深圳市深宏房地产经纪有限公司	深房经字(2012)173号
175	深圳市兴佳保房地产经纪有限公司	深房经字(2012)175号
176	深圳市中仕达房地产经纪有限公司	深房经字(2012)176号
177	深圳市金隆昌地产发展有限公司	深房经字(2012)177号
178	深圳市百年经典房地产经纪有限公司	深房经字(2012)178号
179	深圳市华振地产顾问有限公司	深房经字(2012)179号
180	深圳市合强地产顾问有限公司	深房经字(2012)180号
181	深圳市创域房地产经纪有限公司	深房经字(2012)181号
182	荣发房地产经纪（深圳）有限公司	深房经字(2012)182号
183	深圳市联冠地产顾问有限公司	深房经字(2012)183号
184	深圳市祥盛源房地产投资顾问有限公司	深房经字(2012)184号
185	深圳市世纪安源房地产经纪有限公司	深房经字(2012)185号
186	深圳市格衡土地房地产评估咨询有限公司	深房经字(2012)186号
187	深圳市好居家房地产经纪有限公司	深房经字(2012)187号
188	深圳市来福房地产经纪有限公司	深房经字(2012)188号
189	深圳市信之诺房地产经纪有限公司	深房经字(2012)189号
190	深圳市华联置业顾问有限公司	深房经字(2012)190号
191	深圳市百年安居房地产经纪有限公司	深房经字(2012)191号
192	深圳市宝盈房地产经纪有限公司	深房经字(2012)192号
193	深圳市巨鼎房地产经纪有限公司	深房经字(2012)193号
194	深圳市方辰房地产经纪有限公司	深房经字(2012)194号
195	深圳鸿中源地产经纪有限公司	深房经字(2012)195号
196	深圳市创熙房地产投资顾问有限公司	深房经字(2012)196号
197	深圳市国浩土地房地产评估经纪有限公司	深房经字(2012)197号
198	深圳市广驰投资发展有限公司	深房经字(2012)198号
199	深圳市国源居房地产经纪有限公司	深房经字(2012)199号
200	深圳信诚房地产经纪有限公司	深房经字(2012)200号
201	深圳首选置业顾问有限公司	深房经字(2012)201号
202	深圳市宏盛家业房地产经纪有限公司	深房经字(2012)202号
203	深圳市正宏置业顾问有限公司	深房经字(2012)203号
204	深圳市鸿宇房地产经纪有限公司	深房经字(2012)204号
205	深圳市润泰阳房地产经纪评估有限公司	深房经字(2012)205号
206	深圳市建诚信土地房地产评估咨询有限公司	深房经字(2012)206号

（续表）

序号	机构名称	备案证书号
207	深圳市汇丰深惠房地产经纪服务部	深房经字（2012）207 号
208	深圳市金鹏城置业咨询有限公司	深房经字（2012）208 号
209	深圳市信联房地产经纪有限公司	深房经字（2012）209 号
210	深圳市川力房地产经纪有限公司	深房经字（2012）210 号
211	深圳市鼎强房地产经纪有限公司	深房经字（2012）211 号
212	深圳市绿港实业有限公司	深房经字（2012）212 号
213	深圳市城策地产顾问有限公司	深房经字（2012）213 号
214	深圳市名流房地产经纪有限公司	深房经字（2012）214 号
215	深圳市中兰德投资理财咨询有限公司	深房经字（2012）215 号
216	深圳市国房土地房地产评估咨询有限公司	深房经字（2012）216 号
217	深圳市创建欣业房地产经纪有限公司	深房经字（2012）217 号
218	深圳市安居福房地产经纪有限公司	深房经字（2012）218 号
219	深圳市瑞邦置业顾问有限公司	深房经字（2012）219 号
220	深圳市天盛房地产经纪有限公司	深房经字（2012）220 号
221	深圳市易搜房房地产经纪评估有限公司	深房经字（2012）221 号
222	深圳市广业达房地产经纪有限公司	深房经字（2012）222 号
223	深圳三通行不动产有限公司	深房经字（2012）223 号
224	深圳市飞悦房地产经纪有限公司	深房经字（2012）224 号
225	深圳市顺利家园房地产经纪有限公司	深房经字（2012）225 号
226	深圳市思勤房地产顾问有限公司	深房经字（2012）226 号
227	深圳市同道商业地产顾问有限公司	深房经字（2012）227 号
228	深圳市永大鹏城房地产投资策划有限公司	深房经字（2012）228 号
229	深圳市房易网络技术有限公司	深房经字（2012）229 号
230	深圳市富家房地产经纪有限公司	深房经字（2012）230 号
231	深圳市蔚蓝置业投资顾问有限公司	深房经字（2012）231 号
232	深圳市超越行房地产经纪有限公司	深房经字（2012）232 号
233	深圳市大宇行房地产经纪有限公司	深房经字（2012）233 号
234	深圳市公元房地产经纪有限公司	深房经字（2012）234 号
235	深圳市恒年房地产经纪有限公司	深房经字（2012）235 号
236	深圳市弘毅房地产管理有限公司	深房经字（2012）236 号
237	深圳市华信行房地产经纪有限公司	深房经字（2012）237 号
238	深圳市骏达房地产经纪有限公司	深房经字（2012）238 号
239	深圳市领汇行房地产顾问有限公司	深房经字（2012）239 号
240	深圳市荣华懿按揭代理有限公司	深房经字（2012）240 号
241	深圳市腾辉联邦投资发展有限公司	深房经字（2012）241 号
242	深圳市香巴拉房地产开发有限公司	深房经字（2012）242 号
243	深圳市鑫元宝房地产经纪有限公司	深房经字（2012）243 号
244	深圳市信保房地产经纪有限公司	深房经字（2012）244 号

（续表）

序号	机构名称	备案证书号
245	深圳市志诚物业管理有限公司	深房经字(2012)245号
246	深圳市宗泰房地产投资顾问有限公司	深房经字(2012)246号
247	泛城房地产顾问（深圳）有限公司	深房经字(2012)247号
248	深圳市爱地时代地产顾问有限公司	深房经字(2012)248号
249	深圳市报众房地产经纪有限公司	深房经字(2012)249号
250	深圳市达观房地产经纪有限公司	深房经字(2012)250号
251	深圳市大汉隆城广告有限公司	深房经字(2012)251号
252	深圳市二房网资讯有限公司	深房经字(2012)252号
253	深圳市广业房地产经纪有限公司	深房经字(2012)253号
254	深圳市国策房地产土地估价有限公司	深房经字(2012)254号
255	深圳市家家发房屋理财中心有限公司	深房经字(2012)255号
256	深圳市金方圆房地产交易评估有限公司	深房经字(2012)256号
257	深圳市开元国际物业管理有限公司	深房经字(2012)257号
258	深圳市科海置业有限公司	深房经字(2012)258号
259	深圳市坤润房地产经纪有限公司	深房经字(2012)259号
260	深圳市世纪通泰房地产经纪有限公司	深房经字(2012)260号
261	深圳市世鹏房地产土地评估有限公司	深房经字(2012)261号
262	深圳市台环房地产经纪有限公司	深房经字(2012)262号
263	深圳市通泰房地产经纪评估有限公司	深房经字(2012)263号
264	深圳市同德远景房地产顾问有限公司	深房经字(2012)264号
265	深圳市同致行房地产经纪有限公司	深房经字(2012)264号
266	深圳市雅玛房地产经纪有限公司	深房经字(2012)266号
267	深圳市怡安信实业发展有限公司	深房经字(2012)267号
268	深圳市英联国际不动产有限公司	深房经字(2012)268号
269	深圳市友佳投资有限公司	深房经字(2012)269号
270	深圳市中港房地产经纪咨询有限公司	深房经字(2012)270号
271	深圳思源兴业房地产经纪有限公司	深房经字(2012)271号
272	深圳市长福房地产经纪行	深房经字(2012)272号
273	深圳市恒瑞房地产投资顾问有限公司	深房经字(2012)273号
274	深圳市鸿荣置业有限公司	深房经字(2012)274号
275	深圳市华诚房地产经纪有限公司	深房经字(2012)275号
276	深圳市结信房地产经纪有限公司	深房经字(2012)276号
277	深圳市龙岐房地产经纪有限公司	深房经字(2012)277号
278	深圳市尚策房地产经纪有限公司	深房经字(2012)278号
279	深圳市深华原房地产经纪有限公司	深房经字(2012)279号
280	深圳市深原创展房地产经纪有限公司	深房经字(2012)280号
281	深圳市天安新城房地产经纪有限公司	深房经字(2012)281号
282	深圳市同筑地产投资咨询有限公司	深房经字(2012)282号

（续表）

序号	机构名称	备案证书号
283	深圳市协成房地产经纪有限公司	深房经字(2012)283 号
284	深圳市星群房地产经纪有限公司	深房经字(2012)284 号
285	深圳市易丰居房地产经纪有限公司	深房经字(2012)285 号
286	深圳市友源房地产经纪有限公司	深房经字(2012)286 号
287	深圳市正丰禾地产顾问有限公司	深房经字(2012)287 号
288	深圳市正联丰地产顾问有限公司	深房经字(2012)288 号
289	深圳市中创房地产经纪有限公司	深房经字(2012)289 号
290	深圳市中康达房地产经纪有限公司	深房经字(2012)290 号
291	深圳市家家好房地产经纪有限公司	深房经字(2012)291 号
292	深圳市滨城置业经纪有限公司	深房经字(2012)292 号
293	深圳市辰邦房地产经纪有限公司	深房经字(2012)293 号
294	深圳市金冠房地产经纪有限公司	深房经字(2012)294 号
295	深圳市金和联地产经纪有限公司	深房经字(2012)295 号
296	深圳市枫华房地产有限公司	深房经字(2012)296 号
297	深圳市瑞意置业有限公司	深房经字(2012)297 号
298	深圳市欢欣地产经纪有限公司	深房经字(2012)298 号
299	深圳市广联兴房地产经纪服务有限公司	深房经字(2012)299 号
300	深圳市别致廊投资顾问有限公司	深房经字(2012)300 号
301	深圳市百家福房地产经纪有限公司	深房经字(2012)301 号
302	深圳中建建筑设计院有限公司	深房经字(2012)302 号
303	深圳市国科房地产经纪有限公司	深房经字(2012)303 号
304	深圳市腾龙置富房地产经纪有限公司	深房经字(2012)304 号
305	深圳市坤城房地产代理有限公司	深房经字(2012)305 号
306	深圳市畅意行房地产交易有限公司	深房经字(2012)306 号
307	深圳市房金房地产经纪有限公司	深房经字(2012)307 号
308	深圳中建投置业顾问有限公司	深房经字(2012)308 号
309	深圳市百家乐房地产经纪有限公司	深房经字(2012)309 号
310	深圳市涛益地产顾问有限公司	深房经字(2012)310 号

第二节　行业协会

一、深圳市房地产业协会

（一）协会简介

深圳市房地产业协会，简称深圳房协（SHENZHEN REAL ESTATE ASSOCIATION，缩写 SREA）。深圳房协成立于 1989 年 10 月 5 日，登记证号：社证字第 00001 号，是由在深圳市从事房地产开发、与房地产相关的咨询以及房地产研究的企事业单位自愿组成的非营利性行业组织，现有会员单位 543 家，其中副会长单位 36 家，常务理事单位 16 家，理事单位 46 家。

受深圳市规划和国土资源委员会（以下简称"市规划国土委"）委托，深圳市房地产业协会负责全市房地产开发企业资质年审、市场巡察监管、行业投诉、诚信系统公示、项目手册的管理和维护等工作。通过对全市 730 余家开发企业、5000 余名从业人员、2100 多个开发项目的动态管理，深圳市房地产行业诚信评价体系、项目手册已成为政府行业监管的一项重要举措，不仅为政府获取行业发展信息提供了重要一手资讯，更成为开发企业对外公示，接受社会公众监督的重要平台。

深圳房协的宗旨是代表会员意愿，维护会员合法权益，为会员提供服务，推动会员之间的交流、合作与创新，沟通会员与政府、社会联系，传达政府政策意图，维护公平竞争，提高人民居住水平，促进城镇建设，建立健康有序的房地产业，构建社会主义和谐社会服务。

深圳房协是中国房地产业协会常务理事单位，广东省房地产业协会副会长单位，多次受到中国房地产业协会及省、深圳市主管部门的嘉奖，在 2009 年被评为深圳市行业协会首批 4A 级行业协会商会，并被授予"全国房地产行业先进协会"、"广东省先进民间组织"、"深圳市优秀社团"等称号。

（二）协会职能

深圳市房地产业协会在主管部门的指导下，依照法律、法规、规章和行业组织章程，实行房地产行业自律管理，其主要职能有：

1. 制定并组织实施本行业的行规行约，建立行业自律机制和会员信用记录；

2. 对违反行业组织章程或者行规行约、损害行业整体利益者，采取相应的行业自律措施；

3. 开展行业培训、交流、咨询、展览等活动，推广应用新材料、新技术、新工艺，提升行业素质以及产品和服务质量；

4. 发布市场和行业信息，推荐行业产品或者服务，提供技术咨询；

5. 宣传房地产法律法规及相关政策；

6. 规范行业行为，客观公正地协调会员之间、会员与非会员之间、会员与政府之间、会员与消费者之间的矛盾纠纷，发挥其维护社会公共利益的作用；

7. 协助政府部门开展行业调查、决策咨询及产业政策制订等活动，向政府有关部门反映涉及行业利益的事项，提出意见和建议，维护本行业的利益及会员的合法权益；

8. 承担主管部门委托的行业管理工作，对行业行为进行检查和评价；

9. 法律、法规、规章授权或者政府部门委托以及行业组织章程规定的其他职能。

（三）2012 年工作情况

2012 年，深圳房协在市规划和国土资源委员会和市民间组织管理局的指导下，在第六届理事会的领导下，在各大会员的积极参与和社会各界的关心支持下，本着"服务企业、服务政府、服务公众"的宗旨，圆满完成了各项工作部署，并取得了显著的成绩，在促进全市房地产市场持续稳定健康发展的过程中发挥了积极而重要的作用。

1. 夯实行业自律体系基础，推动行业诚信建设。

2012 年，协会已逐步建立健全了比较完整的行业自律规则体系，在此基础之上，根据《深圳市房地产行业诚信管理办法》，经过广泛的调研和意见征集，以及行业专家论证，形成了多层次、专业化和规范化的《深圳市房地产行业诚信评价指标》，为不断促进行业诚信评价和诚信管理进一步夯实了基础。

加强诚信管理，初步建立了行业诚信评价体系。本着服务企业，继续打造一批在全国有影响力的优秀企业的思路，根据《深圳市房地产市场监管办法》要求，协会组织开展开发企业诚信评价体系研究，设定评价指标，从企业的经营业绩、诚信分值、市场拓展、社会责任等方面进行综合评价和排序，从而更加科学、全面地展示企业形象，发挥行业自律的重要作用。

2. 以政府行业管理为依托，充分发挥行业纽带作用。

开发企业资质年检工作。在深圳市规划国土委的指导下，协会秉承“服务、公正、准确”的原则，以科学严谨的态度，完成了深圳 732 家房地产开发企业年检，对企业经营状况进行统计、核查，对企业行为进行评价，向政府撰写行业发展报告，对社会发布企业年检结果，受到政府、企业和社会各界的一致好评。

房地产诚信评价的维护和公示。深圳房地产诚信公示系统为全市 1600 余家房地产开发企业、5000 余名开发企业的管理人员、营销业务人员建立了诚信档案，记录了全市房地产企业 10 年的经营业绩，1200 多条企业社会责任记录。实现开发企业和从业人员诚信记录的动态管理，提高诚信评价的及时性、有效性和权威性，成为记录行业发展的重要参考资料。

受理行业咨询和投诉，处理突发事件。协会密切关注行业焦点，积极搭建政府、社会、行业的对话和沟通公共平台。制定了行业服务、咨询和投诉制度，努力营造规范化、专业化和法制化的和谐环境。随着企业经营行为日趋规范，协会受理较多的一般性投诉和纠纷，基本都能通过内部协调予以解决。

项目手册的动态管理和维护。项目手册是政府服务房地产开发企业，加强房地产开发项目管理的信息平台。凡在深圳从事房地产业务的必须及时填报项目手册。对此，协会根据政府要求制定了《项目手册管理办法》，利用自身资源，通过督促、跟踪等方式完成了全市 2200 多个开发项目的建档工作。为帮助企业及时填报项目手册，在日常工作中，协会安排专人跟踪落实会员单位项目手册建立情况，对项目手册信息进行抽检管理、数据分析和项目动态监测，充分体现项目手册的价值。

3. 以会员服务为宗旨，树立起行业健康积极的社会公众形象。

加强行业宣传，改善行业发展环境，彰显行业价值。服务会员是协会工作之根本。在深圳市规划国土委的指导下，在广大会员单位的支持下，协会主办了以“发展与跨越，前进中的深圳房地产”为主题的 2012 深圳房地产年会，深圳市规划国土委、深圳市民间组织管理局相关负责人和 320 余家会员单位高管出席了会议。

深圳市规划和国土资源委员会黄珽副主任作了重要讲话。他表示，在深圳市房地产发展过程中，协会始终坚持“服务企业、服务政府、服务社会”的宗旨，主动积极认真地完成政府交办的相关工作，在资质年检初审、市场巡察、行业投诉、诚信系统公示等工作中尽到了责任，捍卫行业荣誉、解决行业矛盾、稳定行业市场，为深圳市房地产业发展做出了巨大贡献。黄斑副主任对行业发展寄予厚望。他希望房地产行业能够在内外交困的环境中，化压力为动力，积极转换经营思路，配合政府、社会，积极参与保障房建设和城市更新项目，深挖掘项目潜力，精耕细作，注重对土地资源的节约利用，增加节能型建材和建筑技术的应用，为社会尽职尽责，实现房地产业的可持续发展。

深圳市民间组织管理局李文海处长应邀出席会议并讲话。他指出协会通过召开重大会议、组织会员活动和加强行业交流等方式，提高行业建设，不断探索行业发展道路，在制定行业标准，加强行业自律，提升产品质量、开拓市场、组织对外交流等许多方面做了大量的积极有效的工作，取得了实实在在的成绩。希望协会能够再接再厉，继续本着服务的宗旨，积极发挥行业桥梁纽带作用。

根据协会2012年企业综合评价结果，出席年会的领导对2012深圳房地产综合实力二十强企业、2012年深圳房地产开发最具品牌价值企业和2012年深圳房地产开发最具发展潜力企业进行了颁奖。协会为年会专门制作的《发展与跨越，前进中的深圳房地产》专题片和《2012深圳房地产企业综合实力评价（特刊）》，充分展示了房地产行业在投资、税收、提高城市居住质量、发展绿色建筑、参与保障房建设、城市更新、慈善捐赠等多方面为社会做出的卓越成就，获得了社会各界的一致认可。

2012房地产年会再度打造了代表深圳水平、高端规格、行业思想的年度会议品牌，而且通过沟通政府、行业、企业、媒体与公众，2012房地产年会更成为了行业成果汇集和交流的综合平台，提高了行业的知名度和社会认同感，对行业健康发展具有重大意义。

本着增强业内外沟通交流，展示行业发展成果和风貌，树立行业良好形象的宗旨，多年来协会整编了《深圳房地产》、《房地产政策法规》、《房地产企业综合实力评价》、《协会大事记》等资料，免费向政府部门、会员单位及兄弟单位发放，全面、动态地展示行业的整体发展状况，发挥了其积极的宣传引导和信息共享作用，成为会员、政府、业界获取行业资讯的信息载体和交流互动的公共平台。

积极采取多种形式开展行业的交流与培训。协会长期致力于为会员搭建沟通交流平台，推动行业进步，实现资源共享。2012年，协会围绕“房地产市场形势”、“车位权属纠纷”等行业关注的热点召开组织座谈会和恳谈会。为贯彻国家及地方政府政策精神，协会组织了“《深圳市房屋征收与补偿实施办法》立法意见研讨”、“《深圳市城市更新办法实施细则》房地产企业专场解读会”、“保障性住房项目协调会”、“《深圳市商品房预售价格备案程序规定》（征求意见稿）修订研讨会”、“住宅产业化高层培训班”、“地产开发与城市营造论坛”等大型讲座，指导会员解读房地产新政，掌握市场走势。组织会员赴杭州、上海参观考察，赴沈阳、长沙考察住宅产业化项目参观考察，赴梅州客天下旅游地产项目考察等一系列活动深受广发会员企业欢迎。

协会还通过组织“振业杯”羽毛球比赛和“金秋大梅沙户外拓展”等丰富会员的体育文化活动，促进会员的交流与沟通。

为进一步服务会员企业，加强与会员联系和沟通，协会全面更新了协会网站，开辟信息查询功能专栏和协会综合展示空间，设置了会员专用电子信箱。并且充分利用房地产信息系统、互联网、QQ群、微博、微信、短信等现代化通讯手段，为会员提供更高效、更便捷、更周详、更人性化的行业服务。

第十三章 信息化建设和档案管理

第一节 信息化建设

一、基础环境建设

2012 年，完成规划大厦和交易大厦 2 个数据中心机房的基础环境运行维护工作，包括对 13 台精密空调、6 台 UPS、50 多台核心网络及安全设备、30 多台小型机服务器、90 多台物理微机服务器和 110 多台虚拟主机服务器、20 多台存储备份设备及各类软件系统等的日常监控和调试运维工作，积极协助档案信息室完成各管理局信息化基础设施的日常运行维护工作，并着力扩充了信息化基础设施虚拟化环境，进一步实现了系统的改进和性能的提升。

全年共受理各类技术维护请求约 30797 次，其中办文系统维护 9012 次，计算机系统维护 10011 次，各类系统授权 11774 次。这些维护请求都得到了及时、有效的处理。组织办文系统操作培训 4 次，全委共有近 130 人次参加；办公软件系统培训 5 次，全委有近 1000 人次参加；信息安全培训 2 次，全委有 1200 人次参加。通过对行政许可、非行政许可审批事项，重大项目上传监察局和市民中心的数据接口，办文发送通知短信系统以及电话语音查询系统的有效监管，为全委日常办公的正常进行和行政效能监察的实施提供了有力的技术保障。

完成七个已定级备案信息系统的等级保护测评工作、全年四个季度的信息安全指标报送工作和年度信息系统安全风险评估工作。2012 年共完成 12 次网络、服务器和数据库的漏洞扫描，16 次门户网站和公众服务系统的应用层扫描，2 次门户网站模拟黑客入侵渗透测试。完成各项安全保密自查和迎接检查工作，

主要有 5 月份和 10 月份两次全委信息安全和保密自查、抽查工作；12 月份，按照《2012 年深圳市党政机关信息安全联合检查工作方案》的要求，圆满完成联合检查组对市规划和国土资源委员会信息安全工作的现场检查。

完成市住建局系统运维、设备托管等技术支持工作，为深圳市 2012 年保障性住房的建设、申请和配售、高层次人才住房补贴发放、住房公积金发放、物业管理数据申报统计等工作的开展提供网络、系统、数据的支持服务，确保深圳市住房保障工作的顺利开展。

二、应用系统建设

制定《电子政务基础平台工作方案》，进一步明确基础平台的职责和在信息化建设中的定位，提出了基础平台的顶层设计和产品规划，为指导基础平台后续建设打下良好的基础。全力开展界面设计规范和 UI/UE（用户界面/用户体验）技术框架建设，为提高系统界面开发效率，建设易用、好用、友好的信息系统提供有力的基础支撑。

完成重点督办任务管理系统升级改造、人力资源管理系统、综合项目管理系统、固定资产管理系统、CA 认证试点应用等项目建设和验收。卓有成效地完成了前海管理局、龙华管理局成立涉及的政务平台及业务系统改造和上线运行工作，有力地支持了新设机构的正常运转和信息化需求。

完成储备土地管理系统建设。基于 3S 技术的数字化土地储备管理系统建设于 2012 年 9 月初上线试运行。开发了土地储备入库、出库、在库更新、合同管理、月报管理、工程整治管理、日常监查、公众举报、违法侵占处理等功能，实现了储备土地的统一出库、入库、在库管理，进一步推动储备土地的规范化管理和信息共享利用。

完成了近期建设与土地利用规划年度实施计划系统的二期建设和土地合同监管系统建设，完善了用地报会管理系统，开展了耕地和基本农田保护管理系统的前期分析工作。

实施“规划一张图”综合管理系统优化整合，优化规划“一张图”图层设置和整合成果的展示效果，推进规划“一张图”整合成果在日常规划业务审批中的实际应用，实现新地籍数据的综合查询和地籍核查，较好地支持规划业务对地籍数据的需求。

完成规划“一张图”系统与规划图形系统的功能整合和优化，将根据委员会统一安排停止规划图形系统的使用统一切换到规划“一张图”系统，彻底解决多年来多个规划业务图形系统并用给用户带来的困扰，并为规划国土图形系统整合打下坚实的基础。

三、数据建设与服务

2012 年，圆满完成全市第二次地名普查（一期）工作。严格按照广东省第二次地名普查试点领导小组办公室的统一部署和要求，对全市范围的地名标准名称、位置、含义、历史沿革等信息进行了全面的调查，按时并保质保量地完成了深圳市第二次地名普查任务。制作了完整的地名普查成果，并于 2012 年 8 月底顺利通过了广东省地名普查验收小组的验收，获得了省地名普查办的充分肯定和好评。

顺利开展建筑信息更新调查工作。在上一年度建筑物数据的基础上，进行了 2011 年度的更新调查工作，形成了 2011 年度全市建筑信息数据。截止 2011 年底的更新调查结果显示，建筑物整体呈现数量逐年减少、平均单体建筑体量（总建筑面积）逐年增大的变化趋势。建筑更新调查数据被市规划和国土资源委员会及全市其他部门诸多业务和项目调用，发挥了重要的基础支撑作用。

稳步推进 2012 年规划国土成果建库工程，为规划“一张图”整合打好基础。加强建库数据质量控制，在日常工作中不断对历史数据进行清理，删除现有文件库中的冗余资料。强化法定图则核心数据的质量控制，校核已批66项法定图则用地数据，修正部分问题数据，研究法定图则各类数据组织的优化方案并着手实施。推进规划成果数据与规划“一张图”整合成果的衔接，协助规划“一张图”系统的优化升级工作。

继续完善建设项目审批信息整合成果，审批信息“一张图”基本建成。顺利完成规划政务信息资源整合工程，共整理建设项目22000余个，挂接档案案卷53000余卷，清理历史错误数据5600多条、涉及业务数据变化的复函3700份，完成数字化加工特区内及特区外44万页“一书三证”档案。

全面开展地籍信息整合应用工作，土地权属“一张图”投入使用。继续推进罗湖、福田、盐田区的地籍数据清理工作，最终形成全市统一的地籍数据清理成果。设计地籍信息系统数据框架，整合形成土地权属“一张图”，建立地籍信息更新模式，有效推动了新地籍信息系统上线运行。开展地籍数据更新监控工作，在委内首次实现针对业务办理质量的实时监督，进一步推动了地籍更新业务的规范化高效发展，实现业务、系统、数据的全面提升。

扎实推进宗地统一代码编制工作，丰富“一张图”信息标准。根据国土资源部部署，顺利完成了深圳市地籍区、地籍子区的划定。制定了宗地统一代码工作规则，完成已登记宗地代码的转换工作，为2013年全市宗地统一代码的正式实施奠定了坚实基础。

继续向其他政府部门提供各类房地产信息比对、统计服务，主要包括，向住建局保障住房分配、公共住房租赁、住房公积金、物业专项维修资金管理等业务提供房地产信息查询及比对服务，向工商局提供房地产证证照信息比对服务，向人力资源和社会保障局积分入户、教育局“两免’资格审核提供房产信息批量比对服务，向地税局提供房地产交易税收统计分析服务等。

四、网站建设

加强网站维护更新，推进政务公开建设，完成市规划和国土资源委员会门户网、政务内网、市规划委员会网、深圳市地名网、深圳市规划土地监察网、政府在线子站、公务员之窗子站、深圳电子监察网子系统、行政服务大厅网、双年展网、粤建网及8个管理局子网，总计19个网站的日常维护及技术支持工作。其中门户网站共向市民提供服务信息89070条，其中工作动态1100条、政策法规237条、通知公告858条、人事信息60条、资金信息6条、规划计划12条、统计数据82条，其他各类业务信息及办文结果86715条。

完成市规划和国土资源委员会新版门户网站上线工作，实现了逾9成内容可从网站首页“一键直达”，首页长度减少一半，信息量扩容1至2倍的预定目标，同时新增了包括“建设项目报批全流程指引”、“地质灾害防治公共服务”、“海水浴场环境质量预报”、“民生地图服务”、“地图搜房”、“拍卖房地图”在内的场景式或地图服务，网站的公共服务内容也由之前的38项，整合关联至142项，并承担了拥有7万多粉丝的委官方微博的后台维护工作。

加强网站专题建设，开展公众互动交流活动，工作专题的建设是网站绩效评估的要求之一，也是市规划和国土资源委员会宣传工作的一个重要模式。2012年完成了“社区规划师”、

"耕地保护和节约用地政策措施落实情况"、"三打两建"、"落马洲河套地区发展规划及工程研究"、"连续运行卫星定位服务系统"、"深圳海洋日"设计制作、"地质遗迹保护"等12个专题专栏的网页设计制作、栏目设置、信息收集与更新。去年全年，通过广泛开展在线访谈、民间征集或网上调查活动，有效地推动了公众互动频道的建设，至今已围绕市规划和国土资源委员会重点工作，举办了"在线访谈"活动12次、"民意征集"活动38次。

由于资讯权威、更新及时，市规划和国土资源委员会门户网站得到了公众与企业用户的广泛认可，平均每天点击率在6000人次以上。根据国际著名网站排名机构Alexa的报告，市规划和国土资源委员会在国内规划、国土行业政府网站中一直名列前3，并获得国土资源部授予的网站绩效评估优秀奖、国家测绘地理信息局授予的网站办事服务奖、广东省国土资源厅评定的网站绩效评估第一名、深圳市政府评定的网站绩效评估同类部门第一名、市公务员之窗优秀应用单位奖等多个奖项。

五、重点信息化工程

（一）优化顶层设计架构体系

站在全委的高度，运用先进的理论，围绕信息化规划目标，建立了内容完整、相对稳定且持续改进的、整体先进的、操作性强的信息化架构体系，整体设计业务架构、数据架构、应用架构、基础架构和信息化管理架构，并配备相应的实施指引。作为市规划和国土资源委员会信息化"十二五"的重要任务之一，顶层设计成果提供了完善全委业务管理架构的创新视角，提供了规范信息运作管理规则的制度框架，提供了深化部、市信息建设目标的核心平台，并为把控未来项目实施安排提供了重要指引，是信息化"十二五"规划与信息化项目实施之间的重要桥梁。

（二）扎实推进建设项目审批服务系统前期工作

通过建设项目库整合优化，开展项目数据日常滚动清理，实施建设项目数据登记归口管理，试行建设项目库管理员等工作，推进了建设项目数据规范化管理，初步建成了权威、基本准确的建设项目库，为实现建设项目审批申报材料的精简和全过程监管提供了坚实的数据基础。开展重大项目跟踪管理系统二期建设，实现招拍挂业务流程各内部节点的任务驱动、图文结合、表格化办理，为扩展至所有类型建设项目全过程监管提供了可利用、可扩展的重要组成部分。

（三）有序开展土地管理关键系统建设工作

优化地籍管理模式。地籍信息系统于2012年上半年正式上线使用，面向全委提供实时、准确的地籍数据，实现合同、产权自动触发地籍更新任务，通过信息系统保障地籍数据更新的流程化、规范化，确保地籍数据及时、准确地更新。

开展二三维地籍系统建设。在地籍信息系统基础上，初步建立地籍调查工作平台、土地利用变更调查工作平台，建成三维地籍原型系统，夯实了地籍管理的基础。其中，三维地籍系统在2012年底召开的"三维地籍的进展与实践"国际研讨会上的演示获得了较好的反响，

第十一条 《闲置土地认定书》下达后，市、县国土资源主管部门应当通过门户网站等形式向社会公开闲置土地的位置、国有建设用地使用权人名称、闲置时间等信息；属于政府或者政府有关部门的行为导致土地闲置的，应当同时公开闲置原因，并书面告知有关政府或者政府部门。

上级国土资源主管部门应当及时汇总下级国土资源主管部门上报的闲置土地信息，并在门户网站上公开。

闲置土地在没有处置完毕前，相关信息应当长期公开。闲置土地处置完毕后，应当及时撤销相关信息。

第三章 处置和利用

第十二条 因本办法第八条规定情形造成土地闲置的，市、县国土资源主管部门应当与国有建设用地使用权人协商，选择下列方式处置：

（一）延长动工开发期限。签订补充协议，重新约定动工开发、竣工期限和违约责任。从补充协议约定的动工开发日期起，延长动工开发期限最长不得超过一年；

（二）调整土地用途、规划条件。按照新用途或者新规划条件重新办理相关用地手续，并按照新用途或者新规划条件核算、收缴或者退还土地价款。改变用途后的土地利用必须符合土地利用总体规划和城乡规划；

（三）由政府安排临时使用。待原项目具备开发建设条件，国有建设用地使用权人重新开发建设。从安排临时使用之日起，临时使用期限最长不得超过两年；

（四）协议有偿收回国有建设用地使用权；

（五）置换土地。对已缴清土地价款、落实项目资金，且因规划依法修改造成闲置的，可以为国有建设用地使用权人置换其它价值相当、用途相同的国有建设用地进行开发建设。涉及出让土地的，应当重新签订土地出让合同，并在合同中注明为置换土地；

（六）市、县国土资源主管部门还可以根据实际情况规定其他处置方式。

除前款第四项规定外，动工开发时间按照新约定、规定的时间重新起算。

符合本办法第二条第二款规定情形的闲置土地，依照本条规定的方式处置。

第十三条 市、县国土资源主管部门与国有建设用地使用权人协商一致后，应当拟订闲置土地处置方案，报本级人民政府批准后实施。

闲置土地设有抵押权的，市、县国土资源主管部门在拟订闲置土地处置方案时，应当书面通知相关抵押权人。

第十四条 除本办法第八条规定情形外，闲置土地按照下列方式处理：

（一）未动工开发满一年的，由市、县国土资源主管部门报经本级人民政府批准后，向国有建设用地使用权人下达《征缴土地闲置费决定书》，按照土地出让或者划拨价款的百分之二十征缴土地闲置费。土地闲置费不得列入生产成本；

（二）未动工开发满两年的，由市、县国土资源主管部门按照《中华人民共和国土地管理法》第三十七条和《中华人民共和国城市房地产管理法》第二十六条的规定，报经有批准权的人民政府批准后，向国有建设用地使用权人下达《收回国有建设用地使用权决定书》，无偿收回国有建设用地使用权。闲置土地设有抵押权的，同时抄送相关土地抵押权人。

第十五条 市、县国土资源主管部门在依照本办法第十四条规定作出征缴土地闲置费、收回国有建设用地使用权决定前，应当书面告知国有建设用地使用权人有申请听证的权利。国有建设用地使用权人要求举行听证的，市、县国土资源主管部门应当依照《国土资源听证规定》依法组织听证。

第十六条　《征缴土地闲置费决定书》和《收回国有建设用地使用权决定书》应当包括下列内容：

（一）国有建设用地使用权人的姓名或者名称、地址；

（二）违反法律、法规或者规章的事实和证据；

（三）决定的种类和依据；

（四）决定的履行方式和期限；

（五）申请行政复议或者提起行政诉讼的途径和期限；

（六）作出决定的行政机关名称和作出决定的日期；

（七）其他需要说明的事项。

第十七条　国有建设用地使用权人应当自《征缴土地闲置费决定书》送达之日起三十日内，按照规定缴纳土地闲置费；自《收回国有建设用地使用权决定书》送达之日起三十日内，到市、县国土资源主管部门办理国有建设用地使用权注销登记，交回土地权利证书。

国有建设用地使用权人对《征缴土地闲置费决定书》和《收回国有建设用地使用权决定书》不服的，可以依法申请行政复议或者提起行政诉讼。

第十八条　国有建设用地使用权人逾期不申请行政复议、不提起行政诉讼，也不履行相关义务的，市、县国土资源主管部门可以采取下列措施：

（一）逾期不办理国有建设用地使用权注销登记，不交回土地权利证书的，直接公告注销国有建设用地使用权登记和土地权利证书；

（二）申请人民法院强制执行。

第十九条　对依法收回的闲置土地，市、县国土资源主管部门可以采取下列方式利用：

（一）依据国家土地供应政策，确定新的国有建设用地使用权人开发利用；

（二）纳入政府土地储备；

（三）对耕作条件未被破坏且近期无法安排建设项目的，由市、县国土资源主管部门委托有关农村集体经济组织、单位或者个人组织恢复耕种。

第二十条　闲置土地依法处置后土地权属和土地用途发生变化的，应当依据实地现状在当年土地变更调查中进行变更，并依照有关规定办理土地变更登记。

第四章　预防和监管

第二十一条　市、县国土资源主管部门供应土地应当符合下列要求，防止因政府、政府有关部门的行为造成土地闲置：

（一）土地权利清晰；

（二）安置补偿落实到位；

（三）没有法律经济纠纷；

（四）地块位置、使用性质、容积率等规划条件明确；

（五）具备动工开发所必需的其他基本条件。

第二十二条　国有建设用地使用权有偿使用合同或者划拨决定书应当就项目动工开发、竣工时间和违约责任等作出明确约定、规定。约定、规定动工开发时间应当综合考虑办理动工开发所需相关手续的时限规定和实际情况，为动工开发预留合理时间。

因特殊情况，未约定、规定动工开发日期，或者约定、规定不明确的，以实际交付土地之日起一年为动工开发日期。实际交付土地日期以交地确认书确定的时间为准。

第二十三条　国有建设用地使用权人应当在项目开发建设期间，及时向市、县国土资源主管部门报告项目动工开发、开发进度、竣工等情况。

国有建设用地使用权人应当在施工现场设立建设项目公示牌，公布建设用地使用权人、建设单位、项目动工开发、竣工时间和土地开发利用标准等。

第二十四条 国有建设用地使用权人违反法律法规规定和合同约定、划拨决定书规定恶意囤地、炒地的，依照本办法规定处理完毕前，市、县国土资源主管部门不得受理该国有建设用地使用权人新的用地申请，不得办理被认定为闲置土地的转让、出租、抵押和变更登记。

第二十五条 市、县国土资源主管部门应当将本行政区域内的闲置土地信息按宗录入土地市场动态监测与监管系统备案。闲置土地按照规定处置完毕后，市、县国土资源主管部门应当及时更新该宗土地相关信息。

闲置土地未按照规定备案的，不得采取本办法第十二条规定的方式处置。

第二十六条 市、县国土资源主管部门应当将国有建设用地使用权人闲置土地的信息抄送金融监管等部门。

第二十七条 省级以上国土资源主管部门可以根据情况，对闲置土地情况严重的地区，在土地利用总体规划、土地利用年度计划、建设用地审批、土地供应等方面采取限制新增加建设用地、促进闲置土地开发利用的措施。

第五章 法律责任

第二十八条 市、县国土资源主管部门未按照国有建设用地使用权有偿使用合同或者划拨决定书约定、规定的期限、条件将土地交付给国有建设用地使用权人，致使项目不具备动工开发条件的，应当依法承担违约责任。

第二十九条 县级以上国土资源主管部门及其工作人员违反本办法规定，有下列情形之一的，依法给予处分；构成犯罪的，依法追究刑事责任：

（一）违反本办法第二十一条的规定供应土地的；

（二）违反本办法第二十四条的规定受理用地申请和办理土地登记的；

（三）违反本办法第二十五条的规定处置闲置土地的；

（四）不依法履行闲置土地监督检查职责，在闲置土地调查、认定和处置工作中徇私舞弊、滥用职权、玩忽职守的。

第六章 附 则

第三十条 本办法中下列用语的含义：

动工开发：依法取得施工许可证后，需挖深基坑的项目，基坑开挖完毕；使用桩基的项目，打入所有基础桩；其他项目，地基施工完成三分之一。

已投资额、总投资额：均不含国有建设用地使用权出让价款、划拨价款和向国家缴纳的相关税费。

第三十一条 集体所有建设用地闲置的调查、认定和处置，参照本办法有关规定执行。

第三十二条 本办法自 2012 年 7 月 1 日起施行。

城乡规划编制单位资质管理规定

中华人民共和国住房和城乡建设部令第12号

《城乡规划编制单位资质管理规定》已经第84次部常务会议审议通过，现予发布，自2012年9月1日起施行。

住房和城乡建设部部长　姜伟新
2012年7月2日

第一章　总　则

第一条　为了加强对城乡规划编制单位的管理，规范城乡规划编制工作，保证城乡规划编制质量，根据《中华人民共和国城乡规划法》、《中华人民共和国行政许可法》等法律，制定本规定。

第二条　在中华人民共和国境内申请城乡规划编制单位资质，实施对城乡规划编制单位资质监督管理，适用本规定。

第三条　城乡规划组织编制机关应当委托具有相应资质等级的单位承担城乡规划的具体编制工作。

第四条　从事城乡规划编制的单位，应当取得相应等级的资质证书，并在资质等级许可的范围内从事城乡规划编制工作。

第五条　国务院城乡规划主管部门负责全国城乡规划编制单位的资质管理工作。

县级以上地方人民政府城乡规划主管部门负责本行政区域内城乡规划编制单位的资质管理工作。

第二章　资质等级与标准

第六条　城乡规划编制单位资质分为甲级、乙级、丙级。

第七条　甲级城乡规划编制单位资质标准：

（一）有法人资格；

（二）注册资本金不少于100万元人民币；

（三）专业技术人员不少于40人，其中具有城乡规划专业高级技术职称的不少于4人，具有其他专业高级技术职称的不少于4人（建筑、道路交通、给排水专业各不少于1人）；具有城乡规划专业中级技术职称的不少于8人，具有其他专业中级技术职称的不少于15人；

（四）注册规划师不少于10人；

（五）具备符合业务要求的计算机图形输入输出设备及软件；

（六）有400平方米以上的固定工作场所，以及完善的技术、质量、财务管理制度。

第八条　乙级城乡规划编制单位资质标准：

（一）有法人资格；

（二）注册资本金不少于50万元人民币；

（三）专业技术人员不少于25人，其中具有城乡规划专业高级技术职称的不少于2人，具有高级建筑师不少于1人、具有高级工程师不少于1人；具有城乡规划专业中级技术职称的不少于5人，具有其他专业中级技术职称的不少于10人；

（四）注册规划师不少于4人；

（五）具备符合业务要求的计算机图形输入输出设备；

（五）可以用于土地复垦的耕地占用税地方留成部分；

（六）其他可以用于土地复垦的资金。

第四章 土地复垦验收

第三十三条 土地复垦义务人完成土地复垦任务后，应当组织自查，向项目所在地县级国土资源主管部门提出验收书面申请，并提供下列材料：

（一）验收调查报告及相关图件；

（二）规划设计执行报告；

（三）质量评估报告；

（四）检测等其他报告。

第三十四条 生产建设周期五年以上的项目，土地复垦义务人可以分阶段提出验收申请，负责组织验收的国土资源主管部门实行分级验收。

阶段验收由项目所在地县级国土资源主管部门负责组织，总体验收由审查通过土地复垦方案的国土资源主管部门负责组织或者委托有关国土资源主管部门组织。

第三十五条 负责组织验收的国土资源主管部门应当会同同级农业、林业、环境保护等有关部门，组织邀请有关专家和农村集体经济组织代表，依据土地复垦方案、阶段土地复垦计划，对下列内容进行验收：

（一）土地复垦计划目标与任务完成情况；

（二）规划设计执行情况；

（三）复垦工程质量和耕地质量等级；

（四）土地权属管理、档案资料管理情况；

（五）工程管护措施。

第三十六条 土地复垦阶段验收和总体验收形成初步验收结果后，负责组织验收的国土资源主管部门应当在项目所在地公告，听取相关权利人的意见。公告时间不少于三十日。

相关土地权利人对验收结果有异议的，可以在公告期内向负责组织验收的国土资源主管部门书面提出。

国土资源主管部门应当在接到书面异议之日起十五日内，会同同级农业、林业、环境保护等有关部门核查，形成核查结论反馈相关土地权利人。异议情况属实的，还应当向土地复垦义务人提出整改意见，限期整改。

第三十七条 土地复垦工程经阶段验收或者总体验收合格的，负责验收的国土资源主管部门应当依照条例第二十九条规定出具阶段或者总体验收合格确认书。验收合格确认书应当载明下列事项：

（一）土地复垦工程概况；

（二）损毁土地情况；

（三）土地复垦完成情况；

（四）土地复垦中存在的问题和整改建议、处理意见；

（五）验收结论。

第三十八条 土地复垦义务人在申请新的建设用地、申请新的采矿许可证或者申请采矿许可证延续、变更、注销时，应当一并提供按照本办法规定到期完工土地复垦项目的验收合格确认书或者土地复垦费缴费凭据。未提供相关材料的，按照条例第二十条规定，有关国土资源主管部门不得通过审查和办理相关手续。

第三十九条 政府投资的土地复垦项目竣工后，由负责组织实施土地复垦项目的国土资源主管部门进行初步验收，验收程序和要求除依照本办法规定外，按照资金来源渠道及相应的项目管理办法执行。

初步验收完成后，依照条例第三十条规定进行最终验收，并依照本办法第三十七条规定出具验收合格确认书。

国土资源主管部门代复垦的项目竣工后，依照本条规定进行验收。

第四十条 土地权利人自行复垦或者社会投资进行复垦的土地复垦项目竣工后，由项目所在地县级国土资源主管部门进行验收，验收程序和要求依照本办法规定执行。

第五章　土地复垦激励措施

第四十一条　土地复垦义务人将生产建设活动损毁的耕地、林地、牧草地等农用地复垦恢复为原用途的，可以依照条例第三十二条规定，凭验收合格确认书向所在地县级国土资源主管部门提出出具退还耕地占用税意见的申请。

经审核属实的，县级国土资源主管部门应当在十五日内向土地复垦义务人出具意见。土地复垦义务人凭国土资源主管部门出具的意见向有关部门申请办理退还耕地占用税手续。

第四十二条　由社会投资将历史遗留损毁和自然灾害损毁土地复垦为耕地的，除依照条例第三十三条规定办理外，对属于将非耕地复垦为耕地的，经验收合格并报省级国土资源主管部门复核同意后，可以作为本省、自治区、直辖市的补充耕地指标，市、县政府可以出资购买指标。

第四十三条　由县级以上地方人民政府投资将历史遗留损毁和自然灾害损毁的建设用地复垦为耕地的，经验收合格并报省级国土资源主管部门复核同意后，依照条例第三十五条规定可以作为本省、自治区、直辖市的补充耕地指标。但使用新增建设用地有偿使用费复垦的耕地除外。

属于农民集体所有的土地，复垦后应当交给农民集体使用。

第六章　土地复垦监督管理

第四十四条　县级以上国土资源主管部门应当采取年度检查、专项核查、例行稽查、在线监管等形式，对本行政区域内的土地复垦活动进行监督检查，并可以采取下列措施：

（一）要求被检查当事人如实反映情况和提供相关的文件、资料和电子数据；

（二）要求被检查当事人就土地复垦有关问题做出说明；

（三）进入土地复垦现场进行勘查；

（四）责令被检查当事人停止违反条例的行为。

第四十五条　县级以上国土资源主管部门应当在门户网站上及时向社会公开本行政区域内的土地复垦管理规定、技术标准、土地复垦规划、土地复垦项目安排计划以及土地复垦方案审查结果、土地复垦工程验收结果等重大事项。

第四十六条　县级以上地方国土资源主管部门应当通过国土资源主干网等按年度将本行政区域内的土地损毁情况、土地复垦工作开展情况等逐级上报。

上级国土资源主管部门对下级国土资源主管部门落实土地复垦法律法规情况、土地复垦义务履行情况、土地复垦效果等进行绩效评价。

第四十七条　县级以上国土资源主管部门应当对土地复垦档案实行专门管理，将土地复垦方案、土地复垦资金使用监管协议、土地复垦验收有关材料和土地复垦项目计划书、土地复垦实施情况报告等资料和电子数据进行档案存储与管理。

第四十八条　复垦后的土地权属和用途发生变更的，应当依法办理土地登记相关手续。

第七章　法律责任

第四十九条　条例第三十六条第六项规定的其他徇私舞弊、滥用职权、玩忽职守行为，包括下列行为：

（一）违反本办法第二十一条规定，对不符合规定条件的土地复垦义务人出具土地复垦费用支取通知书，或者对符合规定条件的土地复垦义务人无正当理由未在规定期限内出具土地复垦费用支取通知书的；

（二）违反本办法第四十一条规定，对不

符合规定条件的申请人出具退还耕地占用税的意见，或者对符合规定条件的申请人无正当理由未在规定期限内出具退还耕地占用税的意见的；

（三）其他违反条例和本办法规定的行为。

第五十条 土地复垦义务人未按照本办法第十五条规定将土地复垦方案、土地复垦规划设计报所在地县级国土资源主管部门备案的，由县级以上地方国土资源主管部门责令限期改正；逾期不改正的，依照条例第四十一条规定处罚。

第五十一条 土地复垦义务人未按照本办法第十六条、第十七条、第十八条、第十九条规定预存土地复垦费用的，由县级以上国土资源主管部门责令限期改正；逾期不改正的，依照条例第三十八条规定处罚。

第五十二条 土地复垦义务人未按照本办法第二十五条规定开展土地复垦质量控制和采取管护措施的，由县级以上地方国土资源主管部门责令限期改正；逾期不改正的，依照条例第四十一条规定处罚。

第八章 附 则

第五十三条 铀矿等放射性采矿项目的土地复垦具体办法，由国土资源部另行制定。

第五十四条 本办法自 2013 年 3 月 1 日起施行。

矿产资源规划编制实施办法

中华人民共和国国土资源部令第55号

《矿产资源规划编制实施办法》已经2012年8月31日国土资源部第3次部务会议通过，现予以发布，自2012年12月1日起施行。

部 长 徐绍史
2012年10月12日

第一章 总 则

第一条 为了加强和规范矿产资源规划管理，统筹安排地质勘查、矿产资源开发利用和保护，促进我国矿业科学发展，根据《中华人民共和国矿产资源法》等法律法规，制定本办法。

第二条 矿产资源规划的编制和实施适用本办法。

第三条 本办法所称矿产资源规划，是指根据矿产资源禀赋条件、勘查开发利用现状和一定时期内国民经济和社会发展对矿产资源的需求，对地质勘查、矿产资源开发利用和保护等作出的总量、结构、布局和时序安排。

第四条 矿产资源规划是落实国家矿产资源战略、加强和改善矿产资源宏观管理的重要手段，是依法审批和监督管理地质勘查、矿产资源开发利用和保护活动的重要依据。

第五条 矿产资源规划的编制和实施，应当遵循市场经济规律和地质工作规律，体现地质勘查和矿产资源开发的区域性、差异性等特点，鼓励和引导社会资本进入风险勘查领域，推动矿产资源勘查开发。

第六条 矿产资源规划是国家规划体系的重要组成部分，应当符合国民经济和社会发展规划，与国土规划、主体功能区规划相协调，与土地利用总体规划、环境保护规划等相互衔接。

涉及矿产资源开发活动的相关行业规划，应当与矿产资源规划做好衔接。

第七条 矿产资源规划包括矿产资源总体规划和矿产资源专项规划。

第八条 矿产资源总体规划包括国家级矿产资源总体规划、省级矿产资源总体规划、设区的市级矿产资源总体规划和县级矿产资源总体规划。

国家级矿产资源总体规划应当对全国地质勘查、矿产资源开发利用和保护进行战略性总体布局和统筹安排。省级矿产资源总体规划应当对国家级矿产资源总体规划的目标任务在本行政区域内进行细化和落实。设区的市级、县级矿产资源总体规划应当对依法审批管理和上级国土资源主管部门授权审批管理矿种的勘查、开发利用和保护活动作出具体安排。

下级矿产资源总体规划应当服从上级矿产资源总体规划。

第九条 国土资源部应当依据国家级矿产资源总体规划和一定时期国家关于矿产资源勘查开发的重大部署编制矿产资源专项规划。地方各级国土资源主管部门应当依据矿产资源总体规划和本办法的有关规定编制同级矿产资源专项规划。

矿产资源专项规划应当对地质勘查、矿产资源开发利用和保护、矿山地质环境保护与治理恢复、矿区土地复垦等特定领域，或者重要矿种、重点区域的地质勘查、矿产资源开发利用和保护及其相关活动作出具体安排。

国家规划矿区、对国民经济具有重要价值的矿区、大型规模以上矿产地和对国家或者本地区有重要价值的矿种，应当编制矿产资源专项规划。

第十条 国土资源部负责全国的矿产资源规划管理和监督工作。

地方各级国土资源主管部门负责本行政区域内的矿产资源规划管理和监督工作。

第十一条 省级国土资源主管部门应当建立矿产资源规划实施管理的领导责任制，将矿产资源规划实施情况纳入目标管理体系，作为对下级国土资源主管部门负责人业绩考核的重要依据。

第十二条 各级国土资源主管部门应当在矿产资源规划管理和监督中推广应用空间数据库等现代信息技术和方法。

第十三条 各级国土资源主管部门应当将矿产资源规划管理和监督的经费纳入年度预算，保障矿产资源规划的编制和实施。

第二章 编 制

第十四条 国土资源部负责组织编制国家级矿产资源总体规划和矿产资源专项规划。

省级国土资源主管部门负责组织编制本行政区域的矿产资源总体规划和矿产资源专项规划。

设区的市级、县级国土资源主管部门根据省级人民政府的要求或者本行政区域内矿产资源管理需要，负责组织编制本行政区域的矿产资源总体规划和矿产资源专项规划。

第十五条 编制省级矿产资源专项规划，应当经国土资源部同意。编制设区的市级、县级矿产资源专项规划，应当经省级国土资源主管部门同意。

第十六条 承担矿产资源规划编制工作的单位，应当符合下列条件：

（一）具有法人资格；

（二）具备与编制矿产资源规划相应的工作业绩或者能力；

（三）具有完善的技术和质量管理制度；

（四）主要编制人员应当具备中级以上相关专业技术职称，经过矿产资源规划业务培训。

有关国土资源主管部门应当依法采用招标等方式择优选择矿产资源规划编制单位，加强对矿产资源规划编制单位的指导和监督管理。

第十七条 编制矿产资源总体规划，应当做好下列基础工作：

（一）对现行矿产资源总体规划实施情况和主要目标任务完成情况进行评估，对存在的问题提出对策建议；

（二）开展基础调查，对矿产资源勘查开发利用现状、矿业经济发展情况、资源赋存特点和分布规律、资源储量和潜力、矿山地质环境现状、矿区土地复垦潜力和适宜性等进行调查评价和研究；

（三）开展矿产资源形势分析、潜力评价和可供性分析，研究资源战略和宏观调控政策，对资源环境承载能力等重大问题和重点项目进行专题研究论证。

编制矿产资源专项规划，应当根据需要做好相应的调查评价和专题研究等基础工作。

第十八条 编制矿产资源规划应当依照国家、行业标准和规程。

国土资源部负责制定省级矿产资源规划编制规程和设区的市级、县级矿产资源规划编制指导意见。省级国土资源主管部门负责制定本行政区域内设区的市级、县级矿产资源规划编制技术要求。

第十九条 各级国土资源主管部门应当根据矿产资源规划编制规程和技术要求，集成矿产资源规划编制成果，组织建设并维护矿产资源规划数据库。

矿产资源规划数据库的建设标准由国土资源部另行制定。

第二十条 编制矿产资源规划,应当拟定矿产资源规划编制工作方案。

矿产资源规划编制工作方案应当包括下列内容:

(一)指导思想、基本思路和工作原则;

(二)主要工作任务和时间安排;

(三)重大专题设置;

(四)经费预算;

(五) 组织保障。

第二十一条 编制矿产资源规划,应当遵循下列原则:

(一)贯彻节约资源和保护环境的基本国策,正确处理保障发展和保护资源的关系;

(二)符合法律法规和国家产业政策的规定;

(三)符合经济社会发展实际情况和矿产资源禀赋条件,切实可行;

(四)体现系统规划、合理布局、优化配置、整装勘查、集约开发、综合利用和发展绿色矿业的要求。

第二十二条 矿产资源总体规划的期限为五年至十年。

矿产资源专项规划的期限根据需要确定。

第二十三条 设区的市级以上国土资源主管部门对其组织编制的矿产资源规划,应当依据《规划环境影响评价条例》的有关规定,进行矿产资源规划环境影响评价。

第二十四条 矿产资源总体规划应当包括下列内容:

(一)背景与形势分析,矿产资源供需变化趋势预测;

(二)地质勘查、矿产资源开发利用和保护的主要目标与指标;

(三)地质勘查总体安排;

(四)矿产资源开发利用方向和总量调控;

(五)矿产资源勘查、开发、保护与储备的规划分区和结构调整;

(六)矿产资源节约与综合利用的目标、安排和措施;

(七)矿山地质环境保护与治理恢复、矿区土地复垦的总体安排;

(八)重大工程;

(九)政策措施。

矿产资源专项规划的内容根据需要确定。

第二十五条 对矿产资源规划编制中的重大问题,应当向社会公众征询意见。直接涉及单位或者个人合法权益的矿产资源规划内容,应当依据《国土资源听证规定》组织听证。

第二十六条 各级国土资源主管部门在编制矿产资源规划过程中,应当组织专家对主要目标与指标、重大工程、规划分区方案等进行论证,广泛征求相关部门、行业的意见。

第三章 实 施

第二十七条 下列矿产资源规划,由国土资源部批准:

(一)国家级矿产资源专项规划;

(二)省级矿产资源总体规划和矿产资源专项规划;

(三)依照法律法规或者国务院规定,应当由国土资源部批准的其他矿产资源规划。

省级矿产资源总体规划经省级人民政府审核后,由国土资源部会同有关部门按规定程序审批。

设区的市级、县级矿产资源规划的审批,按照各省、自治区、直辖市的有关规定办理。

第二十八条 矿产资源规划审查报批时,应当提交下列材料:

(一)规划文本及说明;

(二)规划图件;

(三)专题研究报告;

(四)规划成果数据库;

(五)其他材料,包括征求意见、论证听证情况等。

第二十九条 国土资源部或者省级国土资源主管部门应当依据本办法的有关规定对矿产资源规划进行审查,并组织专家进行论证。涉及同级人民政府有关部门的，应当征求同级人民政府有关部门的意见。发现存在重大问题的，应当退回原编制机关修改、补充和完善。对不符合法律法规规定和国家有关规程的，不得批准。

第三十条 矿产资源规划批准后，应当及时公布，但法律法规另有规定或者涉及国家秘密的内容除外。

第三十一条 矿产资源规划一经批准，必须严格执行。

地质勘查、矿产资源开发利用和保护、矿山地质环境保护与治理恢复、矿区土地复垦等活动，应当符合矿产资源规划。

矿业权设置方案是对一定区域内探矿权、采矿权空间布局的具体安排，应当依据矿产资源规划编制。

已设置的探矿权、采矿权，不符合矿产资源规划和矿业权设置方案要求的，应当依据矿产资源规划和矿业权设置方案，按照国家有关规定处置。

第三十二条 有关主管部门划分主体功能区，设置自然保护区、世界文化自然遗产、森林公园、风景名胜区等范围，征求国土资源主管部门意见时，有关国土资源主管部门应当依据矿产资源规划提出意见，做好衔接。

第三十三条 矿产资源总体规划批准后，有关国土资源主管部门应当建立矿产资源总体规划的年度实施制度，对下列事项作出年度实施安排：

（一）对实行总量控制的矿种，提出年度调控要求和计划安排；

（二）对优化矿产资源开发利用布局和结构，提出调整措施和年度指标；

（三）引导探矿权合理设置，对重要矿种的采矿权投放作出年度安排；

（四）对本级财政出资安排的地质勘查、矿产资源开发利用和保护、矿山地质环境保护与治理恢复、矿区土地复垦等工作，提出支持重点和年度指标。

有关国土资源主管部门在实施矿产资源总体规划过程中，可以根据形势变化和管理需要，对前款第（二）项、第（三）项、第（四）项的有关安排作出动态调整。

省级国土资源主管部门应当在每年 1 月 31 日前将上一年度矿产资源总体规划实施情况及本年度实施安排报送国土资源部。设区的市级、县级国土资源主管部门应当根据省级国土资源主管部门的规定，报送上一年度矿产资源总体规划实施情况及本年度实施安排。

第三十四条 有关国土资源主管部门应当依据矿产资源规划鼓励和引导探矿权投放，在审批登记探矿权时对下列内容进行审查：

（一）是否符合矿产资源规划确定的矿种调控方向；

（二）是否符合矿产资源规划分区要求，有利于促进整装勘查、综合勘查、综合评价。

有关国土资源主管部门在审批登记采矿权时，应当依据矿产资源规划对下列内容进行审查：

（一）是否符合矿产资源规划确定的矿种调控方向；

（二）是否符合矿产资源规划分区要求，有利于开采布局的优化调整；

（三）是否符合矿产资源规划确定的开采总量调控、最低开采规模、节约与综合利用、资源保护、环境保护等条件和要求。

不符合矿产资源规划要求的，有关国土资源主管部门不得审批、颁发勘查许可证和采矿许可证，不得办理用地手续。

没有法定依据，下级国土资源主管部门不得以不符合本级矿产资源规划为由干扰上级国土资源主管部门审批发证工作。

第三十五条 各级国土资源主管部门应当严格按照矿产资源规划审查本级财政出资安排的地质勘查、矿产资源开发利用和保护、矿山地质环境保护与治理恢复、矿区土地复垦等项目，不符合矿产资源规划确定的重点方向、重点区域和重大工程范围的，不得批准立项。

第三十六条 探矿权、采矿权申请人在申请探矿权、采矿权前，可以向有关国土资源主管部门查询拟申请项目是否符合矿产资源规划，有关国土资源主管部门应当提供便利条件。

探矿权、采矿权申请人向有关国土资源主管部门申请查询拟申请项目是否符合矿产资源规划时，应当提交拟申请勘查、开采的矿种、区域等基本资料。

第三十七条 各级国土资源主管部门应当组织对矿产资源规划实施情况进行评估，在矿产资源规划期届满时，向同级人民政府和上级国土资源主管部门报送评估报告。

承担矿产资源规划实施情况评估的单位，应当符合本办法第十六条规定的条件。

第三十八条 矿产资源规划期届满前，经国务院或者国土资源部、省级国土资源主管部门统一部署，有关国土资源主管部门应当对矿产资源规划进行修编，依据本办法有关规定报原批准机关批准。

第三十九条 有下列情形之一的，可以对矿产资源规划进行调整：

（一）地质勘查有重大发现的；

（二）因市场条件、技术条件等发生重大变化，需要对矿产资源勘查、开发利用结构和布局等规划内容进行局部调整的；

（三）新立矿产资源勘查、开发重大专项和工程的；

（四）国土资源部和省级国土资源主管部门规定的其他情形。

矿产资源规划调整涉及其他主管部门的，应当征求其他主管部门的意见。

第四十条 调整矿产资源规划，应当由原编制机关向原批准机关提交下列材料，经原批准机关同意后进行：

（一）调整矿产资源规划的理由及论证材料；

（二）调整矿产资源规划的方案、内容说明和相关图件；

（三）国土资源部和省级国土资源主管部门规定应当提交的其他材料。

上级矿产资源规划调整后，涉及调整下级矿产资源规划的，由上级国土资源主管部门通知下级国土资源主管部门作出相应调整，并逐级报原批准机关备案。

矿产资源总体规划调整后，涉及调整矿产资源专项规划的，有关国土资源主管部门应当及时作出相应调整。

第四章　法律责任

第四十一条 各级国土资源主管部门应当加强对矿产资源规划实施情况的监督检查，发现地质勘查、矿产资源开发利用和保护、矿山地质环境保护与治理恢复、矿区土地复垦等活动不符合矿产资源规划的，应当及时予以纠正。

第四十二条 依据本办法有关规定，应当编制矿产资源规划而未编制的，上级国土资源主管部门应当责令有关国土资源主管部门限期编制。

未按本办法规定程序编制、审批、调整矿产资源规划的，或者规划内容违反国家法律法规、标准规程和上级规划要求的，上级国土资源主管部门应当责令有关国土资源主管部门限期改正。

第四十三条 有关国土资源主管部门违反本办法规定擅自修编、调整矿产资源规划的，上级国土资源主管部门应当及时予以纠正，并追究有关人员的责任。

第四十四条 违反矿产资源规划颁发勘查许可证、采矿许可证的，颁发勘查许可证、采矿许可证的国土资源主管部门或者上级国土资源主管部门应当及时予以纠正，并追究有关人员的责任；给当事人的合法权益造成损害的，当事人有权依法申请赔偿。

第五章　附 则

第四十五条 本办法自 2012 年 12 月 1 日起施行。

财政部关于印发《中央补助廉租住房保障专项资金管理办法》的通知

财综〔2012〕42号

辽宁、福建、山东、山西、吉林、黑龙江、安徽、江西、河南、河北、湖南、湖北、海南、内蒙古、广西、重庆、四川、贵州、云南、陕西、甘肃、宁夏、新疆、西藏、青海省、自治区、直辖市财政厅（局），新疆生产建设兵团财务局：

根据城市廉租住房保障工作进展新情况、新要求，为支持财政困难地区及新疆生产建设兵团做好城市廉租住房保障工作，加强中央补助廉租住房保障专项资金管理，提高财政资金使用效益，经商住房城乡建设部同意，我部重新制定了《中央补助廉租住房保障专项资金管理办法》。现印发给你们，请遵照执行。

附件：中央补助廉租住房保障专项资金管理办法

财 政 部

2012年6月20日

第一章 总 则

第一条 为支持财政困难地区做好城市廉租住房保障工作，加强中央补助廉租住房保障专项资金管理，提高财政资金使用效益，根据《国务院关于解决城市低收入家庭住房困难的若干意见》（国发〔2007〕24号）等有关规定，制定本办法。

第二条 本办法所称中央补助廉租住房保障专项资金（以下简称专项资金），是指由中央财政设立的用于补助财政困难地区及新疆生产建设兵团（以下简称相关地区）廉租住房保障工作的专项资金。

第三条 专项资金按照公开、公平、公正、透明的原则分配给相关地区。具体补助范围包括：西部12个省（自治区、直辖市）和新疆生产建设兵团，中部10个省及辽宁、山东、福建3省（不含省会城市和计划单列市）。

第四条 专项资金管理根据相关地区廉租住房保障工作进展情况适时调整。

第二章 分配与计算

第五条 专项资金在优先满足发放廉租住房租赁补贴的前提下，可用于购买、改建或租赁廉租住房支出。其中，购买廉租住房可以购买旧房，也可以购买新房。在完成当年廉租住房保障任务的前提下，经同级财政部门批准，可以将专项资金用于购买、新建、改建、租赁公共租赁住房。

第六条 专项资金原则上按照有关地区年度发放租赁补贴户数以及购买、改建、租赁廉租住房套数等因素，并结合财政困难程度系数计算分配。2012年，发放租赁补贴户数以及购买、改建、租赁廉租住房套数两项因素所占权重分别为80%和20%，以后年度两项因素权重由财政部根据各年度廉租住房保障情况适时调整。财政困难程度参照财政部均衡性转移支付财政困难程度系数确定。

第七条 专项资金分配相关地区的计算公式：某地区专项资金总额=〔（该地区年度租赁补贴户数×该地区上年度财政困难程度系数）

÷∑（各地区年度租赁补贴户数×相应地区上年度财政困难程度系数）×相应权重+（该地区年度购买、改建、租赁廉租住房套数×该地区上年度财政困难程度系数）÷∑（各地区年度购买、改建、租赁廉租住房套数×相应地区上年度财政困难程度系数）×相应权重〕×年度专项资金总额。其中：年度租赁补贴户数是指当年计划发放租赁补贴户数，减去上年度未实施的计划发放户数，加上上年度超计划实施的发放户数；年度购买、改建、租赁廉租住房套数是指当年计划购买、改建、租赁廉租住房套数，减去上年度未实施的计划套数，加上上年度超计划实施的套数。上述租赁补贴户数和购买、改建、租赁廉租住房套数实施情况，以是否实际发放租赁补贴以及签订购买、改建、租赁合同为准。廉租住房套数不得跨保障方式、跨施工年度、跨取得方式等重复申报。

第八条 财政困难地区有关省、自治区、直辖市人民政府财政部门（以下简称省级财政部门）、新疆生产建设兵团财务局应当会同廉租住房主管部门，在汇总审核各市、县（师、团场）是否按照规定申报后，于每年2月28日之前向当地财政监察专员办事处提交下列资料：

（一）本地区廉租住房保障规划及年度保障计划，各市、县（师、团场）廉租住房保障规划及年度保障计划。

（二）加盖部门印章的本办法附表1、附表2。

（三）本地区年度发放租赁补贴户数和购买、改建、租赁廉租住房套数等有关资料。

（四）省级财政部门及廉租住房主管部门对市、县（师、团场）申报材料审核情况的说明。

（五）其他与审核有关的材料。

第九条 财政困难地区省级财政部门、新疆生产建设兵团财务局应当会同廉租住房主管部门，于3月31日前将当地财政监察专员办事处审核认定后的附表1、附表2和相关文字说明报送财政部、住房城乡建设部。对于未附财政监察专员办事处审核意见的，财政部、住房城乡建设部不予受理。对于未按规定时间报送有关资料的地区，视同不申请专项资金处理。

第十条 财政部驻相关省、自治区、直辖市财政监察专员办事处应当确保实地抽查不少于3个地级市（含省直管县），抽查廉租住房保障数据比例不低于全省（自治区、直辖市）申报数据的20%。对于抽查审核剔除率较高的，应当及时商相关地区省级财政部门或兵团财务局将申报材料退回，重新调整数据后再报。对于未按规定时限向相关财政监察专员办事处报送审核资料或者审核发现严重弄虚作假或重大违规等问题，应当及时向财政部报告。财政监察专员办事处审核工作结束后，应于3月31日前将审核意见表（附表3）报送财政部，并于4月30日前上报审核总结报告。

第三章 拨付与使用

第十一条 财政部会同住房城乡建设部，于每年4月30日之前将专项资金分配下达省级财政部门、新疆生产建设兵团财务局。根据相关地区廉租住房保障任务完成情况、专项资金使用管理情况、是否按时向财政监察专员办事处报送审核资料、上报数据是否及时准确等因素，在下一年度分配专项资金时可以采取适当的奖惩措施，适当增加或减少相关地区的专项资金。

第十二条 财政困难地区省级财政部门、新疆生产建设兵团财务局收到中央财政下达的专项资金数额后，应当参照中央财政的分配方案，于每年5月31日前下达相关市、县财政部门或师、团场，并将下达文件同时抄送财政部驻当地财政监察专员办事处。市、县财政部门或师、团场收到专项资金后，应当会同廉租住房主管部门制定专项资金使用计划，做好资金使用安排，报省级财政部门、廉租住房主管部门备案。专项资金应当与其他各项廉租住房保障资金一起，按照规定用于市、县或师、团场廉租住房保障开支。

第十三条 财政困难地区省级财政部门、新疆生产建设兵团财务局，以及市、县财政部门或者师、团场，应当对专项资金实行专项管理、分账核算，并严格按照规定用途使用，不得截留、挤占、挪作他用，不得用于平衡本级预算。专项资金支付，严格按照财政国库管理制度有关规定执行。相关地区应当切实提高专项资金使用效率，根据廉租住房保障工作进度及时下达预算并拨付资金，保障预算执行进度，确保廉租住房保障资金需要。对于年底专项资金结余较多的地区，中央财政可以酌情减少安排该地区下一年度专项资金数额。

第十四条 市、县财政部门或师、团场安排使用专项资金时，根据专项资金用途，分别填列《政府收支分类科目》221 类“住房保障支出”01 款“保障性安居工程支出”01 项“廉租住房”科目和 06 项“公共租赁住房”科目。

第四章 监督管理

第十五条 财政困难地区省级财政部门、新疆生产建设兵团财务局应当确保将专项资金及时拨付到市、县财政部门或师、团场。市、县财政部门或师、团场应当确保专项资金按照规定用途使用。

对于违反规定，骗取专项资金，不按规定分配使用专项资金的，相应扣减下一年度分配该地区或兵团的专项资金数额，按照《财政违法行为处罚处分条例》（国务院令第 427 号）的规定进行处理，并依法追究有关责任人员的行政责任。

第十六条 财政部驻相关省、自治区、直辖市财政监察专员办事处应当对专项资金申报基础数据的真实性、补助资金分配使用情况开展监督检查，保障专项资金按照规定用途使用。财政困难地区省级财政部门、新疆生产建设兵团财务局要加强对市、县或师、团场专项资金使用情况的监督检查，杜绝挤占、挪用等违法违纪行为的发生。

第十七条 每年年度终了，财政困难地区省级财政部门、新疆生产建设兵团财务局应当汇总本地区或者兵团上年度专项资金收支和结余情况，填写《____年度中央补助廉租住房保障专项资金收支情况表》，于每年 3 月 31 日之前报送财政部。

第五章 附 则

第十八条 如遇发生重大自然灾害等特殊情况，专项资金分配时可以适当向受灾地区倾斜。

第十九条 财政困难地区省级财政部门、新疆生产建设兵团财务局，可以根据本办法，结合各地实际，制定具体实施办法，并报财政部备案。

第二十条 本办法由财政部负责解释。

第二十一条 本办法自 2012 年 1 月 1 日起施行，《中央补助廉租住房保障专项资金管理办法》（财综〔2010〕110 号）同时废止。

住房和城乡建设部印发《住房保障档案管理办法》的通知

建保〔2012〕158 号

各省、自治区住房城乡建设厅，北京市住房城乡建设委，天津市城乡建设交通委、国土资源房屋管理局，上海市城乡建设交通委、住房保障房屋管理局，重庆市城乡建设委、国土资源房屋管理局，新疆生产建设兵团建设局:

为加强住房保障档案管理制度建设，规范住房保障档案管理工作，我部制定了《住房保障档案管理办法》。现印发给你们，请认真贯彻执行。

中华人民共和国住房和城乡建设部
2012 年 11 月 6 日

第一章　总　则

第一条　为加强和规范住房保障档案管理，确保其完整、准确、安全和有效利用，根据《中华人民共和国档案法》、《城市建设档案管理规定》和住房保障政策法规，结合住房保障工作实际，制定本办法。

第二条　本办法所称住房保障档案，是指在住房保障管理工作中形成的或者依法取得的具有保存价值的文字、图表、声像等不同形式的历史记录。

第三条　住房保障档案应当真实完整记录住房保障实施情况，全面客观反映住房保障管理状况。

第四条　住房保障档案管理工作实行统一领导、分级管理、分类指导。各级住房保障主管部门应当加强对住房保障档案管理工作的组织领导和制度建设，并组织实施。

第五条　国务院住房城乡建设部门负责全国住房保障档案管理工作。

县级以上地方人民政府住房保障主管部门负责本行政区域内的住房保障档案管理工作。

第六条　市、县级人民政府住房保障主管部门应当根据住房保障档案管理工作情况，在管理机构、设施设备、管理经费等方面，满足档案管理工作需要。

（一）明确档案管理机构，配备必要的档案管理人员，档案管理人员专业技术职务任职资格评审、岗位聘任等按照有关规定执行;

（二）配备符合设计规范的专用库房，配置必要的办公设备和防盗、防火、防渍、防尘、防高温、防有害生物等设施设备，确保档案安全;

（三）统筹安排档案管理经费，确保足额到位，并严格按规定用途使用，不得挤占、挪用。

第七条　住房保障档案管理人员应当遵纪守法，爱岗敬业，忠于职守，具备档案业务专业知识和技能，具体职责是:

（一）执行住房保障档案管理政策法规和档案业务技术规范;

（二）对住房保障档案材料进行收集、整理、归档、保管、利用等;

（三）按要求参加业务培训、继续教育和技能考试，提高业务能力;

（四）维护档案信息安全，遵守档案保密规定，提高档案管理服务水平。

第二章 归档范围

第八条 住房保障档案分为住房保障对象档案和住房保障房源档案。纸质档案应当同步建立电子档案。各类住房保障档案之间应当彼此关联，相互印证。

第九条 住房保障对象档案指正在轮候和已获得住房保障的住房困难家庭或者个人的档案材料，收集归档范围为：

（一）申请材料。包括申请书，申请人的基本情况、住房状况和收入、财产状况证明，诚信申报记录等相关材料；

（二）审核材料。包括审核表，审核部门对申请人的基本情况、住房状况和收入、财产状况等审核记录；

（三）实施保障材料。包括轮候记录、实施保障通知书、房屋租赁合同、房屋买卖合同、货币补贴协议等相关材料；

（四）动态管理材料。包括对住房保障对象基本情况和住房、收入、财产状况等定期或者不定期的审核材料，不良信用记录及违规行为查处材料，变更或者终止保障等动态变更材料。

第十条 住房保障房源档案指已分配使用的保障性住房的档案材料，收集归档范围为：

（一）基本情况材料。包括房屋来源和权属证明材料，房屋地址、所属项目或者小区名称、保障性住房类别、房号、户型、面积等情况记录材料；

（二）使用管理情况材料。包括房屋承租人、租赁期限、租金标准、租金收缴，房屋购置人、购置价格、产权份额，租售转换、上市交易，房屋入住、退出交接手续等情况记录材料。

第十一条 住房保障电子档案指住房保障管理工作中，通过数字设备及环境生成，以数码形式存储，依赖计算机等数字设备阅读、处理，并可以在通信网络上传送的具有规范格式的电子数据文件。收集归档范围为：

（一）纸质档案形成的电子文档。包括住房保障对象和住房保障房源纸质档案的电子化文档；

（二）住房保障管理信息系统的生成文档。包括住房保障管理信息系统运行中生成的文本文件、图形文件、影像文件、声音文件、超媒体链接文件、程序文件等电子文档。

电子档案与相应纸质档案的内容应当保持一致。内容不一致时，以纸质档案为依据进行认定调整；对纸质档案材料存有疑义的，由住房保障主管部门组织核查鉴定后进行认定调整。

第三章 归档管理

第十二条 住房保障对象档案按照“一户一档”的原则，根据《归档文件整理规则》（DA/T22-2000）、《城建档案业务管理规范》（CJJ/T158-2011）等整理立卷，在申请人获得住房保障后三个月内完成归档。

住房保障对象动态管理材料应当定期归入原档，或者根据工作需要单独立卷归档，并与原档的案卷号建立对应关系，便于检索查阅。

第十三条 住房保障房源档案按照“一套一档”的原则，根据《归档文件整理规则》（DA/T22-2000）、《城建档案业务管理规范》（CJJ/T158-2011）等，建立保障性住房的基本情况、使用管理情况登记表格，在房屋分配使用后三个月内完成归档；成套房屋应当按套建立档案，宿舍应当按间建立档案。

住房保障房源使用管理情况的动态变更材料应当定期归入原档，或者根据工作需要单独立卷归档，并与原档的案卷号建立对应关系，便于检索查阅。

第十四条 电子档案应当根据《电子文件归档与管理规范》（GB/T18894-2002）、《建设电子文件与电子档案管理规范》(CJJ/T117-2007)等归档保管。

第十五条 住房保障文书档案资料、会计档案资料及其他具有保存价值的档案资料，应当按照相应档案管理规定及时立卷归档。

第十六条 住房保障档案管理机构应当对归集的档案材料进行查验，确保其符合档案管理要求；定期对已归档的住房保障档案进行检查，发现档案毁损或丢失的按规定采取补救措施。

对档案政策法规规定应当立卷归档的材料，必须按规定整理、立卷、归档管理，任何人都不得据为己有或者拒绝归档。

第十七条 住房保障档案管理机构应当对住房保障档案进行编目，编制不同种类档案相互关联的检索工具，建立档案信息检索与管理系统，做好档案的接收、保管、利用、移交等情况记录，做到保管妥善、存放有序、查阅方便。

第十八条 住房保障档案管理机构的隶属关系及档案管理人员发生变动，应当及时办理交接手续。

第十九条 纸质的住房保障对象档案保管期限，在住房保障期间顺延至终止住房保障后为长期；纸质的住房保障房源档案保管期限为永久。住房保障电子档案保管期限为永久。

第二十条 住房保障档案可以向市、县城建档案馆移交，具体移交办法由省级人民政府住房保障主管部门规定。

第二十一条 住房保障档案管理机构应当定期开展档案鉴定销毁工作。由档案管理、业务部门等相关人员共同组成鉴定组，按照国家档案鉴定销毁的规定，对住房保障档案进行鉴定销毁，销毁档案的目录应当永久保存。禁止擅自销毁处理档案。

第四章　信息利用

第二十二条 市、县级人民政府住房保障主管部门应当依法建立住房保障档案信息利用制度，利用住房保障档案信息，为住房保障申请、审核、分配、复核、退出等管理工作服务，为房屋管理、使用、维护提供依据，为住房保障管理信息系统建设提供支持。

第二十三条 市、县级人民政府住房保障主管部门应当依法建立住房保障档案信息公开和查询制度，规范公开和查询行为，依法保障住房保障对象的合法权益。

第二十四条 住房保障档案信息公开、利用和查询中涉及国家秘密、个人隐私和商业秘密的，应当严格执行法律法规的保密规定。查询、利用所获得的档案信息不得对外泄露或者散布，不得不正当使用，不得损害住房保障对象的合法权益。

第五章　监督管理

第二十五条 各级住房保障主管部门应当切实履行职责，对住房保障档案管理工作进行监督检查，对违法违规行为责令限期改正。

第二十六条 有下列行为之一的，由县级以上人民政府住房保障主管部门、有关主管部门对责任人员，依照《中华人民共和国公务员法》、《中华人民共和国档案法》等法律法规给予处分；构成犯罪的移交司法机关依法追究刑事责任：

(一)不按规定归档的；

(二)涂改、伪造档案的；

(三)擅自提供、抄录、公布、销毁、出卖或者转让档案的；

(四)档案工作人员玩忽职守，造成档案损失的；

(五)其他违反档案管理法律法规的行为。

第二十七条 任何单位和个人有权对违反本办法规定的行为进行检举和控告，有关部门应当依照职责及时核查处理。

第二十八条 对在住房保障档案管理工作中做出显著成绩的单位和个人，按照有关规定给予表彰奖励。

第三章 附 则

第二十九条 各地可以参照本办法建立棚户区改造安置对象的相关档案。

第三十条 各地可以根据本办法，并结合当地实际，制定具体实施办法。

第三十一条 本办法自2013年1月1日起施行。《建设部关于印发<城镇廉租住房档案管理办法>的通知》（建住房〔2006〕205号）同时废止。

最高人民法院关于办理申请人民法院强制执行国有土地上房屋征收补偿决定案件若干问题的规定

（2012年2月27日最高人民法院审判委员会第1543次会议通过）
法释〔2012〕4号

《最高人民法院关于办理申请人民法院强制执行国有土地上房屋征收补偿决定案件若干问题的规定》已于2012年2月27日由最高人民法院审判委员会第1543次会议通过，现予公布，自2012年4月10日起施行。

二〇一二年三月二十六日

为依法正确办理市、县级人民政府申请人民法院强制执行国有土地上房屋征收补偿决定（以下简称征收补偿决定）案件，维护公共利益，保障被征收房屋所有权人的合法权益，根据《中华人民共和国行政诉讼法》、《中华人民共和国行政强制法》、《国有土地上房屋征收与补偿条例》（以下简称《条例》）等有关法律、行政法规规定，结合审判实际，制定本规定。

第一条 申请人民法院强制执行征收补偿决定案件，由房屋所在地基层人民法院管辖，高级人民法院可以根据本地实际情况决定管辖法院。

第二条 申请机关向人民法院申请强制执行，除提供《条例》第二十八条规定的强制执行申请书及附具材料外，还应当提供下列材料：

（一）征收补偿决定及相关证据和所依据的规范性文件；

（二）征收补偿决定送达凭证、催告情况及房屋被征收人、直接利害关系人的意见；

（三）社会稳定风险评估材料；

（四）申请强制执行的房屋状况；

（五）被执行人的姓名或者名称、住址及与强制执行相关的财产状况等具体情况；

（六）法律、行政法规规定应当提交的其他材料。

强制执行申请书应当由申请机关负责人签名，加盖申请机关印章，并注明日期。

强制执行的申请应当自被执行人的法定起诉期限届满之日起三个月内提出；逾期申请的，除有正当理由外，人民法院不予受理。

第三条 人民法院认为强制执行的申请符合形式要件且材料齐全的，应当在接到申请后五日内立案受理，并通知申请机关；不符合形式要件或者材料不全的应当限期补正，并在最终补正的材料提供后五日内立案受理；不符合形式要件或者逾期无正当理由不补正材料的，裁定不予受理。

申请机关对不予受理的裁定有异议的，可以自收到裁定之日起十五日内向上一级人民法院申请复议，上一级人民法院应当自收到复议申请之日起十五日内作出裁定。

第四条 人民法院应当自立案之日起三十日内作出是否准予执行的裁定；有特殊情况需要延长审查期限的，由高级人民法院批准。

第五条 人民法院在审查期间，可以根据需要调取相关证据、询问当事人、组织听证或者进行现场调查。

第六条 征收补偿决定存在下列情形之一的，人民法院应当裁定不准予执行：

（一）明显缺乏事实根据；

（二）明显缺乏法律、法规依据；

（三）明显不符合公平补偿原则，严重损害被执行人合法权益，或者使被执行人基本生活、生产经营条件没有保障；

（四）明显违反行政目的，严重损害公共利益；

（五）严重违反法定程序或者正当程序；

（六）超越职权；

（七）法律、法规、规章等规定的其他不宜强制执行的情形。

人民法院裁定不准予执行的，应当说明理由，并在五日内将裁定送达申请机关。

第七条 申请机关对不准予执行的裁定有异议的，可以自收到裁定之日起十五日内向上一级人民法院申请复议，上一级人民法院应当自收到复议申请之日起三十日内作出裁定。

第八条 人民法院裁定准予执行的，应当在五日内将裁定送达申请机关和被执行人，并可以根据实际情况建议申请机关依法采取必要措施，保障征收与补偿活动顺利实施。

第九条 人民法院裁定准予执行的，一般由作出征收补偿决定的市、县级人民政府组织实施，也可以由人民法院执行。

第十条 《条例》施行前已依法取得房屋拆迁许可证的项目，人民法院裁定准予执行房屋拆迁裁决的，参照本规定第九条精神办理。

第十一条 最高人民法院以前所作的司法解释与本规定不一致的，按本规定执行。

广东省租赁房屋治安管理规定

广东省第十一届人民代表大会常务委员会公告第 78 号

《广东省租赁房屋治安管理规定》已由广东省第十一届人民代表大会常务委员会第三十四次会议于 2012 年 5 月 31 日通过，现予公布，自 2012 年 10 月 1 日起施行。

广东省人民代表大会常务委员会
2012 年 5 月 31 日

第一条 为了加强租赁房屋的治安管理，维护社会治安秩序，根据有关法律、法规，结合本省实际，制定本规定。

第二条 本规定适用于本省行政区域内用于居住的租赁房屋的治安管理服务活动。

租赁房屋用于其他用途的治安管理活动适

第十八条 特定地区总体规划由所在地城市人民政府组织编制，报省人民政府审批或者经省人民政府审查同意后上报。

特定地区控制性详细规划的编制和审批，参照城市控制性详细规划的有关规定执行。

第十九条 城市、县人民政府城乡规划主管部门和镇人民政府应当组织编制重要地块的修建性详细规划，也可以根据规划管理的需要要求建设单位依据控制性详细规划或者规划条件编制修建性详细规划。

第二十条 城市、县人民政府城乡规划主管部门和镇人民政府组织开展城市设计，应当对一定地域范围内的空间形态、交通系统及建筑物的造型、高度、色彩等内容提出规划管理要求，并纳入相应城乡规划。

城市设计的技术规范，由省人民政府城乡规划主管部门制定。

第二十一条 城市、镇规划区范围单独编制的交通运输、水利、电力、燃气、通信、给排水、环境卫生、绿化、消防、人民防空、住房保障、医疗、教育、文化、体育等各类专项规划，涉及土地利用和空间布局的，由相关主管部门会同城乡规划主管部门共同组织编制，报城市、县人民政府审批。

各类专项规划的内容应当相互衔接、符合总体规划，并纳入控制性详细规划。

第二十二条 城市、县人民政府城乡规划主管部门应当会同有关部门，依据总体规划组织编制城市、镇地下空间开发利用规划，报本级人民政府审批。

地下空间开发利用规划应当包括：

（一）地下空间综合开发利用的目标、功能分区、开发规模、布局和实施时序；

（二）禁止、限制和适宜建设地下空间的范围；

（三）各类交通设施、人防设施、公共服务设施以及给排水、电力、通讯等市政设施的布局安排；

（四）环境保护要求和安全保障措施。

控制性详细规划应当落实地下空间开发利用规划的有关内容。

第二十三条 城市、县、镇人民政府应当依据总体规划编制近期建设规划。近期建设规划与国民经济和社会发展规划同步编制，经本级人民代表大会常务委员会或者镇人民代表大会审议同意后，报总体规划审批机关备案。

城市、县、镇人民政府依据近期建设规划组织编制年度实施计划，经本级人民代表大会常务委员会或者镇人民代表大会审议同意后实施。

编制近期建设规划和年度实施计划，应当依据总体规划的要求，提出规划年限内的建设用地安排，确定近期和年度的重点建设项目，明确其空间分布和建设时序。年度实施计划应当与土地供应年度计划相衔接。

第二十四条 城乡规划报送审批前，组织编制机关应当依法将城乡规划草案予以公告，并采取论证会、听证会或者其他方式征求专家和公众的意见。公告的时间不得少于三十日。

城乡规划批准前，审批机关可以委托承担规划编制任务以外的具有城乡规划编制资质的机构，对规划草案进行技术审查。

经批准的城乡规划，应当在政府网站、新闻媒体或者专门场所公告，并在政府网站长期公布。村庄规划的主要内容应当由村民委员会保存并在村庄公共场所公布，以供村民查阅咨询。

未经公布的城乡规划，不作为规划管理和城乡建设的依据。

第二十五条 经批准的城乡规划不得随意修改。依法需要修改城乡规划的，组织编制机关应当向原审批机关提出申请，获得批准后，依照规划编制和审批的程序执行。

仅涉及单条支路走向、宽度或者单个地块建筑高度、建筑密度等内容的控制性详细规划修改，由组织编制机关提出调整方案，采取论证会、听证会或者其他方式征求专家、利害关系人的意见，经原审批机关同意后公布实施。

第三章 城乡规划的实施

第一节 一般规定

第二十六条 各级人民政府应当根据当地社会经济发展需要，作出城乡建设和发展的综合部署，将其纳入城乡规划统筹实施。

实施省域城镇体系规划和城镇群协调发展规划，相关人民政府应当就区域基础设施和公共服务设施共建共享、环境保护和生态建设、相邻地区重点项目衔接等问题进行协商，协商不成的，由共同的上一级人民政府城乡规划主管部门会同项目主管部门组织协调。

有关部门编制区域性交通、生态环境保护、能源、通信、防灾减灾等专项规划，应当落实省域城镇体系规划的要求，并与城镇群协调发展规划相衔接，相关建设项目的规划选址应当符合省域城镇体系规划和城镇群协调发展规划的要求。

第二十七条 建设用地和建设工程应当符合城乡规划，依法取得规划许可。在城市、镇规划区范围内核发建设用地规划许可证和建设工程规划许可证。在村庄规划区范围内核发乡村建设规划许可证。按照国家规定需要进行规划选址审批的建设工程，还应当申请核发建设项目选址意见书。

第二十八条 开发利用城市、镇地下空间，应当考虑人民防空的需要，依法办理规划许可。

与地面建设工程一并开发利用地下空间的，应当与地面建设工程一并办理规划许可；独立开发利用地下空间的，单独办理规划许可。

任何单位和个人未经批准，不得擅自开挖建筑底层地面，不得擅自改变经许可确定的地下空间的使用功能、高度、层数和面积。

第二十九条 规划许可或者审批机关作出许可或者审批决定前，应当将许可或者审批内容、申请人和利害关系人享有的权利等事项在政府网站、建设项目现场进行公示，公示时间不得少于十日。

申请人、利害关系人对许可或者审批事项提出异议的，许可或者审批机关应当及时处理，并回复处理结果。必要时可以采取听证会或者论证会等方式听取各方意见。

第三十条 建设项目规划选址审批或者规划许可机关对重大项目作出审批或者许可决定前，可以以政府购买服务的方式委托具有相应资质的单位对建设单位或者个人提交的材料进行技术审查。

第三十一条 规划许可或者审批事项批准后十五日内，许可或者审批机关应当在政府网站进行公告，可供查询。

第二节 建设项目规划选址审批

第三十二条 需核发选址意见书的建设项目，属于国家和省批准、核准项目投资的，由省人民政府城乡规划主管部门核发选址意见书；属于城市和县批准、核准项目投资的，由建设项目所在地的城市、县人民政府城乡规划主管部门核发选址意见书。跨行政区域的建设项目，由项目所在地的共同上一级人民政府城乡规划主管部门核发选址意见书。

第三十三条 建设单位申请核发选址意见书，应当提交选址申请书、标明拟选址位置的地形图和建设项目选址评估报告等材料。

建设项目选址评估报告应当对建设项目选址方案的科学性、合法性、与城乡规划的协调性作出分析论证结论。

由省人民政府城乡规划主管部门核发选址意见书的建设项目，建设单位应当先将上述材料提交建设项目选址所在地地级以上市人民政府城乡规划主管部门进行初步审查。

第三十四条 取得建设项目选址意见书二年内尚未获得建设项目批准或者核准的，应当在有效期届满三十日前向原核发机关申请办理延期手续，延长期限不得超过一年。未办理延期手续或者延长期逾期仍未获得建设项目批准、核准，选址意见书自行失效。

建设项目所依据的批准、核准文件被依法撤销、撤回、吊销，或者土地使用权被依法收回的，相应的项目选址意见书失效。

第三节 建设用地规划管理

第三十五条 城市、县土地储备年度计划和土地供应年度计划应当与城乡规划相衔接。

第三十六条 国有土地使用权出让前，城市、县人民政府城乡规划主管部门应当依据控制性详细规划提出拟出让地块的规划条件。规划条件应当明确出让地块的位置、面积、使用性质、允许建设的范围、容积率、绿地率、建筑高度、建筑密度、基础设施和公共服务设施配套、地下空间开发利用要求等内容。需要编制修建性详细规划的，应当在规划条件中予以明确。

规划条件及附图应当作为国有土地使用权出让合同的组成部分。国有土地使用权出让合同不得改变规划条件。

第三十七条 在城市、镇规划区范围内，建设单位或者个人向城市、县人民政府土地主管部门申请划拨用地的，应当向城市、县人民政府城乡规划主管部门申请取得建设用地规划许可证。

建设单位或者个人申请核发建设用地规划许可证，应当提交有关部门的批准、核准、备案文件。使用集体土地的，还应当提交村民委员会出具的书面意见。

建设单位或者个人取得建设用地规划许可证后，应当在一年内向县级以上地方人民政府土地管理部门申请用地，需要延期的，应当在建设用地规划许可证有效期届满三十日前向原核发机关申请办理延期手续。一年内未申请用地的或者经申请未获得用地的或者申请延期未批准的，建设用地规划许可证自行失效。

第三十八条 以出让方式提供国有土地使用权的住宅、商业、办公类建设项目，应当严格执行规划条件，不得改变用地性质，不得提高容积率，不得降低绿地率，不得减少基础设施和公共服务配套。

具有下列情形之一的，不受前款规定限制，建设单位或者个人可以依法申请调整规划条件：

（一）因城乡规划修改导致地块开发条件变化的；

（二）因国家和省重大项目建设需要的；

（三）因城乡基础设施、公共服务设施和公共安全设施建设需要的；

（四）法律、法规规定的其他情形。

调整出让用地的规划条件，应当先行按照规划编制和审批的程序修改其依据的控制性详细规划。

第三十九条 国有土地使用权需要分割转让的，原规划条件或者经批准的修建性详细规划、建设工程设计方案总平面图确定的道路、广场、公共绿地、市政公用设施、公共服务设施等建设项目，应当在分割转让合同中明确各受让方的实施责任。

国有土地使用权分割转让后，各受让方应当持分割转让合同等材料向城市、县人民政府城乡规划主管部门申请核发建设用地规划许可证。

第四节 建设工程规划管理

第四十条 在城市、镇规划区范围内进行建筑物、构筑物、道路、桥梁和管线等工程建设的，建设单位或者个人应当向城市、县人民政府城乡规划主管部门或者省人民政府指定的镇人民政府申请办理建设工程规划许可证。

前款规定的镇人民政府应当在核发建设工程规划许可证后向所在地城市、县人民政府城乡规划主管部门备案。

第四十一条 建设单位或者个人申领建设工程规划许可证，应当持使用土地的证明文件、建设工程设计方案和法律、法规规定的其他材料，向城市、县人民政府城乡规划主管部门或者省人民政府指定的镇人民政府提出申请。规划条件要求编制修建性详细规划的，应当同时提交经审定的修建性详细规划。属于原有建筑物改建、扩建的，应当同时提供房屋产权证明。

城市、县人民政府城乡规划主管部门或者省人民政府指定的镇人民政府依据经批准的城乡规划、规划条件、相关技术标准和规范对建设工程设计方案进行审查，提出审查意见。符合条件的，核发建设工程规划许可证。

建设工程规划许可证应当载明建设项目位置、建设规模和使用功能等内容，附经审定的建设工程设计方案总平面图。

建设单位或者个人应当在建设项目施工现场或者其他显著地点设置建设工程规划许可公告牌，载明建设工程规划许可的主要内容和图件。公告内容应当真实、有效，不得隐瞒、虚构。

取得建设工程规划许可证一年后尚未开工的，应当向原许可机关办理延期手续，延长期限不得超过六个月。未办理延期手续或者办理延期手续逾期仍未开工的，建设工程规划许可证自行失效。

第四十二条 建设工程设计方案应当符合规划条件、相关技术标准和规范，文字标明的技术经济指标应当与图纸所示相一致。住宅、商业、办公类建设项目的建设工程设计方案，应当分类载明建筑用途，明确公共场所、公用设施和物业管理用房的位置、面积。

第四十三条 建设单位或者个人应当按照建设工程规划许可的内容进行建设，不得擅自变更；需要变更的，应当经原许可机关批准。

涉及需变更建设用地规划许可的，应当先申请变更建设用地规划许可。

因变更建设工程规划许可给利害关系人合法权益造成损失的，建设单位或者个人应当依法予以补偿。

第四十四条 分期建设的建设工程，城市、县人民政府城乡规划主管部门或者省人民政府指定的镇人民政府可以根据建设单位或者个人的申请，审查分期建设的内容、范围，分期核发建设工程规划许可证。

分期建设的建设工程，应当符合经审定的修建性详细规划、建设工程设计方案总平面图。同一建设期的建设内容应当包括相应的配套设施和绿地。

第四十五条 建设工程开工前，建设单位或者个人应当委托具有相应测绘资质的单位放线，并向城市、县人民政府城乡规划主管部门或者省人民政府指定的镇人民政府申请验线。

城乡规划主管部门或者省人民政府指定的镇人民政府应当自受理申请之日起七个工作日内进行验线。

未经验线，建设工程不得开工。

第四十六条 建设工程竣工后，建设单位或者个人应当持建设工程规划许可证、建设工程验线证明文件以及具有相应测绘资质的单位出具的测绘报告等材料，向城市、县人民政府城乡规划主管部门或者省人民政府指定的镇人民政府申请规划条件核实。

城市、县人民政府城乡规划主管部门或者省人民政府指定的镇人民政府应当自受理申请之日起二十个工作日内办理核实手续；不予办理核实手续的，应当书面告知理由。

建设工程未办理规划条件核实的，建设单位或者个人不得组织竣工验收，产权登记机关不予办理产权登记手续。

建设单位或者个人应当在竣工验收后六个月内向城市、县人民政府城乡规划主管部门或者省人民政府指定的镇人民政府报送有关竣工验收资料。城市、县人民政府城乡规划主管部门或者省人民政府指定的镇人民政府应当将竣工验收资料交由城乡规划建设档案馆归档。

第四十七条 房屋使用人应当按照建设工程规划许可证或者房地产权证书载明的用途使用房屋。确需变更房屋用途的，应当向城市、县人民政府城乡规划主管部门申请办理变更手续。

第四十八条 在城市、镇规划区范围内进种形式，参与绿道管理与维护。

对于通过捐赠形式参与绿道维护的企业，可以在绿道设施上冠名或者增加企业标识和宣传语。具体办法由市城市管理部门另行制定。

第五章　罚　则

第三十二条　相关绿道管理部门违反本规定，有下列行为之一的，由本级人民政府或者上级人民政府相关部门或者监察机关依据职权责令改正，通报批评；对主要责任人员和其他直接责任人员，依法予以处分：

（一）未依照法定程序和权限调整绿道及其控制区规划的；

（二）未依法履行监管职责的；

（三）未依法提供便民服务的；

（四）其他不履行法定职责的行为。

第三十三条　违反本办法第二十三条第三款规定，绿道维护及运营单位未能保持绿道及设施完好的，应当自接到城市管理部门通知之日起 3 日内组织修复；逾期未组织修复的，每逾期 1 日处 1000 元罚款。

第三十四条　违反本办法第二十六条第一款规定，机动车、电动自行车在绿道禁行区间和禁行时段行驶的，由市公安交通管理部门处 200 元罚款。

第三十五条　违反本办法第二十八条第一款规定，未经批准擅自占用、挖掘绿道的，由城市管理部门责令改正，处 2 万元罚款。

违反本办法第二十八条第三款规定，临时占用、挖掘绿道超过规定期限未恢复原状的，由城市管理部门责令改正，处 1 万元罚款。

违反本办法第二十八条第四款规定，未经批准擅自占用、挖掘与道路重合的绿道的，按照道路管理法律、法规和规章规定予以处罚。

第三十六条　违反本办法第二十九条规定，占用绿道从事经营活动的，由城市管理部门责令改正，按所占用绿道面积处以每平方米 1000 元罚款。

第三十七条　违反本办法第三十条第（一）、（二）、（三）、（四）项规定的，由城市管理部门责令改正，处 500 元罚款；违反第三十条第（五）项规定的，由城市管理部门责令改正，处 5000 元罚款。

第三十八条　本办法未规定的在绿道及其控制区内有其他违反市容环卫、绿化、道路和规划管理的行为，依照市容环卫、绿化、道路和规划管理的法律、法规和规章处罚。

第六章　附　则

第三十九条　本办法自 2012 年 8 月 1 日起施行。

深圳市内伶仃岛—福田国家级自然保护区管理规定

深圳市人民政府令第234号

《深圳市内伶仃岛—福田国家级自然保护区管理规定》已经市政府五届四十二次常务会议审议通过，现予发布，自2012年1月20日起施行。

市长 许勤
二〇一一年十二月二十日

第一条 为加强广东内伶仃岛—福田国家级自然保护区（以下简称自然保护区）的管理，保护自然保护区内的资源和环境，根据《中华人民共和国森林法》、《中华人民共和国海岛保护法》、《中华人民共和国自然保护区条例》等法律、法规，结合自然保护区实际，制定本规定。

第二条 自然保护区由内伶仃岛和福田红树林区域两部分组成。

内伶仃岛是以国家二级保护动物猕猴等珍贵动物为主要保护对象的自然保护区域。

福田红树林区域是以珍稀植物红树林，珍稀、濒危鸟类及其赖以生存的湿地生态环境为主要保护对象的森林和野生动物类型自然保护区域。

第三条 自然保护区管理应当遵循严格保护、科学管理、限制开发的原则，发挥自然保护区在科学研究和科普教育方面的功能。

自然保护区管理所需经费由市财政部门予以保障，列入财政预算。

第四条 广东内伶仃岛—福田国家级自然保护区管理机构（以下简称保护区管理机构）具体负责自然保护区的日常管理工作。

林业、海洋、环境保护、规划国土、公安等部门应当按照各自的职责，共同做好自然保护区管理工作。

第五条 自然保护区红线内土地由市人民政府依法统一征收，由保护区管理机构进行管理。

第六条 保护区管理机构应当根据自然环境、自然资源状况和保护需要，会同有关部门编制自然保护区总体规划，报市人民政府批准后组织实施。

保护区管理机构可以根据自然保护区总体规划，结合自然保护区管理的需要，制定自然保护区的具体管理措施，加强对自然保护区的管理。

第七条 根据动植物资源和濒危动植物的分布情况，自然保护区划分为核心区、缓冲区和实验区，具体范围在自然保护区总体规划中规定。

核心区实行封闭管理，除边防公务活动和依照法律、法规的规定经批准进行科研观测外，禁止任何单位和个人进入。

缓冲区实行半封闭管理，经保护区管理机构批准，可以进行非破坏性的科研观测活动和改善生态环境的活动。

经保护区管理机构批准，可以在实验区进行科学实验、教学实习和科普教育活动。

第八条 在自然保护区内修建基础设施，应当符合自然保护区总体规划的要求，符合低碳、生态环保和资源可循环利用的要求。

深圳市人民政府关于印发《深圳市城市更新办法实施细则》的通知

深府〔2012〕1号

各区人民政府，市政府直属各单位：

《深圳市城市更新办法实施细则》已经市政府同意，现予印发，请遵照执行。

深圳市人民政府

二〇一二年一月二十一日

深圳市城市更新办法实施细则

第一章 总 则

第一条 为实施《深圳市城市更新办法》（以下简称《办法》），规范本市城市更新活动，建立规范、有序的城市更新长效机制，制定本细则。

第二条 市查违和城市更新工作领导小组（以下简称市领导小组）负责领导全市城市更新工作，对全市城市更新工作涉及的重大事项进行决策。

市规划国土部门是全市城市更新工作的主管部门（以下简称主管部门），负责具体组织、协调、监督全市城市更新工作。

主管部门的派出机构依据《办法》及本细则规定在辖区范围内履行城市更新管理相关职责。

第三条 市政府相关职能部门、区政府（含新区管委会，下同）及其相关职能部门，应当根据《办法》及本细则规定履行城市更新管理相关职责。

第四条 主管部门、市政府相关职能部门、区政府应当积极开展城市更新政策的宣传，加强引导。

街道办事处、社区工作站、居委会等基层组织应当积极维护城市更新活动的正常秩序。

第五条 城市更新项目免收各种行政事业性收费。

第六条 鼓励金融机构创新金融产品、改善金融服务，通过构建融资平台、提供贷款、建立担保机制等方式对城市更新项目予以支持。

第七条 城市更新项目在实施过程中应当按照集约用地、绿色节能、低碳环保的原则，推广使用经国家、省、市相关部门认定的新技术、新工艺、新材料和新设备，在满足使用功能的前提下，优先使用建筑废弃物绿色再生产品。

鼓励城市更新项目按照绿色建筑的标准进行规划、建设和运营管理。

第八条 主管部门和区政府应当建立城市更新工作投诉处理制度，对受理的投诉及时进行调查和处理。

第九条 市、区规划土地监察工作机构应当加大工作力度，严厉查处城市更新单元范围内新出现的违法建设行为。农村城市化历史遗留违法建筑处理部门应当加快开展城市更新单元范围内历史遗留违法建筑的处理工作。

第二章　城市更新规划与计划

第十条　主管部门依据全市城市总体规划和土地利用总体规划，定期组织编制全市城市更新专项规划，指导全市范围内的城市更新单元划定、城市更新计划制定和城市更新单元规划编制。

第十一条　实施以拆除重建为主的城市更新，应当以城市更新单元为基本单位，以城市更新单元规划为依据，确定规划要求，协调各方利益，落实更新目标与责任。

第十二条　城市更新单元的划定应当符合全市城市更新专项规划，充分考虑和尊重所在区域社会、经济、文化关系的延续性，并符合以下条件：

（一）城市更新单元内拆除范围的用地面积应当大于10000平方米。

（二）城市更新单元不得违反基本生态控制线、一级水源保护区、重大危险设施管理控制区（橙线）、城市基础设施管理控制区（黄线）、历史文化遗产保护区（紫线）等城市控制性区域管制要求。

（三）城市更新单元内可供无偿移交给政府，用于建设城市基础设施、公共服务设施或者城市公共利益项目等的独立用地应当大于3000平方米且不小于拆除范围用地面积的15%。城市规划或者其他相关规定有更高要求的，从其规定。

不具备前款规定的条件，但基于鼓励产业转型升级、完善独立占地且总面积不小于3000平方米的城市基础设施、公共服务设施或者其他城市公共利益项目等原因确需划定城市更新单元的，应当就单元范围、拆除范围、配建要求等内容进行专项研究，在计划审批过程中予以专项说明。

第十三条　划定城市更新单元时涉及下列用地的，依照以下规定分别处理：

（一）政府社团用地、特殊用地，不单独划定为城市更新单元。

（二）全市土地整备规划和年度整备计划确定的政府土地整备区范围内不划定城市更新单元。

（三）除通过城市更新实现用地清退外，被非法占用的已完成征转及补偿手续的国有未出让用地和基本农田保护区用地不划入城市更新单元。

（四）福田区、罗湖区、盐田区、南山区的原农村集体经济组织地域范围应当整村划定城市更新单元，鼓励其他各区参照执行。按照整村范围划定城市更新单元的，不受本细则第十二条第一款第（一）项限制。

（五）未建设用地不划入城市更新单元，但符合本细则第十四条规定的除外。

第十四条　未建设用地因规划统筹确需划入城市更新单元，属于国有未出让的边角地、夹心地、插花地的，总面积不超过项目拆除范围用地面积的10%且不超过3000平方米的部分，可以作为零星用地一并出让给项目实施主体；超出部分应当结合城市更新单元规划的编制进行用地腾挪或者置换，在城市更新单元规划中对其规划条件进行统筹研究。

未建设用地因规划统筹确需划入城市更新单元，属于已批未建用地的，在征得土地使用权人同意后，可以结合城市更新单元规划的编制进行用地腾挪或者置换。

第十五条　城市更新单元规划的编制应当符合以下原则：

（一）优先保障城市基础设施、公共服务设施或者其他城市公共利益项目。

（二）充分尊重相关权利人的合法权益，有效实现公众、权利人、参与城市更新的其他主体等各方利益的平衡。

（三）研究已批法定图则规定的各类用地性质和开发总量，深化、落实法定图则规定的各类城市基础设施和公共服务设施用地规划指

深圳市人民政府办公厅关于印发《深圳市土地整备资金管理暂行办法》的通知

深府办〔2012〕22号

各区人民政府，市政府直属各单位：

《深圳市土地整备资金管理暂行办法》已经市政府同意，现予印发，请认真组织实施。

深圳市人民政府办公厅
二〇一二年三月二日

深圳市土地整备资金管理暂行办法

第一章 总 则

第一条 为规范深圳市土地整备资金管理，根据国土资源部、财政部和中国人民银行《土地储备管理办法》(国土资发〔2007〕277号)，财政部、国土资源部《土地储备资金财务管理暂行办法》(财综〔2007〕17号)，《深圳市土地储备管理办法》(深府令第153号)，《关于推进土地整备工作的若干意见》(深府〔2011〕102号)等规定，结合我市的实际情况，制定本办法。

第二条 本办法适用于2011年7月4日《关于推进土地整备工作的若干意见》(深府〔2011〕102号)颁布后，由深圳市政府主导的土地整备工作所涉及的资金管理，包括市土地整备局和各区土地整备事务机构(含其他土地整备项目实施单位，以下简称区土地整备机构)，按照国家、省、市有关规定进行土地整备过程中的资金来源、支出、监管及绩效评估等管理活动。

市、区土地整备机构日常经费的管理，另行按照同级财政部门的有关规定执行。

第三条 土地整备资金实行依法依规管理，按计划执行，实行专款专用、专户储存、专账核算。

第四条 整备土地出让、整备土地利用、安置房利用及整备土地资产其他收入全额缴入市级国库，纳入基金预算，实行收支两条线管理。

第二章 土地整备资金的管理职责

第五条 市发展改革部门参与市土地整备计划的编制，并会同市土地整备局负责市政府投资项目计划与土地整备计划的衔接；负责在市土地整备年度计划经市政府批准后，一次性下达年度土地整备项目计划。

第六条 市财政部门参与市土地整备计划的编制；负责保障土地整备融资的还本付息资金；负责拨付年度土地出让收支计划中安排的土地整备资金；负责指导和监督土地整备资金管理工作。

第七条 市审计部门负责对市土地整备资金进行审计，年度土地整备资金收支情况纳入年度土地出让收支情况一并安排审计。

区审计部门负责对本区土地整备项目进行审计。各区审计部门应全程参与本区重大和应急土地整备项目，依法对本区土地整备项目实施方案的落实情况和土地整备资金的使用情况进行跟踪审计。

第八条 市规划国土部门负责审查全市土地整备计划，统筹、指导和监督土地整备资金管理工作。

市土地整备局是土地整备资金的管理部门；负责编制全市土地整备计划；负责管理、调配与运用土地整备资金工作；负责土地整备相关支出标准的拟定和整理，并按规定报经批准后实施；负责土地整备项目实施方案的审核；负责土地整备资金的会计核算工作；负责对各区使用土地整备资金的监管。

市土地储备中心是市级土地投融资平台的借款主体，负责办理融资与还本付息事宜，所筹集的资金纳入市土地整备局统一管理。市土地储备中心是整备土地资产的管理单位，应及时向市土地整备局等部门报送土地资产的验收入库、出让、划拨等相关信息。

第九条 各区政府（含新区管理委员会，下同）作为土地整备的实施主体，参与辖区内土地整备计划的编制工作，负责制定辖区内土地整备项目实施方案；负责对辖区土地整备资金的使用监管。

各区土地整备机构是土地整备资金的具体使用部门与土地整备项目的具体实施主体，具体负责实施土地整备所涉及的有关工作；负责辖区内土地整备项目资金的管理工作；负责将已完成整备的宗地及时移交入库。

第三章 土地整备资金计划编制与审批

第十条 土地整备资金计划是土地整备计划的组成部分，由市土地整备局组织各区政府及相关职能部门编制，按程序报市政府审批后执行。

第十一条 市规划国土部门向市财政部门提供年度土地整备计划，由市财政部门将土地整备需要财政安排的资金列入年度土地出让支出计划。

第十二条 市、区土地整备机构应当严格按照已批准的土地整备资金计划开展工作。市土地整备局在每年年中可根据土地整备工作的实际情况申请对计划作出调整，并报市政府审批后执行。

第十三条 市土地整备局应当于每年4月30日前向市规划国土部门、市财政部门报送上一年度土地整备资金的计划执行情况报告，市规划国土部门可根据需要聘请会计师事务所对执行情况进行审计，审计报告抄送市审计部门。

第四章 土地整备资金来源

第十四条 土地整备资金来源于下列渠道：

（一）市财政部门拨付的土地整备资金：市财政部门应安排资金用于土地整备，包括在整备土地出让或划拨后全额返还的土地整备成本、融资资本金、从国有土地收益基金中安排的资金以及其他用于土地整备的资金；

（二）市土地储备中心按照国家有关规定举借的银行贷款、通过其他金融机构贷款等方式筹集的资金；

（三）上述资金产生的利息收入；

（四）其他资金来源。

第十五条 市土地整备局根据土地整备的资金需求、土地的出让情况及土地整备计划，向市财政部门申请拨付用于土地整备的各项资金。市财政部门应及时审核及拨付土地整备资金。

市土地整备局应当于土地出让或划拨之日起15个工作日内直接向市财政部门申请拨付返还成本，申请材料应包括土地位置、所属土地整备项目名称、面积及所占比例、土地整备成本明细、土地配置方式、出让价格等内容。市财政部门应在 15 个工作日内审核无误后足额拨付土地整备资金。

第十六条　市土地整备局根据土地整备的资金需求及已批准的土地整备计划，组织市土地储备中心及时办理融资手续，不得超计划、超规模举借贷款。土地整备机构通过举借贷款等方式筹集的资金，主要用于土地整备。

第十七条　市土地整备局组织市土地储备中心确定融资事宜，根据政府采购的相关规定和程序选定贷款银行。

市土地整备局组织市土地储备中心与贷款银行签订相关借款合同或协议文书，并根据资金需要通过市土地储备中心提请贷款银行办理放款手续。

第五章　土地整备资金支出

第十八条　土地整备资金专项用于全市范围内的土地整备开支，以及为土地整备而举借的银行贷款、其他金融机构贷款等的还本付息。

第十九条　土地整备资金使用范围具体包括：

（一）土地整备工作所需支付的工程价款以及征收地和拆迁补偿费用。包括房屋征收补偿、征地补偿、收地补偿、拆迁补偿、填海（填江）造地工程费用等；

（二）建设及购置拆迁安置房及其日常管理、修缮性支出；

（三）土地整备工作所需支付的必要的前期土地开发费用。包括前期土地开发性支出以及按照规定与前期土地开发相关的费用等，含因整备土地涉及的需要进行的相关道路、供水、供电、供气、排水、通讯、照明、绿化、土地平整等基础设施建设支出；

（四）与土地整备具体项目直接相关的测绘、勘探、评估、规划、设计等其他费用；

（五）因土地整备而产生的本金偿还和借款费用支出。包括银行及其他金融机构贷款和债券本金偿还、利息支出、手续费等；

（六）市土地整备局按月计提用于保障具体承担土地整备工作的事务机构的业务费，计提标准为当月列入土地整备成本的数额扣除其中的利息和业务费支出后的 2%，超过包干价的部分不再计提。该业务费列入土地整备成本。除市土地整备局外，其他机构和部门不得计提业务费。

该业务费的 25% 由市土地整备局拨付给市土地储备中心统筹用于土地清查确权、土地投融资平台运作、土地整备资金及资产管理等全市性的土地整备工作业务支出；75% 由市土地整备局拨付给各区土地整备机构，用于该辖区及该项目范围内的土地整备工作业务支出。

（七）其他与土地整备直接相关的成本性支出。

第二十条　土地整备机构计提和收取的业务费应当纳入日常经费管理，与土地整备资金实行分账核算，不得相互混用，并按照以下范围使用：

（一）土地整备项目开展的前期费用。包括土地整备计划编制、可行性研究、土地整备项目实施方案编制等费用；

（二）开展土地整备工作所需支付的管理费用。包括办公费、会议费、差旅费、培训费、咨询费、宣传费、法律和审计等服务费；

（三）用于土地整备工作固定资产费用。包括办公场所、交通工具、仪器、设备的购置、租赁、维修、使用等费用；

（四）土地整备工作人员经费。包括人员的工资、津补贴、保险、福利，劳务费，协作费；

（五）对开展土地整备工作成绩突出的单位和个人予以奖励的费用；

（六）其他与土地整备工作相关的费用性支出。

第二十一条　区土地整备机构根据已下达

的土地整备计划，可申请拨付项目启动资金，经区政府确认后，通过土地整备项目所在的市规划国土派出机构审核，报市土地储备中心和市土地整备局审批通过后，市土地整备局向区土地整备机构预付项目启动资金。各项目启动资金不得超过该项目当年年度计划投资额的10%。

第二十二条 各区政府实行土地整备项目包干制度。区土地整备机构应于每个土地整备项目实施前，向市土地整备局报送经区政府批准的整备项目实施方案。已拨付启动资金的土地整备项目，实施方案报送时间不得迟于启动资金拨付之日起3个月。

方案中应当按相关标准确定土地整备的包干价，市土地整备局审核通过后，与区政府及区土地整备机构签订包干协议。

第二十三条 市土地整备局根据土地整备项目实施进度，在签订的包干协议中约定的包干价及不可预见费之和的额度内安排拨付土地整备资金。

整备项目决算以前，市土地整备局支付给单个整备项目的整备资金不得超过该项目包干价及不可预见费之和的90%，包干价及不可预见费之和扣减实际土地整备报账支出的结余部分，由市土地整备局在整备土地验收入库并办理决算后一次性拨付给区土地整备机构，超支部分由各区自行承担。

各区土地整备机构应当严格控制土地整备成本，在经审核批准后的土地整备项目实施方案中确定的标准与范围内支付，确需动用不可预见费的，应报经区政府批准。

第二十四条 包干协议签订后，土地整备资金按下列程序拨付：

（一）区土地整备机构提出申请并经区政府确认后，通过土地整备项目所在的市规划国土派出机构报市土地储备中心和市土地整备局，市土地整备局向区土地整备机构拨付首期款；

已预拨启动资金的项目，拨付的首期款中应扣除该预拨的启动资金。

（二）区土地整备机构根据土地整备业务开展的情况，按照有关规定直接向受益人支付补偿款项等土地整备支出。各区土地整备机构应接受和遵守贷款银行有关受托支付的监管；

（三）区土地整备机构提出拨付其他各期款项的申请，并附上上期拨入款项对外支付的相关资料（包括合同、收据或发票、银行票据等）以及审计报告、储备土地入库单等资料的复印件，经区政府确认后，通过土地整备项目所在的市规划国土派出机构报市土地储备中心和市土地整备局；

（四）市土地储备中心和市土地整备局对区土地整备机构报送的上述资料审查无误后，向区土地整备机构拨付土地整备款；

（五）每年1月份，市、区两级土地整备机构应对上年度土地整备资金的拨付情况进行对账，确保相互之间的拨出和拨入款项以及项目和合同的付款情况核对一致、记录相符。

第二十五条 各级土地整备机构应当建立并严格遵守土地整备资金的内部控制制度，内部控制制度的内容应包括货币资金、实物资产、工程项目、合同管理、采购与付款、成本费用等经济业务的控制方法、措施和程序。

各区土地整备机构应当建立土地整备项目台账，每季度开始10个工作日内向市土地整备局提交上一季度的土地整备的资金使用情况。

第二十六条 土地整备项目按如下程序办理项目决算手续：

（一）各区土地整备机构将决算资料整理成册并向市土地整备局报送。决算资料应包括：

1. 已批准的土地整备项目实施方案；

2. 包括合同号、合同价、已付款金额等内容的项目决算汇总表；

3. 市区两级土地整备机构对该项目的拨款对账单；

式、地点。

（四）确定入围名单的方式。

（五）选房组织方式。

（六）其他必要的内容。

第二十三条 安居型商品房应当面向全市范围在册轮候人配售。但区政府投资建设的安居型商品房以及城市更新配建的安居型商品房，可以优先面向本区在册轮候人配售；企业利用自有存量土地建设的安居型商品房，可以优先面向本企业在册轮候人配售。

因其他特殊原因确需缩小配售范围的，开发建设单位应当在配售方案予以特别说明并附相关证明材料，一并报送市主管部门批准。

第二十四条 安居型商品房配售面积按照以下原则确定：

（一）单身居民、2 至 3 人家庭配售建筑面积标准为 65 平方米左右。

（二）4 人及以上家庭配售建筑面积标准为 85 平方米左右。

在册轮候人可以自愿购买低于其家庭人口结构对应建筑面积标准住房，但低于建筑面积标准的部分不予补偿。

第二十五条 经批准的安居型商品房配售方案，应当在市、区主管部门以及开发建设单位网站、本市或者本区主要新闻媒体发布。

第二十六条 符合配售范围及具体条件并愿意认购的在册轮候人，应当在规定时间内向开发建设单位提出书面认购申请，其相关轮候排序信息以配售方案公布当天轮候册的记载为准。

第二十七条 开发建设单位应当根据认购申请人数量、本批安居型商品房房源规模及轮候排序等情况，按照大于房源数量一定比例的原则确定入围户数，轮候排序在先的认购申请人依次入围形成入围名单。

第二十八条 主管部门可以确定一定比例的房源，定向配售给本办法第七条第三款、第八条规定的在册轮候人。

第二十九条 开发建设单位应当根据可供房源数量、户型面积和入围户数等，选择下列方式之一组织选房：

（一）依次自主选房。即入围名单内的认购申请人按照轮候排序，依次参加选房，按照配售建筑面积标准，选择其中一套住房。

（二）依次抽签选房。即入围名单内的认购申请人按照轮候排序，依次参加抽签，按照配售建筑面积标准，在一次抽取出来的若干房源中选择一套住房。

（三）计算机自动编配选房。即入围名单内的认购申请人按照轮候排序，由开发建设单位按照配售建筑面积标准，通过计算机自动编配安居型商品房房号。

（四）其他符合公开、公平和公正原则，经市主管部门审查、认可的选房方式。

主管部门、监察部门和公证机构应当对选房过程依法实施监督。

第三十条 选定住房后，认购申请人应当向开发建设单位当场缴纳认购定金、签订认购协议书，并书面承诺如不符合本《办法》规定的安居型商品房申购条件，开发建设单位有权解除认购协议书，并不予退还认购定金。

选房过程中，认购申请人排序到位选房但未选定住房，或者虽选定住房但未当场缴纳认购定金的，按放弃本次选房处理，由入围名单内排位在后的其他认购申请人依次递补。

第三十一条 开发建设单位在选房结束 5 个工作日内，应当将选房情况书面报告市主管部门。选房结果在市主管部门和开发建设单位网站公示 15 日。主管部门应当会同相关部门对已经缴纳认购定金、签订认购协议书的认购人相关信息进行核查。经核查发现不符合安居型商品房申购条件，或者有弄虚作假等违法行为的，主管部门应当对相关认购人依法予以处理，并书面通知开发建设单位。

开发建设单位在收到主管部门书面通知后 5 个工作日内，应当解除与认购人签订的认购协议书。

第三十二条 公示无异议或者异议不成立的，开发建设单位应当与认购人签订安居型商品房买卖合同，已缴纳的认购定金抵扣购房款。

第三十三条 认购人有下列情形之一的，其原轮候排序作废，仍需申购安居型商品房的，应当按照日常轮候规则再次提出轮候申请：

（一）本办法第三十条第二款规定的放弃选房行为达到3次的。

（二）签订认购协议书后未在规定时间内签订买卖合同达到两次的。

（三）签订买卖合同后毁约的。

第三十四条 安居型商品房买卖合同签订30日内，开发建设单位应当将买卖合同送市主管部门备案。

第三十五条 入围名单内的全部认购申请人认购结束后仍有剩余房源的，可以依序面向其他在册轮候人出售。

第三十六条 每一家庭只能拥有一套安居型商品房，发生结婚、赠与、继承等情形而拥有两套及两套以上安居型商品房的，应当由主管部门回购多出的安居型商品房。

第四章　附　则

第三十七条 《深圳市安居型商品房轮候申请表》、诚信申报声明书、认购协议书、买卖合同等相关示范文本由市主管部门负责制定。

第三十八条 本办法自2012年12月1日起施行，有效期5年。

附录一

有关房地产法律、法规、规章和规范性文件索引

一、规划建设类

（一）法律

1. 中华人民共和国城乡规划法（2007 年）
2. 中华人民共和国建筑法（1997 年，2011 年修正）
3. 中华人民共和国环境保护法（1989 年）
4. 中华人民共和国环境影响评价法（2002 年）
5. 中华人民共和国消防法（1998 年，2008 年修正）

（二）行政法规

6. 村庄和集镇规划建设管理条例（1993 年）
7. 建设项目环境保护管理条例（1998 年）
8. 工程建设项目招标范围和规模标准规定（2000 年）
9. 建设工程质量管理条例（2000 年）
10. 建设工程勘察设计管理条例（2000 年）
11. 建设工程安全生产管理条例（2003 年）
12. 防治海洋工程建设项目污染损害海洋环境管理条例（2006 年）
13. 风景名胜区条例（2006 年）
14. 中华人民共和国防治海岸工程建设项目污染损害海洋环境管理条例（1990 年，2007 年修正）
15. 民用建筑节能条例（2008 年）
16. 历史文化名城名镇名村保护条例（2008 年）
17. 规划环境影响评价条例（2009 年）
18. 国家重点建设项目管理办法（1996 年，2011 年修正）
19. 无障碍环境建设条例（2012 年）

（三）广东省地方法规

20. 广东省实施《中华人民共和国城市规划法》办法（1992 年，1997 年修正）
21. 广东省风景名胜区条例（1998 年）
22. 广东省环境保护条例（2004 年）

23. 广东省城市控制性详细规划管理条例（2004 年）
24. 广东省珠江三角洲城镇群协调发展规划实施条例（2006 年）
25. 广东省土地利用总体规划条例（2008 年）
26. 广东省建设项目环境保护管理条例（1994 年，2010 年修正）
27. 广东省实施《中华人民共和国消防法》办法（1999 年，2010 年修正）
28. 广东省民用建筑节能条例（2011 年）
29. 广东省城乡规划条例（2012 年）

（四）深圳市地方法规

30. 深圳市城市规划条例（1998 年，2001 年修正）
31. 深圳经济特区建设工程施工招标投标条例（1993 年，2004 年修正）
32. 深圳市建设工程质量管理条例（1994 年，2004 年修正）
33. 深圳经济特区建设工程监理条例（1995 年，2004 年修正）
34. 深圳市停车场规划建设和机动车停放管理条例（2003 年，2004 年修正）
35. 深圳经济特区规划土地监察条例(1995 年，2005 年修正)
36. 深圳经济特区建筑节能条例（2006 年）
37. 深圳经济特区建设项目环境保护条例（2006 年）
38. 深圳市建筑市场严重违法行为特别处理规定（2007 年）
39. 深圳经济特区环境保护条例（1994 年，2009 年修正）
40. 深圳经济特区消防条例（1999 年，2009 年修正）
41. 深圳经济特区梧桐山风景名胜区条例（2009 年）
42. 深圳市建筑废弃物减排与利用条例（2009 年）
43. 深圳经济特区城市绿化管理办法（1994 年，2012 年修正）

（五）国务院部门规章

44. 建筑工程设计招标投标管理办法（2000 年）
45. 房屋建筑工程质量保修办法（2000 年）
46. 建筑工程施工许可管理办法（1999 年，2001 年修正）
47. 房屋建筑和市政基础设施工程施工招标投标管理办法（2001 年）
48. 建设项目竣工环境保护验收管理办法（2001 年）
49. 外商投资城市规划服务企业管理规定的补充规定（2003 年）
50. 工程建设项目施工招标投标办法（2003 年）
51. 环境保护行政许可听证暂行办法（2004 年）
52. 工程建设项目招标投标活动投诉处理办法（2004 年）
53. 建筑施工企业安全生产许可证管理规定（2004 年）
54. 环境保护法规制定程序办法（2005 年）
55. 国家环境保护总局建设项目环境影响评价文件审批程序规定（2005 年）

56. 建设项目环境影响评价资质管理办法（2005 年）
57. 工程建设项目货物招标投标办法（2005 年）
58. 建设工程质量检测管理办法（2005 年）
59. 城市规划编制办法（2005 年）
60. 环境保护违法违纪行为处分暂行规定 (2006 年)
61. 房屋建筑工程抗震设防管理规定（2006 年）
62. 建设工程勘察质量管理办法（2007 年）
63. 建筑业企业资质管理规定（2007 年）
64. 建设项目环境影响评价分类管理名录（2008 年）
65. 房屋建筑和市政基础设施工程竣工验收备案管理办法（2000 年，2009 年修正）
66. 建设项目环境影响评价文件分级审批规定（2009 年）
67. 建设工程消防监督管理规定（2009 年）
68. 消防监督检查规定（2009 年）
69. 房屋建筑和市政基础设施工程质量监督管理规定（2010 年）
70. 省域城镇体系规划编制审批办法（2010 年）
71. 城市、镇控制性详细规划编制审批办法（2010 年）
72. 城市照明管理规定（2010 年）
73. 城市公厕管理办法（1990 年，2011 年修正）
74. 城市国有土地使用权出让转让规划管理办法（1992 年，2011 年修正）
75. 城建监察规定（1992 年，2011 年修正）
76. 建制镇规划建设管理办法（1995 年，2011 年修正）
77. 城市建设档案管理规定（1997 年，2011 年修正）
78. 城市地下空间开发利用管理规定（1997 年，2011 年修正）
79. 住宅室内装饰装修管理办法（2002 年，2011 年修正）
80. 城市绿线管理办法（2002 年，2011 年修正）
81. 外商投资城市规划服务企业管理规定（2003 年，2011 年修正）
82. 城市抗震防灾规划管理规定（2003 年，2011 年修正）
83. 城市紫线管理办法（2003 年，2011 年修正）
84. 建设部关于纳入国务院决定的十五项行政许可的条件的规定（2004 年，2011 年修正）
85. 城市黄线管理办法（2005 年，2011 年修正）
86. 城市蓝线管理办法（2005 年，2011 年修正）
87. 城市规划编制单位资质管理规定（2001 年，2012 年废止）
88. 城乡规划编制单位资质管理规定（2012 年）

（六）广东省政府规章

89. 广东省建设工程造价管理规定（1998 年，2000 年修正）
90. 广东省无障碍设施建设管理规定（2005 年）

91. 广东省专职消防队建设管理规定（2008 年）
92. 广东省建设项目安全设施监督管理办法（2010 年）

（七）深圳市政府规章

93. 深圳市地下铁道建设管理暂行规定（2001 年）
94. 深圳市基本生态控制线管理规定（2005 年）
95. 大鹏半岛保护与发展管理规定（2008 年）
96. 深圳市地下空间开发利用暂行办法（2008 年）
97. 深圳市城市更新办法（2009 年）
98. 深圳市建设项目涉及国家安全事项管理暂行规定（2009 年）
99. 深圳市规划土地监察行政执法主体及其职责规定（2010 年）
100. 深圳市内伶仃岛——福田国家级自然保护区管理规定（2002 年，2012 年废止）
101. 深圳市建筑物和公共设施清洗翻新管理规定（2010 年，2012 年修正）
102. 深圳市绿道管理办法（2012 年）

（八）国务院及其部门规范性文件

103. 建设部、国家计委关于印发《建设项目选址规划管理办法》的通知（1991 年）
104. 建设部关于印发《近期建设规划工作暂行办法》、《城市规划强制性内容暂行规定》的通知（2002 年）
105. 建设部关于印发《国家重点风景名胜区审查办法》的通知（2004 年）
106. 建设部关于印发《关于加强对城市优秀近现代建筑规划保护的指导意见》的通知（2004 年）
107. 国务院办公厅转发《建设部关于加强城市总体规划工作意见》的通知（2006 年）
108. 国务院关于编制全国主体功能区规划的意见（2007 年）
109. 国务院办公厅关于加强和规范新开工项目管理的通知（2007 年）
110. 建设部关于贯彻实施《城乡规划法》的指导意见（2008 年）
111. 建设部关于对房地产开发中违规变更规划、调整容积率问题开展专项治理的通知（2009 年）
112. 财政部关于印发《夏热冬冷地区既有居住建筑节能改造补助资金管理暂行办法》的通知（2012 年）
113. 住房和城乡建设部关于印发《关于规范城乡规划行政处罚裁量权的指导意见》的通知（2012 年）
114. 住房和城乡建设部关于贯彻落实《无障碍环境建设条例》进一步加强无障碍环境建设工作的通知（2012 年）

（九）广东省政府及其部门规范性文件

115. 广东省人民政府办公厅关于进一步加强和改进城乡规划工作的实施意见（2006 年）
116. 广东省建设厅印发《珠江三角洲城乡规划督察员巡察办法(试行)》的通知（2008 年）
117. 中共广东省委、广东省人民政府关于贯彻实施《珠江三角洲地区改革发展规划纲要（2008—2020 年）》的决定（2009 年）

118. 广东省国土资源厅关于印发《广东省各级土地利用总体规划审查审批办法》的通知 （2009 年）
119. 广东省人民政府关于推进“三旧”改造促进节约集约用地的若干意见（2009 年）
120. 广东省人民政府办公室转发省国土资源厅关于“三旧”改造工作实施意见的通知（2009 年）
121. 广东省人民政府关于进一步做好我省规划环境影响评价工作的通知（2010 年）

（十）深圳市政府规范性文件

122. 中共深圳市委、深圳市人民政府关于进一步加强城市规划工作的决定（2005 年）
123. 深圳市人民政府关于印发《深圳市城中村（旧村）改造暂行规定》的通知（2004 年）
124. 深圳市人民政府关于深圳市城中村（旧村）改造暂行规定的实施意见（2005 年）
125. 深圳市人民政府关于推进宝安龙岗两区城中村（旧村）改造工作的若干意见（2006 年）
126. 深圳市人民政府关于宝安龙岗两区自行开展的新安翻身工业区等 70 个旧城旧村改造项目的处理意见（2006 年）
127. 深圳市人民政府关于工业区升级改造的若干意见（2007 年）
128. 深圳市人民政府关于印发《深圳市城中村（旧村）改造扶持资金管理暂行办法》的通知 （2007 年）
129. 深圳市人民政府办公厅关于开展城中村（旧村）改造工作有关事项的通知（2007 年）
130. 深圳市人民政府关于执行《深圳市基本生态控制线管理规定》的实施意见（2007 年）
131. 深圳市人民政府办公厅关于开展宝安龙岗两区城中村（旧村）全面改造项目有关事项的通知（2008 年）
132. 深圳市人民政府办公厅关于推进我市工业区升级改造试点项目的意见（2008 年）
133. 中共深圳市委、深圳市人民政府印发《深圳市关于 < 珠江三角洲地区改革发展规划纲要（2008~2020 年）> 的实施方案》的通知（2009 年）
134. 深圳市人民政府办公厅关于贯彻实施中华人民共和国城乡规划法有关事项的通知（2009 年）
135. 深圳市人民政府关于印发深圳市绿道网规划建设总体实施方案的通知（2010 年）
136. 深圳市人民政府关于授权市城市规划委员会建筑与环境艺术委员会审批城市更新单元规划的通知（2010 年）
137. 深圳市人民政府办公厅关于规划土地监察行政处罚案件管辖若干事项的通知（2011 年）
138. 深圳市人民政府关于印发《深圳市城市更新办法实施细则》的通知（2012 年）
139. 深圳市人民政府关于巩固市容环境提升成果进一步加强城市管理工作的意见（2012 年）
140. 深圳市人民政府办公厅关于印发深圳环境质量提升行动计划的通知（2012 年）
141. 深圳市人民政府办公厅关于印发深圳市创建宜居城市行动计划（2012~2013 年）的通知（2012 年）
142. 深圳市人民政府办公厅关于印发深圳市宜居社区建设工作方案的通知（2012 年）
143. 中共深圳市委、深圳市人民政府关于进一步加强城市绿化工作的意见（2012 年）
144. 深圳市人民政府办公厅印发关于加强和改进城市更新实施工作的暂行措施的通知（2012 年）

二、土地类

（一）法律

1. 中华人民共和国土地管理法（1986 年，2004 年修正）
2. 中华人民共和国农村土地承包法（2002 年，2009 年修正）
3. 中华人民共和国农村土地承包经营纠纷调解仲裁法（2009 年）

（二）行政法规

4. 中华人民共和国城镇国有土地使用权出让和转让暂行条例（1990 年）
5. 大中型水利水电工程建设征地补偿和移民安置条例（2006 年）
6. 土地调查条例（2008 年）
7. 中华人民共和国土地管理法实施条例（1998 年，2011 年修正）
8. 基本农田保护条例（1998 年，2011 年修正）
9. 土地复垦条例（2011 年）

（三）广东省地方法规

10. 广东省土地权属纠纷处理条例（1995 年）
11. 广东省基本农田保护区管理条例（2002 年）
12. 广东省国土资源监督检查条例（2004 年）
13. 广东省湿地保护条例（2006 年）
14. 广东省征收农民集体所有土地各项补偿费管理办法（1994 年，2008 年修正）
15. 广东省实施《中华人民共和国土地管理法》办法（1999 年，2008 年修正）

（四）深圳市地方法规

16. 深圳市土地征用与收回条例（1999 年）
17. 深圳经济特区高新技术产业园区条例（2001 年，2006 年修正）
18. 深圳经济特区土地使用权出让条例（1994 年，2011 年修正）

（五）国务院部门规章

19. 划拨土地使用权管理暂行办法（1992 年）
20. 土地监察暂行规定（1995 年）
21. 土地违法案件查处办法（1995 年）
22. 国有企业改革中划拨土地使用权管理暂行规定（1998 年）
23. 闲置土地处置办法（1999 年）
24. 划拨用地目录（2001 年）
25. 土地登记资料公开查询办法（2002 年）

145. 深圳市人民政府关于印发《深圳市原村民非商品住宅建设暂行办法》的通知（2006 年）
146. 深圳市人民政府关于印发《深圳市闲置土地处置工作方案》的通知（2007 年）
147. 深圳市人民政府办公厅关于印发深圳市宝安龙岗两区城市化国有农业用地管理办法实施细则的通知（2007 年）
148. 深圳市人民政府关于在我市出让商品住宅用地中安排建设一定比例政策性住房的实施意见（2007 年）
149. 深圳市人民政府关于印发深圳市土地闲置费征收管理办法的通知（2008 年）
150. 深圳市人民政府办公厅关于印发深圳市企业总部用地用房配置管理办法(试行)的通知（2009 年）
151. 深圳市人民政府办公厅关于实施广东省土地开发整理补充耕地项目管理办法的意见（2009 年）
152. 深圳市人民政府关于印发深圳市国有未出让土地日常管理暂行办法的通知（2010 年）
153. 深圳市人民政府办公厅关于印发《深圳市土地整备资金管理暂行办法》的通知（2012 年）
154. 中共深圳市委、深圳市人民政府关于贯彻落实《深圳市土地管理制度改革总体方案》的通知（2012 年）
155. 深圳市规划和国土资源委员会关于印发《深圳市 2012 年度土地整备计划》的通知（2012 年）

（十一）司法解释

156. 最高人民法院关于行政机关对土地争议的处理决定生效后一方不履行另一方不应以民事侵权向法院起诉的批复（1991 年）
157. 最高人民法院关于能否将国有土地使用权折价抵偿给抵押权人问题的批复（1998 年）
158. 最高人民法院关于审理破坏土地资源刑事案件具体应用法律若干问题的解释（2000 年）
159. 最高人民法院关于破产企业国有划拨土地使用权应否列入破产财产等问题的批复（2003 年）
160. 最高人民法院关于审理与企业改制相关的民事纠纷案件若干问题的规定（2003 年）
161. 最高人民法院关于转发国土资源部《关于国有划拨土地使用权抵押登记有关问题的通知》的通知（2004 年）
162. 最高人民法院关于审理涉及国有土地使用权合同纠纷案件适用法律问题的解释（2005 年）
163. 最高人民法院关于审理破坏林地资源刑事案件具体应用法律若干问题的解释（2005 年）
164. 最高人民检察院关于印发《关于加强查办危害土地资源渎职犯罪工作的指导意见》的通知（2008 年）
165. 最高人民法院关于审理涉及农村集体土地行政案件若干问题的规定（2011 年）
166. 最高人民法院关于坚决防止土地征收、房屋拆迁强制执行引发恶性事件的紧急通知（2011 年）
167. 最高人民法院关于办理申请人民法院强制执行国有土地上房屋征收补偿决定案件若干问题的规定（2012 年）
168. 最高人民法院关于国有土地开荒后用于农耕的土地使用权转让合同纠纷案件如何适用法律问题的批复（2012 年）

三、房地产类

（一）法律

1. 中华人民共和国城市房地产管理法（1994年，2009年修正）

（二）行政法规

2. 物业管理条例（2003年，2007年修正）
3. 城市房地产开发经营管理条例（1998年，2011年修正）
4. 国有土地上房屋征收与补偿条例（2011年）

（三）广东省地方法规

5. 广东省房地产评估条例（1994年）
6. 广东省城镇华侨房屋租赁规定（1994年）
7. 广东省房地产开发经营条例（1993年，1997年修正）
8. 广东省城镇房地产转让条例（1994年，1997年修正）
9. 广东省城镇房地产权登记条例（1994年，1999年修正）
10. 广东省拆迁城镇华侨房屋规定（1995年，2004年修正）
11. 广东省物业管理条例（1998年，2008年修正）
12. 广东省城镇房屋租赁条例（1994年，2010年修正）
13. 广东省商品房预售管理条例（1998年，2010年修正）
14. 广东省租赁房屋治安管理规定（2012年）

（四）深圳市地方法规

15. 深圳经济特区房地产登记条例（1992年）
16. 深圳经济特区房地产转让条例（1993年，1999年修正）
17. 深圳经济特区陆路口岸和特区管理线检查站物业管理规定（1999年）
18. 深圳市人民代表大会常务委员会关于坚决查处违法建筑的决定（1999年）
19. 深圳经济特区处理历史遗留违法私房若干规定（2001年）
20. 深圳经济特区处理历史遗留生产经营性违法建筑若干规定（2001年）
21. 深圳经济特区房屋租赁条例（1992年，2004年修正）
22. 深圳经济特区物业管理条例（2007年）
23. 深圳市人民代表大会常务委员会关于农村城市化历史遗留违法建筑的处理决定（2009年）
24. 深圳市保障性住房条例（2010年，2011年修正）
25. 深圳公共基础设施建设项目房屋拆迁管理办法（2007年，2012年修正）

（五）国务院部门规章

26. 城市房产交易价格管理暂行办法（1994年）
27. 房地产广告发布暂行规定（1996年，1998年修正）
28. 已购公有住房和经济适用住房上市出售管理暂行办法（1999年）
29. 房地产开发企业资质管理规定（2000年）
30. 城市房地产转让管理规定（1995年，2001年修正）
31. 城市房地产抵押管理办法（1997年，2001年修正）
32. 商品房销售管理办法（2001年）
33. 城市房地产权属档案管理办法（2001年）
34. 城市危险房屋管理规定（1989年，2004年修正）
35. 城市商品房预售管理办法（1994年，2004年修正）
36. 房地产估价机构管理办法（2005年）
37. 住宅专项维修资金管理办法（2007年）
38. 廉租住房保障办法（2007年）
39. 房屋登记办法（2008年）
40. 商品房屋租赁管理办法（2010年）
41. 房地产经纪管理办法（2011年）
42. 公共租赁住房管理办法（2012年）

（六）广东省政府规章

43. 广东省公有房产管理办法（1983年，2002年修正）
44. 广东省建设厅委托实施行政许可项目（2008年）

（七）深圳市政府规章

45. 深圳市国家机关事业单位住房制度改革若干规定（1999年）
46. 《深圳经济特区处理历史遗留违法私房若干规定》实施细则（2002年）
47. 《深圳经济特区处理历史遗留生产经营性违法建筑若干规定》实施细则（2002年）
48. 《深圳经济特区房屋租赁条例》实施细则（1993年，2004年修正）
49. 深圳经济特区物业估价管理办法（1994年，2004年修正）
50. 深圳经济特区物业管理行业管理办法（1998年，2004年修正）
51. 深圳市公共基础设施建设项目房屋拆迁管理办法（2007年）
52. 深圳市房地产登记若干规定（试行）（2009年）
53. 深圳市海上构筑物登记暂行办法（2009年）
54. 深圳市房地产市场监管办法（2010年）
55. 深圳市安居型商品房建设和管理暂行办法（2011年）
56. 深圳市人才安居暂行办法（2011年）
57. 深圳经济特区房屋拆迁管理办法（1994年，2004年修正，2011年废止）

（八）国务院及其部门规范性文件

58. 国务院关于促进房地产市场持续健康发展的通知（2003 年）
59. 建设部、民政部关于印发《城镇最低收入家庭廉租住房申请、审核及退出管理办法》的通知（2005 年）
60. 国家发展改革委、建设部关于印发《城镇廉租住房租金管理办法》的通知（2005 年）
61. 国务院办公厅转发建设部等部门关于调整住房供应结构稳定住房价格意见的通知 （2006 年）
62. 建设部关于落实新建住房结构比例要求若干意见（2006 年）
63. 建设部、商务部、国家发展和改革委员会、中国人民银行、国家工商行政管理总局、国家外汇管理局关于规范房地产市场外资准入和管理的意见（2006 年）
64. 建设部等三部委关于制止违规集资合作建房的通知（2006 年）
65. 建设部关于印发《城镇廉租住房档案管理办法》的通知（2006 年）
66. 建设部关于印发《房屋权属登记信息查询暂行办法》的通知 （2006 年）
67. 财政部关于印发《廉租住房保障资金管理办法》的通知（2007 年）
68. 住房和城乡建设部关于印发《房屋登记簿管理试行办法》的通知（2008 年）
69. 国务院办公厅关于促进房地产市场健康发展的若干意见（2008 年）
70. 国务院办公厅关于促进房地产市场平稳健康发展的通知（2010 年）
71. 住房和城乡建设部关于进一步加强房地产市场监管完善商品住房预售制度有关问题的通知（2010 年）
72. 国土资源部关于加强房地产用地供应和监管有关问题的通知（2010 年）
73. 国土资源部、住房和城乡建设部关于进一步加强房地产用地和建设管理调控的通知 （2010 年）
74. 住房和城乡建设部、国土资源部、监察部关于进一步贯彻落实国发[2010]10 号文件的通知（2010 年）
75. 中华人民共和国住房和城乡建设部、国家外汇管理局关于进一步规范境外机构和个人购房管理的通知（2010 年）
76. 国务院关于坚决遏制部分城市房价过快上涨的通知（2010 年）
77. 住房和城乡建设部等三部委关于规范商业性个人住房贷款中第二套住房认定标准的通知（2010 年）
78. 国务院办公厅关于进一步做好房地产市场调控工作有关问题的通知（2011 年）
79. 中华人民共和国住房和城乡建设部关于印发《国有土地上房屋征收评估办法》的通知（2011 年）
80. 住房和城乡建设部关于进一步加强住房公积金监管工作的通知（2012 年）
81. 财政部关于印发《中央补助廉租住房保障专项资金管理办法》的通知（2012 年）
82. 国土资源部、住房城乡建设部关于进一步严格房地产用地管理巩固房地产市场调控成果的紧急通知（2012 年）
83. 财政部、住房和城乡建设部关于印发《中央补助城市棚户区改造专项资金管理办法》的通知（2012 年）
84. 住房和城乡建设部印发《住房保障档案管理办法》的通知（2012 年）

58. 国家测绘局关于印发《基础测绘成果提供使用管理暂行办法》的通知（2006 年）
59. 国务院关于加强测绘工作的意见（2007 年）
60. 国家测绘局关于印发《基础测绘成果应急提供办法》的通知（2007 年）
61. 国家发展改革委、国家测绘局关于印发《基础测绘计划管理办法》的通知（2007 年）
62. 国家测绘局关于印发《测绘标准化工作管理办法》的通知（2008 年）
63. 国家测绘局关于加强测绘质量管理的若干意见（2008 年）
64. 国家测绘局关于加强涉密测绘成果管理工作的通知（2008 年）
65. 国家测绘局关于加强互联网地图管理工作的通知（2009 年）
66. 国家测绘局关于加强测量标志保护管理工作的通知（2009 年）
67. 国家测绘局关于印发测绘资质管理规定和测绘资质分级标准的通知（2009 年）
68. 公开地图内容表示补充规定（试行）（2009 年）
69. 国家测绘局关于印发《测绘自主创新产品认定管理办法（试行）》的通知（2009 年）
70. 国土资源部关于印发《保护性开采的特定矿种勘查开采管理暂行办法》的通知（2009 年）
71. 国家测绘局、国家工商行政管理局关于发布《测绘市场管理暂行办法》的通知（1995 年，2010 年修正）
72. 民政部关于颁发《地名管理条例实施细则》的通知（1996 年，2010 年修正）
73. 测绘质量监督管理办法（1997 年，2010 年修正）
74. 国土资源部关于印发《地质矿产调查评价专项项目管理暂行办法》的通知（2010 年）
75. 财政部、国土资源部关于印发《地质矿产调查评价专项资金管理办法》的通知（2010 年）
76. 国家测绘局关于印发《测绘成果质量监督抽查管理办法》的通知（2010 年）
77. 国家测绘局办公室关于进一步贯彻执行《测绘资质管理规定》和《测绘资质分级标准》的通知（2010 年）
78. 国家测绘局关于进一步加强涉密测绘成果行政审批与使用管理工作的通知（2010 年）
79. 国家测绘局关于切实做好国家基础测绘项目成果档案归档工作的通知（2010 年）
80. 国家测绘局、工业和信息化部、国家安全部、工商总局、新闻出版总署、保密局、总参测绘局关于加强地理信息市场监管工作的意见（2010 年）
81. 国家测绘局关于印发互联网地图服务专业标准的通知（2010 年）
82. 国家自然灾害救助应急预案（2011 年）
83. 国家测绘地理信息局关于印发《测绘地理信息市场信用信息管理暂行办法》的通知（2012 年）
84. 国家测绘地理信息局关于印发《关于加强测绘地理信息行政执法工作的意见》的通知（2012 年）
85. 国家测绘地理信息局关于加强涉密测绘地理信息安全管理的通知（2012 年）
86. 国家测绘地理信息局关于做好测绘地理信息应急保障工作的通知（2012 年）
87. 国家测绘地理信息局关于印发《测绘地理信息市场信用评价标准（试行）》的通知（2012 年）
88. 国土资源部关于印发《非法制贩爆炸物品和违法采矿专项治理工作实施方案》的通知（2012 年）
89. 国土资源部关于严格控制和规范矿业权协议出让管理有关问题的通知（2012 年）
90. 国土资源部办公厅关于印发《重要地质钻孔数据库建设试点工作方案》的通知（2012 年）
91. 财政部关于印发《国有冶金矿山企业发展专项资金管理办法》的通知（2012 年）

（七）广东省政府及其部门规范性文件

92. 广东省人民政府颁布《广东省矿产资源补偿费征收管理实施办法》的通知（1995 年）
93. 广东省建设委员会关于加强房地产测绘和房屋面积测量计算管理工作的通知（1998 年）
94. 广东省人民政府办公厅印发《广东省突发性地质灾害应急预案》的通知（2004 年）
95. 广东省国土资源厅矿产资源开发利用年度检查工作实施办法（2007 年）
96. 广东省国土资源厅矿山储量动态监督管理办法（2008 年）
97. 广东省国土资源厅关于进一步规范矿产资源勘查登记管理工作的通知（2009 年）
98. 广东省国土资源厅关于进一步加强和规范测绘质量管理工作的通知（2009 年）
99. 广东省国土资源厅关于加强矿山地质环境治理和国家级地质遗迹保护项目管理的通知（2010 年）
100. 广东省国土资源厅关于印发《广东省探矿权采矿权招标拍卖挂牌出让管理办法》的通知（2010 年)
101. 广东省人民政府办公厅关于印发《广东省自然灾害救助应预案》的通知（2012 年）
102. 广东省国土资源厅办公室关于印发《广东省国家秘密基础测绘成果利用审批程序规定（试行）》的通知（2012 年）
103. 广东省国土资源厅关于印发《广东省国土资源厅关于连续运行卫星定位服务系统应用管理的暂行规定》的通知（2012 年）

（八）深圳市政府规范性文件

104. 深圳市矿产资源管理暂行规定（1994 年）
105. 深圳市人民政府关于印发《深圳市清理整治采石取土恢复生态环境实施方案》的通知（2005 年）
106. 深圳市人民政府关于加强水土保持生态建设工作的决定（2005 年）

（九）司法解释

107. 最高人民法院关于审理非法采矿、破坏性采矿刑事案件具体应用法律若干问题的解释（2003 年）
108. 最高人民法院行政审判庭关于地质矿产主管部门作出的非法采矿及破坏性采矿鉴定结论是否属于人民法院受案范围问题的答复（2005 年）
109. 最高人民法院、最高人民检察院关于办理危害矿山生产安全刑事案件具体应用法律若干问题的解释（2007 年）

五、综合类

（一）法律

1. 中华人民共和国继承法（1985 年）
2. 中华人民共和国行政诉讼法（1989 年）
3. 中华人民共和国反不正当竞争法（1993 年）
4. 中华人民共和国广告法（1994 年）

140. 深圳市政府信息公开规定（2006 年）
141. 深圳市行政听证办法（2006 年）
142. 深圳市行政事业性收费管理若干规定（2002 年，2007 年修正）
143. 深圳市光明新区管理暂行规定（2007 年）
144. 深圳市规范行政处罚裁量权若干规定（2008 年）
145. 深圳市人民政府行政执法督察办法（2009 年）
146. 深圳市行政过错责任追究办法（2009 年）
147. 深圳市行政监督工作规定（2009 年）
148. 深圳市坪山新区管理暂行规定（2009 年）
149. 深圳市行政服务管理规定（2010 年）
150. 深圳市市级行政审批事项调整目录（2011 年）
151. 深圳市前海深港现代服务业合作区管理局暂行办法（2011 年）
152. 深圳前海湾保税港区管理暂行办法（2011 年）
153. 深圳市龙华新区和大鹏新区管理暂行规定（2012 年）

（八）国务院及其部门规范性文件

154. 国家税务总局、财政部、建设部关于加强房地产税收管理的通知（2005 年）
155. 财政部、国家税务总局关于土地增值税若干问题的通知（2005 年）
156. 财政部、国家税务总局关于集体土地城镇土地使用税有关政策的通知（2006 年）
157. 行政处罚听证规则（2007 年）
158. 国家税务总局、财政部、国土资源部关于进一步加强土地税收管理工作的通知（2008 年）
159. 国家税务总局关于房地产开发企业所得税预缴问题的通知（2008 年）
160. 国家税务总局关于印发《土地增值税清算管理规程》的通知（2009 年）
161. 国家税务总局关于印发《房地产开发经营业务企业所得税处理办法》的通知（2009 年）
162. 财政部、国家税务总局关于调整房地产交易环节税收政策的通知（2008 年，2010 年修正）
163. 国家税务总局关于加强土地增值税征管工作的通知（2010 年）
164. 财政部、国家税务总局、住房和城乡建设部关于调整房地产交易环节契税个人所得税优惠政策的通知（2010 年）
165. 国务院关于加强法治政府建设的意见（2010 年）
166. 国务院关于第六批取消和调整行政审批项目的决定（2012 年）
167. 国土资源部关于印发《国土资源部重点实验室建设与运行管理办法》的通知（2012 年）

（九）广东省政府及其部门规范性文件

168. 广东省人民政府颁布《广东省土地增值税征收管理办法》的通知（1995 年）
169. 广东省海域使用管理规定（1996 年，1998 年修正）
170. 广东省违法收费行为处罚规定（1996 年，1998 年修正）
171. 广东省对外商投资企业征免房产税若干规定（1988 年，2002 年修正）

172. 广东省财政厅、广东省地方税务局关于贯彻落实城镇土地使用税暂行条例有关问题的通知（2007年）
173. 广东省城镇土地使用税实施细则（1989年，2009年）
174. 广东省国土资源厅关于印发《广东省国土资源厅关于规范行政处罚自由裁量权的实施办法》的通知（2012年）

（十）司法解释

175. 最高人民法院关于审理行政赔偿案件若干问题的规定（1997年）
176. 最高人民法院关于适用《中华人民共和国合同法》若干问题的解释（一）（1999年）
177. 最高人民法院关于执行《中华人民共和国行政诉讼法》若干问题的解释（2000年）
178. 最高人民法院关于适用《中华人民共和国担保法》若干问题的解释（2000年）
179. 最高人民法院关于适用《中华人民共和国婚姻法》若干问题的解释（一）（2001年）
180. 最高人民法院关于适用《中华人民共和国婚姻法》若干问题的解释（二）（2003年）
181. 最高人民法院关于人民法院民事执行中查封、扣押、冻结财产的规定（2004年）
182. 最高人民法院关于人民法院民事执行中拍卖、变卖财产的规定（2004年）
183. 最高人民法院关于适用《中华人民共和国公司法》若干问题的规定（一）（2006年）
184. 广东省高级人民法院关于行政案件管辖若干问题的意见（试行）（2008年）
185. 最高人民法院关于适用《中华人民共和国公司法》若干问题的规定（二）（2008年）
186. 最高人民法院关于适用《中华人民共和国民事诉讼法》执行程序若干问题的解释（2008年）
187. 最高人民法院关于审理民事案件适用诉讼时效制度若干问题的规定（2008年）
188. 最高人民法院《关于适用〈中华人民共和国合同法〉若干问题的解释（二）》（2009年）
189. 最高人民法院关于人民法院委托评估、拍卖和变卖工作的若干规定（2009年）
190. 最高人民法院关于审理行政许可案件若干问题的规定（2009年）
191. 最高人民法院关于委托执行若干问题的规定（2011年）
192. 最高人民法院关于适用《中华人民共和国公司法》若干问题的规定（三）（2011年）
193. 最高人民法院关于发布第一批指导性案例的通知（2011年）
194. 最高人民法院关于国家赔偿案件立案工作的规定（2012年）

附录二

2012 年深圳房地产大事记

◆1 月 6 日，住建部部长姜伟新指出，2012 年除了继续落实各项房地产调控政策以外，各地要加快推进个人住房信息系统建设，40 个重点城市个人住房信息系统今年上半年要实现与住房和城乡建设部联网。

◆1 月 31 日，国务院总理温家宝在国务院第六次全体会议上强调，2012 年要巩固房地产市场调控效果，继续严格执行并逐步完善抑制投机投资性需求的政策措施，促进房价合理回归。采取有效措施增加普通商品房供给，做好保障性住房建设和管理工作。

◆2 月 7 日，《深圳市城市更新办法实施细则》正式发布施行。

◆深圳市规划和国土资源委员会加挂市海洋局牌子，新增海洋规划管理等职责。

◆2 月 22 日，国土部会议指出试点清理小产权房。国土资源部明确，要先清理在建和未售、侵占耕地的小产权房，杜绝小产权房继续发展，再分情况治理已售的小产权房。今年全国将开始选择试点城市，妥善处理好现存小产权房的问题。我国城镇居民不得购买农村的宅基地建房，也不可以购买小产权房。

◆2 月 23~24 日，由住房和城乡建设部、国家开发银行、深圳市政府和凤凰卫视共同主办的国际城市创新发展大会在深举行。

◆中国人民银行决定，从 2012 年 2 月 24 日起，下调存款类金融机构人民币存款准备金率 0.5 个百分点。

◆2 月 25 日，国土部表示：小产权房一律不确权登记，小产权房违法用地不允许确权登记发证，小产权房不受法律保护。今年全国将开始选择试点城市，妥善处理好现存小产权房的问题。

◆3 月 5 日，温家宝总理在《政府工作报告》中指出：2011 年房地产市场投机、投资性需求得到明显抑制，多数城市房价环比下降，调控效果正在显现。2012 年继续搞好房地产市场调控和保障性安居工程建设。进一步巩固调控成果，促进房价合理回归。

◆3 月 6 日，财政部表示继续适当扩大房产税试点范围。

◆3 月 22 日，住房城乡建设部发出通知，要求各地做好 2012 年城镇保障性安居工程工作，按月公开保障房开工和基本建成（竣工）情况，主动接受社会监督。

◆3 月 23 日，深圳规划和国土资源委员会根据住房和城乡建设部《关于做好住房建设规划与住房建设年度计划制定工作的指导意见》（建规[2008]46 号），以及《深圳市住房建设规划（2011~2015）》，编制深圳市住房建设规划 2012 年度实施计划。

◆3 月 25 日，国土资源部网站消息，目前国土资源部已经开始试点治理小产权房，同时准备在全国开始小产权房的清理工作。

◆4 月 10 日，最高人民法院出台《关于办理申请人民法院强制执行国有土地上房屋征收补偿决定案件若干问题的规定》，明确要求如果补偿明显不公，法院不能受理行政机关提出的强制执行申请。这个总共 11 条的司法解释，自 2012 年 4 月 10 日起施行。

◆4 月 19 日，住建部拟再修改公积金管理条例，就公积金条例在各地的修改情况进行全面调研，公积金使用范围有望进一步扩大。

◆5 月 3 日，国土资源部、财政部日前联合印发的《新增建设用地土地有偿使用费资金使用管理办法》提出：新增费纳入政府性基金预算管理，专款专用，任何单位和个人不得截留、挤占或挪用。

◆中国人民银行宣布，从2012年5月18日起，下调存款类金融机构人民币存款准备金率0.5个百分点，这是2012年以来央行第二次下调存款准备金率。

◆5月20日，国务院法制办公布《房地产开发企业资质管理规定》重修的征求意见稿，拟将各级房企资质认定条件大幅提升。

◆5月25日，深圳市启动土地管理制度改革综合试点仪式举行。

◆6月6日，住房城乡建设部表示将会同有关部门继续密切关注各地执行调控政策的情况，对于地方出台放松抑制不合理购房政策的，将及时予以制止或纠正。

◆6月7日晚间，央行宣布自6月8日起下调金融机构人民币存贷款基准利率。这是央行三年半来首次降息，深圳楼市全面回暖。

◆6月12日，住建部公布《公共租赁住房管理办法》。该“办法”规定，公租房房源可通过新建、改建、收购、长期租赁等多种方式筹集，鼓励社会力量投资新建等，本地及外来人员均可申请，租金价格低于市场价格。

◆6月18日，国土部网站资料显示，国土资源部、国家发展改革委日前联合印发《关于发布实施〈限制用地项目目录（2012年本）〉和〈禁止用地项目目录（2012年本）〉的通知》，明确规定住宅项目容积率不得低于1.0，两目录自发布之日起实施。

◆6月18日，国家税务总局纳税服务司表示，对廉租住房、经济适用住房建设用地以及廉租住房经营管理单位按照政府规定价格、向规定保障对象出租的廉租住房用地，免征城镇土地使用税。

◆6月19日，住建部网站挂出消息称，住建部将继续坚定不移地抓好楼市调控，积极配合金融部门，继续严格执行好差别化住房信贷政策。

◆6月下旬，住建部、发改委、财政部、国土部等七部委发布《关于鼓励民间资本参与保障性安居工程建设有关问题的通知》，强调通过多种方式引导民间资本参与保障性安居工程建设。

◆7月5日，央行宣布降息0.25个百分点，货币政策继续放宽。

◆7月11日，深圳二手房开始实施按评估价征税新政。

◆7月31日，中共中央政治局召开会议，分析研究上半年经济形势和下半年经济工作。中共中央总书记胡锦涛主持会议。会议要求，坚定不移地贯彻执行房地产市场调控政策，坚决抑制投机投资性需求，切实防止房价反弹，增加普通商品房特别是中小套型住房供应，抓好保障性安居工程建设，满足居民合理的自住性住房需求。

◆7月下旬，国务院督察组赴16省市调查房地产政策措施落实情况，深圳也在调查之列。

◆8月7日，国务院关于深化流通体制改革加快流通产业发展的意见（以下简称“意见”）正式公布。这份被外界称为“改革开放以来扶持流通业发展含金量最高”的文件明确，在一定期限内免征农产品批发市场、农贸市场城镇土地使用税和房产税。

◆8月17日，住房和城乡建设部公布了对各地列入新增限购城市名单的5项建议标准。

◆8月21日，国土资源部网上挂出消息，称房地产税扩大试点，湖南、湖北将成为新增试点地区，且房地产税的计税依据由原来的房产原值改为市场评估价。

◆8月26日，央行下发通知，将商业银行的保证金存款纳入存款准备金的缴存范围。

◆9月3日，国税总局指出，由于住房兼具消费和投资的双重属性，因而在扩围的同时，将在房产税改革试点问题中将充分考虑居民基本住房需求，对基本住房需求的部分予以一定税收优惠。

◆9 月 12 日，国土部发布《关于严格执行土地使用标准大力促进节约集约用地的通知》。《通知》指出，对国家发布的《限制用地项目目录》和《禁止用地项目目录》、《工业项目建设用地控制指标》，公路、铁路、民用航空运输机场、电力、煤炭、石油和天然气工程项目建设用地等控制指标，房地产用地宗地规模、容积率控制等各类土地使用标准，各地要坚决贯彻执行。

◆9 月 19 日， 国土部发布《关于进一步严格房地产用地管理巩固房地产市场调控成果的紧急通知》，并称此次监测重点主要包括土地溢价率过高、土地底价设定过高以及房企土地开发节奏等现象。《通知》明确，对预判成交价格创历史总价新高、或单价最高，或溢价率超过 50%的房地产用地（包括商服、住宅或商住综合），及时调整出让方案，采用“限房价、竞地价”或配建保障房、公共设施等办法出让土地。此外，《通知》还重申了已有的房地产用地管控政策，并要求加大闲置土地处置力度。

◆9 月 26 日，国土资源部将积极配合有关部门，坚定不移地贯彻执行房地产市场调控政策，继续指导督促各地根据本地实际，执行好现有土地供应政策，均衡供地，稳定地价，防违规用地、防异常交易，处置闲置土地和打击囤地炒地，稳定土地市场。

◆深圳住房公积金贷款业务从 2012 年 9 月 28 日起正式运行。

◆10 月 1 日，我市非住宅类存量房按评估价征税政策正式实施。

◆10 月 10 日，国务院发布关于第六批取消和调整行政审批项目的决定，在调整的 143 项行政审批项目中，商品房预售许可审批位列其中。按照此次的调整，商品房预售许可的审批权被下放，由原来的“县级以上地方人民政府房地产管理部门”下放至“设区的市级、县级人民政府房地产管理部门”。

◆10 月 17 日，国务院总理温家宝主持召开国务院常务会议，部署第四季度经济工作。关于房地产市场调控，会议除了重申要“严格实施差别化住房信贷、税收政策和住房限购措施”，特别提出“抓紧研究制定符合我国国情、系统配套、科学有效、稳定可预期的房地产市场调控政策体系”。

◆10 月 24 日，高度达 500 米的华润集团总部大厦“春笋”在南山后海奠基，其高度将超越目前深圳第一高楼京基 100 大厦。

◆10 月 29 日，国土部、住房和城乡建设部联合发出通知，力推保障房建设落实、严格土地出让管理，成为通知的亮点。通知明确，企业违约开发土地、因自身原因土地闲置一年的，都将禁止竞买资格。

◆10 月 29 日，我市全国首家设立的市土地整备局正式挂牌成立。

◆10 月 29 日，深圳市规划和国土资源委员会龙华管理局正式对外办公。

◆11 月 1 日，国土部表示：2013 年开始，国土部将终止带有给违规圧地“补票”性质的“6・30”政策，此外，国土部欲通过提高重大工程用地价格的经济手段，来抑制中央、省级重点工程违法违规用地的现象，将其纳入地方政府土地违法违规总量之中，使其不再拥有“豁免权”。

◆11 月 8 日，中共十八大报告提出，到 2020 年，实现国内生产总值和城乡居民人均收入比 2010 年翻一番。这是中共首次明确提出居民收入倍增目标；建立市场配置和政府保障相结合的住房制度，加强保障性住房建设和管理。

◆11 月 9 日，住房城乡建设部 11 月的数据统计显示，2012 年 1 至 10 月份，全国城镇保障性安居工程新开工 722 万套，基本建成 505 万套，完成投资 10800 亿元。

◆11 月 12 日，在中国共产党第十八次全国代表大会新闻中心举行中外记者招待会上，住房和城乡建设部部长姜伟新就房地产限购政策的问题表示，住房和城乡建设部正在积极研究扩大房产税试点，房地产限购政策短期内不会退出。

◆11 月 28 日，国务院常务会议上讨论通过《中华人民共和国土地管理法修正案（草案）》，对农民集体所有土地征收补偿制度作了修改。

◆11 月 28 日，中海以 20 亿的总价拿下深圳宝安尖岗山地块，折合楼面地价达到 1.09 万元/平方米，成为深圳年度“地王”。

◆财政部、监察部和审计署联合印发《中央金融企业负责人职务消费管理暂行办法》，并于 12 月 1 日起施行。

◆12 月 3 日，财政部部长谢旭人称，下一步税收制度改革的重点将包括对房地产交易环节征收的有关税种进行简并，并研究逐步在全国推开房产税等。

◆12 月 5 日，汉京集团总部大厦——汉京中心奠基，这是我市首个面向全球进行设计招标的超高层建筑，由全球著名建筑大师汤姆•梅恩主导设计，位于南山高新区深南大道边，设计建筑高度 320 米，近 80 层，落成后将成为深圳首座超高层国际创意地标建筑。

◆12 月 6 日，主题为“推动房地产行业向上的力量”的第十四届中国国际房地产与建筑科技展览会在深圳会展中心开幕。

◆12 月 9 日，中央中央政治局召开会议，分析研究明年经济工作，定调宏观调控。明年将继续保持积极财政政策和稳健的货币政策。

◆12 月 15 日，中央经济工作会议指出，明年要继续坚持房地产市场调控政策不动摇。同时提出，要继续加强保障性住房建设和管理，加快棚户区改造。

◆12 月 18 日，国土部在召开的发布会上表示，要继续坚持房地产调控政策不动摇，在继续保持从严从紧调控基调、监督各地执行好现有政策措施的同时，针对不同类型城市，实现分类指导，加强针对性，突出差异性，强调时效性。

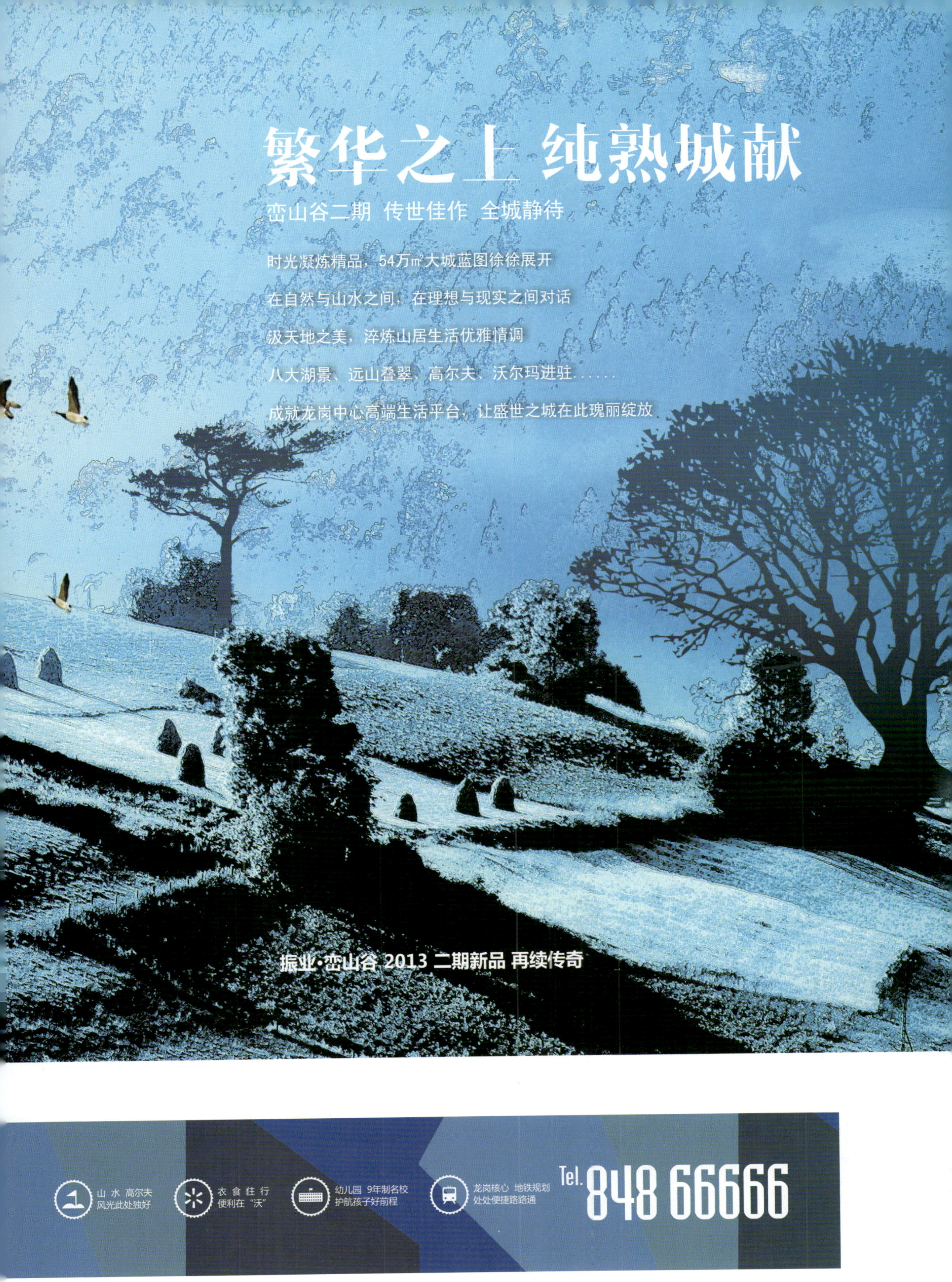
繁华之上 纯熟城献
峦山谷二期 传世佳作 全城静待
时光凝炼精品，54万㎡大城蓝图徐徐展开
在自然与山水之间，在理想与现实之间对话
汲天地之美，淬炼山居生活优雅情调
八大湖景、远山叠翠、高尔夫、沃尔玛进驻......
成就龙岗中心高端生活平台，让盛世之城在此瑰丽绽放
振业·峦山谷 2013 二期新品 再续传奇
山水 高尔夫
风光此处独好
衣食住行
便利在"沃"
幼儿园 9年制名校
护航孩子好前程
龙岗核心 地铁规划
处处便捷路路通
Tel. 848 66666

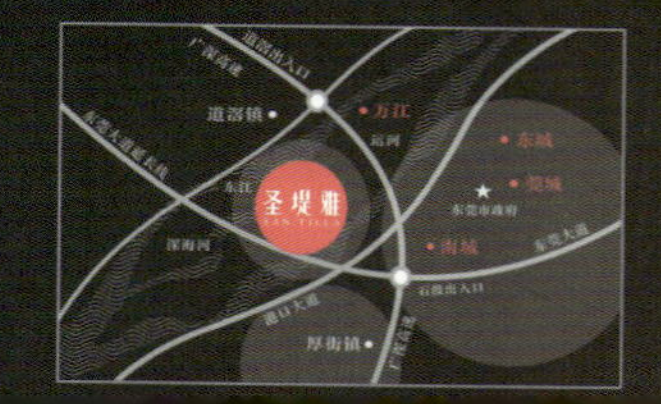

道滘镇
万江
东城
莞城
南城
圣堤雅
厚街镇

实景照片

1 核心区位 定鼎时代

锦绣御园雄踞龙华新区核心地段，拥享2000亿新区规划利好，区位、产业、商贸、文化、生态五个得天独厚的优势再度焕发生机。运筹未来，世界开始瞩目腾飞的龙华新区。后海的今天将是龙华的明天，坐镇锦绣御园，代言龙华乃至全深圳的未来价值标高。

2 现代岭南生态园林 客都文化传承馥地

锦绣御园地处4万平方米原生态公园弓山的龙脉之地，是龙华片区唯一享有山景资源的项目，真正的私密山景，唯君所有。锦绣御园更难能可贵的是，业主可以直接在小区门口登山，并可沿着600m的幽静山道休闲漫步，所谓“山居式生活”，便是如此。

3 四万平弓山龙脉 六百米漫步云端

锦绣御园拥有4万平米生态水系园林，将中式岭南风格园林引入项目，再以现代工艺雕琢呈献在您的面前。龙华原是客家人聚居地，园林的精工设计与进口植被相得益彰，配以原生客家生活氛围锦绣御园，凝练出岭南文化中细腻与自然的品位，一脉承园。

4 全生活完善配套 高品位奢享之家

不必再去迂回寻找教育资源，锦绣御园社区内即享有龙华二小及名优幼儿园配套。如此得天独厚的教育条件，远离闹市喧嚣，给孩子更澄澈的教育资源，充分享受不出家门口的教育需求。推窗俯视，即可见证孩子成长。

5 繁华中轴港铁物业 双地铁口畅达全城

项目紧临港铁4号线双地铁口龙华站与清湖站，快速直线通达各个行政区域，共建15分钟龙华福田生活圈。真正的两点一线生活，不应该是枯燥乏味的，更应该是出行选择多样化，通行无阻，轻松自如。

6 一站式名校教育 邻里间状元门庭

锦绣御园全力打造生活“大社区”，门邻弓村综合体；自身配有面积达6000㎡的商业空间及3600㎡的文体配套。当中包括三大主题功能会所：曼妙生活体验——中西体验馆；私享境地——红酒音乐馆；业主的黄金屋——御书房。通过全面感官体验，刷新艺术生活享受。刚刚好的生活精彩，恰如其分的奢享城熟。

ORIENTAL

御峰园
LE SOMMET
2012深圳全市销售冠军
约30万m²墅式大城 无际视野 精彩汇聚
御峰园效果图
平湖周边交通图
凤凰山
御峰园
•约30万平米成熟墅城
•倚约6万平米山体园林
•临约80万平米凤凰山公园
•拥约1.6万平米“御峰时尚坊”
•占据平湖凤凰大道核心
•毗邻凤凰商业广场
•专享完善的生活配套
•实现半小时生活圈，一脉相连市中心
深圳和记黄埔龙岗地产有限公司
和记黄埔与长江实业(集团)合资
销售顾问：和记地产（东惠）
(0755) 2885 8888
深圳·平湖
深房地字6000483468号
本广告所有说明及效果图仅作参考，不应视为任何要约或构成合约其中一部分，一切均以双方签署的买卖合同、政府有关部门最终审批的文件、图则及实际交付使用时的情况为准。本广告内容未尽事宜由发布者予以补充说明。
数据来源：深圳市规划和国土资源委员会；官方网站：深圳房地产信息网www.szhome.com

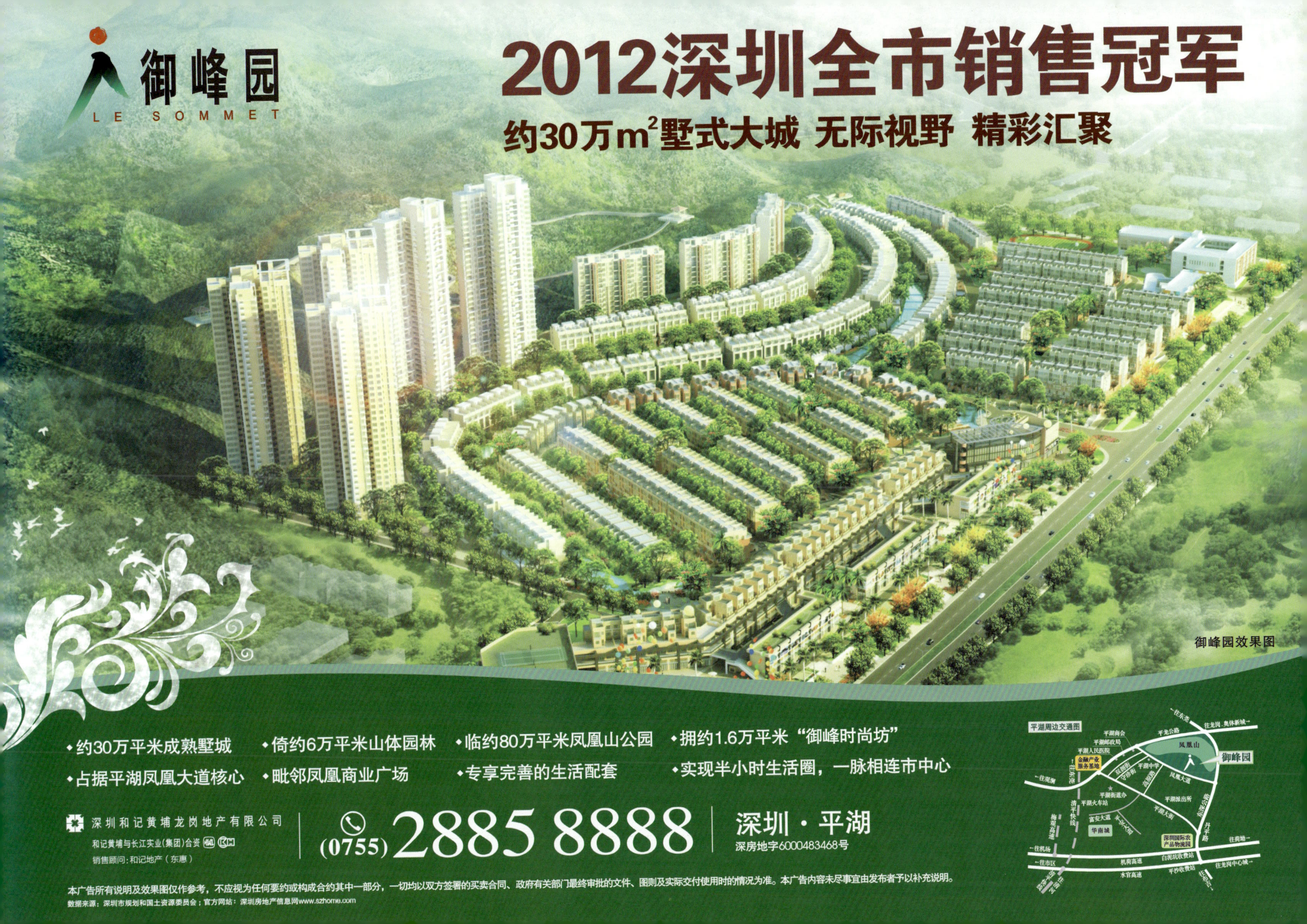

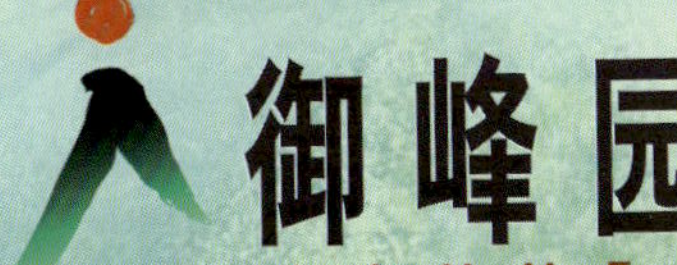

浦发银行
浦发银行
ICBC

金中环
中心区 这就是你的空间

责任编辑：彭春红　罗建邦
排版制作：广导广告
美术设计：邱　婷
摄　　影：汪秦生

图书在版编目（CIP）数据

深圳房地产年鉴. 2013 / 《深圳房地产年鉴》编辑委员会编. -- 深圳 : 深圳报业集团出版社, 2013.10
ISBN 978-7-80709-541-5

Ⅰ. ①深… Ⅱ. ①深… Ⅲ. ①房地产业－深圳市－2013－年鉴 Ⅳ. ①F299.276.53-54

中国版本图书馆 CIP 数据核字(2013)第 232333 号

2013 深圳房地产年鉴
2013 Shenzhen Fangdichan Nianjian

《深圳房地产年鉴》编辑委员会 编

深圳报业集团出版社出版发行
（518009　深圳市深南大道 6008 号）
深圳市中导印刷厂印制　新华书店经销
2013 年 10 月第 1 版　2013 年 10 月第 1 次印刷
开本：889mm×1194mm　1/16
字数：950 千字　印张：38.5
ISBN 978-7-80709-541-5　定价：268.00 元